台湾研究

大陆赴台知识分子研究

——殷海光夏道平纪念会论文合集

何卓恩
张斌峰
夏明
编

九州出版社
JIUZHOUPRESS
全国百佳图书出版单位

图书在版编目（CIP）数据

大陆赴台知识分子研究：殷海光夏道平纪念会论文合集 / 何卓恩，张斌峰，夏明编．—北京：九州出版社，2011.10

ISBN 978－7－5108－1177－7

Ⅰ.①大…　Ⅱ.①何…②张…③夏…　Ⅲ.①殷海光（1919～1969）－人物研究－文集②夏道平（1918～1973）－人物研究－文集　Ⅳ.①K825.1－53

中国版本图书馆 CIP 数据核字（2011）第 200998 号

大陆赴台知识分子研究
——殷海光夏道平纪念会论文合集

作　　者	何卓恩　张斌峰　夏　明 编
出版发行	九州出版社
出 版 人	徐尚定
地　　址	北京市西城区阜外大街甲 35 号（100037）
发行电话	（010）68992190/2/3/5/6
网　　址	www.jiuzhoupress.com
电子信箱	jiuzhou@jiuzhoupress.com
印　　刷	三河市东方印刷有限公司
开　　本	720 毫米×1020 毫米　16 开
印　　张	27.625
字　　数	433 千字
版　　次	2011 年 10 月第 1 版
印　　次	2011 年 10 月第 1 次印刷
书　　号	ISBN 978－7－5108－1177－7
定　　价	68.00 元

编　序

大陆赴台学人是一个有待系统研究的学术增长点。

1949 年后一大批宗法各种学脉的大陆知识分子进入台湾，如胡适、傅斯年、毛子水、雷震、梅贻琦、钱穆、牟宗三、徐复观、方东美、张其昀、胡秋原、陶希圣、郭廷以、王云五、罗家伦、朱家骅、张佛泉、蒋梦麟、郑学稼、尹仲容、周德伟、沈刚伯、傅正、成舍我、陈启天、殷海光、夏道平等等，数不胜数。

这些人过去在大陆的情况，研究者大多关注到；但他们到台湾去以后的思想状况，我们却知之甚少。其中的原因有不少，包括两岸政治气候上、资料上的困难。今天随着大陆改革开放的深化和两岸关系的改善，这些困难正在逐渐克服。

研究这批知识分子的重要性，不仅仅是说要追踪这些人物的后半生，使我们对其人生和思想有一个完整的把握，而且，有其特殊的重要性。发生在 20 世纪中叶的历史大变局，既是中国三千年未有之奇变的戏剧性延续，也是中国三千年常有之离合的再一次复制。在这场大变局中，这些大陆读书人身不由己来到了偏安一隅的台湾，他们一方面心怀故土，一方面力图借助于不同既往历史的时空环境，将偏安之隅率先带出历史的轮回，从而逐步使中华文明步入全面现代化的新时代。这一层意义也值得我们去探索。

2007 年 10 月和 2009 年 12 月，分别是夏道平先生诞辰 100 周年和殷海光先生诞辰 90 周年的日子，华中师范大学中国近代史研究所牵头分别召开了两次海峡两岸专题学术研讨会。

纪念夏先生的研讨会以“经济市场化与社会和谐”为主题，系与湖北经济学院和大冶市人民政府联合举办，发表学术报告的有来自北京、台北、新竹、上海、广州、天津、河南、江西、福建、浙江、湖南、湖北各地的历史学、哲学、政治学、经济学、法学、社会学、物理学各学科的学有成就的中青年专家和学者共65人，著名历史学家章开沅先生，著名经济学家谭崇台先生先后到会讲话，台湾著名学者柴松林先生、郭瑞年先生、洪铭辉先生分别作大会主题报告。

纪念殷先生的研讨会以“20世纪中国社会思潮及大陆赴台学人”为主题，合办单位为中南财经政法大学理论法学系和团风县人民政府，参加会议的有60余位学者和贵宾。章开沅教授，国共及两岸关系史专家毛磊教授，分别在开幕式和闭幕式上发表了讲话，殷海光先生在台港的弟子陈平景、黄展骥教授也分别作了报告，满怀深情地讲述了他们心目中的殷海光老师的行仪以及他们自己的探索历程。陈鼓应教授则委托自己的助理向华师近代史研究所捐赠了珍藏数十年的殷海光先生手稿和图片文物。中国社科院、中央研究院和各高等院校及上海、北京、湖北出版界的学者，共报告35篇论文。

本书是从这两次会议论文中选取的与“大陆赴台学人”直接相关的部分论文的结集。参加这两次研讨会的其他论文，伺下一步另设专题出版，在此谨向这些作者诚致歉意。这些暂缓列入的文章中，夏道平纪念会有：

吴根友 《论作为信仰的自由》
姚中秋 《现代中国自由主义的两个传统》
范亚峰 《论公民政体的可能性》
张斌峰 《哈贝马斯的自由观》
储昭华 《以个人自由的名义——尼采对自由主义批判及其警示意义》
金　兰 《试论当代自由主义视域中自由与平等的矛盾》
翁贺凯 《张君劢宪政民主思想的德国渊源》
翁有为 《大陆时期钱穆对自由主义的态度》
张世保 《从对立走向互为支援——大陆新儒家与自由主义关系述略》
刘金鹏 《公民与圣贤：中国现代思想中的价值分歧》
杜力夫 《台湾“宪政改革”的政治功能和对两岸关系的影响》
王柱国 《义务教育：强制的自由》
陈章喜 《海峡两岸民营经济发展模式比较分析》
林　震 《政府在台湾现代化进程中的作用》
刘志铭 《企业家精神与经济增长：奥地利学派的视角》
朱海就 《企业的性质：“企业家定价”还是“定价企业家”?》

黄岭峻　《工人冲突、政府介入与经济秩序》

魏文享　《大陆当代及海外华商会研究之评述》

王薇佳　《震旦大学与近代中法教育交流》

殷海光纪念会有：

许苏民　《论马克思主义与自由主义的关系》

郑大华　《九一八事变后中国民族主义的新变化》

袁咏红　《梁启超思想的自由主义色彩》

张少鹏　《论常燕生东西文化观》

杜庆欣　《董时进农村合作思想初探》

黄佑志　《“学术独立”运动中的生意——以“大学丛书”的出版为中心的讨论》

尹全海　《方豪、郭廷以的台湾历史观》

李永铭　《文化批判》

文碧方　《六十年来中国大陆的程朱理学研究》

周海春　《20世纪中国哲学史的艰辛开拓及其未来展望》

陈宜中　《保守与激进之间——中国政治自由主义的希望与困境》

储昭华　《无待之待——庄子自由观的多重意蕴》

聂长建　《哈耶克自由主义的四对概念辨析》

周其明　《中国的民主法治与知识分子的责任》

另外，由于研讨会大部分报告未及录音，一些未提供文字稿的学者的精彩讲演内容，虽与本书主题切合，亦无法录入本书，成为一大憾事，也向这些学者致歉。

华中师范大学近代史研究所　何卓恩

中南财经政法大学法学院　张斌峰

湖北经济学院财务管理系　夏　明

2010年7月15日

目　　录

在殷海光诞辰90周年纪念会上的讲话

章开沅（华中师范大学原校长）

我翻看了这次研讨会的论文集，看到很多很优秀的文章，特别是殷夫人的贺词，讲到她希望海光的思想、言论、著作和为人，成为世代中国知识分子为社会争取自由进步的灵感来源。这也正是我的想法。

这么多来自全国各地、海峡两岸的学者一起参加纪念殷海光先生的学术研讨会，我很高兴，也很感动。对殷海光先生思想的了解，我不及在座各位，但是对殷海光先生的崇敬，我并不少于各位。因为我很早就知道殷海光先生。我1979年第一次到美国去访问，就认识了他的大弟子林毓生教授，他就谈到殷海光。1982年我又认识了陈鼓应教授，那是他最困难、最不受人理解的时候，我们一边走一边谈，他也谈到殷海光。那以后，1990年到1994年，我浪迹海外，接触殷先生的门生故旧就更多一点。另外在海外的图书馆也看到很多有关殷先生的书——当然我没有去做深入的研究，只是简单地了解到一些情况。所以这个会我是非常高兴的，我很兴奋。

我很高兴有这么多年纪大一点的、年纪轻一点的，老中青这么多著名的学者，充满着信仰来研讨殷海光先生的人生、学问和道德文章——好像外面还有很多学生没有能够进得来，这是我原来没有想到的。两岸隔绝已久，对殷海光的了解不是很普及，现在确实很有必要来研究、来弘扬。我有一个想法，当前这个世道需要有像殷海光先生那样的人来振聋发聩，越多越好，不是多了是少了。

我们有这么多人来研究殷海光、弘扬殷海光，更难得的是有像殷海光先生故乡那里的地方官员也来共襄盛举，这是很好的事情。近来我有一个很重要的收获，就是认识到我们的工作光是在学校里面是不行的，一定要走进社会。研究历史文化名人，弘扬他们的价值，首先要走进他们的故里，这样容易得到支持，得到理解。

我举一个很小的例子。我的故乡浙江湖州，原来叫吴兴，有一个很重要的文化人，也是基督教的宗教领袖，赵紫宸先生，原来是北京的燕京神学院的院长，在世界上很有影响的人。他的故居，北京的开发商和官府勾结起来要开发、要拆掉，限令他儿子赵景星十天之内统统搬走。这就很狼狈了。幸好，湖州市政府、师范学院他们很开明，我跟他们说赵紫宸不是一般的人，这个人在国际上很有名气，他是世界基督教领袖之一，又是一个非常伟大的爱国者。结果他们出面把故居整体搬迁回来，连门板都搬回来了，给他在湖州师范学院建立了一个纪念馆，非常漂亮，我们今年还专门为赵紫宸开了一个研讨会，北京中国社科院世界宗教研究所很多著名学者都来参加。不仅如此，湖州的德清县得知他们那里出了这么大的一位大人物，以前却不知道，便把他故居旁的一条街命名为紫宸街，很了不起。后来我跟他们讲，我非常支持你们这样做，该做就做，所以我对团风地方政府能够这样慷慨地支持这个纪念会，这样理解殷海光先生的地位和价值，感到非常高兴，也希望今后能够更好地合作来推动在大陆开展殷海光研究。

这是一点，另外一点是我为什么感到大陆目前需要殷海光这样的人呢？因为现在大陆有很大的问题。也不只是大陆，是全世界文明危机的问题。那就是重物质轻精神。整体上道德堕落，没有理想追求。也不是海外的学者都是那么好，也有一些无聊的所谓学者，跟国内某些所谓知识分子，联成一体批判理想主义，认为理想主义是很迂腐可笑的。鼓吹一切服从市场经济的需要，其他所有的都可以不管，实际上就是从理论上维护当前种种腐败与黑暗。现在中国最大的问题就是知识分子人格的扭曲。

我前一段时间主要谈用硬性指标、用课题经费控制知识分子，这种危害不下于过去科举制度把天下知识人尽收彀中的情况。真有这个味道。现在大家一股劲跑项目，抢课题，拼经费，整个学科与个人的评价都看这些。首先就看你能够争取多少钱，在哪级刊物发表。教育部如果不做彻底的改革，中国教育就没有希望了。

现在中国知识分子也应该自我反省，自我救赎。在现在的环境下自己还有没有道德底线，有没有精神追求？从这个意义上讲，我们今天开这个会，已经不限于学术意义，更多的是现实意义。既有学术意义，又有现实意义，而且我更多地是关注现实意义，也就是殷夫人所讲的那句话：把他的人品，怎么样做人，怎么样死去，怎么样为自由为社会进步奋斗终生，当作生命中最不可缺少的一部分，是最重要的传承。

致殷海光诞辰 90 周年纪念会

殷夏君璐（殷海光遗孀）

亲爱的年轻朋友们：

四十年前，先夫殷海光因罹患胃癌与世长辞。当时我想：人走了还有希望么？他半世纪奋斗的成果是否会随着岁月的流逝而被人淡忘？但近年来，尤其在中国大陆，越来越多人纪念他，研究他，出版他的著作。国内的大学也分别在 1989 年及 2004 年藉殷先生之名举行学术研讨会，今年底湖北武昌华中师范大学中国近代史研究所亦为纪念殷海光先生九十冥寿，以“20 世纪中国社会思潮及大陆赴台知识分子”为题举行研讨会. 我盼望海光的思想，言论，著作和为人成为世代中国知识分子为社会争取自由进步的灵感来源。

今年八月中，我和女儿，女婿，及三位外孙一起去台北参加殷海光先生逝世 40 周年暨雷震先生逝世 30 周年“追求自由的公共空间：以《自由中国》为中心学术研讨会。会上，我既高兴又兴奋的与众位老朋友们重逢。殷先生过去在《自由中国》的同事，如今都是迈入 80 大关的耆英，当年雄姿英发的学生们，也成了满头银发的退休教授，令人鼓舞的是见到多位新生代年轻学者，包括从国内来的何卓恩教授与王中江教授，他们多年致力於相关的学术研究，令人钦佩。但愿海光的影响能够细水长流，不断传递下去。

殷先生的学生，刘福增教授曾说：“上天很慷慨的让殷海光先生来到世界，来到台湾，在我们最需要的时候，不顾极权的迫害，帮我们散播和启发自由民主和人理的思想种子。但非常可惜的，上天没有一样慷慨的给殷先生应有的更长寿年，好让他为台湾和大陆，开拓和灌溉出更丰富更深邃的自由民主和人理的思想花朵和果实。”虽然殷先生英年早逝，争取自由民主本来就不可能靠少数人的力量，相信祖国不乏有理想有抱负之士继续不断地为中国人的福祉开拓，灌溉，与结果。

最后，我特别感激何卓恩教授代表大会邀请我参加此次的学术研讨会，可惜我日前罹致肺气肿，导致身体虚弱，目前正在调理中，不便远行，以致失去与你们相聚的机会，深感遗憾。不过我可以在太平洋的东岸，遥祝大会成功！

愿正义，公平，和彼此相敬相爱的精神伸展在人间。

殷夏君璐谨上

2009年11月16日

于美国加州圣河西市

在纪念殷海光先生诞辰90周年学术研讨会上的致辞

中共团风县委　团风县人民政府

尊敬的各位专家、学者：

哲人逝去，其思永存。我们怀着十分崇敬的心情与来自海内外的专家学者齐聚华中师大，共同学习研讨殷海光思想文化之精髓，隆重纪念殷海光先生诞辰90周年。团风县是殷海光先生的故乡，我谨代表中共团风县委、团风县人民政府及全县38万人民，对莅临大会的各位专家、学者致以崇高的敬意，对会议的成功召开表示最衷心的祝贺！

团风县成立于1996年5月18日。全县版图面积838平方公里，辖8镇2乡，287个行政村，总人口38万。团风人杰地灵，是闻名遐迩的名人故里，中共“一大”代表包惠僧，革命家张浩、林育南，地质学家李四光，经济学家王亚南，哲学家熊十力，文学家秦兆阳，思想家殷海光，书法家张荆野，军事家林彪等著名人物均诞生在这块土地上。团风区位独特。位于湖北省东部，长江中游北岸，大别山南麓，紧临大武汉，与黄石、鄂州、黄冈三个城市相依，位于武汉城市圈的核心层，是黄冈融入武汉城市圈的最前沿阵地，是鄂东连接武汉的桥梁和纽带。团风交通发达。京九铁路，江北公路，106、318两条国道及武汉至合肥、大庆至广州两条高速公路在境内交汇，罗霍洲港口被纳入武汉新港总体规划，并被确定为武汉新港首批16个启动建设项目之一。近年来，团风紧紧抓住中部崛起、武汉城市圈“两型”社会建设机遇，大力实施“三强”战略，形成了以钢结构、建筑建材、纺织服装、农副产品加工、医药化工为主的五大工业支柱产业，以优质稻、蛋鸡、水产品、蔬菜、林果特为主的五大农业主导产业。尤其是钢结构产业呈集群发展之势，全县投产、在建、签约钢结构关联项目已达28个，总投资

49.03亿元，“团风钢构”再次被省政府确定为全省重点扶持发展的59个重点产业集群之一。团风是“中国中部钢结构产业基地”、“全国百佳全民创业示范县”、“中国现代名间绘画之乡”、“楚天建筑之乡”。

团风县委、县政府高度重视文化建设，着力挖掘、保护、开发丰富的人文资源，倾力打造“红色土地，名人故里”文化品牌，先后修缮了李四光、包惠僧等名人故居，并授予文物保护单位。县委、县政府决定修缮殷海光旧居，对其少年生活的旧居进行维修，并在其出生地回龙山镇鸽子山村殷家楼择址重建殷海光纪念馆。已初步完成了征地、规划设计等前期工作。我们恳请各位专家、学者为殷海光旧居修缮和纪念馆建设奉献出你们的真知灼见。

这次学术研讨会的召开，对于我县打造名人文化旅游名县，是一次千载难逢的机会。团风的经济发展，离不开各位专家、学者的关心和厚爱；团风的文化开发，更离不开各位专家、学者的支持和帮助。在此，我代表38万团风人民真诚地邀请各位专家、学者以及海内外各界朋友到团风参观考察、指导工作。

殷海光先生作为一个献身知识、理性、道德和自由的中国现代知识分子，留给历史丰富的精神遗产。今天，我们以研讨会的形式来追思殷先生奋斗的一生，并传承其思想文化精髓，我们相信，在各位专家、学者的共同努力下，这次研讨会一定能够取得圆满成功，也必将在殷海光思想文化研究史上写下浓墨重彩的一笔。

在纪念夏道平先生诞辰 100 周年的学术研讨会上的致辞

马敏（华中师范大学校长）

各位学者、各位来宾：

金秋十月，桂香怡人。在这样一个美好时节，由我校和湖北经济学院举办，大冶市人民政府协办的纪念湖北著名旅台思想家夏道平先生诞辰 100 周年的学术研讨会如期举行了。我谨代表华中师范大学，对各位专家学者的到来表示热烈的欢迎！对研讨会的召开表示由衷的祝贺！

20 世纪湖北人才辈出，涌现了一大批思想家、学界名流。被誉为“自由经济的传道者”的大冶人夏道平，是他们中的突出代表。

夏道平先生百年前出生于湖北大冶县保安镇，毕业于国立武汉大学经济学系后留校任教。抗日战争爆发时毅然投笔从戎，奔赴抗战前线。后转任重庆“国民参政会”经济建设策进会研究室主任。抗战结束后任职于国民党政府，1949 年迁台退出政界，受雷震之邀，与殷海光等人一起参加了《自由中国》半月刊对国民党当局的批判。《自由中国》被迫停刊后，夏道平到政治大学等大学任教授。晚年应蒋硕杰先生力邀，担任中华经济研究院特约研究员，1995 年底以 90 高龄离世。

夏道平先生是一个杰出的翻译家。他以数十年心力，系统翻译了 10 余部现代市场经济经典名著。由于夏先生经济学出身的学术背景，这些著作的翻译，无论从系统性完整性，还是从专业性上讲，都达到了很高的水平。

夏道平先生还是一位卓越的经济学家，也是华人社会对经济体制思考较早，对市场经济的价值认知较深的先驱。夏道平很早就在台湾开始思考和探索市场经济。他的思想探讨对台湾经济市场化政策的贯彻和“经济奇迹”的出现发生了潜移默化的作用。

今天两岸专家学者研讨夏道平先生的思想，汲取夏道平先生的智慧，是一件很有意义的事情。我校非常重视战后台湾的思想文化研究，在国家重点学科基地中国近代史研究所，专门设有战后台湾思想文化的研究方向，并承担了相关国家社会科学基金和教育部重大研究项目。近年来，研究成果逐渐增多，与海峡两岸的学术交流也日益频繁。我们希望，通过这次研讨活动，能够进一步推进我校对台湾思想文化的研究，进一步推动我校与海峡两岸学界的交流。

贺　函

一、上海大学朱学勤教授来函

卓恩兄:

大函敬悉，非常感谢您的诚意邀请。只是时间不碰巧，10 月上旬，我已经接受欧洲方面邀请，去参加第二届中欧论坛，同行者还有上海的萧功秦、北京的徐友渔等。下次有会，无论汉、沪，我们一定聚首?

夏道平在中国自由主义思想史上是个重要关隘。在他之前，自由主义没有经济学支撑，只知宪政民主，不知市场经济，孤悬半空，狂风一吹，左右摇摆。胡适中年对苏俄有过短暂的迷惘，更多知识分子在 40 年代中后期迷恋政治上的自由主义、经济上的社会主义，以致选择失当，大局板荡。殷海光早年之所以迷失于法西斯右翼，此后到台湾才返归正途，教训之一，也是无经济学支撑。二十世纪中国知识分子自由思想发育，这几乎是一死穴，一代代人倒在这里，只是到夏道平出现，才将这一死穴填补完毕。大陆由于社会发展落后一截，故而大多数知识分子还落在前夏道平阶段，他们能过胡适关，却未必能过夏道平关。此次谢韬上书社会民主主义，从政治上说，有积极意义，从思想上说，却是重蹈覆辙而不醒，只能为之扼腕。在这个时候，您主持召开夏道平学术思想会议，既有学术意义，还有现实意义。我虽不能与会，却衷心支持您们的会议，请一定代我向与会同仁问候?会议之后，如有论文电子版，也请发给我一份，以备请益。您现在调至华中师大，估计会议召开时，会得到章开源先生支持与祝贺，如果方便，也请代我问好?

虽不能至，心向往之，谨致歉意，预祝会议成功!

学勤

2008. 8. 22

二、武汉大学哲学学院李维武教授的贺信

海峡两岸纪念夏道平先生诞辰一百周年学术研讨会：

欣悉华中师范大学与湖北经济学院联合主办的“经济市场化与社会和谐——海峡两岸纪念夏道平先生诞辰一百周年学术研讨会”，将于今年10月12日在华中师范大学举行。两岸学者，会聚一堂，追思先哲，研讨其学，无疑是对夏道平先生百年诞辰的最好纪念。以学术研讨会形式，对夏道平先生的思想学说进行专题性研讨，这在中国大陆学术界尚属首次，反映了海峡两岸学术交流的拓展，也反映了夏道平先生的思想学说逐渐受到大陆学术界的重视和研究。

夏道平先生，与徐复观、殷海光、胡秋原等先生一样，都是出生于鄂东之地而于20世纪下半叶活跃于台湾思想界的学术人物。他在幼年和少年时代，曾深受鄂东之地所特有的传统文化的熏陶，经史子集的重要部分都曾读过。他在青年时代，又考入武汉大学，先后就读预科和经济学系，并于毕业后留校任教数年，这为他以后经济思想的形成打下了坚实的学问基础。自1950年代起，夏道平先生与《自由中国》诸先进相呼应，成为台湾地区自由主义思潮的代表人物，尤其对自由主义经济理论作了系统深入的研究、介绍和阐发，产生了深刻的影响。因此，开展对夏道平其人其学的研讨，对拓展和深化20世纪台湾思想史研究，对拓展和深化20世纪湖北籍思想人物研究，乃至对于拓展和深化武汉大学校史研究，都是有意义的重要一环。至于夏道平先生的经济思想，经过学者们的认真研讨，将会发掘出其中仍有生命力的内容，以启示我们完善中国大陆的社会主义市场经济体制。可以说，开展对夏道平其人其学的研讨，具有多方面的学术意义。

作为我个人来说，对夏道平先生更有一份特殊的怀念。这在于夏先生与我的姨父詹绍启先生、姨母殷正慈女士有着数十年的交谊。这不仅在于他们都是湖北大冶小同乡，都是先后毕业于武汉大学的校友，还在于夏先生与我的姨父之间在思想上有过呼应与互动。1957年，我的姨父曾把一本刊有米塞斯新著《反资本主义心理》摘要的英文刊物寄给夏先生，这篇摘要对夏先生的经济思想发展产生了很大影响，因而后来夏先生在一篇回忆文章中称

我的姨父为他的“最难忘的益友”。在这里，请让我向夏道平先生致以深深的晚辈的敬意！

对于这次学术研讨会，我本当前来参加和学习，以便更深入地了解夏道平先生其人其学，但由于另有外地的学术会议，因此不能如愿前来，实在遗憾之至。在这里，谨向会议致以衷心的祝贺，祝研讨会圆满成功！

武汉大学哲学学院　李维武　敬上

2007 年 9 月 30 日于武汉大学

三、台湾中研院院士于宗先教授 2007 年 10 月 1 日来函

卓恩教授：

谢谢你 9 月 29 日的邀请函，欣悉你们将于 10 月 12 ~ 13 日在武汉召开一个小型纪念夏道平先生的学术会议。当你们出席在中华经济研究院举办的纪念三位自由学人研讨会时，曾当面告诉我这件事，我很高兴。可是目前的情况已不允许我出境，因为内人双腿近日疼痛难忍，正考虑开刀治疗，需要我的照顾。对我而言，在未来一个月内，不能离家，也因此影响我出境开会的计划。无论如何，你们的隆情厚意使我终生难忘。除致歉外，特表示我对你们邀请的最大谢意。即祝

纪念会圆满成功

于宗先　敬上

我与祖父夏道平

夏明（夏道平长孙）

“祖父”俗称“爷爷”。在我孩童时代，每次幼儿园放学，看到其他小朋友有“爷爷”来接时，我曾歪着头问过父亲：“我有爷爷吗?”父亲顾左右而言他。自此以后，我就再没有问过这个话题。直到1978年，一位从香港回汉的大冶同乡找到在中南财大教书的大伯——夏宏琛，转交了祖父的一封便笺和一百美元。至此才开始了我们这个大家族同祖父的联系，至此我才有了“爷爷”这个概念。第一次见到祖父是在1989年的香港，香港弥敦大道弥敦大酒店，上午10点左右，当一位面庞慈祥、戴着眼镜、西装革履的瘦小老头，在陈宏正先生的陪同下向我们走来时，父亲告诉我：“这就是你爷爷!”这时概念化的“爷爷”才有了清晰的形象。

祖父在大陆有三儿（宏琛、宏伦、宏光）一女（晦鸣）。在香港祖孙三代会面，隔离40年之久，刚开始双方都有点拘谨；但时间一长，那种血脉亲情就流露无遗。祖父很兴奋，谈的也最多。只恨时间太短，七天一晃而过。临别时我们相约高高兴兴“再见”！但当那个“瘦弱”的身影离开我们视线的一霎那，每个人不免神情黯伤，眼角湿热。竟不知这是我与祖父唯一也是最后一次见面。今天当我再次回想这一幕的时候，当我为了写这一篇文章再次捧读祖父同我们家族数百封信件的时候，禁不住感动感念。我为祖父对我们这一大家子人的刻骨思念及真心想帮助我们的那一份情爱而感动；我为祖父在我成长的每一步对我的关爱、宽容和带来的福音而感念。

一、生活中教育我做人的道理

我出生于“三年自然灾害”的1961年，成长于中国最动乱的“文革”。更糟糕的是，由于受祖父的牵连，我家是典型的“黑五类”。流放于沙洋农场，中小学阶段，我一方面饱受欺凌，另一方面又抱着“打不赢，也要咬对方一口”的信念，除了认识几个字以外，大部分时光都是在玩耍、遭受白眼、与人打斗中度过的，养成了一身的臭毛病和迄今也未改掉的“野性”。1980年参加高考，经过努力，苍天有眼，我高考的成绩竟然超过了录取分数线，在不到4%的录取率中考取了大学。然而在“政审”中还是由于祖父的关系，竟然没有一所院校愿意录取我，险遭淘汰。后来几经波折才勉强被武汉财贸专科学校录取，成为一名标准的“大专生”。在极其愤懑和压抑的情绪中读完了三年大学，临到毕业，当其他同学纷纷分配到省市直机关、研究所和外贸、金融等单位时，没有任何“背景”的我，只能乖乖的到湖北银行学校，极不情愿的当了一名中专教师。当我把这一小段经历告诉祖父时，祖父来信说道：“人的一生，就是在走一条或长或短的路。路的状况和路上发生的各种事情，常常不为人所左右，但每个人如何抬腿，如何迈步确是受大脑支配的。我希望你走好每一步。”对于我不愿意当教师的想法，祖父来信除了多次强调教师职业的好处，也尖锐地指出：“就你目前的情形来看，你离教师的标准还相差甚远。而要做一名好的教师，还需加倍努力！”与此同时，祖父热情的鼓励我继续求学，并亲自与他的同班同学张培刚先生联系，期盼我能报考张教授的研究生。但遗憾的是我辜负了祖父的一片苦心，1990年代初期，经不起当时“下海潮”的诱惑，我受同学之邀跑到青岛，在一家外商独资的房地产公司担任财务总监。祖父闻讯，来信中难掩失望之情。“虽然我家祖上也是经商出身，虽然我对工商业人士充满尊敬。但我总觉得，搞商业的人和搞政治的人一样，首先需要有大智慧或曰心机，不停的算计，不象做教书的人实在单纯；其次还要有副好身板，到处应酬和奔波也不象学校生活那样有规律。”祖父真是睿智！在近两年的“海上”生活中，一方面让我开阔了眼界，在领略了世界精彩的同时也看到了人世间的阴暗；另一方面在纸醉金迷、觥筹交错中我也透支了自己的身体。1994年带着病体我再次回到校园，心情无比沮丧。而在这一年，祖父寄来了他给我们家族最后一封长信。信中谈到他信基督教以后的“喜悦”，尤其告诉我们：“信徒死后的丧事，从头到尾由教会一手包办，这是大好事。这样在我死后，你们不必想到有什么事情要做，更不必想到来台奔丧这类事情。”“……至于明孙，以后和他写信长谈的机会可能没有了。我在这里送他一副‘良药’，谓之‘三通丸’。‘肠胃通’，少吃荤油多吃素；‘脉血通’，一天24小时，拿一小时出来野蛮身体不为多；‘道理通’，心理调适太要紧太要紧！物质世界有‘自然律’，精神世界有‘宗教’。凡事‘顺势而为’，做人‘顺其自然’。”1995年12月23日祖父在台北溘然长逝！噩耗传来，触动我起起伏伏的哀思，书桌上堆满了祖父留给我的信笺、文集和书籍，一时之间，感情澎湃，泪水止不住的溢满眼眶。夜阑人静，窗外下着凄厉的冷雨，借着橘黄色的台灯，情不自禁地将祖父翻译的名著《人的行为》轻轻打开……

二、学术上指引我明确的路标

我所学的专业是商业经济，从教后一直从事会计与财务的教学工作。“财会这门学科是现代技管部门最重要的一门学问。掌握一门专精的技能是现代智识分子不可或缺的。但不能仅仅局限于‘技能’，而应从更宏观的视野透视其内在逻辑。”起初我并没有在意祖父这段话。后来赴中央财经大学进修，在图书馆我无意翻到了祖父翻译的几本著作，第一次看到了“奥地利经济学派”这个名词，于是好奇的向祖父询问。祖父来信说：“奥派经济学讲起来太复杂，非三言两语能说清楚。这里只想概要说几点：经济学是‘人的行为学’的一部分，而人的行为是最复杂的。搞经济学的人有高低层次的不同，我尊重技术层面，但更喜好哲学层面。纯真的经济学是从‘人性’的研究入手，简言之‘市场经济就是使人性中恶的成分为害最少’。这句话详细阐释很费事。我所服膺的奥派经济学乃是当今经济学界的冷门，而我偏好这一口，就像北方人喜欢吃硬邦邦的大饼而不喜欢吃松软的南方包子一样，咬起来牙齿要用劲才过瘾。现在的人大都急功近利，大都把经济学看成是赚钱的学问，这对有些经济学家是对的，但对另一些经济学家则大谬不然。这也是我这个学经济的人在富裕的台湾仍很贫穷的原因。这个话题就此打住。”而在另一封信中祖父告诫我：“就你目前的情形而言，打好专业基础是最重要的，这是安身立命的本钱。但不能就会计而会计而成为一名‘会计工程师’，也不能为教书而教书而成为一个‘教书匠’。‘求知欲’是成为知识分子的要件之一。财务与会计属于微观经济学范畴。近来我常常想，无论哪一门学科，人文学科、社会学科乃至自然学科，追溯到最高层次总有些相近之处。人心的逻辑结构是同一的，所谓‘人同此心，心同此理’。那一点作为核心的‘理’是同一的，但这个核心的‘理’衍生出来的枝节可谓‘繁杂多端’了。正由于有那一点核心的同一的‘理’，所以人类前途的和谐相处应该是有希望的，条件是对于那些衍生出来‘繁杂多端’的枝节，应尽量的相互宽容以收协作之效。但还是对于那一点核心的同一的‘理’，不同的人有不同的理解，以致‘差之毫厘’而‘失之千里’，所以人类前途的和谐相处也是很困难很困难的。但我们不应该绝望，弄清那个‘理’并把它讲出来，是真正知识分子的责任。说着说着就跑题了。”在临到毕业祖父来信说：“你要我翻译的书，我会托人寄来。我翻译的那几本书是奥派经济学名著，现在能静下心来读大部头书的年轻人越来越少。你若有兴趣可随意翻一下，捡能看得懂的先看，慢慢来。我常常对我的两位年轻同事吴惠林、谢宗林说：‘路走的多远不要紧，但方向一定要对！’”

就我当时的学识而言，我没有理解这些话；从北京回武汉不久我就去了青岛，更没有时间去想起这些话。真正接触奥派经济学是在祖父去世以后。随着阅读范围的扩大，我将奥派经济学的一些精髓要义融化在教学与研究工作之中。2002 年，我冒昧的将一份研究中国高等教育的报告寄给台湾《经济前瞻》主编吴惠林，惠林先生热情的鼓励我并于次年将报告浓缩为三篇文章连续在《经济前瞻》上发表。随后在台湾清华大学黄春兴教授的引荐下，2005 年我加入了中国“哈耶克学会”并成为创始会员。这是华人学术界一批立足于奥地利经济学派并不断拓展其领域的跨学科交流平台。我在这里有幸结识了众多的海内外致力于奥地利经济学派研究的著名学者，年长的有张曙光、邓正来、韦森、余赴礼等，同辈的有秋风、刘军宁、高全喜、冯兴元等，年轻的有王建勋、朱海就、李华芳、刘业进等。每年一次年会，我不仅从他们身上汲取了丰厚的学识养料，更从认真而热烈的学术探讨中寻觅到精神动力。与此同时在武汉，经传记作家汪幸福的介绍，我认识了同道的何卓恩、张斌峰、张世保三位教授。卓恩教授长期致力于近代中国自由主义思想史的研究，在当今浮躁的社会，卓恩教授是我难得一见肯坐冷板凳的学者之一。在台研修期间，卓恩教授竟然把全套《自由中国》的文章全部影印回来，令我唏嘘不已！正是在这因缘际会之中，才促成了 2007 年台海两岸分别共同举办《夏道平诞辰100周年学术研讨会》，两次会议取得了圆满成功，其影响迄今仍在发酵。回顾这段历程，毫不夸张地说，正是祖父有意无意地为我指明了一个方向，才使得我成为一名奥派经济学学徒，并将其原理有机的运用于微观层面而使我在学术上有所斩获；同时也在这个过程当中结识了那么多的同道学人而使我在精神上无比喜悦。

三、精神上导正我坚定的信念

我曾写信问过祖父，何以称之为“自由”经济学家。祖父来信说：“简言之，奥派经济学是建立在‘自由’哲学层面上的。但对‘自由’一词，即使号称自由的经济学家也都有不同的解读。这是个大问题。但无论如何，‘自由’对一个社会的发展来说是太重要太重要了。”祖父遗留的三本文集分别取名为《我在自由中国》、《自由经济的思路》、《自由经济学家的思与言》，可见祖父对自由的向往与坚持。2007 年和 2010 年，我曾两赴台湾，沿着祖父的足迹不仅环岛游览了台湾的山山水水，而且会晤了祖父在台湾的亲朋好友。早期《自由中国》的同仁宋文明、韦政通、马之骕、程积宽老先生；亲如家人的柴松林夫妇、陈宏正和周渝先生；后生辈的吴惠林、谢宗林先生等。大家或聚餐小酌，或品茗清谈，共同缅怀老一代的自由主义者为台湾的自由民主所作出的贡献。积宽老先生说：“‘自由’是争来的，不是等来的，更不是靠施舍来的。”文明老先生接着说：“当时我和殷先生、夏先生‘共同署名’，确实是抱着杀头坐牢的准备的。”松林先生补充说：“自由从大的方面说需要有献身精神；从小的方面来看，自由是一种责任，是对他人的一种尊重。在这方面，夏先生堪称楷模！”“所以我说他是谦谦君子，”文明老先生感慨道：“夏先生与人交谈从不打断人家的话，你看现在的人有几个做得到？”“台北的‘自由公墓’，夏先生是最有资格葬在那里的人！”积宽老先生无不惋惜地说：“可惜他最终选择了基督教陵园。”听到这些话语，我不禁又想起祖父在家信中对自由的零星阐释。“中国人害怕‘枪打出头鸟’，所以多半喜欢看热闹，搭便车。殊不知，当别人的自由遭受侵害你熟视无睹时，下一个受到侵害的就是你！”而在另一封信中祖父说：“我一生最害怕麻烦别人。所以我近来特别爱护自己的身体。爱自己就是爱别人；爱别人首先要爱自己。由此我想到了‘自由’一事。给自己自由就要给别人自由，给别人自由正是为了自己的自由。所以‘自由’一定是‘每一个人’的自由，而不是少数或多数。明白了这一点，自由才不易被反自由的人所利用。”在最后一封长信中祖父谈到宗教问题时写道：“信教后我的想法大大转变。更相信宗教真有使人心灵净化及平静的力量。教堂内的气氛真好！音乐、歌声、大家都亲和的笑容相迎，特别是对我们两个老年人，更是照顾周到。我竟能在里面静坐三小时，中午在教堂内吃简单的快餐，回家再睡午觉，晚上嘉乔妹妹来我家，我们三人读圣经、听唱片、唱圣诗，从来没有像现在这样宁静。我选择信仰基督教，是因为其教义解决了我心中想了多年而想不通的疑难问题。这说起来又话长了，就不谈了。另外，我这一生，对你们，对许多朋友亏欠太多，想起来常常寝食难安。但我现在也想通了，也不再钻牛角尖了。我们大家都服从‘自然律’，听从‘上帝’的安排，自由自在的生活吧！”

2007 年祖父百年冥诞之时，9 月一个星期天和煦的清晨，迎着温湿的海风，我在瑞年姑姑和铭辉姑父的陪同下，怀抱一束鲜花，来到了台北北郊安葬祖父的基督教陵园。祖父墓地周围长着青青的小草，右旁还有七、八只迷途的“羔羊”，似乎昭示着“神”在祖父人生道路的旨意。一个自由主义者成为基督教徒的艰难历程。瑞年姑姑夫妇是虔诚的基督教徒，铭辉姑父说：“对于我们信徒而言，‘死’并不意味着‘去世’，而是意味着‘再生’；逝者脱离人间苦海来到了自由的天堂。所以我们悼念逝者不是以哀痛而是以欢愉的心情去缅怀他们，因为‘天堂’是我们最终要相会的地方！”我们共同向祖父献花致敬，共同追忆着祖父不平凡的一生，共同在祖父的墓地前吟颂《圣经》：借着祖父一生的足迹，我们更能认识那位原造我们的“神”。因为我们都是本于神，理当依靠神，归于神！“所以我们不丧胆，外体虽然损坏，内心却一天新似一天，我们这至暂至轻的苦楚，要为我们成就极重无比永远的荣耀。”愿荣耀归于在天上永在的祖父——夏道平先生！直到永永远远，阿门！

2010 年 5 月从台北返汉后，我再次凝望悬挂在我家客厅正方祖父写给我们的条幅：“数次要我写条幅，我也数次想又想。传统的笔脱了毛，西式的又用不上。我已年老有心病，所幸时坏又时好。兴到了，磨墨、摊纸，草、草、草！草草涂出的是鹊还是鸦？尽管不必去管它。肉眼看到的只是形，心眼才可看出神。这‘形外之神’有没有？我应谦虚的自问，但我敢骄傲的自答：有！有！有！因为：后人个个胜先人，我的生命永不朽！”祖父亲自为其曾孙取名“晔”——日月光明，前程似锦！蕴涵着祖父对后辈的殷殷期望。我们这个大家族，父辈中成就最大的要数台北的三姑瑞年，夫妻档教授开创了世界半导体研究的转折点，网上有“男有杨振宁、女有郭瑞年”之说，可见三姑在国际物理学界的声誉；同辈要数祖父的外甥女余梅，38岁由华中农业大学破格提拔为教授并担任博士生导师，数十篇论文被国际生物学界一流期刊摘要转载。她们的成就都直接或间接的得益于祖父的关爱和影响。至于我，虽然毫无成就，但从祖父那里获得的教益最多最多，无论是学识修养还是为人处世，祖父都是我终生的楷模。但我理解祖父所说的“后人”不仅仅是指我们这个大家族，而是指千千万万正致力于奥派经济学研究的后辈先进，是指一拨又一拨纯正而理性的自由主义接种人！祖父的思想和精神也将在这“日月光明、前程似锦”的理想中得以永存！

在纪念夏道平先生诞辰100周年的学术研讨会上的致辞

中共大冶市委　大冶市人民政府

各位领导，各位专家、学者：

我很高兴能够代表大冶市委、市政府参加这次纪念大冶籍思想家夏道平先生的会议。

大冶是中国著名的矿都，有3000多年的青铜冶炼史，1000多年的建县建市史，100多年的开放史，积金聚银，钟灵毓秀，素有“百里黄金地、江南聚宝盆”的美誉。物华天宝之乡，同时也是人杰地灵之所。古往今来，大冶人才辈出，史不绝书，古今方志，人物编撰甚众。大冶人爱家、爱乡，也爱国、爱天下。他们中不少人带着大冶的乡音，天南地北建功立业。二十世纪走出大冶，走到台湾，建立起重要基业的成功人物，仅以1949年后在台湾落籍者为例，就有著名诗人周弃子，著名教育家刘先云、陈鹏，著名学者程发轫，著名画家董天琴，著名农学家、农复会主委张训舜，著名企业家詹绍启、黄凤鸣，著名军政界人物向海潜、皮震、袁雍、贾伯韬、邓定远等。夏道平先生则是成就卓著的学术思想家。

夏道平先生到台湾后，毕其一生倡导自由市场经济。这种经济体制，在中国大陆过去长期都是等同于资本主义而加以否定的，直到“十年浩劫”之后，邓小平同志拨乱反正，提出社会主义也可以搞市场经济，市场经济没有主义之分，这才彻底扭转了国家发展的方向，使国民经济走上健康的轨道。大冶近三十年的经济发展活生生的证明，夏道平先生所终生倡导的市场经济，确实是充满生命力的。目前大冶已经从过去计划经济时代单纯的农业经济，逐步转型到工矿业为支柱的新型经济体，各项经济指标都在湖北省乃至全国名列前茅。夏道平先生的思想虽然是在台湾提出来的，但是对于祖国大陆的社会主义市场经济发展，也应该具有重要的学术意义和实践启发。

今年是夏道平先生百年冥诞，华中师范大学和湖北经济学院决定联合举办“经济市场化与社会和谐——海峡两岸纪念夏道平先生诞辰100周年学术研讨会”，并热情邀请我们参加协办，我们感到非常荣幸。我们为大冶出了这样一位重要的思想家而骄傲和自豪！再次，请允许我代表大冶市委、市政府，代表大冶市人民，向到会的台湾和大陆的著名学者、专家，表示热烈的欢迎，期待你们在紧张的研讨之后，顺便到夏道平先生的故乡——我们大冶去看看，我们将以最诚挚的心情，来接待你们；我们更希望各位专家这次和以后能够经常给我们市政府献计献策，推动大冶更快更好的发展！

与殷海光师三日游

——殷海光先生去世十五周年

陈平景（台湾学者）

一九六七年暮春三月，殷先生突然到我住在温州街的小屋来，说他准备到台湾中南部去旅行，要我陪他走一趟。他说一切旅费由他负担。

这时的殷先生早已无课可上，禁止演讲，冷落的门庭，也早已站着“狼狗”。他想“易地谋生”，到美国去，却又不准出境。国民党处心积虑逼他离开台湾大学，设计由“教育部”聘他为“教育委员”，而聘书却由“警总”交付。他不屈从，特务还不肯罢休，有一天，竟然又带着那张聘书跑到殷家，要他接受。殷师母在卧室听到书房的争执声，知道先生委曲，心痛如割，忍无可忍，排户而出，痛骂特务欺人太甚，逼人太甚，无法无天，对付一个手无寸铁的教书先生，要人走投无路，接着痛哭失声。殷师热泪盈眶，抱住颤栗的师母，命特务滚出去！而一位以道德学问为幌子、三十多年无选民而每月照样拿民脂民膏的无耻之徒，继续落井下石，诬指殷师为“费正清集团”，“卖国集团”，侮辱殷师。在那种冰天雪地之下，他的处境和心境，正如他自己以前所写的一篇文章：“……虽然，我置身于这小书室中，我正神驰于古今的兴亡历史，可是我毕竟与这样的一群人处在同一个时代和同一个岛上。我的身体，正像一切讲思想自由和言论自由的人之身体一样，毫无掩蔽地暴露在一个没有约束的权力之下……。”

正在此时，任教于台南神学院的孟绝子知道殷师的困境，赶快跑到台北，恳切邀请殷师南下散散心，并且说神学院有一位洋教授是饱学之士，对殷师慕名已久，希望能在古城台南谈谈学问。这话很对殷师胃口，他常苦于无人可谈，便欣然答应。三月十号我们搭快车南下时，在台北站送我们的是陈鼓应，而在台南站接我们的是孟祥柯。

“怎会产生这么贫乏的文明?”

十七年前快车上吃的饭是用铝饭盒装的“排骨菜饭”，还有茉莉花茶供应。殷师上车之后，忙着看风景，全神贯注，像一个小孩子那样好奇，一直到中午饭菜送来时，他才一面吃饭喝茶，悠然看着车窗外亚热带的暮春说：“我一九四九年六月三号来台湾在基隆上岸，到今天十七年间，从来没有离开过台北近郊。李敖说我对于台湾的认识只是台湾铁路沿线的台湾，今天看来，我对这铁路沿线也谈不上认识，真惭愧。你看，这虽然是个小岛，自然景观却这么秀丽。真美！我刚才一直拿这里跟大陆风光来比较，拿我第一次单独坐火车到北平去所见到的，和今天的比较，古老大陆的黄淮平原、云贵高原、四川盆地、江南风光，显得别具一格，没法儿相提并论。一个是苍茫辽阔，一个是小桥流水，各有千秋。在这样不同的自然景观之下，产生的人物也不完全一样。古老大陆出的人物和台湾此地的人物，味道颇不相同。你看李敖那种气概！那种霸道！那种虽千万人吾往矣！我感慨特别深的，体会特别深的，就是拿我们西南联大的学生和今天台大的学生比较，这一比，使我有茫然若失之感。老弟，你是没有这种经验的。比优秀、比聪明、比成绩好——在某方面来说，那台大或许比联大强些，但一想到人的气象，那股说不出的味道，唉！那真是一块出人物的古老大地哟!”啪！他把筷子一放，挺直了上身，收缩了下巴，饭不再吃了。他的姿态表示他在严肃地沉思。良久，他慢吞吞地，咬文嚼字地，很费力地说：“我常常想找出一个答案：这么多精彩的人物，怎么会产生这么贫乏的近代文明？其主因究竟在何处?”

这样严肃了好久，他自己有点醒悟他的“多愁善感”似的，换了轻松的口气对我说：“我们何必活得这么辛苦？连十七年第一度的旅行，也要谈这些大问题。我告诉你，孟祥柯这个人就是典型的大陆时代的学生，他那天从台南跑回来按我的门铃，我让他进来，他坐定，两道目光冒着亮光，一口男中音的北方话，不快不慢，态度那样诚恳，音调那么柔和，教你怎么不出门的诸葛亮孔明，也会心甘情愿跟着他走，毫无拒绝的能力。我就是这样一口气答应下来的。他不到十分钟，一阵风那样走了，毫不拖泥带水，潇洒极了。我决定以后，拿两套西装，一新一旧，问我太太，究竟应该穿哪一套呢？我太太慎重其事，指着旧的那一套说："当然是穿这一套喽！"真是说得正中下怀，本来嘛，我根本和时下的人不同一个价值嘛！"

自从被禁止教书，禁止演讲，甚至连出版的书也被查禁之后，老师常找我陪他出门散心。去看罗业宏夫妇、傅伟勋夫妇，谈的是最近的读书心得。到政大再过去的乡下看林毓生的父母亲，使他高兴了许多天，他说这老先生和老太太是真正敦厚可敬的中国人。找鼓应去碧潭划船、谈心。陪他去金耀基、韦政通家里吃过饭，韦先生是一见面三四个小时不停谈学问。去听过杜维明在师大的演讲；去看过士林的玫瑰园和养金鱼的鱼池堂，到天母和淡水去看落日，吃鱼。有钱时，上重庆南路买书，到西门町买领带；黄昏时，他踱过温州街，找我陪他去喝现做的新鲜果汁。到真北平欢送过何秀煌。有一次先在殷家吃饭，吃完李敖立刻回请他、我、何秀煌四人去看高玉树选胜的那一幕，又花钱把我们带到中山北路中央饭店看法国女郎表演脱衣舞。陪他多次上中山北路平交道，一家客家违章建筑的小饭店，这小饭店是我发现的，供应我们客家传统梅干菜扣肉、酿豆腐、原汁清炖鸡汤，美味无比。李敖也请他去过几次，鼓应也去过一次。又在西门町请金、韦诸人吃过一次饭，刘福增作陪。去看过唯一的一次电影——《阿拉伯的劳伦斯》。后来又上西门町去做了一套西装。这些所有的活动范围，都是不出台北市。中南部之行，真可称为破天荒了。

殷师吃的"知名度"

车过嘉义，许多果树出现在田野间，车厢里旅客也有人带着一笼一笼的水果。殷师说以前在大陆听说台湾，就想到香蕉、凤梨，其实台湾最好的水果是芒果。我那时以为那只是个人的嗜好，并不以为他的味觉有高人一等之处。今天，我离台十六年，长期住过欧美、南美、日本，短期住过中国大陆、非洲。天下的水果今天让我品评，我也说台湾芒果世界第一。殷师不只是好吃出名，他的味觉的确高人一等。他选领带，常常空手而归，看不上眼，不买。有一次他一下买两条，一条送给我。我一点也不喜欢，为了纪念他，勉强带到海外来。不料我住巴黎数年，我打的却总是殷师送的那一条领带，别的我看不上眼。关于吃的"知名度"，我几次在北京拜访老师的老师沈有鼎老教授，沈先生总问我："殷福生到台湾还喝咖啡吧?"又说："他这人真怪，在昆明战时这么穷，他一有点钱，就是吃好的，那时什么叫好呢?就是几个广东人做的小点心，今天还觉得很好。殷福生在做学问上面，他有他自己的一套。"我听到这些话，打从内心深处感到温暖，殷师的生活细节，竟能三四十年还留在他的老师记忆之中，也必能留在我们做学生的记忆之中。

下午四点多到达台南，孟绝子准时在出口处笑脸相迎。我们先到台南神学院，晚饭由那位洋教授夫妇设宴请我们三人，吃的是西餐，饭后在客厅喝咖啡。洋教授夫妇一句华语也不会，殷师始终以英语和他们谈了三个多小时的哲学。当晚由老孟掏腰包在台南当时唯一的观光饭店叫台南大饭店订了房间，我们一到六搂，开门一看，全套洋设备，殷师高兴自不在话下。第二天早上起床不久，纯西式早餐送到我们房间外面的小洋台，老师吃得津津有味，连声说他不相信台南会这么洋化，并约好我们下一站到日月潭，要到最有名的涵碧楼去开开洋荤。

台南之游一共看了几个名胜，包括安平古堡，亿载金城和赤嵌楼。老孟又请我们吃了许多好东西，现在记得的是老师最喜欢的炒鳝鱼。再住一天，神学院院长和殷先生谈了一些神学的问题，一位开业医生夫妇请老师到他们家去。第三天挥别台南的老孟，我们到台中去。

在台中的时间很短，却去游了台中公园。出发要去日月潭时，殷师说搭公共汽车去，失掉人的尊严，要雇小车子去，十七年前小汽车在台中也不多，由台中雇车去日月潭的人更少。我去办交涉，讨价还价。上路以后，殷师才真正离开了铁路沿线，亲眼慢慢看了公路两旁的乡下风光。

游日月潭遇上宪兵

我们在太阳下山时赶到日月潭公路局车站，休息一会儿，就很轻松散步走过这临湖的小街，准备到涵碧楼去。走到湖边码头的路上，突然被十几个武装宪兵端着卡宾枪挡住去路，宪兵说："不许往前走，你们走开。"这一幕太突然，也和这安静的湖光山色太不和谐了。但我那时已服过兵役，殷师在抗战末期，投笔从戎，当过青年军二〇七师的士兵，我们两人都没有给吓倒，内心一点也不害怕，不着急。我找到一个配手枪的宪兵，告诉他说，这位是台湾大学的教授，我是他的学生。我们来此旅行，要住涵碧楼一夜，明晨离开，请他让我们过去。这宪兵一听到涵碧楼三个字，口气很严肃地说："你们赶快离开，涵碧楼今天任何客人也不许住进去，你们快找别的旅馆去！"我们一听，知道事情不妙了，有要人来游湖了。殷师与我交换了一个眼色，心中一千万个不愿意，但却只能往回走，走了大约有十分钟，突然他开口说："我们回台中去吧！"我说："好！"但是难题来了，公共汽车没了，小汽车走了，我们走不成了。既扫兴又无奈，我们只好找到一家小旅馆。在吃饭时，端茶的老妇人低声用本地话对我说："蒋总统今夜住在日月潭，你们吃过饭不要到外面去，回房间休息，警察刚才来吩咐过了，一会还会来查身份证。"我正要翻译给殷师听，他却告诉我："我栽了。"（意即我知道了）

这一夜，我们本来长途乘车、很疲倦了，却躺在垫被上辗转难眠，一夜默默也未交谈一句话。

次晨起个大早，准备结账离开此地，却见昨夜宪兵撤走了，一个和平又安静的湖，在晨光中迎接我们，我们也尽情畅游了三个小时，然后登岸搭汽车到埔里去了。

在埔里吃中饭，殷师说，我们去吃台湾乡下菜吧，到了一家人声鼎沸的台湾馆子，吃了炒米粉和猪肝汤，又赶车上雾社去了。

那时的雾社，像远离尘俗的世外桃源，脱俗而又幽静，浓密的森林，覆盖着整个山岭，几乎没有游客。我们坐在一棵大树下的石头上，俯视山谷，对这半开化的山城交换呼吸。殷师双手抱在胸前，挺直上身，欣赏天上的浮云，很平静地开口说："既然是全民拥戴的民族救星，怎么天天出门都要跟着这一大堆卫兵，如临大敌？好像唯恐别人随时要他这条别人可死光，他却永远死不得的老命。"稍停一会，又说："明明是个败军之将，别人死了，他逃到这小岛上来，还在作威作福，到处别墅。果真有一点点责任心，一点点羞耻心，就早该引咎辞职，换别人来干。如果是日本军人，像他这样，早切腹自杀了，还有什么颜面在我们面前这样威风，这样作威作福？"

对被“召见”的回忆

山童来兜售土产，把殷师的话打断，把我们的注意力吸引去了。我们才看到一群六七岁的男女孩子，手提竹篮，兜售吃的和极简单的手工艺品，每一个孩子的眼睛都那么澄清明亮，态度朴素可爱。此地曾是日寇屠杀我们同胞的小城，抗日的古战场也，今日呈现在我们眼前的却是宁静的和平，除山风、峡谷、满眼浓绿，就只有鸟鸣和山童的嬉笑声了。殷师又说到他以前对我说过的隐居之言，要带几本书，上山来过极简单的生活，要闭关，了却凡尘。

但我深深了解，殷师是入世的人物，他关心人群的前途，有诗人的热情，向真理永恒的追求。他以一个十七岁的黄冈乡下青年，只身北上，到北平去，就是以极不凡的抱负，向真理追求的表现。他有报国、救国的热情，恰好又生在一个破落户的家，一个破落户的国。一个国，到处是被列强啃蚀的伤痕，遍地烽烟。这位有理想、有热情的青年，强烈地感到自己的责任。他在北平时，正好“七七”卢沟桥事变爆发，他目睹日军侵略者在北平东单牌楼举行入城式，这件事，震撼了他的心灵，他痛切感到国家的危亡在旦夕。

就在这样的背景之下，他将民族的希望寄托给宣传上的一个人。在当时，千千万万热血青年正是这样的，把希望寄托在一个假象之上。

“老师，您上次说过，在您被‘召见’之后，才恶梦初醒，那次‘召见’的情形到底是怎样的呢？为什么会使您如恶梦初醒？”

“详细的时间、地点，我不愿意去想，也不愿意去说了，但是那个过程一定要你记起来。我到了侍从室人员指定的地点以后，一个大厅等着好多人，好多要人，有各方的大员，有集团军总司令、省长、部长，种种等等。我就在一张沙发上一屁股坐下去。这下子不得了，这些人一齐注视我这个穷小子，显然给吓了一大跳。等我定了神，仔细看这些报上常见到的人物时，才看到一幅人间奇景，什么呢？不管他是总司令、省长，还是部长，一个个半个屁股贴在沙发上，正襟危坐，毕恭毕敬，那副奴才相，至今忘不了。轮到我了，到一间大房子，那个人坐在正中间，有一扇大窗户在他头顶上，强光照在被召见的人脸上，他看你，清清楚楚，你看他呢？圣上的脸是不好给随便看清楚的，所以是迷迷茫茫。他开口问一些籍贯、家庭一类的话，突然说，你学哲学的，王阳明哲学念过吗？我如实答说念过，没有深入研究。这下他开始自拉自唱谈王阳明了，我的感想是‘不知所云’四字，完全不是那回事儿！那他为何要如此不知藏拙呢？这就是人的权力冲昏了头，强不知以为知，就是装模作样。本来一个武夫，没有墨水有何关系，何必如此……我懊悔啊！我不该去的，以后逢人问起这件事，我就绝口不提。”

山风凉了，我们赶车离开了雾社，赶回台中买了太阳饼，再赶回台北，结束三天之游。

逻辑问题二篇

——献给殷海光老师、金岳霖师公

黄展骥（香港学者）

一、矛盾谬误、拟似矛盾和真矛盾

这是对“不矛盾律”（简称“不”律）的比喻：逻（辑派）：“所有天鹅都是白色的”（R），并且举出几千只白天鹅。辩（证派）拿出一只红天鹅要否证 R。但是，辩被逻揭发，原来它是伪造的：红毛黏在白天鹅身上，暂时救回“不”律。辩又（从澳洲）拿来一只黑天鹅，是真正黑色的，R 被否证了。（“亦此亦彼”事例否证了“不”律。）随后辩又再拿来一只绿天鹅，（试图用另一反例：“谎者悖论”Q，再次否证“不”律）。逻乞援于类似以前的众多正例，（几千只白天鹅和被揭发伪造的红天鹅等，试图拯救‘不“律，像皮亚斯、克里普克、伯奇等。）我们认为，逻这么做是犯了不相干谬误。只有我们揭发，原来这也是伪造的：把绿色染在白天鹅身上（辩犯了“复合命题”谬误，消解了“千古之谜”Q。）

“张在深圳，又不在深圳”。（R），这犯矛盾谬误。但是，如果 R 表面所说“语言不详、含糊不清”，而严格表达 R 背后的意义，实为“张身在深圳工作，心却想念着境外的家，”（R_1），则含糊的 R 只是拟似矛盾并非矛盾谬误，R 经严格化后的 R_1 实为真句。再者，当张下班后，离开深圳市，前足刚好踏出深圳，后足仍留在境内，则 R 便是真矛盾。（辩证派的“亦此亦彼”，我们后来把它修订为“可此可彼”。）转瞬间，张后足也踏出深圳，R 再次犯矛盾谬误。（情境稍过，真矛盾便变成矛盾谬误。）再举例子：“李死了，但他仍然活在人间”（S）。这也是矛盾谬误。但是，如果 S 背后的意义原来是“他仍然活在众多人的心中，（或者，他的灵魂仍然活着。）”（S_1）

便是真句。再者，当李年老将死，在弥留状态，便是“真矛盾”；过之，则S又再变回“矛盾谬误”。

爱因斯坦的“波粒二象”悖论和马克思的“资本产生”悖论，是矛盾谬误；但是，当两个悖论经过爱、马消解之后，便是“拟似矛盾”或“真矛盾”。(这里已经添进了逻辑学以外的具体科学知识，应由有关学者下结论。）再者，所谓“辩证逻辑”，应该是广义的逻辑学，它除了结合语形、语义和语境之外，还要添进逻辑学以外的有关具体知识。注意：在矛盾（P，非P）两者的中介存有“含混”区，使“不”律失去普适性；除此之外，“不”律是正确的。

关于强化谎者悖论：“本语句不真”（欧布里德），西方两千多年来迄今（刚出版）的《合一、真和谎者悖论》论文集，逻辑派没有直面“真矛盾”，专事回避真矛盾、弱化论题；而近十几年来的辩证派虽然直面“真矛盾”，但是消解不了谎者悖论；再者，我们又将辩证派的“亦此亦彼”修订为“可此可彼”，“真矛盾”被奥康剃刀削掉，但是，“不”律在“含混”区仍然失去普适性，只有在“含混”区的两傍是正确的。(我们可以不断地把含混区缩小以满足实用上的需要，这样便把“不”律的正确和适用范围不断地扩大。）

初始谎者论题：“所有语句皆假”（P），古人早已发现“自涉”偶发的假（或矛盾）句，论题消解了。强化谎者论题：“本语句不真”（Q），它要证明结论“Q而非Q”为真，（“矛盾被证”或“真矛盾”，）它要否证“不矛盾律”。遗憾的是，自古迄今，一般而言，人们停留在初始谎者论题P，而回避强化谎者论题Q，没有直面辩证“鹰”派的“真矛盾”。退一步来说，假如我们只从逻辑派的观点来立论，那就是，只承认“不”律正确，不承认“真矛盾”；那么，“说谎者”论题的“缺值”“矛盾”等多种解释均使矛盾被证这一结论不能成立。个别解释均局部消解论题P，合起来便整体消解论题P；这是低标准。（奇怪的是，向来众多逻辑派的专家、权威都不懂得这点浅显的道理。）但是从高标准看，逻辑派仍然没有像我们的揭示“矛盾被证”犯了那个谬误。（比喻说，芝诺悖论：善跑者追赶不上乌龟。当人们不相信结论为真，但是仍然要揭发论据或推论犯了什么谬误。）关于“谎者”论题（或悖论）及其“族群”论题（Q），迄今（21世纪）有4个主流学派：

（1）层级派，他们认为，要避免（或消解）Q，最好就是，当使用“真”一词于某一语言 L，该词并不属于这语言 L，而是属于另一更丰富的后设语言 L_1。代表者：塔斯基。

评析：塔的鸿文内含几万冗长的文字和艰深的理论，高度掩蔽一个简单的谬误：矛盾定义，它将前 Q 代进“本语句假”，后 Q 代进“本语句”，“矛盾被证”由此构成！塔斯基做为“始作俑者”，他这个理论构成逻辑界整个 20 世纪的“大灾祸”，应全面被废弃，（它可能对别的理论偶有用处。）

（2）间隙派，他们创新“真”、“假”之间的“中介”。代表者：克里普克。

评析：所谓“间隙”，可以指“缺值”（value-lacking），像“他是诗人”，“这语句假”等，“他”和“这”均无所指，但是“间隙”也可以指“不确定”（indeterminate）。克的“无根基”说（ungroundedness）应指前者，它完全避过三值谎者的诘难。只不过，他是回避矛盾，弱化论题。如果“间隙”指“不确定”，则“三值谎者”可同样地被指出犯“复合命题”谬误而遭消解。

（3）贪吃（无厌）派，他们承认有些语句拥有超过一个“值”，或者，他们承认“真矛盾”。代表者：普里斯特。

评析：当我们简明地消解“矛盾被证”（或“真矛盾”），他们还有什么价值呢！再者，我们更曾多次把“亦此亦彼”弱化为“可此可彼”，根据“实用”的观点来删掉“真矛盾”！

（4）指标派，他们认为语句的真值可以随着语境而改变。代表者：伯奇。

评析：这非常对！但是，针对“谎者”论题而言，它也是回避矛盾，弱化论题。

二、略评《合一、真和谎者悖论》最新文集
——重述我们的悖论观

近 10 多年来，我们有多篇文章批判西方近 30 位“谎者悖论”（P）专

家、权威，认为西方解悖雄师“尽墨”。“谎者”悖论的“目标”是辩证“鹰”派要否证逻辑派的“不矛盾律”（简称“不”律）。悖论P内含两个较为繁杂的问题：“自（我指）涉”与“悖论”。我们曾把这两者极度简化为“矛盾”论题并指出，无论把P解释为“缺值”还是“矛盾”等，均挑战“不”律失败；跟着，我们又直面辩证“鹰”派的“真矛盾”，指出P犯“复合命题”谬误，更彻底地消解P这个“千古之谜”！（“谎者”论题P挑战“不”律失败）这个“简明”的消解完全没有“特设性”。

本文共分6段。第1段举出简单“自涉”新例，指出一般人早已（有意无意地）接受和习用“自涉”，并且维特根斯坦、史特劳逊犯了相关的谬误；及后又指出，关于“半费之讼”论题，如果有人恭请一位慈善富翁代学生付费给老师来平息纷争，便是回避“自涉”问题。第2段指出，“失钻”论题的前、后是两个“推论”，“谎者”论题的前、后是两个“论证”；分辨“推论”和“论证”便可安心接受司各脱定律了；随后又指出并赞扬森斯伯里“悖论”定义的宽容性，它说的“不可预期的结论”没有狭限为“矛盾的结论”（辩证“鹰”派承认“真矛盾”）。第3段涉及关于逻辑派和辩证派之争，指出了辩证“鸽”派对辩证“鹰”派和逻辑派作了“初步”调和之后，应该“功成身退”，好让我们进一步指出辩证“鹰”派以“理论”胜，逻辑派以“实用”胜，两派互有长短，平分秋色；“谎者”论题的“自涉”只能解释为“矛盾”谬误等，不能解释为“真矛盾”；而所谓“辩证逻辑”，实为“古已有之”的“广义逻辑”：“形式”和“非形式”逻辑（包含语形、语义和语境），将“矛盾”视为谬误。第4段指出，我们自己曾误信雅布罗的悖论及自己创造的“月亮圆”悖论为“非自涉”，而现在把两者均修订为变相的“隐蔽自涉”。第5段指出普利斯特忽略了重要论点，他不知道原来自古迄今，逻辑派已经有众多论者“局部”地消解了谎者论题，他们合起来便“整体”地消解了它；从逻辑派的视角看，他们完全没有“特设性”，只有从辩证派的视角看才出问题，有“特设性”；我们理解罗素、策墨罗等早期的忽略和轻视“真矛盾”，但是，我们批判哈克、马丁等在后期仍然忽略“真矛盾”。第6段我们比较悖论研究新著《合一，逻辑和谎者悖论》[1]和马丁的《真理与谎者悖论新文集》[2]，指出前者添进辩证派“真矛盾”的观点，客观和进步多了，但是从我们的视角看，新著仍然没有“突破性”！此外，我们重评了我们前曾批判的一些西方专家、权威们的论点。

1. “自我指涉”与“意义”

“自（我指）涉”是“谎者”论题（或悖论）——“这语句不真”（P）的核心问题。为了极度简化论题，我们仅仅研究P（这一句话）的“自涉”和“非自涉”，并且指出，所有P的标准“歧解”均使P的结论——“矛盾句被证明为真”不能成立，P这个“千古之谜”极简明地被消解了。

“月亮是圆的”（P），语句P为真。“语句P是由中文写成的”（Q），语句Q也为真。很容易看到，语句P指涉（陈述、说及、指称）客观事物（或主观心态，例如“快乐”“忧愁”等）；语句Q也可以指涉另一语句P。人们长久以来（有意无意地）习惯于这样来使用语言指涉事物和指涉语言自身。再者，既然语句Q可以指涉另一语句P，为什么语句R不可以指涉R自己：“本语句是由中文写成的”（R）？R也为真（如果把“不”一词加进P、Q、R，则非P、非Q、非R三者均为假）。语言乃“约定俗成”，优先于真理。语言（无论“自涉”还是“非自涉”）应有表达假句（一如表达真句）的能力，否则便有大缺陷。在知识体系（或一个论证）中，才不容许、禁止假句的存在。所以，语言也容许表达“本语句既由中文写成，也不由中文写成”（S）和“本语句不真”（T）这样的矛盾句（只是不容许S、T存在于知识体系）。可以把矛盾句看成是：非P否定P自己，是语言的自我否定指涉。两千多年来，人们消解不了谎者论题，才要在语言里禁止（限制、回避）自涉，或是禁止自涉引致的矛盾，抛弃良好的“约定俗成”，提出众多“玄妙艰深学理”，以致窝藏谬误！

维特根斯坦曾说：“自涉是无意义（meaningless）的”。他是针对“谎者”论题：“这语句不真”（P）而言的。如果“这”没有另一语句为其所指，则P“非自涉”，P缺值，即无语义，也称无意义（S. Kripke）。如果P指自己，则P自涉，P自相矛盾，自然有真值，有语义即有意义（C. S. Peirce）。如果把P（另一种方式的）自涉一次：“‘这语句不真’不真”，它等值“这语句真”（W. V. Quine）。如果P不断地自涉，它为“这语句不真、真、不真……”无论它真或不真，均有真值，但两者均建立不起

“矛盾被证”的结论（H. Herzberger）。赖尔（G. Ryle）把P解释为另一种不断地自涉：{这语…〔这语…（这语……等等）〕}是不真的，是缺值，无语义，而其它许多对P的解释均有真值，有语义（不少论者可会拒绝莱尔的奇怪解释）。我们可看到，要么不妥当解释P，要么妥当解释P，无论怎样，两者及中介情况均挑战不了“不”律，它们合起来便把P论题“低调”地完全消解。以上对P的几种歧解，均“局部”“低调”地消解了“谎者”论题P。我们随后指出“谎者”论题P犯“复合命题”谬误：误以为矛盾句为单句，“高调”地彻底消解了P。之后，我们看到伯奇（T. Burge）、巴威斯（J. Barwise）、德福林（K. Devlin）和布海威（S. V. Bhave）等的“语境敏感”解悖方案，认为它是“回避矛盾”，把问题“弱化”。研究问题，一般而言应该把它“强化”，例如把“原始谎者”不断强化为“标准谎者”、“强化谎者”和“三值谎者”。关于“理发师”论题，不时都有论者说，理发师是个女人（或仍未长胡子的少年），没有刮胡子与否的问题，论题消解了。这很对，但这同样是回避（或弱化）论题。我们应该把它“强化”，设定理发师是个需要刮胡子的男子汉。也曾有论者说，虽然理发师自己需要刮胡子，但是，他却可以处身在“刮”和“不刮”之间的“含混”区：“可此可彼”，没有犯矛盾谬误。这也很对！但是，这也是回避和“弱化”问题。作为逻辑学者，我们应该另外选择“非含混”区的情况，揭发“自涉”偶发的矛盾性，提防因自涉而犯矛盾谬误。关于“半费之讼”论题，有论者可能会说，我们恭请一位慈善富翁代学生付费给老师，并教训学生尊师重道，这样论题就消解了。这也是回避论题。作为逻辑学者，我们仍然要直面“强化”的论题，看看如果是“自涉”则怎样；如果“非自涉”则又怎样。之后，还可能加添法理和道德考虑（从他们的视角看，他们针对并消解了论题而我们才是回避论题；社会应该包容并兼顾两者）。

“意义”一词的另一解释是“价值”、“目的”等。“谎者”论题P有重大研究价值、目的，所以，无论把“意义”解释为“语义”还是“价值”、“目的”，维特根斯坦所说“自涉无意义”均不能成立。史特劳逊说，矛盾句是无意义的。它有点像“走向前，然后返回原位”。这除了散步之外，漫无意义（或目的）。我们认为，他混淆了语言的与非语言的意义，后者指目的、价值、效果等等。矛盾句既然能被判定为必然假，它的语文必先为我们所理解。况且，矛盾句不只有“语义”，因为它否定了一切可能性，可说是有最多的“经验内容”，所以它能够推论出任意语句；而重言真句虽然有“语义”，但是，它并无否定任何可能性，可说是全无经验内容，所以，除了重言真句之外，它推论不出任何语句。我们更要指出：如果他目的是散步，锻炼身心，则有意义（价值）；如果他是无聊闲逛，才是无意义（漫无目的、意图）。再者，根据我们的“自涉”理论，西方科学史上的“三次数学大危机说”和塔斯基（A. Tarski）、哥德尔（K. Godel）的“自然语言不可救药说”、“不完全性定理”均不能成立：真、假不定。

2. 弗兰克尔、森斯伯里的“悖论定义”

（1）失钻悖论”和它的消解。商店失掉钻石，职员 a、b 被查问。a：“我没有偷。”（非 P）b：“我这句话 Q 和 a 的非 P，两者只有一句真。”（Q）

假设（1）Q 真；从 Q 的含义（语义）析出（2）Q、非 P 只有一句真（Q⟷P）；根据（1）和（2），得出（3）P

假设（4）Q 假；从非 Q 的含义析出（5）Q、非 P 要么同真，要么同假；根据（4）和（5），又得出（6）P

补上重言真句（不补也是一样）（7）Q 或非 Q，所以（8）P。可是经过调查，证实 a 清白，即非 P。逻辑似乎在戏弄法律的公正和尊严！推理与观察携手证明“矛盾”同世而立。我们信赖逻辑，还是信赖观察？

问题出自哪里呢？许多论者都说，问题出自语言的“自（我指）涉”（Q 说及 Q 自己）！这是不对的。我们容许“自涉”，如果随后不犯“复合命题”谬误，悖论便不会出现。（从略）

根据“修正”的论证，再也证明不了 P，悖论消解了！先前的论证犯了“复合命题”谬误：把实质上较复合的句，误认作表面上较简单的句。这就是，我们应该容许“自涉”，但不容许随后犯的谬误。当论题初出现时，便被我们简明地消解，能否称“悖论”呢？（当我们分辨“证明”和“推论”，便安心接受司各脱定律了）

（2）弗兰克尔“悖论定义”的比较和评析。在下面，我们比较和评析弗兰克尔“悖论定义”：一般而言，当某一理论的公理和推理原则被认为真和正确，但从中却证明了矛盾句（“$P\wedge\sim P$”或“$P\leftrightarrow\sim P$”），那么，它包

含了一个悖论 。

弗兰克尔“悖论定义”（简称“弗定义”）末尾说“包含”一个“悖论”，就是说“这样就是一种悖论”；它显然是“狭义”，像“人是一种动物”；此外，这个“狭义”之中还夹杂一些“描述”。遗憾的是，众多论者竟然把“弗定义”的“狭义”加“描述”通通当作“广义”。例如，把“包含”了一个“悖论”误认作：“悖论就是什么什么”，并且依据这一重大误解来作出种种“引申”和“发展”！在下面，我们把“弗定义”当作“广义”来评析。这样，有不少错误并不属于弗兰克尔。

（3）我们的“简朴定义”。“悖论”就是挑战或违背常识的“大”说，就是牵动重大，悬疑难决的论题。这是我们最具概括性（最广包）的“简朴定义”。之后，各家各派可自行分类，是多元的。“悖论”的一般形式：~P 挑战 P。而 ~P 可以细分为“仅是 Q∧~Q”和“Q∧~Q 被证明为真”。徒具形式的“P，~P”不足以判断是否“悖论”，还要依据“形式（语形）以外”的具体内容（语义、语境）是否够“大”（牵动重大，悬疑难决）。此外，我们强调分辨“矛盾仅被揭露”与“矛盾被证”。

我们把“严重性（牵动重大）”和“困难性（悬疑难决）”作为悖论的两个特征（界定性质）。也就是说，我们把“仅是矛盾”的例子排列成为一个“连续体”，把“大”者称为“悖论”；也把“矛盾被证”的例子排列成为一个连续体，也是把“大”者称为“悖论”，其不够“大”者则不能称为“悖论”。徒具形式的“P 且非 P”和“P 且非 P”被证明为真，两者都不能作为判定是否“悖论”的标准，而必须加进语义、语境来考虑。

（4）森斯伯里的流行“定义”。最后，我们举出悖论专家森斯伯里的流行通俗定义（简称“森定义”），来点比较和评析。“森定义”：从（表面上）明显可接受的推理和前提得出明显不可接受（或预期）的结论。

事实上，上述“森定义”未能完整反映森氏的本意；他曾有一些补充说明，那就是，所谓“接受”，是相对于高水准的论者而言，它包括问题本身的“困难性（争论性）”和“严肃性（重要性）”。森氏又以“争论性、严重性”（即我们的“牵动重大、悬疑难决”）为标准，权宜地将“悖论”分为 10 个等级，“理发师”被认为最为浅显，放在第 10 级；“强化谎者”最为深奥，放在第 1 级。这与我们（把“悖论”排列成为一个“连续体”）

不谋而合。

有论者把“森定义”的“不可接受的结论”狭限为“矛盾的结论”。两千多年来逻辑派占主导地位，以“矛盾”为“不可接受”的。一些辩证“鹰”派以（一些或所有）“矛盾”为（可接受的）卓论。我们可以视“矛盾的结论”为“森定义”的狭义（而“弗定义”更是这个“狭义”的“狭义”），“森定义”灵活地包容“鹰”派的观点，没有把“悖论”定义的解释狭限化、绝对化！森不愧为“逻辑的开明派”。

我们看到“亦此亦彼”悖论，它直截了当地指出“矛盾”并存于世，并没有什么“前提”和“推论”（相对来说），“森定义”包括不进去。所以，“森定义”又是我们“简朴定义”的狭义。

3. 辩证“鹰”派的“真矛盾”

例 1：辩证“鹰”派（简称“鹰”）说：P、Q（月亮是三角形的）、R（地球是圆的），这三句话过半皆假。(P)

(1) 设 P 真，则 P 假；从而证明 P 假。(2) 设 P 假，则 P 真，从而证明 P 真。合 (1)、(2)，矛盾被证。这是克里普克（S. Kripke）“水门事件”悖论的“简化”。

逻辑派（简称“逻”）辩解：P 实为“隐蔽”的矛盾句（谁肯定 P，谁便犯“矛盾”谬误）。在后论证 (2) 里，当我们设 P 为假时，事实上应该设（复合句）“P 而且非 P”为假，便证明不了 P 为真，悖论消解了（犯了“复合命题”谬误）。

例 2：“鹰”说：所有话皆假（P）。

(1) 设 P 真，由 P 所说，得出 P 假；从而证明 P 假。(2) 设 P 假，得出：所有话皆真（注意：这里犯“极化思维”谬误），从而证明 P 真。合 (1)、(2)，证明“P 假而且 P”（矛盾被证）。

“逻”反驳：P 实犯了“矛盾”谬误，随后的结论“矛盾被证”不能成立。再者，在后论证 (2)，当设 P 假时，应该得出：有些话是真，从而证明不了 P 真；前此实犯了“不全则无，不当二分或极化思维”谬误，悖论（被“低调”和“高调”）消解了。

例 3：“鹰”说：“月亮是三角形”（Q）它既有意义，又无意义！所以 Q 是真矛盾（$P \wedge \sim P$）。

“逻”反驳：不对！假句 Q 有意义（语义），例如真值，经验内容；而且没有意义（非语义），例如没有重要性、价值；所以 Q 实为“拟似矛盾”（$P \wedge \sim P_1$）。

“逻”评析：“意义”一词（在辞典里）有两个权威性的解释：其一解作“语义”，它又细分为（必然的）重言句——没有经验内容，（实然）真句、（实然）假句和（必然的）矛盾句——有经验内容；其另一解作“非语义”，例如重要性、价值。所以，这里的辩证派犯了语义和非语义的“概念混淆”或“歧义”谬误，悖论消解了。

例 4：“鹰”说：考察（“自涉”加“表面肯定”的）“本语句是英文写成的”（P）。

假设 P 真，而事实上 P 并不是“由英文写成”，所以 P 为假，从而证明 P 假（简单说：P 所说的不符合事实，亦即 P 言其非）。假设 P 假，则 P 言其所是，所以 P 为真，从而证明 P 真。于是矛盾句“非 P 且 P”被证明为真，否证“不”律。

“逻”评析：原来 P 一方面肯定自己，但是它又和事实不符。把 P 的语义、语境表达出，便是矛盾的复合句：“P 而且非 P”（Q）。论证既然内含假句，随后的结论“矛盾被证”便不能成立！再者，当假设 Q 为假时，便变成“非 P 或者 P”（重言真句）。它除了重言真句之外，推不出任何句，从而证明不了 Q 为真，论题（从“低调”和“高调”）消解了。前此的论证实犯了“隐蔽矛盾”和“复合命题”谬误（注意：P 表面上是“自涉”加“肯定”，而实质上它是“自涉”加“隐蔽的否定”）。如果把 P 改变为“自涉”加“否定”：“本语句不是中文写成的”，也得出同样的后果。逻辑家们可以比较一下各论题的“轻、重”，应否称为“悖论”，而所谓“轻、重”是有主观差异的。

一个连续体：口中的饭（A），经过消化到排出体外的粪（B），因语境和实用需要，可分成，例如：A_1、A_2……A_n、B_n……B_2、B_1，辩证“鹰”派认“A_n、B_n”为“亦此亦彼”（矛盾统一，客观矛盾，或辩证矛盾），要否证“不”律。辩证“鸽”派则认“A_n、B_n”为辩证地统一的对立物，跟逻辑派的“不”律并行不悖，和谐协作。我们可看到，一个连续体的两“极”（A、B），在大多情况下不能说“我中有你，你中有我”（例如说

“饭中有粪”），这是清楚地另有所指（例如“老鼠拉粪在一碗饭里”）；我们只能指“中介”（A_n、B_n）“我中有你……”。关于“辩证矛盾”，我们曾多次为文指出：“鹰”派存有“大对”、“大错”，把它的“亦此亦彼”（即我国古哲“日方中方倪，物方生方死”，今哲可加进“车有亦行亦止之时”）修订为“可此可彼”（这跟我国古哲的“车有不行不止之时”近似），便跟逻辑派“平分秋色”；“鸽”派的“辩证矛盾”，则“不过不失”，应被奥康剃刀削掉！所谓“辩证逻辑”，实为“古已有之”的广义逻辑：“形式”和“非形式”逻辑，（包含语形、语义和语境，）认“矛盾”为谬误。

值得注意，从“实用”上的方便和需要，我们否定“亦此亦彼”（“真矛盾”或“辩证矛盾”），则“谎者”论题（P）更加被否定为“真矛盾”：只能把P解释为犯矛盾谬误（或别的解释），而不能解释为“真矛盾”。“亦此亦彼”论题挑战“不”律胜败各半，何况“谎者”论题！

4. 雅布罗的所谓“非自涉”悖论及其消解

雅布罗（S. Yablo）的所谓“非自涉”悖论。（Q）下面是“无穷尽”的语句序列：

悖论Q：P_1：所有随后的语句皆不真。

P_2：所有随后的语句皆不真。

……

P_n：所有随后的语句皆不真。

……

雅声称，既然Q的每一语句均只涉及随后的语句，并没有“自涉”，不像其他的“自涉”悖论（在上面我们把雅的悖论Q高度简化，并且在下面补上简明的消解）。

克拉克认为：可以看到，我们不能够一致地赋值（“真”或“不真”）给序列里的语句。设P_1真，则P_2随后的语句皆不真，这是不可能的。设P_1不真，则P_2和随后的最少有一语句P_n真；每一语句随着P_n这一真语句之后皆不真，这也是不可能的。所以，它是一个“悖论”。但是，既然每一语句均被理解为“所有跟随着本语句……”，所以，每一语句似乎是“暗含”自涉；不过，无论是否“自涉”，我们面前的“实质上”是个悖论；细察之下，可被消解如下：没有一个“这么样”的语句（P_1…P_n…）能够赋值

(表达命题)。

评析：克拉克没有指出怎么样的“不可能”，不够清楚和严格。再者，P_1……P_n……等均为（隐蔽的）矛盾句，自然能赋值。在下面我们另外建立论证并另作消解：

前论证：①设 P_1 真

② P_2 不真	（根据①）
③从 P_3 到 P_n…最少有一语句真	（根据②）
④所有从 P_3 到 P_n…的语句皆不真	（根据①）
⑤矛盾	（根据③、④）
⑥所以 P_1 不真	（根据⑤和归谬论证）

后论证：①设 P_1 不真

②从 P_2 到 P_n…最少有一语句 P_n 真	（根据①）
③ P_n+1 不真	（根据②）
④从 P_n+2…最少有一语句真	（根据③）
⑤所有从 P_n+2…的语句皆不真	（根据②）
⑥矛盾	（根据④、⑤）
⑦所以 P_1 真	（根据⑥和归谬论证）

合前、后论证，(矛盾被证)“P_1 不真而且 P_1 真”被证。

我们看到，在前论证里，P_1 推论出矛盾，它实为“隐蔽”的矛盾句(当补上 P_1 的语义、语境或预设，便是显然的矛盾句)。在后论证里，当我们设 P_1 为不真时，事实上应该设（复合句）“P_1 而且非 P_1”为不真，便证明不了 P_1 为真，悖论消解了（前此犯了“复合命题”谬误)。再者，虽然我们同意克拉克指 Q“暗含自涉”，但是我们有很不同的解释。

雅悖论 Q 的 P_1（首句）否定 P_2（次句)，而 P_1、P_2 根本上是同一的语句（出现两次)。这就是“自涉”：自己否定自己，自相矛盾；所以，雅的所谓“非自涉”悖论，实为“变相、伪装”的“自涉”悖论，有点像“本语句不是中文写成的”（Q)。在下面我们提出的“月亮圆”论题作为比较，(R_2 表面上更像“非自涉”而实质上是隐蔽的“自涉”)：P：Q 不真；Q：月亮是圆的（R_2)。R_2 表面上既没有“自涉”，又如克里普克所说，因为“语境作弄”（Q：月亮是圆的)，才沦为悖论性的，如果“语境合作”（Q：

月亮不是圆的)，论题或悖论消失了。在语言哲学里，一些“自涉”加矛盾构成一些自涉论题或悖论；类似地，一些物理（或经济）学题材加矛盾构成量子论、相对论悖论（各个论题可会添进一些不同的谬误，再据各个论题的重要性和困难性而判定应否被称为“悖论”)。矛盾句可以被看成是：非P否定P自己，是语言的自我否定指涉。

5. 普利斯特的“真矛盾”

20世纪初，集合论悖论的提出，导致人们重提谎者悖论这个老祖父。1979年澳大利亚学者普利斯特在美国《哲学逻辑》杂志第2期上发表了《哲学逻辑》一文，是总结80年来西方“解悖”失败的一篇力作。我们摘出普的几个要点并略作评析。

普指出，尽管近七八十年来为“解悖”所付出的努力研究，比逻辑史上任何其他课题付出的可能更多，然而用“非特设性”标准衡量，几乎所有已知的“解悖”方案均未能成功；而且前景很渺茫。

评析：这是迄今（2008年）一般的论调，但是它忽视“逻辑”、“辩证”两派对立的“矛盾观”。我们曾多次指出：从狭隘逻辑派的观点，众多方案均各自“局部”消解了“谎者”论题；他们合力便“整体”消解了“谎者”论题，没有特设性。但是，从辩证派，也是开明逻辑派的观点，才有特设性。我们就是直面“真矛盾”，然后指出论证随后犯“复合命题”谬误，才把“谎者”论题彻底地消解。

是否有“特设性”，除了上述分辨1. 对立的矛盾观（矛盾是谬误还是真理）之外；还是分辨2. 语言体系还是知识体系；3. 对论题“局部”的消解还是“整体（一劳永逸)”的消解；4. 对论题的“标准”（可接受的约定俗成）歧解还是“非标准”歧解。5. 仅是犯矛盾谬误还是矛盾被证，挑战“不”律。人们没有这样简明的分辨并消解论题。

普认为，我们既要承认有的语句是“真”的，有的是“假”的，又要承认有的是“既真且假”。真而非假的称“单真”句；假而非真的称“单假”句；既真且假的称“悖论”或“真矛盾”句。“悖论”句在《悖论逻辑》系统中，被看作是与单真句并列的一种真句。

评析：普提出所谓“真矛盾”，就是要向“悖论”投降，甚或屈服，最具“特设性”。当然，辩证派可以诉说“这只不过是逻辑派的偏见”！但是，我们应该尊重逻辑派的“不”律，它数千年来占主导地位。虽然我们不赞同普所说的“真矛盾”，但是，他试图提出（逻辑派以外的）另一种“理性重建”是应受到关注和重视的。我们曾夸耀说，“我们一网打尽”20世纪西方（逻辑派）的解悖雄师（西蒙斯、克里普克等虽然把悖论问题推进了一大步，但是他们仍然属于逻辑派），而现在补充说，（辩证派）普利斯特等是“漏网之鱼”！（但是，逻辑和辩证两大派应该互相尊重，客观和包容对方的观点来探讨）

普在考察哥德尔的不完全性定理和塔斯基语义学理论的基础上指出，以往的公理化、形式化系统并没有完全刻画日常素朴证明程序。因为有的形式系统内不可证的语句，却可以用素朴的推理加以证明。素朴证明之所以超出了已有的形式证明，是由于它用的是语义上封闭的语言。因此，关于素朴证明的正确的具有语义完全性的形式系统，应是一种语义封闭的理论。

评析：我们多次指出，不能表达假句和矛盾句的语言才有大缺陷；塔的“矛盾被证”是犯“矛盾定义”（和欧布里德犯“复合命题”）谬误。而哥德尔的理论因和塔的有内在联系，所以引起我们高度的疑问。普似乎很大程度上接受和建基于塔、哥两者之上来立论和发展，很不足取。

普认为具有语义完全性素朴证明的形式化理论既然是语义封闭的理论，从而就是一种包含悖论的理论。因此任何对于素朴证明的适当刻画，都首先承认悖论是不可避免的。

评析：普说什么“语义封闭的理论，从而就是一种包含悖论的理论”，“首先承认悖论是不可避免的”，但是，根据我们近20年来发表数十篇“矛盾与悖论”文章，极简单明确地指出，塔斯基等是大错特错的，现在作为辩证派权威的普利斯特竟然接受塔并建基于其上来反驳、立论和发展，是很值得反省和检讨的！

普基于上述几个论点，他提出“我们应当接受（一些）矛盾”，学会与悖论一起好好相处（作为“解悖”的方案）。从而他建立了容纳矛盾悖论的逻辑系统LP。

评析：我们读完上述普的几个论点之后，有一个大疑问：如果普利斯特和辩证派等参看和研究我们对“自涉”和所谓“非自涉”悖论的种种澄清、分辨与消解，还有需要建立他们的“矛盾系统”和信奉“真矛盾”吗？整个20世纪的多门学科里似乎都需要挥舞“奥康剃刀”削掉冗余的谬误理论！

罗、策等（逻辑派）在20世纪初仍然坚信“不”律，我们很理解，（因为“不”律向来占主导地位）。但是，随后受到辩证“鹰”派不断的猛烈批判，迄今还是束手无策。而哈克、马丁等于80年代之后仍然这么顽强、守旧，逻辑派应否向森斯伯里学习，认真反省、检讨呢？我们就是从先前“狭隘”的逻辑派，渐渐改变为“开明”的逻辑派，直面“鹰”派的“真矛盾”，指出“不”律在原则上的缺陷，但是在技术上要补救和保证“不”律的实用性和操作性，作出“理智的重建”，（我们仍然支持RZH的部分解悖标准，例如：排除、限制或是不信矛盾句，视矛盾为谬误。）关于“特设性”问题，我们把它澄清、简化如下：假句应存在于语言系统内而排除（或限制）于知识系统（或论证）之内（也可以让假句闯进知识系统，但不信它，指出论证的结论未能成立）。

6. 结语

逻辑派认为：含假句的论证不能成立；从假句推论出的结论真、假不定。很对！但遗憾的是，两千多年来西方众多逻辑、哲学、数学、科学权威竟然误信“数学大危机说”；犯“假值保留”谬误，误信“前提的假值必然保留在结论里”；又可以说：误信“真、假不定”为“假”（偏颇于“假”）。现在又有两位逻辑前沿权威塔斯基（A. Tarski）、哥德尔（K. Godel），他们倒过头来，竟然误信“真、假不定”为“真”（偏颇于“真”），误判“自然（日常）语言（准）死刑”或“不完全性定理”，犯了“据假来证明结论真”的谬误，这大别于“据假来推论出真结论”（一般学者和人们反而不容易误信“大危机”、“死刑”这两个理论，真是一个悖论；但是，当了解到：权威们往往缺乏健全的常识，顾此失彼、难得双全，悖论消解了）。

丘奇《比较罗素和塔斯基的解悖方案》说：“关于消解语义悖论，似乎证实，罗素和塔斯基颇为相同，而罗的只是塔的一种特殊方案。”马丁也说：“权威的‘自涉悖论’，论文都是以罗素、塔斯基的成果为背景和基础的，所以我（马丁）收进丘奇1976年的论文《比较罗、塔》，并认为丘奇对两者的分析和比较也有自身的重要性。另有许多解悖方案，重要的均由上述（以罗、塔为基础的）4 种方案组合而成。大家都认为“谎者”悖论实质上是纯正而迷人的。”我们十分敬仰和感谢丘、马两位悖论权威，他们把整个20世纪西方逻辑派的解悖雄师的智慧成果“熔于一炉”，好让我们轻松、简明地“一网打尽”，宣称西方逻辑派“全师尽墨”而誉辩证派的普利斯特等为“漏网之鱼”！虽然普等推进了半步，但是仍然未能消解悖论。我们感谢辩证派的“真矛盾”，它激发我们“理性重建”不矛盾律：以技术来补救“不”律原则上（失去“普适性”）的缺陷，从而保证“不”律发挥重大的“实用性”！

2008 年出版的《合一、真和谎者悖论》论文集，它添进一些辩证派的观点，比马丁25年前出版的《真理与谎者悖论新文集》客观多了。但是我们翻阅它的“前言”（共20 页），认为它全部15 篇论文均无“突破性”！是耶？非耶？关于“谎者”论题，本文只是论述一些新、旧“斑点”，目的在激发我国广大学者投入研究和专家们猛烈批判西方新、旧权威的有关理论。

激情与乡愁：鄂东籍旅台思想家的乡土文化因素

李维武（武汉大学哲学学院）

在20世纪下半叶的台湾思想舞台上，曾活跃着一批来自湖北东部的思想家。他们的思想、他们的文字和他们的刊物，曾在台湾思想舞台上揭起一阵阵轩然大波；他们也因之而成为对20世纪台湾思想史和20世纪中国思想史产生了深刻影响的人物，受到海峡两岸学术界的关注和研究。在这些鄂东籍旅台思想家中，以徐复观、殷海光、胡秋原最为著名。徐复观是湖北浠水人，殷海光是湖北黄冈人，胡秋原是湖北黄陂人，他们都是来自鄂东之地的思想家。

这些鄂东籍旅台思想家并不是一个严格意义上的思想群体。他们的思想各有特色，并不相同；他们之间还发生过严重的思想分歧，导致了激烈论争。但在他们的人生、思想及论争的背后，如果加以仔细的思想史考察，又总可以发现一些带有共性的东西。正是这些带有共性的东西，成为了一种重要的推动力，促使他们冲破了国民党当局的专制主义高压，成为20世纪台湾思想舞台上敢说敢当的人物，留下了今天仍然有着很大影响的文字与思想，他们的刊物也成为20世纪下半叶台湾地区思想演变的坐标。这个带有共性的东西，就是他们所怀抱的激情与乡愁。他们在台湾思想舞台上的探索、呐喊与抗争，表现出思想的激情；而在这种激情的背后，又涌动着他们无法割舍的无尽乡愁。因此，要深入了解这些鄂东籍旅台思想家的人生与思想，就需要对深刻地影响了他们的乡土文化因素进行认真的探讨。

一、“学术与政治之间”的思想家

背井离乡的人们，对故乡故土怀抱着依恋之情和忆念之心，表现出或浓或淡的乡愁，本是人类共同的心理。但这些鄂东籍旅台思想家对故乡故土的依恋和忆念，以及由此而产生的无法割舍的无尽乡愁，却有着更多的时代内涵，打上了鲜明的时代印记。他们远离故乡故土，不是为了求学，也不是为了谋生，而是出于时代的和政治的不得已原因。

这些鄂东籍旅台思想家的特点，可以借用徐复观第一部著作的书名来表达，那就是他们都是“学术与政治之间”的人物。他们都曾经关注并投身现实政治，都曾经是国民党政权的坚定拥护者。徐复观曾受到蒋介石的器重，成为侍从室要员。殷海光在大学读书时就坚决拥护国民党，抗战以后担任过《中央日报》主笔。胡秋原在20世纪30—40年代的政治态度更为复杂，经历了从信奉马克思主义到赞成三民主义的转变。1949年国民党政权在中国大陆的崩溃，使得他们也一同成为失败者。他们不得不背井离乡，远离故土，成为走上不归路的流亡者。殷海光、徐复观至死都未能回过大陆、回过故乡。而胡秋原则于1988年不顾台湾当局的禁令和阻挠，毅然决然地访问中国大陆，并回故乡探访。因此，他们对故乡的依恋和忆念，他们的无法割舍的无尽乡愁，往往充满了悲情与痛苦；而这悲情与痛苦中，又包含着鲜明的时代感受，有着强烈的政治倾向性。

这些鄂东籍旅台思想家，尽管都是国民党政权的依附者，但他们又都对国民党在中国大陆的失败进行了深刻的反省，力图从政治上和文化上重新探索国家和民族的出路。殷海光高举起自由主义的旗帜，徐复观提出了儒家自由主义的主张，胡秋原则主张超越“西化”与“俄化”而走中国自己的道路。这些各具特色的思想创发，对于打破国民党当局的思想专制、激活台湾的思想界起了重要作用。这些鄂东籍旅台思想家在奋力著述的同时，又长于办刊物，殷海光主笔的《自由中国》，徐复观主办的《民主评论》，胡秋原创办的《中华杂志》，都是20世纪下半叶台湾思想史上的重要坐标。也正是通过这些刊物，他们的思想得以迅速地向台湾社会不同层面传播和渗透，产生了很大的影响。因此，这批鄂东籍旅台思想家成为了20世纪下半叶台湾思想舞台上敢说敢当的开风气的人物。

然而，在这些鄂东籍旅台思想家的激情的背后，在他们雄健的文笔和敏锐的思绪的背后，又都涌动着他们的无法割舍的无尽乡愁。这种对故乡故土的怀念，与忧国忧民的激情结合在一起，形成了这些鄂东籍旅台思想家特有的家国情怀。正是这种乡愁和情怀，给予了他们以思想的激情，给予了他们在艰险环境中敢说敢当的勇气。这一点，徐复观在《学术与政治之间·自序》中有过真切的表达："我之所以拿起笔来写文章，只因身经巨变，不仅亲眼看到许多自以为是尊荣、伟大、骄傲、光辉的东西，一转眼间便都跌得云散烟销，有同鼠肝虫臂；并且还亲眼看到无数的纯朴无知的乡农村妪，无数的天真无邪的少女青年，有的根本不知今是何世，有的还未向这世界睁开眼睛，也都在一夜之间，变成待罪的羔羊，被交付末日的审判。在这审判中，作为人类最低本能的哭泣、呼号，作为人类最大尊严的良心、理性，都成为罪恶与羞辱，不值分文。而我的亲友、家园、山河、大地，也都在一夜之间，永成隔世。凡这种种，并非历史中的神话，而是一个人亲身的经历；则作为'盖人心之灵，莫不有知'的我，对此一巨变的前因后果，及此一巨变之前途归结，如何能不认真的去想，如何能不认真的去看，想了看了以后，在感叹激荡的情怀中，如何能不把想到看到的千百分之一，倾诉于在同一遭际下的人们之前。"① 而在20多年后的《学术与政治之间·新版自序》中，他又写道："假定其中稍有可取之处，只在一个土生土长的茅屋书生，面对国家兴亡，世局变幻，所流露出的带有浓厚呆气憨气的诚恳待望：待望着我们的国家，能从两千多年的专制中摆脱出来，走上民主法治的大道。待望着我们的文化，能不再受国人自暴自弃的糟蹋，刮垢磨光，以其真精神帮助世人渡过目前所遭遇的空前危机。"② 从徐复观的这些文字中，可以真切地感触到，在鄂东籍旅台思想家的激情的背后，涌动着他们的无法割舍的无尽乡愁，以及与这种乡愁相联系的家国情怀。这是他们思想的激情的原动力。

---

① 徐复观：《自序》，《学术与政治之间》，台湾学生书局1985年版，第XI－VII页。

② 徐复观：《新版自序》，《学术与政治之间》，台湾学生书局1985年版，第I页。

二、在故乡文化中寻找自己生命的根

乡愁，对于这些鄂东籍旅台思想家来说，不仅是他们在思想上迸发激情的动因，而且更为他们提供了安身立命的精神家园。他们力图在这个精神家园中，来找到自己生命的根。

这些鄂东籍旅台思想家，由于都属于“学术与政治之间”的人物，因而一方面轰轰烈烈，引人注目，影响很大；另一方面又遭受压抑，不被理解，倍感孤独。殷海光就曾十分痛苦地写道：“台湾的大陆人是无根的人。为了苟且偷生，他们只有依附权威。生物文化存在就是他们的核心价值。”① 他还写道：“三十年来，我有时感到我有无数的同伴，但有时又感到自己只是一个孤独的旅人；我有时觉得我把握着了什么，可是不久又觉得一切都成了昙花泡影。”② 1953 年，徐复观在《民主评论》第 4 卷第 9 期上发表了《中国的治道——读陆宣公传集书后》，通过对唐代政治家陆贽思想的分析，揭示了中国儒家政治思想的成就与局限，认为只有使儒家政治思想接上民主政治制度，才能解开中国政治问题的纠结。对此，殷海光著文《治乱底关键——〈中国的治道〉读后》，发表于《自由中国》第 8 卷第 12 期，称徐文是“不平凡的人之不平凡的作品”，认为“此时此地而能看到这种文章，真是空谷足音”③。“空谷足音”四字，正凸显出这些鄂东籍旅台思想家在当时的孤独感。1969 年，当徐复观得知殷海光逝世时，“曾绕室彷徨的自言自语：‘今后的生活更寂寞了，再没有一个可以谈天的人了。’”④ 徐复观的这一忧伤，同样表现出一种深刻的孤独感。这样一来，寻找生命的根，由“无根的人”转化为“有根的人”，就成为这些鄂东籍旅台思想家在精神上的一大需要。

---

① 殷海光：《剖析国民党》，《殷海光文集》第 1 卷，湖北人民出版社 2009 年版，第 300 页。

② 殷海光：《〈海光文集〉自叙》，《殷海光文集》第 2 卷，湖北人民出版社 2009 年版，第 321 页。

③ 殷海光：《治乱底关键——〈中国的治道〉读后》，《殷海光文集》第 1 卷，湖北人民出版社 2009 年版，第 36 页。

④ 徐复观：《对殷海光先生的忆念》，《徐复观杂文——忆往事》，台湾时报文化出版事业有限公司 1980 年版，第 168 - 169 页。

生命的根在何处？从广义上说，这些鄂东籍旅台思想家都归结为中国文化传统。这不仅在徐复观、胡秋原那里是如此，在殷海光那里也是如此。晚年的殷海光对中国文化传统的态度出现了相当大的转变，对中国传统文化中的自由精神与道德作用作了积极的肯定。在他看来，中国传统文化中早就生发了自由的因素，而现代民主的建构绝对少不了道德的支撑。他说："中国的传统和西方的自由主义要如何沟通？这个问题很值得我们深思。如果我的病能好，我要对这问题下一点功夫去研究。许多人拿近代西方的自由思想去衡量古代的中国而后施以抨击（胡适和我以前就犯了这种错误），不想想看：在思想上，老子和庄子的世界是多么的自由自在？特别是庄子，心灵何等的开放（要建立开放的社会，首先必须有开放的心灵）。再从社会层面看，中国在强大的帝制下，人民却有很大的社会自由。拿犹太教和回教来说，比孔教要专断多了。历史的社会应与历史的社会比较，拿历史的社会与近代西方的社会比较，是一个根本的错误。"① 他认为，民主政治的实现，除了制度的建设外，还需要有道德的支撑。这种道德力量，属于海耶克所说的"内在力量"。这种"内在力量"，是每一个人的超生物的力量实体的核心，具有相当复杂的内容，既可以是道德的坚持，又可以是宗教信仰，还可以是佛家的慈悲。"如果一个人的这种'内在力量'够坚强，那么他可能不在镇制的刀尖之前退却的。如果一个人内心真正抱持着一个理想，坚持着道德原则，谨守着一个宗旨，那么就会'富贵不能淫，威武不能屈'。"②

而更具体地看，对这些鄂东籍旅台思想家来说，他们生命的根深植于鄂东之地的山山水水、故土故园之中。徐复观很早就自觉地意识到这一点，他曾向那些流亡到台湾的大陆人痛切陈辞："多增加你对农村的记忆，对农民的记忆，对你自己在农村流过汗流过泪的父兄亲戚的记忆吧！在这种记忆中会使你迷途知返，慢慢的摸出走回大陆的土生土长之路。流亡者的灵魂的安息地方，不是悬在天上，而是摆在你所流亡出来的故乡故土。"③ 徐复观自己则表示说："我的生命，不知怎样地，永远是和我那破落的湾子连在一

① 殷海光：《最后的话语》，《殷海光文集》第4卷，湖北人民出版社2009年版，第306页。

② 殷海光：《自由的伦理基础》，《殷海光文集》第1卷，湖北人民出版社2009年版，第266页。

③ 徐复观：《谁赋豳风七月篇》，《学术与政治之间》，台湾学生书局1985年版，第81页。

起；返回到自己破落的湾子，才算稍稍弥补了自己生命的创痕”①。对于殷海光晚年的思想转变，徐复观根据自己的体验与对殷海光的了解做过分析，认为：“就我的了解，他所说的转变原因，除了对故乡生活的回忆，最为深刻外，其他的都是外缘。真正的原因，是中国文化，乃在忧患中形成，也只有在忧患中才真能感受。他这几年正陷在深刻地忧患之中。”② 在徐复观看来，正是殷海光所遭遇的巨大人生困顿，才使他忆恋故乡故土，从而对中国文化传统开始有了一种真切的感受。因此，这些鄂东籍旅台思想家对中国文化传统的认肯，实是与他们的乡愁密切地联系在一起的。

与徐复观、殷海光相比，胡秋原在思想上往往表现出更大的开放性。为了使自己的思想能为台湾青年一代所接受，他对湖北文化特色有所淡化。他曾说：“我无地方观念，大概首先由于我是湖北人。湖北在古代是中国文化两大源泉（夏楚）之一，以后因成为全国交通之中心，在全国诸省中是最无特色之一省，而也是反映全国风气的一省。湖北人最无团结力，也就最无省界观念、地方观念。我自弱冠，奔波内地各省，可说是‘东西南北’之人，外省朋友多于湖北人。以后游历世界，形成了我的民族主义。”③ 但即使如此，从这段表白中仍可以发现一种浓厚的故乡情结，表达了一种作为湖北人的自豪感。1988 年，胡秋原重返阔别 40 年的故乡，探访父亲艰辛创办、自己少时就读、以后又任校长的前川中学（今黄陂一中），曾赋诗表达自己的心情：“一别校园四十年，欣看黉宇倍增添，勤仁诚勇当时训，地隔时移心自联。”④ 这首诗把他的故乡情结淋漓尽致展现出来。

也正是这样，本是贫困、落后、不发达的鄂东农村，在这些鄂东籍旅台思想家的笔下成了他们圣洁的精神家园。面对台湾海峡的阻隔，他们把自己的理想与希望都寄予鄂东之地，寄予鄂东农村的风物人情。在殷海光的生命垂危时的口述中，就表达过这样的家乡情怀：“回味以前的乡居生活，这种生活给人带来清新、宁静、幽美、安然、自在——这才是人的生活，才是人

① 徐复观：《旧梦·明天》，《徐复观文录选粹》，台湾学生书局 1980 年版，第 291 页。

② 徐复观：《痛悼吾敌，痛悼吾友》，《徐复观杂文——忆往事》，台湾时报文化出版事业有限公司 1980 年版，第 159 页。

③ 胡秋原：《国事四书·致台湾青年书》，台湾学术出版社 1972 年版，第 7 页。

④ 引自江中联：《胡秋原先生回乡记》，《家庭》1988 年第 12 期。

所应过的生活，这种生活是产生中国文化的根源。”① 而在徐复观的笔下，更是具体而生动地展现了鄂东农村的宁静、平和与美。徐复观写过一篇题为《春蚕篇》的散文，用诗一般的语言，回忆着村里姊妹们养蚕的情景，描绘了鄂东农村的那种人与自然、人与人的和谐与宁静：“我的故乡，不是蚕桑区域。但一到每年的蚕月，村里的姊妹们，都聚精会神的用小筐小篮，各人养着百把几十个蚕。从孵卵起，她们整天做的，说的，想的，都是为了各人所养的这一撮小动物。有时拿出来互相比较，‘你看，我这个长得多么旺呀！’她们似乎觉得每一个蚕都是随着自己的希望、喜笑而生长。一直到蚕上了小小的架子，开始摇着头来吐丝，大家心里才感到轻松，但每天还要去看几次。一下子发现已经是亮晶晶的或黄或白的茧了，那种欢天喜地的情形，只有我们陪着帮过闲的小孩子们，到现在还可以在追忆中仿佛一二。茧摘下来以后，到底作了什么用场，我倒说不清楚。因为父母伯叔们，总是把这一个蚕月分给姊妹们作私房（私房是私人的存积），姊妹们可以随意处理，很少打算在家计之内。我们故乡的蚕，与其说是被姊妹们养大的，倒不如说是被她们欣赏大的，更为适当。所以在我心目中的蚕，这是几千年，甚至是几万年，由中国女儿们的心，由中国女儿们的魂，所共同塑造成的最高艺术，是中国女儿们纯洁高贵的心与魂的具像化。没有参加过这一伟大民族艺术塑造工作的摩登女人们，我除了到化妆店里去了解你们以外，你们还能给我了解一些什么呢？壮年时代，我曾在浙江住过三年，这才是中国有名的蚕丝出产地。我曾看到绿荫似海的桑田，也曾看到高烟囱林立的缫丝工厂，又看到一些改良蚕桑的意见书，却没有看到蚕，更没有看到乡下养蚕的女儿们的实际活动。在我的脑子里，觉得江浙的蚕只是特产，只是经济，只是商场，只是工业，而不是艺术。女儿们纯洁高贵的心魂，早被商人的算盘，经济家的计画，污浊得一干二净；我不能回忆它，我不愿回忆它。在我脑子里的春蚕，永远只许它和‘女桑’‘香闺’缩带在一起的。”②

因此，这些鄂东籍旅台思想家对于中国文化传统的认同，他们对于祖国

---

① 殷海光：《最后的话语》，《殷海光文集》第4卷，湖北人民出版社2009年版，第314页。

② 徐复观：《春蚕篇》，《徐复观杂文续集》，台湾时报文化出版事业有限公司1981年版，第383－384页。

和故乡的真挚热爱，从根源上看，都可以从他们深植于鄂东农村的生命之根上得到说明。

三、用鄂东人的坚硬性格支撑思想的激情

这些鄂东籍旅台思想家，不仅从故乡文化中寻找自己生命的根，而且秉承了故乡文化中的坚硬性格，用鄂东人的坚硬性格支撑思想的激情。在他们的思想激情中所表现出的不屈不挠的硬性，实与鄂东人的性格直接相联系的。

鄂东地区之人，多有一种坚硬的性格，具有倔犟的精神。在清人陈诗所撰《湖北旧闻录》中，就有不少这方面的记载："鄂州，土沃民剽。……咸宁，人多劲悍决烈。……通山，士尚刚毅，民多朴野。……汉阳，民性劲直决烈，多行仁义，有历世不分者。……黄冈，农力耕种，士尚气节，无依阿洟涊之习。……广济，淳庞近古，然任气尚侠。"① 鄂州、咸宁、通山、汉阳、黄冈、广济，都属鄂东之地。这种坚硬的性格，在鄂东女性身上也显示出来。木兰从军的故事，即出自鄂东的黄陂。黄陂的木兰山，山上的木兰庙，庙上所书的"忠孝勇节"四字，都表达了人们对这位能征善战女英雄的敬重，也从一个侧面反映出了鄂东人的坚硬性格。胡秋原的故里胡家大湾，就在木兰山下。这一性格特点，当然也在鄂东知识分子身上鲜明地体现出来。熊十力在谈到故乡传统知识分子的人生性格时说："楚士又好为一意孤行，不近标榜，蕲、黄尤甚。"② 蕲、黄两州，都属鄂东之地。徐复观的故乡浠水、殷海光的故乡黄冈、胡秋原的故乡黄陂，古时即属于这一地区。

进入20世纪后，由于鄂东之地的地理位置及湖北现代化进程的影响，鄂东人的坚硬性格尤为鲜明地体现出来。在这片土地上，经过时代风潮的吹动荡激，涌现出许多敢说敢当、慷慨悲歌之人。早在20世纪第一个十年的反清革命斗争中，鄂东之地就涌现了一批舍生忘死的革命党人。熊十力的好友、浠水人王汉，为刺杀清廷要员铁良而英勇牺牲，就是其中一例。熊十力

① 陈诗：《湖北旧闻录》下册，湖北人民出版社1999年版，第1331－1335页。

② 熊十力：《心书》，《熊十力全集》第1卷，湖北教育出版社2001年版，第24页。

在《居正著辛亥札记序》中，高度赞扬王汉等湖北革命先驱，称："王汉首拚一死，其真诚、弘毅、高尚、纯洁之精神，真足以惊天地泣鬼神。鄂人之不计死生，而哀号于军队中，遂使全军皆为革命党，王公之化，不可忘也。而至今未蒙褒恤！夫鄂军全体皆成革命党，人人置生死于度外，此段雄壮之气，如何可当。"① 以后，鄂东人士中更是英雄辈出。中共"一大"的十三位代表中，就有三位是鄂东人：董必武是黄安人，陈谭秋和包惠僧是黄冈人。大革命时期和土地革命时期，革命的风暴曾席卷鄂东大地，从这里走出了千千万万的革命战士，走出了两百多位共和国的将军，红军三大主力之一的红四方面军和独立完成长征的红二十五军都诞生在这片土地上。而来自鄂东之地的思想家和学者，如熊十力、闻一多、徐复观、殷海光等，也都倔犟孤傲，风骨嶙峋，有见解，敢争论，不向有权势者低头折腰。闻一多、殷海光在与国民党独裁统治的抗争中，都勇敢地付出了生命的代价。

殷海光逝世后，徐复观曾比较过他自己与熊十力、殷海光的人生性格，揭示鄂东农村的贫苦生活对他们的深刻影响。他说："我和海光，虽然我是浠水，他是黄冈，但相距不过十里左右，中间隔着一条巴水。我们两人，有若干相同的地方。首先是两人出身穷苦，幼年少年时代受到许多欺压，这便形成了精神分析学所指出的潜意识中的反抗性，脾气都有些怪而且坏。与我家也相距约十公里，与海光家相距约三公里的熊十力先生的性格，也可以作此解释。……我和海光，都是不很信邪的人。对于任何刺眼的东西，有兴趣的话，便会把眼睛睁得大大地正视一番。对于有趣的学问，说闯就闯。任何学术权威，都要看看他的成色，秤秤他的分量。可惜我中年失学，而海光死得太早。就我们的性格，在中国任何空间，都是不容易生存的，除非民主政体真正实现以后。"② 这种"潜意识中的反抗性"，这种"脾气都有些怪而且坏"，都是鄂东人坚硬性格的反映。

殷海光在晚年病重中，也谈到过徐复观的人生性格，说："如果人生比作舞台的话，有人自己搭台自己导演（第一流的人物往往如此）；有人借台

① 熊十力：《居正著辛亥札记序》，《熊十力全集》第8卷，湖北教育出版社2001年版，第265页。

② 徐复观：《对殷海光先生的忆念》，《徐复观杂文——忆往事》，台湾时报文化出版事业有限公司1980年版，第178－179页。

唱戏，唱完便罢；有人把别人的台子占为已有来演唱；有人是主角，有人是配角；有人是小丑，有人是跑龙套。像徐复观，具有单人独马打天下的霸才，他自己搭台、自己导演、自己当主角，可是有时他又让一些牛鬼蛇神挤到台上和他合演，无奈这些人太不够格了，根本无法配搭得上，所以反而把他这主角的声光掩盖住。常常他自己一本戏还没有唱完，就向别的戏台上拳打脚踢，这样使他步骤混乱，精力分散，树敌太多；有时意气鼓动了，还跑到别人台上去当配角。”① 称徐复观具有“单人独马打天下的霸才”，除了赞扬徐复观个人的才气外，同样也反映了鄂东人的坚硬性格。

胡秋原也表现出鄂东人的这种性格。他在《国事四书》中谈到台湾国民党当局对他的压迫时说：“也有人劝我，何必不到外国更安静的写书？但在这里看我的书的人较多，而我虽自愧才力有限，朋友有限，然尽我们一点微小的知识责任，也似乎功不唐捐，也便可见自由中国非不可为。我在民国十四年曾以一篇试卷受知于熊十力先生。最后一句是‘吾其不得自逸矣’，我不敢有负少年时代的初心。”② 对于胡秋原在创办《中华杂志》中所表现出的勇气与坚韧，徐复观曾作过高度赞扬，指出：“《中华杂志》，是在秋原和我及学稼（即郑学稼——引者注），被一批钱多、势大、人缘广的某种恶势力，逼得无路可走——无政治的路可走，因为政治主动地嫌忌我们；无舆论的路可走，因为台湾根本没有舆论；无法律的路可走，因为法律总是偏向钱多势大的一边；无申辩之路可走，因为没有可以容纳公正言论的园地——的情形之下，由秋原投袂而起，奋不顾身所独力创办起来的。”③ 胡秋原的这种“知其不可为而为之”的精神，是中国文化精神的另一类表现，也是鄂东文化的一种体现。

鄂东人的坚硬性格，使这些鄂东籍旅台思想家面对台湾国民党当局的专制主义高压，而成为勇者型的学者。也使得他们在一些问题上难免意气用事，与另一些抗争国民党统治的人士发生激烈的碰撞与论争。对于李敖这样的愤怒青年，胡秋原、徐复观也敢去碰一碰。总之，他们爱打抱不平，敢打笔仗，

---

① 殷海光：《最后的话语》，《殷海光文集》第 4 卷，湖北人民出版社 2009 年版，第 304 页。

② 胡秋原：《国事四书 · 致留美学界书》，台湾学术出版社 1972 年版，第 42 – 43 页。

③ 徐复观：《中国文化精神的另一表现》，《徐复观杂文补编》思想文化卷下册，台湾中央研究院中国文哲研究所所筹备处 2001 年版，第 504 页。

敢于争论，人生与文字间都洋溢着一股勇猛之气，则在20世纪下半叶的台湾是出了名的。这些文化现象其实都可以从鄂东人的性格中找到答案。

四、以鄂东文化的心学传统鼓荡思想的激情

这些鄂东籍旅台思想家的激情与勇气，还与鄂东之地的源远流长的心学传统相联系。

早在隋唐之际，鄂东之地就成为中国禅宗的实际发祥地。禅宗在中国的传法世系，一般以菩提达摩为初祖，慧可为二祖，僧璨为三祖，道信为四祖，弘忍为五祖，慧能为六祖。相传僧璨曾在鄂东的浠水一带传法，但这毕竟缺乏足够的文献证明。有文献可考的是：道信生于鄂东的广济，在僧璨门下修习九年，后在鄂东的黄梅双峰山建正觉寺独立传道；弘忍生于与广济相邻的黄梅，自幼随道信修禅前后近三十年，后于距离双峰山不远的黄梅冯茂山独立传道，形成著名的东山法门。道信提出了自己的禅学思想，其核心即："念佛心是佛，妄念是凡夫"；"离心无别有佛，离佛无别有心，念佛即是念心，求心即是求佛。"① 这些主张，实反对追求辽远的彼岸世界去获得成佛，而强调每一个人通过自我的修习与自心的觉悟即可成佛，鲜明地凸显出立足于人自身生命、自身实践的心学路向。与这种心学的路向相联系，道信又改变了自达摩以来禅师以乞食为生的传统，在正觉寺组织徒众一边修禅一边从事农业生产劳动，自耕自种，自食其力，开创了禅农并重的修禅新风。这使得禅宗立足于人自身生命、自身实践的心学路向进一步向下落实，建立了同农业劳动与下层社会的天然联系。弘忍进一步发扬道信的禅学思想，主张："众生佛性，本来清净，如云底日，但了然守本真心，妄念云尽，慧日即现。"② 又主张："四仪皆是道场，三业咸为佛事。"③ "四仪"指行、住、坐、卧，"三业"指身、口、意，这些内容无非都是普通之人的普通之事，平平常常，实实在在，没有任何的神秘感与超验性于其中。这意味

① 道信：《入道安心要方便法门》。
② 弘忍：《最上乘论》。
③ 玄赜：《楞伽人法志》。

着修禅进一步世俗化、平民化、大众化，使成佛成为每一个人在平常实在的普通生活中经过自我的努力即可实现的事情。道信、弘忍在黄梅讲禅前后持续五十多年，使鄂东之地成为中国禅宗的中心，产生了全国性的影响。慧能正是在岭南闻其弘忍的大名，不远千里来到黄梅追随弘忍。慧能的禅学思想，实际上也形成于黄梅。“菩提本无树，明镜亦非台，佛性常清静，何处有尘埃。”“心是菩提树，身为明镜台，明镜本清静，何处染尘埃。”① 慧能这两首写在冯茂山寺院西间墙上的谒，就典型地表现出他的禅学路向。弘忍对于慧能的禅学路向予以了肯定，于冯茂山传法于慧能。慧能主张“佛性”即是“自心”，使佛教哲学彻底心学化了，同时也完全中国化了。

有明一代，王阳明心学盛行，鄂东又成深受心学影响之地，不少学者风从响应。黄冈的郭庆，闻王阳明讲学，徒步往从之，得其说而回故乡认真践履。黄安的耿定向、耿定理兄弟，则直接承继了泰州学派的思想。蕲春的顾问、顾阙兄弟，“均从事良知之学，世所称二顾先生”②。明代的李贽，其心学路向的形成与阐释，更是与鄂东之地联在一起。李贽辞官归隐后，长期生活在鄂东的黄安、麻城，把泰州学派的心学思想进一步发展为“童心说”，认为：“夫童心者，真心也。若以童心为不可，是以真心为不可也。夫童心者，绝假纯真，最初一念之本心也。若失却童心，便失却真心；失却真心，便失却真人。人而非真，全不复有初矣。”③ 这种作为“最初一念之本心”的“童心”，是一种未曾受到后天的伦理纲常、道德教化熏陶影响的“真心”；人出生之后，逐渐受到伦理纲常、道德教化的熏陶影响，这种“真心”也就逐渐丧失，人也就由“真人”异化为“假人”。李贽的这一思想，一方面与陆九渊、王阳明所创发的心学路向相通，是对其心学思想的一种继承；另一方面又与陆九渊、王阳明所主张的“心即理”不同，主张的却是“心非理”，表现出一种心学异端的性格。李贽强调“心非理”，对传统的伦理纲常、道德教化作了断然的否定，而强调重视人的基本物质利益，强调这种对基本物质利益的重视即是人伦物理，认为：“穿衣吃饭，即是人伦物

① 慧能：《南宗顿教最上大乘摩诃般若波罗蜜经六祖慧能大师于韶州大梵寺施法坛经》。

② 陈诗：《湖北旧闻录》下册，湖北人民出版社 1999 年版，第 1810 页。

③ 李贽：《焚书 · 童心说》。

理。除却穿衣吃饭，无伦物矣。”① “童心说”一时间产生了很大影响，湖北公安的袁宗道、袁宏道、袁中道兄弟就由之主张“独抒性灵，不拘格套”，在晚明文学发展中独树一帜。

从道信、弘忍到李贽，鄂东之地的这种心学源流当然会影响后世的鄂东学人。这一点熊十力在他的第一部著作《心书》中就已提及：“夫古今言哲理者，最精莫如佛，而教外别传之旨，尤为卓绝。自达摩东度，宗风独盛于蕲、黄。蕲水三祖、蕲春四祖、黄梅五祖，迭相授受，独成中国之佛学。黄梅传慧能、神秀，遂衣被南北，永为后世利赖。有明心学兴，黄冈郭氏、黄安耿氏、圻春顾氏，并为荆楚大师。”② 熊十力把自己的第一部著作题为《心书》，也是为了表示要继承这种先哲流风，以示其对真我、真心的追求。

徐复观直接承继了熊十力的心学路向，明确地把中国文化归结为“心的文化”。他通过对中国道德精神形成与发展的考察，概括出中国文化发展的一个总特点：“中国文化发展的性格，是从上向下落，从外向内收的性格。由下落以后而再向上升起以言天命，此天命实乃道德所达到之境界，实即道德自身之无限性。由内收以后而再向外扩充以言天下国家，此天下国家实乃道德实践之对象，实即道德自身之客观性、构造性。从人格神的天命到法则性的天命，由法则性的天命向人身上凝集而为人之性，由人之性而落实于人之心，由人心之善以言性善，这是中国古代文化经过长期曲折、发展所得出的总结论。”③ 因此，他认为：“中国文化最基本的特性，可以说是‘心的文化’。”④ 在他看来，只有认识和把握了这个特点，才能真正认识和把握中国文化。正是这样，他对于禅宗的心学路向作过很高的评价，认为：“由天台、华严，尤其是禅宗，对人类的‘心’，作了一番探险与垦荒的工作，把印度佛教的宗教性格，完全转移于中国人文精神之中，而成为‘中国佛教’。……禅宗把由印度所搬进来的大小经论，一脚踢开，专在自己的心性上立脚，这实在是由印度文化回归向中国文化的产品。”⑤ 在这方面，

---

① 李贽：《焚书·答邓石阳》。
② 熊十力：《心书》，《熊十力全集》第1卷，湖北教育出版社2001年版，第23页。
③ 徐复观：《中国人性论史·先秦篇》，台湾商务印书馆1984年版，第163－164页。
④ 徐复观：《心的文化》，《中国思想史论集》，台湾学生书局1988年版，第242页。
⑤ 徐复观：《象山学述》，《中国思想史论集》，台湾学生书局1988年版，第34－54页。

他与熊十力看法一致，他曾说："熊十力先生常谓，宋儒如不辟佛，则其成就将更大，此真卓识卓见。"① 而在青年时期，由于尚未能有此认识，徐复观对鄂东之地的禅宗旧迹却不曾探访过，这成为他晚年的一件憾事。他曾感叹地说："我是鄂东人，鄂东黄梅的东山，实创出了禅宗尔后一千多年的天下，即所谓'东山法门'，而我竟连一游的念头都不曾动过，真太抱愧作为一个鄂东人了。"② 在这里，可以清楚地看出鄂东文化中的心学传统对于徐复观的深刻影响。

胡秋原也对心学作了明确地肯定。他十分推崇熊十力的心学路向，认为其宗旨在于弘扬中华民族自我意识和主体精神。他说："先生于我有师生之义。尝勉我以事功，并屡讽示欲我继续其学。先生大力精思，至意无非欲国人自知其自性，共宏爱其族类之心。此实儒学之血脉，为我无刻或敢忘。"③ 由此，他对于人的精神活动和人格尤为重视和强调，指出："人之所以为人，为万物之灵者，在其有精神活动，此精神活动之全体谓之人格。于是才有人之价值，人之尊严。动物是必死的，人也是必死的，人格则是不死的。人格之表现，不仅在于理性之辨别力，而且在于价值之追求——真美善之追求。"④ 在这方面，他尤其肯定了心学的价值，认为继孔子、孟子之后，"发挥人格尊严之意的，是陆王学派，即所谓'堂堂做人'，所谓'致良知'，以及自尊无畏的精神"⑤。对于中国历史上那些在精神上有建树的朝代和在人格上有光彩的人物，他大力推崇弘扬。他重视汉代的精神气象，认为："汉人的德性——刚健恢弘之气，实事求是之诚，由宽厚而生的亲和力，由自爱而生的荣誉心，是两汉光荣伟大的根本。"⑥ 他尊崇文天祥为中国英雄，认为："他的热烈至诚，惨烈苦斗，和从容而壮烈之死，不但为后人留一万古凛冽的模范并留下最后胜利的坚强信心：'江山不改人心在，宇宙方来事会长。'"⑦

---

① 徐复观：《象山学述》，《中国思想史论集》，台湾学生书局1988年版，第56页。
② 徐复观：《风景·幽情》，《徐复观文录》（四），台湾环宇出版社1971年版，第155页。
③ 胡秋原：《一百三十年来中国思想史纲》，台湾学术出版社1983年版，第70页。
④ 胡秋原：《哲学与思想》，台湾东大图书公司1994年版，第362页。
⑤ 胡秋原：《哲学与思想》，台湾东大图书公司1994年版，第362－263页。
⑥ 胡秋原：《古代中国文化与中国知识分子》，台湾学术出版社1988年版，第444页。
⑦ 胡秋原：《中国英雄传》，台湾问津堂书局2006年版，第256页。

殷海光在晚年，在改变对待中国文化传统态度的同时，也对心学路向有了一定的认肯。他在谈到独立思想时说："学院式的训练与独立思想很难两全其美。有学院式的训练，在程序中常把独立思想消灭了；有独立思想的人而缺乏学院式的训练，他的想法常经不起考验。如今要有基本的学院式的训练做基础又能激发他的思考，能做到像陆象山所说'六经为我注脚'的气象，才是个思想人材，否则就像木头底下的蛀虫，永远不会显现创造的光辉，因而也不能把人类的光辉向前推进一步。"① 由此出发，他力图从中国文化传统中找到那些历史上的独立思想者，认为："在中国的过去，统治的建构是汉代以降一直以儒宗作人理的正统。对于这个正统，并非完全没有知识分子怀疑或挑战。但是，这类怀疑或挑战，大率采取两种形式：第一类是个人的思想家，例如王充、李觏、李卓吾、颜习斋、戴东原等特出的人物。第二类是有不同的大观念系统作靠山且又有特殊行为模式或生活态度，以及传承可守的一片一片的人。他们就是佛老之徒。这些人对正统儒门有时持消极的不合作的态度，有时持弥漫式的消融，终于作成某种程度的调协而取得偏侧的地位，因此维持思想系统的准独立状态。"② 这里提到了李贽，又谈了佛老，这些人物与思潮都与鄂东文化的心学传统有着密切的联系。也正是这样，他对原本推崇的逻辑经验论提出了批评，认为逻辑经验论的基本缺点在于不谈人们的心灵。他说："也许从逻辑经验论的论点来看，心灵的问题是'假拟的问题'，但它却是'真实的问题'。人是有悲欢离合的。"③

鄂东文化的心学传统对这些鄂东籍旅台思想家所投下的影响，严格来说不是中国传统哲学中一种学派或思潮的影响，而主要表现为一种对人的精神和人格的重视，转化为一种对思想解放、思想独立的追求。正是这种对人的精神和人格的重视，正是这种对思想解放、思想独立的追求，鼓荡起这些鄂东籍旅台思想家的激情，使他们成为20世纪台湾思想舞台上敢说敢当的人物，为20世纪台湾思想史和20世纪中国思想史留下了一笔宝贵的遗产。

① 殷海光：《最后的话语》，《殷海光文集》第4卷，湖北人民出版社2009年版，第300页。

② 殷海光：《五四的再认识》，《殷海光文集》第4卷，湖北人民出版社2009年版，第279－280页。

③ 殷海光：《最后的话语》，《殷海光文集》第4卷，湖北人民出版社2009年版，第300页。

自由主义与新儒学的思想交锋*

——殷海光与徐复观的“自由辩”述论

谢晓东（厦门大学哲学系）

作为中国现代三大思潮中的两种，现代新儒学与自由主义之间有着复杂的关系。由于理论资源与问题意识的差异，二者具有针锋相对的一面，多次进行激烈的思想交锋。这些争论大多体现在文化层面，而政治哲学层面的尚不多见。不过，20世纪50年代发生在港台的关于自由问题的辩论则是一个显著例外。这次争辩的主角是自由主义主将殷海光和现代新儒学重镇徐复观。在这次论辩中，虽然双方都对自由人权是肯定的①，但却在两个问题上形成了对立：第一、“国家自由”的提法是否必要？第二、“自由意志”的界限何在？可以说，这次辩论实际上展现了新儒学与自由主义在自由观上的看法。

一、“国家自由”的提法是否必要？

徐复观和殷海光就自由问题发生争辩的起因是《自由中国》杂志社1954年2月1日的一篇名叫《自由日谈真自由》的社论。在该社论中，作者反对“国家自由”的提法和在政治中谈“自由意志”的做法。② 看到该

---

* 本文是教育部人文社会科学项目青年基金“儒家政治哲学的现代重构研究”（08JC720013）阶段性成果。

① 徐复观：《〈自由的讨论〉按语》，《徐复观杂文——记所思》，台北：时报文化出版事业公司，1980年，第193页。

② 殷海光：《自由日谈真自由》，载于《自由中国》1954年2月1日。该文未收入《殷海光全集》。

社论后，徐复观认为是对新儒家观点的抨击，遂提笔给《自由中国》主编雷震写信，目的在于反对该社论在国家自由和自由意志问题上的观点。由于该社论出自殷海光之手，故而雷震的回信是由殷所写。后来，《自由中国》的著名撰稿人张佛泉针对上述两封信而给雷震写了封信。徐复观于1954年3月20日在《民主评论》上以《自由的讨论》为题把上述三封信刊载。这就是徐复观和殷海光"自由辩"的缘起。

1. 殷海光：反对"国家自由"的提法

殷海光所撰写的社论认为"国家自由"提法不合适，徐复观的质疑信认为该提法有其合法性并为其辩护，殷海光代写的回信则重申了自己的观点。本文所运用的材料不限于上述三封信，而是以之为引子切入自由观。

在殷海光看来，自由具有最高的价值。他认为自由是整个人类成熟的标志，是理性与责任的产物。① 自由简直就是人最为核心的象征，基本自由是人之所以为人的最后防线，失去自由的人无异于禽兽。② 因此，自由在整个价值体系中居于极其重要的地位。"如果自由不被视作最高原则，那么自由社会所提供的种种允诺，就必定会因其性质的缘故而被证明为致命的弱弊，并使自由渐渐丢失"。③ 1959年，殷海光曾经就自由问题与英国哲学家罗素展开讨论。相对于罗素认为和平比自由重要的观点，殷海光则认为，"为了实现自由，暂时牺牲和平也是可以的"。也就是说，自由是不容妥协的，即使牺牲和平也在所不惜。此外，殷海光还明确认为"个人自由不容被限制"，限制个人自由就等于限制其生命。④ 这就把自由置于了至高无上的地位，从而具有了自由至上主义的基本特质。

自由的主体是什么？在个人主义者殷海光看来，自由就是个人自由。他把个人看作唯一的基本单位。所以，殷海光直截了当地指出，"有而且只有一个一个的个人"才是自由的基本单位。⑤ 但是，基本单位不等于唯一的单

---

① 殷海光：《自由的真义》，林正宏编《殷海光全集》第11卷，台北：桂冠图书公司，1990年，第381页。

② 殷海光：《独裁怕自由》，《殷海光全集》第11卷，第335页。

③ 哈耶克：《自由秩序原理》（上），北京：三联书店1997年版，第80页。

④ 殷海光：《我同罗素的讨论》，《殷海光全集》第15卷，第1443－1144页。

⑤ 殷海光：《自由的真义》，《殷海光全集》第11卷，第378页。

位。所以殷海光进一步论证到，“自由之始原的完整性属于而且只属于个人”①。因此，自由专属于个体。殷海光认为“国家”一词不同于“个人”一词。“个人”是普通名词，而国家是一类名。国家与其组成分子的个人不是同一层面的概念，国家的层面高于个人的层面。因此，用来形容个人的那些属性不能转用于国家②。于是，“国家自由是一个不通的名词。”③ 故而，国家自由的理由不能成立。

除了上述学理的依据外，殷海光还从历史和经验角度论证自己的观点。他认为反对国家自由提法的最有力理由是：提倡“国家自由”会产生糟糕的后果。从历史上看，近代民主国家多是提倡个人自由的，而独裁国家则多提倡国家自由。因此，殷海光认为上述历史事实的隐含结论是不言而喻的：即个人自由与民主，国家自由与独裁之间有着内在的联系。在这种情况下，“只有极权主义的信徒才需要这样的名词”。其实，殷海光的观点从逻辑上看是站不住脚的。因为，民主国家固然多提倡个人自由，但提倡个人自由的并不一定就是民主国家；同理，独裁国家固然多提倡国家自由，但是提倡国家自由的并不一定都是独裁国家。当然了，作为逻辑专家的殷海光或许也知道这个道理，所以他并没有直接亮出自己的观点，而是用“从此一明显对照，吾人不难窥见个中机括”④ 的用语暗示出自己的观点。

2. 徐复观：“国家自由”提法有其必要

徐复观与殷海光的观点是对立的。阐述徐复观观点如下：

首先，有“国家自由”而无“个人自由”的观点是错误的。徐复观把没有个人自由的国家看作奴隶国家，这种国家是人类的大敌。⑤ 可见，徐复观是支持个人自由的。徐复观为什么会拥护自由呢？这是因为他认识到自由是发展理性、培养人格的必要条件，没有自由则道德与科学等价值就会成为

① 殷海光：《中国文化的展望》，上海：三联书店，2002 年，第 479 页。

② 殷海光：《〈自由的讨论〉回信》，《徐复观杂文——记所思》，第 202 页。需要指出的是，为了注释的便利，本文使用了“回信”与“首信”的字眼。“首信”是徐复观写的信的简称，而“回信”是殷代雷震写的信的简称。其实，原文中没有这样的用法。

③ 殷海光：《个人为国家之本》，《殷海光全集》第 11 卷，第 402 页。

④ 殷海光：《〈自由的讨论〉回信》，《徐复观杂文——记所思》，第 202 页。

⑤ 徐复观：《〈自由的讨论〉首信》，《徐复观杂文——记所思》，第 197 页。

不可能①。就此而言，徐复观和哈耶克的观点是一致的②，也和殷海光的观点相同。

其次，“国家自由”与“个人自由”是不冲突的，故而“国家自由”的提法有其必要。徐复观从实在论角度认为国家、民族也有其实在性，所以国家是一政治单位，它可能存在不自由的情形，比如受外族奴役。他以中国为例，指出近代中国受西方和日本的侵略，不光是一个个个体，国家民族作为一个整体也遭受到了严重苦难。一旦失去国家的自由，个人的自由也随之丧失了。因此人们为了获取个人自由不得不首先争取国家自由。

自由主义者如殷海光和张佛泉不会赞成国家是一个实体的提法，他们认为国家是一个法人，是拟制的而不是实在的。不过，确实存在国家民族受奴役的情形！对此，他们认为国家不可以言自由，但是这并不意味着国家不可以言“独立”。③ 因此，他们认为徐复观所理解的“国家自由”一词的内涵完全可以用“国家独立”一词取而代之。对此论点徐复观不能认同。在他看来，自由和独立可以互换。个人有人权，国家有主权。个人人权受侵犯即为个人不自由、不独立；国家主权受侵犯同样意味着国家不自由、不独立。徐复观不理解殷海光为什么一提到“国家自由”就“惶惑莫名”。④ 而在殷海光看来，独裁者常常利用“国家自由”的幌子压制个人自由，其结果就是国家自由尚未实现而个人自由业已丧失。为了避免上述悲剧，殷海光推荐的较为稳妥的方法是从个人自由出发以争取国家民族的独立与解放，这样做不但比较可行而且被独裁者利用的危险也将大大降低。⑤

最后，对于自由这样的抽象名词来说，徐复观认为其意义是多向度、多层次的，因而切不可挂一漏万、自我封闭。自由有根本义、派生义，有狭义的解释也有广义的解释。基于此，徐复观反对“自由”解释上存在的霸权主义做法，即只存在一种所谓的正解，其它解释都是不恰当的。就一般意义

---

① 徐复观：《儒家政治思想的构造及其转进》，《学术与政治之间》，台北：学生书局，1985年，第36页。

② 哈耶克说道：“自由不仅是一特殊价值，而且还是大多数道德价值的渊源和条件。”具体论述参阅《自由秩序原理·导论》（上），第8页。

③ 殷海光：《自由日谈真自由》，载于《自由中国》1954年2月1日。

④ 徐复观：《〈自由的讨论〉首信》，《徐复观杂文——记所思》，第197－198页。

⑤ 殷海光：《〈自由的讨论〉回信》，《徐复观杂文——记所思》，第202页。

来说，徐复观的说法是有道理的。不过，自由固然可以从多方理解，但有时候对自由的不同理解却导致了极为不同的后果。正如伯林对自由所作的著名区分所指出的，积极自由可能导致自由的反面即奴役。① 从这个意义上看，殷海光把自由严格限制在个人是有道理的。因此，问题的关键就在于如何才能更好地捍卫个人自由。

3. 问题的实质：自由的适用对象是什么？

可见，徐复观和殷海光在三个方面形成了对立：即国家是否是一个独立的实体，自由是否仅适用于个人和国家自由的提法是否有严重的后果。核心分歧是自由的适用对象问题。自由的适用对象看似是一个小问题，其实不然，它关系到人们对自由的实质性理解。一般来说，经验主义和理性主义对自由的看法有区别。经验主义一般把自由看作是外部的、低度的、消极的自由，而理性主义则看到了更多的自由，如内部自由、高度的自由、积极的自由等。作为经验主义者的殷海光和作为理想主义者的徐复观也不例外。殷海光认为自由意味着行动的动机是主体自身发动的且强制的不存在。② 这是一种典型的消极自由，即“一些人对另一些人所施以的强制，在社会中被减至最小可能之限度”，③ 用伯林的话来说自由就是“免于被强制”。从这些话语来看，作为消极自由的自由只能是个人的。因此，殷海光最多也就只能在比喻的意义上使用集体自由尤其是国家自由这样的字眼。但是徐复观不这么认为。他把自由的基本意义看作是“自作主宰”④，这就是伯林意义上的积极自由。而根据伯林的观点，积极自由概念容易导致自我膨胀为某种超人的实体，如国家、民族、阶级或者历史本身的长征，从而导致对经验个人的宰制。⑤ 从这点来看，徐复观所支持的“国家自由”概念其实就是伯林所说的自我二重化后的产物。当然，徐复观本人是坚决反对侵犯个人自由的。

---

① 以赛亚·伯林：《两种自由概念》，《自由论》，胡传胜译，南京：译林出版社，2003 年，第 200 页。

② 殷海光：《自由的真义》，《殷海光全集》第 11 卷，第 377 页。

③ 哈耶克：《自由秩序原理》（上），北京：三联书店 1997 年版，第 3 页。

④ 徐复观：《为什么要反对自由主义?》，《儒家思想与民主自由人权》，台北：八十年代出版社，1979 年，第 287 页。

⑤ 以赛亚·伯林：《自由论》，第 203－204 页。

4. 观点评论

就本文而言，殷海光的看法更为合理一些。的确，自由应该是个体的而不是集体的。正如哈耶克所说，完全可能存在国家处于异族的统治之下而个人依旧保有自由的情况。① 此外，国家自由的提法也就意味着它是和个人自由相并列的另一种自由。因此，人们就必须解释个人自由和国家自由的关系。从理论上看，在把两种自由并列起来的情况下，人们就会不得不承认国家自由的优位性，这就有可能导致个人自由的流失。从实践上看，对于具有深厚个人自由传统的国家和民族来说，个人自由的捍卫是没有问题的。但是，对于具有长期专制传统的国家而言，国家自由的提法确实可能会导致以此为借口而压制和剥夺个人自由。因此，殷海光的担心是有道理的。不过确实存在一个国家受到强制而主权受损的情况，而在殷海光看来，上述状态可以用“国家独立”受到损害来表述。因此，自由的主体只能是个人。② 徐复观对国家自由的强调固然有其学理和历史依据，即这种自由观是“从集体自我统治的角度来理解自由”③。不过这种古典共和主义的自由观确实有只强调国家自由而忽视、甚至敌视现代意义的个人自由的倾向。④ 他用类比方法论证人权、个人自由与主权、国家自由之间的一致性，这种论证的效力应当说是有限的。徐复观试图在个人自由和国家自由之间达成某种平衡，但从学理角度逻辑一贯地论证出这一点非常困难。因此，从思维的经济原则出发，人们似乎没有必要徒增烦劳地引入过多的概念。当然，这并不意味着徐复观对国家自由的强调就没有意义。内在于徐复观的思维理路，国家自由的提法很有必要。但是，一旦越出徐复观的视野，上述提法确实有着不可欲的后果。

---

① 哈耶克：《自由秩序原理》（上），第 6 – 7 页。

② 即便是保守主义者也认为个人自由是自由主义的无可置疑的价值，个人自由是衡量政治制度和社会习俗“是否正当的唯一或首要的标准”。［英］罗杰·斯克拉顿：《保守主义的含义》，北京：中央编译出版社，2005 年，第 175 页。

③ 查尔斯·泰勒：《消极自由有什么错?》，达巍译，该文收入达巍、王琛、宋念申编：《消极自由有什么错》，北京：文化艺术出版社，2001 年，第 70 页。

④ 贡斯当：《古代人的自由和现代人的自由》，阎克文、刘满贵译，冯克利校，上海：上海世纪出版集团，2003 年，第 47 – 48 页。

二、“自由意志”的界限何在？

徐复观和殷海光自由辩的第二个问题是“自由意志”。殷海光在社论中反对在政治范围内谈自由意志。徐复观不同意这种观点，写信给雷震表示异议。而由殷海光代写的雷震回信则重申了原有看法。

1. 徐复观：政治范围内也可以谈“意志自由”

徐复观的观点主要分为三个层次：

第一、“自由意志”问题很重要。徐复观认为自由和极权的斗争其实质是道德的战争，自由世界把极权主义看作是邪恶的，而善和恶的评价问题就是道德问题。完全机械化的世界没有道德价值的容身之地，因此，徐复观把世界二重化为本体界和现象界，现象界由因果法则决定，而本体界则存在自由。正是自由意志的存在，道德才成为可能。① 其实，康德早就指出，道德必然逼出自由意志的存在，自由意志是道德的第一个公设。② 基于对道德何以可能的深度思考，徐复观坚持认为谈“自由意志”问题很重要。

第二、徐复观认为政治自由也很重要。在徐复观看来，中国在古代的专制统治中没有享有近代的政治自由③，故而中国走不出两千年的专制。因此，要想解决中国问题，必须以包含政治自由的民主政治为总关键。④ 在自由的体系中，政治自由是实现其它自由的先决条件，⑤ 它尤其为知性自由和德性自由提供了确定不移的保证⑥。可见，作为自由－保守主义者的徐复观也把政治自由置于很高的地位。

第三、立基于自由意志的道德自由与政治自由紧密联系。政治自由在政治范围内有其独立自足的价值，本身即为一绝大的文化价值，不需要其它文化价值作为其根源。这是从道德与政治分离的角度立言的。但是，徐复观并

① 徐复观：《〈自由的讨论〉首信》，《徐复观杂文——记所思》，第 199－200 页。

② 康德：《道德形而上学原理》，上海：上海人民出版社，2002 年，第 70 页。

③ 徐复观：《国史中人君尊严问题的商讨》，《儒家政治思想与民主自由人权》，第 167 页。

④ 徐复观：《三十年来中国的文化思想问题》，《学术与政治之间》，第 435 页。

⑤ 徐复观：《〈自由的讨论〉首信》，《徐复观杂文——记所思》，第 200 页。

⑥ 徐复观：《为什么要反对自由主义?》，《儒家思想与民主自由人权》，第 287 页。

没有局限于就政治自由而谈政治自由，而是从经验层次的政治自由进入了非经验层次的意志自由。在他看来，在中国这样一个缺乏政治自由传统的国家，为了给自由奠定一个牢固基础，意志自由不能不谈。从历史实践的角度来看，政治自由需要知性的、特别是道德的自由作为根源，需要由道德的自由为其提供养份。因此，徐复观觉得有必要把政治自由和道德自由衔接起来考察。那么，道德自由和政治自由之间是不是不同层次的关系呢？徐复观的问答是否定的，“社会中各个人之自由，与一个人精神上、道德上之自由乃属于两个方面，而不属于两个层次”①。层次之分就意味着有高低，这就有可能导致以较高层次的自由为借口而牺牲较低层次的自由，而“不同方面”的说法就可以避免这种危险。既然是自由的不同方面，人们就不能只重视一方面而忽略其它。基于上述理由，徐复观对殷海光反对谈意志自由的提法表示不赞成。

2. 殷海光：在政治范围内不谈“意志自由”

而在殷海光看来，徐复观的意见有些无的放矢。殷海光的论点如下：

第一、针对徐复观的指责，殷海光认为在政治范围内不谈意志自由不等于否定意志自由的价值。② 在殷海光看来，在政治范围内不必谈意志自由。唯心论者宣称的“意志自由”即令有之，由于其与外界的政治活动毫不发生抗力作用，这样的自由根本没有一点政治意义，所以人们不应该在政治领域里去讨论它。③ 他把政治和道德作了严格区分，其目的在于为以人权为表现形式的政治自由确立一个可靠范围。殷海光对传统儒家泛道德主义的做法深恶痛绝，该种做法导致其它领域的附属地位。为了避免这种悲剧的重演，中国的自由主义有必要严格限制道德以便为其它领域的独立保留地盘。

第二、政治层面的自由是一个独立的、重要的层次。在殷海光看来，政治层面的自由是个人的自由，而个人的基本自由就是基本人权。个人自由是一个个正常人的自然权利，是人生而具有的，任何人都不能剥夺。个人自由具有“最实证，最坚硬，最需要兑现，而且最难曲解”的特征。④ 可见，个

① 徐复观：《从现实中守住人类平等自由的理想》，《学术与政治之间》，第 273 页。

② 殷海光：《〈自由的讨论〉回信》，《徐复观杂文——记所思》，第 202 页。

③ 殷海光：《自由之再划分》，《殷海光全集》第 17 卷，第 516 页。

④ 殷海光：《独裁怕自由》，《殷海光全集》第 15 卷，第 334 - 335 页。

人自由不能化约、歪曲为其它任何自由，它是个人独立最实在、最后的防线。所以他感叹地说："个人自由，是一切自由的托子"。没有个人自由，其它所谓的自由如意志自由等都是虚幻。此外，个人自由还有一个好处：即它不是笼统含混的玄学名词，故而可以开出一张清单来逐条列举并写入国家和国际层面上的宪法性文件之中。①

第三、民主政治并不蕴涵反道德。② 殷海光划清道德和政治的界限，但这并不意味着他就认为政治可以是不道德的甚至是反道德的。恰恰相反，殷海光为民主政治的奋斗就是本着强烈的道德热情的。③ 因此，殷海光就更不可能认为民主政治是反道德的或民主政治蕴含反道德。其实，徐复观并没有觉得殷海光有民主政治蕴含反道德的观点，那殷海光为什么还要如此回应呢？或许是殷海光觉得自己主张区分道德与政治的做法可能会使人误会他有反道德的倾向，因此主动澄清。民主政治提倡个人的理性与责任，这会有助于人的道德主体性的确立和道德水平的提高。相反，那些从整体主义视野出发要求人道德的做法反而可能会导致道德水平的普遍低下。④ 基于此，民主政治可能为道德实现创造一个更好的环境。⑤

3. 问题实质：作为积极自由的意志自由的合理界限究竟在哪里

殷海光严格区分道德与政治，从而使政治领域独立于道德领域。从二者相区分的角度，他坚决反对在政治领域里谈意志自由。在他看来，意志自由是道德领域里的范畴，故而没有理由混淆两个不同的领域。而在徐复观看来，道德和政治固然是两个不同领域，但二者之间又是密切联系的。其实，徐复观也认为应该严格区分道德和政治。他从修己与治人的划分出发，分析了修己的道德层面和治人的政治层面的分与合。⑥ 从二者相联系的角度，徐复观认为有必要谈意志自由。毫无疑问，意志自由属于伯林意义上的积极自

① 殷海光：《自由的真义》，《殷海光全集》第15卷，第378－379页。

② 殷海光：《〈自由的讨论〉回信》，《徐复观杂文——记所思》，第203页。

③ 林毓生：《殷海光先生一生奋斗的永恒意义》，《中国传统的创造性转换》，北京：三联书店，1988年，第309页。

④ 李强：《自由主义》，北京：中国社会科学出版社，1999年，第170－171页。

⑤ 殷海光：《〈自由的讨论〉回信》，《徐复观杂文——记所思》，第203页。

⑥ 徐复观：《儒家在修己与治人上的区别与意义》，《儒家政治思想与民主自由人权》，第197－214页。

由一脉。因此，从学理上看，殷海光要求把积极自由限制在道德领域而让消极自由独立存在于政治领域。而徐复观则把积极自由贯穿道德与政治，并以道德意义上的意志自由作政治意义上的政治自由的根源和助力。所以，第二个问题的实质就是作为积极自由的意志自由的合理界限究竟在哪里？

三、争辩的实质：寻求消极自由和积极自由的平衡

徐复观和殷海光的自由辩有着深刻的理论背景和很高的学术价值，值得认真思考。

1. 自由辩的理论背景

徐复观和殷海光均于50年代初确立了自己的学术立场。① 从政治哲学的角度看，徐复观成为了自由－保守主义者，而殷海光则成长为新古典自由主义者；从文化立场上看，徐复观成为了一个新传统主义者，而殷海光则是一个反传统主义者；从哲学上看，殷海光是一个逻辑经验主义者，徐复观是一个理性主义者。当双方于1954年为自由问题而展开争辩时，他们的视野和资源就是如此。

逻辑经验主义认为，只有可以证实的命题和词语才有意义，否则都是没有意义的玄谈，这就是著名的意义理论。正是通过意义理论这把剃刀，殷海光从内心深处是无法接受“国家自由”和“意志自由”这样的提法。② 此外，殷海光是个人主义者，个人是论证的中心和出发点，而国家是通过个人而得到解释的。在这种情况下，如果国家自由等类似提法可能会危及到个人自由，那么它的合法性就无法得到辩护。再次，古典自由主义是只谈个人自由而不提国家自由和意志自由之类的所谓自由的，归宗于古典自由主义的殷海光也不会例外。

---

① 谢晓东：《现代新儒学与自由主义——徐复观殷海光政治哲学比较研究》，北京：东方出版社，2008年，绪论和第一章。

② 其实，李明辉先生也指出了，殷海光基于逻辑经验主义的意义理论而否定“意志自由”之类的提法。具体论述参阅氏著：《当代儒学的自我转化》，北京：中国社会科学出版社，2001年，第94页。

而对保守主义者徐复观来说，国家自由不但是理论问题，而且还是现实问题。从近代历史来看，中国一直受到欧美、日本等列强的侵略，国家的自由和独立受到了严重践踏，个人自由也无法得到保障。在他看来，没有国家自由就没有个人自由。其实，徐复观的这种自由观正是古典共和主义的自由观。古典共和主义认为国家自由或国家独立是第一位的，国家自由是贡斯当所说的古代人的自由的一部分①。因此，他极力为国家自由而辩护。对于作为道德理想主义者的徐复观来说，意志自由是道德何以可能的依据，也是政治自由的源泉和土壤。所以，不但要在伦理学的范围内讲意志自由，也要在政治的范围内讲意志自由。

2. 殷海光和徐复观自由思想的基本点

殷海光在对自由和强制的思考中阐述了对自由的实质性看法，“自由问题底真正严重焦点，倒不在分别‘内’与‘外’，而在因‘保证’权利所可引起的‘强制力’实施之界限与程度”②。自由的表现形式就是权利，而个人权利受到国家权力的保护。对个人权利的侵犯将会遭到国家强制力的反击，国家强制力的界限与程度是由权利所划定的。殷海光把这样的自由称作是消极的自由。消极的自由就是指一种没有强制的社会状态；而积极的自由是一种状态，在此状态中我的生活和决定是自我做主、自我控制的而不是由别人的意志所操纵的。在上述两种自由中，“消极的自由是积极自由的必要条件。没有消极的自由，积极的自由将失所依附。所以，一种自由如果是消极的自由，并不足以减低它的价值。”③ 可见，殷海光极为重视消极自由。④那么，捍卫自由的条件是什么呢？殷海光采纳了哈耶克的观点，即私有财产权和法治。⑤ 要言之，殷海光注意到了消极自由和积极自由两个层面，他把消极自由看作是政治层面的而把积极自由看作是道德层面的。

---

① 贡斯当：《古代人的自由和现代人的自由》，第45－70页。

② 殷海光：《自由之再划分》，《殷海光全集》第17卷，第520页。

③ 殷海光：《自由的伦理基础》，《殷海光全集》第15卷，第1147－1150页。

④ 正如翁志宗所说，殷海光的自由思想是“以个人消极自由为主轴”的。参阅翁志宗：《自由主义与当代新儒家政治论述之比较——以殷海光、张佛泉、牟宗三、唐君毅、徐复观的政治论述为中心》，此文于2001年11月通过答辩，指导教师为：蔡明田、林安梧，毕业院校为台湾国立政治大学中山人文社科研究所。第54－57页。

⑤ 殷海光：《自由的伦理基础》，《殷海光全集》第15卷，第1164页。

徐复观认为自由的基本意义是“我的自觉”和“自作主宰”，这确实是一种积极自由的观念①。不过，徐复观关于自由的思考还有一个消极自由向度。忽略了这一点，对徐复观自由思想的把握就是不完全的。他指出：

> “自由”在政治上说，是人民对于自己合法的生存权利，政府官吏不能，也不敢运用政治权力加以侵犯之谓。最低限度，只要老百姓没有犯“朝廷”的“王法”，官吏便不能随意加以诬陷罗织之谓。此一自由的确立，只是近三百年来的历史成就。中国在专制政治之下，有哪一种客观的保障，能使人民可以得到这种自由呢？②

这段话言约而意丰，颇值得关注。第一、从政治上看，自由是人的合法权利，是人受到法律保障的领域。就这一点来看，徐复观或许受到了张佛泉的“自由即诸权利”观点的影响。③ 第二、只要公民个人没有把自己置于受法律所规定的强制范围，政府对此领域就不能干涉和侵犯。承认有一个受到法律保障的私域是自由主义的核心观点，这种思想认为只要个人没有触犯法律，政府就无权干预，国家权力介入的条件是防止对他人的伤害。④ 第三、上述意义的自由是近代的产物而不是伴随人类文化的出现而出现的。这种自由不同于“我的自觉”和“自作主宰”意义上的积极自由，因为在徐复观的思维里积极自由是人类文化的必要条件。这种个人自由是在西方自由主义的推动下于三百年前产生的，它是人类的伟大成就。第四、中国古代的专制政治之下没有那种受到法律保障的消极自由。而没有这种自由，知性自由和德性自由就都无法得到保障。因此，徐复观认为消极自由极为重要。

3. 自由辩的实质：寻求消极自由和积极自由的平衡

徐复观和殷海光的自由辩围绕着两个问题展开。从政治哲学的角度来看，它们都牵涉到消极自由和积极自由关系的重大问题。其实，消极自由和积极自由的关系问题不只是徐复观和殷海光自由辩的主题，同时也是他们自

---

① 因此，有学者把徐复观等新儒家归入了积极自由的脉络。具体论述请参阅何信全：《儒学与现代民主》，北京：中国社会科学出版社，2001 年，第 159 – 160 页。

② 徐复观：《国史中人君尊严问题的探讨》，《儒家思想与民主自由人权》，第 167 页。

③ 张佛泉的相关思想可以参阅氏著：《自由与人权》，台北：商务印书馆，1993 年，第 14 – 17 页。

④ 密尔：《论自由》，程崇华译，北京：商务印书馆，1959 年，第 9 – 10 页。

由思想的主题。因此，本文实质上也是对徐复观和殷海光自由思想的一个比较，只不过是从较为微观的角度切入罢了。

积极自由和消极自由的著名区分是由英国政治哲学家伯林提出来的。在他看来，消极自由回答的是这么一个问题，“主体（一个人或人的群体）被允许或必须被允许不受别人干涉地做他有能力做的事、成为他愿意成为的人的那个领域是什么?”；而积极自由试图回答的是这个问题，“什么东西或什么人，是决定某人做这个、成为这样而不是做那个、成为那样的那种控制或干涉的根源?”因此，所谓消极自由其实就是一种否定性自由，它要解决的是受到法律保障的个人自由活动的私域的问题。这个领域是个人的堡垒，只要个人没有把自己置于法律所预先规定的受强制的地位，他就可以自由行动。对于自由主义来说，这种勉于强制的自由是自由的灵魂和生命。所谓积极自由就是自我做主、自我实现的自由，它是一种“去做……”的自由。对于伯林来说，消极自由是极为必要和必须捍卫的，而积极自由则可能通过理性主义的自我实现和唯心主义的自我二重化而走向自由的反面，即奴役和暴政。[①] 因此，伯林是肯定消极自由而否定积极自由的。伯林之所以对自由持一种消极性理解，是因为不管从逻辑还是历史上来看，积极自由都具有不可欲的后果。自霍布斯、洛克和密尔以来，英国自由主义的主流就是消极自由，这种自由传统是和经验主义哲学相联系的。一般说来，理性主义和唯心主义哲学更多地与积极自由联姻。殷海光是哲学上的经验主义者。因此，就消极自由和积极自由的关系来看，殷海光接近于伯林的理论就毫不奇怪了。不过，殷海光也看到了积极自由有价值的一面。在他看来，积极自由属于道德伦理领域。因此，人们可以在伦理道德领域使用这个概念。但是，积极自由的合法活动领域仅仅是在伦理学领域，政治是积极自由的禁区。因此，他对道德和政治采取了截然二分的态度。但是，一旦越出经验主义的视野，对于消极自由和积极自由的关系就可能会有着不同的理解。徐复观正是如此。他把积极自由贯穿道德与政治，并以道德意义上的意志自由作政治自由的根源和助力。

比较而言，殷海光侧重于伦理和政治之分，而徐复观既注意到了二者之

① 以赛亚·伯林：《自由论》，第189－246页。

分，又注意到了二者间的联系。殷海光的做法从逻辑上看脉络分明，既使积极自由有用武之地，又严格限制其作用范围。从这点来看，殷海光不同于伯林。要言之，殷海光试图在消极自由和积极自由之间寻求一个平衡。那么，其平衡的重心是落在消极自由还是积极自由呢？在殷海光看来，没有消极的自由，积极自由就无所附丽。① 可见，积极自由是以消极自由为前提和基础的，消极自由无保障积极自由就无法独立生存。在这种情况下，平衡的重心点不会不在消极自由上。从理论上看，徐复观也试图平衡消极自由和积极自由。那么，平衡重心点落在哪里呢？一方面，徐复观很重视消极自由，他认为作为消极自由的现代自由是传统中国所没有的，因此人们必须获得消极自由。另一方面，如果没有内在的意志自由和积极自由作为动力和源泉，消极自由就不可能出现；如果没有积极自由的支持和养护，消极自由就可能会凋谢。② 在徐复观看来，"现时谈自由主义，尚多停滞于现实的个人主义阶段。现实的个人主义，是消极的、功利性的自由；这诚不足以担当当前时代的使命……向理想主义的自由、向人格主义的自由前进。"③ 当前时代使命是争自由、反极权，这些都需要更为积极的自由观念。因此，徐复观更加强调积极自由的作用。在这种情况下，平衡的重心不可能不放在积极自由上。徐复观之所以对积极自由持有如此高的信心与其性善论预设是分不开的。在性善论的视野下，徐复观不会过多考虑积极自由可能的弊端与后果。

徐复观和殷海光都认识到了消极自由在现代社会的价值，这是合理的。一个受到消极自由所捍卫的私域是现代自由的关键，它是自由的命脉所在。的确，自由是保护公民勉遭国家压迫的自由，它的问题是外在的消极自由的问题。④ 因此，应该首先争取到这种自由。⑤ 只有在获得了消极自由的前提之下，才能主动地发展自我做主、自我实现的积极自由。当然，这种先后只是一种实践层面的。而从理论层面来看，消极自由与积极自由是互为条件的。

---

① 殷海光：《自由的伦理基础》，《殷海光全集》第 15 卷，第 1148 页。

② 徐复观：《为什么要反对自由主义?》，《儒家思想与民主自由人权》，第 287 页。

③ 徐复观：《中国政治问题的两个层次》，《学术与政治之间》，第 37 页。

④ 乔·萨托利：《民主新论》，北京：东方出版社，1998 年，第 430 页。

⑤ 何信全：《儒学与现代民主》，第 171 页。

民本与民主：1950年代殷海光经历的两场论战*

何卓恩（华中师范大学中国近代史研究所）

由于多种因素的持续推动，民本与民主的关系问题越来越有成为热点之势。目前的学术观点中，比较有代表性的有三类：一是大致认为民本为中国式民主，它既属于民主，又与西方民主不同；一是基本认为民本为民主的对立物，代表专制主义意识形态；三是认为民本非民主，但亦不反民主，实为民主的初级形态，和引进民主的桥梁。① 其实这些观点都有些似曾相识，1950年代殷海光就曾经历过有关此一问题的两场著名论战。殷海光为中国台湾地区著名的自由主义思想人物，1950年代他以“五四精神”为旗帜，以雷震主持的《自由中国》为支点，与国民党威权政治作战，也与各种反西式民主论、非西式民主论的思想作战。这两场有关民主与民本的论战，一场发生在他与张其昀之间；一场发生在他与徐复观之间。

殷海光与张其昀之战

张其昀与殷海光之论战发生在1956年。起因是时任“教育部长”的张其昀于1956年9月1日在欢迎华侨青年军中服务团时，作了一个题为《民主政治的三大真谛》的讲演，提出“民主政治的三大真谛，一曰爱民，二曰教民，三曰养民”的论断。这个讲演由当月10日出刊的《政论周刊》第

---

* 本文为教育部人文社科基地重大项目“近代中国民族主义与自由主义关系研究”（07JJD770100）成果之一。

① 参见王晓敏：《20世纪90年代中期以来“民本”问题研究述评》，宝鸡文理学院学报（社科版），2007年第5期，第16页。

88 期发表出来，引起殷海光的注意，遂在 10 月 5 日出刊的《自由中国》第 15 卷 7 期以社论形式发表《教育部长张其昀的民主观——君主的民主》进行抨击。张其昀手创的刊物《中国一周》乃代张出战（是否明确授意不得而知），在该刊第 337 期发表社评《纠正〈自由中国〉的谬误》，殷海光和《自由中国》则在次期再出社论《再论君主的民主》，对方没有再辩。

这场论战的直接焦点，在于民主政治的真谛究竟是什么；但学理层面的问题，则是民本是否即是民主。

张其昀字晓峰，是中国现代著名的史地学家、教育家。1901 年出生在浙江鄞县一个书香之家，曾祖与祖父两代都是前清举人，在这种家庭文化氛围下，加之后来深受东南大学国学学术的熏染，其志趣与品性表现出浓厚的传统情结。他前半生建树的别具特色的历史地理学，后半生创建的独具一格的中国文化学院，都是这种情结的反映。不过在这场论战中，张其昀和《中国一周》所表达的，倒未必能够简单地归结为对中国传统文化的同情，而涉及对于政治取向的认识。在欢迎华侨青年军中服务团的讲演中，很明确地表示他的针对性和他的依据，他说：

> 前几天，你们有几位同学，曾经和本人谈话，大家都以澄清思想为当前急务。共产党的假面具，早已揭破。我们是民有、民治、民享，俄共是非民所有，非民所治，非民所享。是非黑白，事实昭彰，有目共睹。现在你们海外青年所要问的，是在自由祖国发行有些刊物的言论思想。①

很显然，他并不是要谈文化问题，而是要谈政治问题。他点出的“共产党”、“我们”、“有些刊物”（指《自由中国》），实际上就是 20 世纪中国政治思想的三大流派：共产主义、三民主义、自由主义。这三种意识形态，自由主义以西方式自由民主的制度为鹄的，以西方近代自由民主理论为信仰，但他们认为这不是认同西方，而是认同现代，希望中国走上现代政治文明轨道；共产主义本质上否定西方民主，也否定中国传统政治，它以建构未来的无阶级无国家的世界共同体为目标，作为过渡形式的社会则实行无产阶级专政；三民主义却是西方自由民主思想与中国王道思想的结合，显示了孙

① 张其昀：《民主政治三大真谛》，《政论周刊》第 88 期，第 1 页。

中山追求以中国文明为基点汲取西方思想的努力。张其昀所理解的三民主义，在他看来就是一种最好的民主理论：

> “国父倡导三民主义，在求中国自由平等。民族主义之目的，在谋国家独立，民族自由，即为国际上的民主。民权主义之目的为政治上之民主，民生主义则为经济上之民主，理论尤为精深透辟。”①

在张氏看来，三民主义之作为民主理论，跟俄共之专政理论之区别是显而易见的；需要辨析的只是它与“亦强调自由民主，高唱民主政治”的“有些自由主义者”之间的分别。他一边指责自由主义民主观，一边提出“民主政治三大真谛”说，阐明他所理解的三民主义民主观的特质所在。

张氏说：爱民，“就是要使国民都能安居乐业，欣欣向荣。对内言之，即为社会安全秩序；对外言之，则为抵抗强权侵略。故爱民必须爱国，爱国方为爱民。”教民，就是要“知立国之道，必先树人，而树人之本在心理建设。……我们现在讲民主政治，必须使全国国民团结统一，痛痒相关，成为一有机体和战斗体”，而不是“一盘散沙的乌合之众”。养民，就是本着“不患寡而患不均，不患贫而患不安”的中国精神，“利用科学技术，开发天然资源，务使‘设计有系统，用物有准度’”，把中国古代大同理想见诸事实，使“老有所终，壮有所用，幼有所长，鳏寡孤独废疾者皆有所养”。②

张其昀将民主理解为爱民、教民、养民，被殷海光讥为“君主的民主”，因为这太像中国传统中为帝王将相作说辞的民本思想。殷海光指出，张氏的爱民、教民、养民的“民主”论，来自“视民如子”的历史文化传统，这个传统中隐然存在一个先天的特权主体，不允许任何“民”有拒绝被“爱”、被“教”、被“养”的权利，“找不到一丝一毫民主思想的痕迹”，充其量不过是“慈惠的君主专制”而已③。

不过，持平而论，将三民主义理解为民本思想，也绝非张其昀个人的发明。在孙中山的思想中，民本因素确实是存在的。

说到三民主义的民主观中的民本思想根基，孙中山本人并不讳言，他自

---

① 张其昀：《民主政治三大真谛》，《政论周刊》第88期，第1页。

② 张其昀：《民主政治三大真谛》，《政论周刊》第88期，第1－2页。

③ 殷海光：《教育部长张其昀的民主观——君主的民主》，张斌峰、何卓恩编《殷海光文集》修订版第一卷，湖北人民出版社2009年版，第75－78页。

称其主义“有因袭吾国固有之思想者，有规抚欧洲之学说事迹者，有吾所独见而创获者”①，因袭吾国固有思想就包括对传统民本思想的继承。研究中国政治思想史的学者对于此一关联，基本上都是肯定的，并且作出相当正面的解释。罗香林说：“国父在中国，所以必倡导三民主义，与所以必以三民主义为救中国的唯一的主义，实在也是因为中国早有‘民本思想’做他倡导的基本的缘故。”② 萧公权说：孙中山先生之三民五权学说，于是，“二千余年之政治思想，至此乃臻成熟之境”，③ 意即三民主义是传统民本思想的完成。金耀基在他的《中国民本思想史》里，则设专章阐述这个“民本思想完成时期”，认为“吾人欲对三民主义有真了解，必先了解民本思想对中山先生的思想的影响”，民本思想对孙中山先生思想的影响实在不止于民权主义，其民族主义的王道精神，其民生主义的尊生重养，都有儒家民本思想的根源，“固然，中山先生之思想非儒家之思想所得而范围，但其主义之大经大脉则确系‘因袭吾国固有之思想’而来。”④

问题在于，三民主义除了“因袭吾国固有之思想”，还有“规抚欧洲之学说事迹”和根据时境“独见而创获者”，这就使得三民主义还可以有更多的解释空间。显然，张其昀选择的只是“一孔之见”的皮相解释，论定民本即中国式的民主。

殷海光和《自由中国》认为，传统的民本思想，因为先天特权主体的存在，根本与民主背道而驰。民本做到极处，只能是“慈惠的君主专制”，这种君主专制施之于现代社会，“一与现代通知技术结合，只要稍微有点偏私，就变成极权暴政”；“民主的真正核心，是基本人权之肯定。凡避开基本人权而谈民主者，不是对民主感到不安，便是对民主没有诚意。”⑤ 民主以人权为基础，这是典型的自由主义的民主观。

《中国一周》的社评“以三民主义者的立场”，从三个方面对《自由中

① 孙中山：《中国革命史》，《孙中山全集》第七卷，中华书局 1985 年版，第 60 页。

② 罗香林：《历史之认识》，香港亚洲出版有限公司 1955 年版，第 203 页。

③ 萧公权：《中国政治思想史》，台北联经出版事业公司 2001 年版，第 8 页。

④ 金耀基：《中国民本思想史》，台北商务印书馆 1993 年版，第七章，第 179－190 页。

⑤ 殷海光：《教育部长张其昀的民主观——君主的民主》，《殷海光文集》修订版第一卷，第 78 页。

国》的自由主义论点“加以纠正”。一是“国”与“民”的关系：认为“爱民必须爱国”有革命烈士事迹为证，而“张先生的‘爱民、教民、养民’之说，强调爱国爱民，教养兼施”，是要“政府和人民协力共谋”，这是“三民主义共和国建国精神之所在”。二是“教”“养”人民是否只有“君主”为之：认为孙中山的行仪和教养民众遗教证明，“教”“养”人民是“民主政治的真谛”。三是“基本人权”的理解问题：认为“基本人权不是一空洞的名词，我们要充实其内容”，“民主政治的忠实信徒，必须深深觉悟，我们要捍卫国家，来保障人民的生存权；振兴教育，提高人民的知识水平，来保障人民的工作权；发展实业，提高人民生活水平和文化水准，来保障人民的享受权”①。

显然这三层“纠正”，并没有直接面对对手提出的问题：爱民、教民、养民是否就是民主？爱国不能证明是民主，不民主的国家也会提倡爱国；孙中山的行仪和教养民众遗教证明不了教民养民就是民主，君主国家也有教民养民的行为。殷海光在《再论》中诙谐地说：“除了读到最后所说并不反对基本人权这一点而心灵稍有补偿以外，通篇所表现的是观念模糊，思路不清，东扯西拉，满纸浮词泛语”②。

实际上，《中国一周》乏力的强辩，以及作者被迫承认基本人权的观念（《真谛》文实际上是否定的），已然显示“民本即民主”论气势不再。

殷海光与徐复观之战

殷海光与徐复观关于民本与民主问题的论战，发生在1957年。

徐复观，湖北浠水人，原名秉常，字佛观，熊十力为其更名为复观。在抗战时期师事熊十力，接受“欲救中国，必须先救学术”的思想，弃政从学，到台湾后成为新儒家重镇之一。徐复观也信仰三民主义，但这场论战与殷张之战显然不同。因为徐氏与殷海光等自由主义者一样，明确肯定自由人权为民主的基础和根本标准，而且致力于在中国实现这种以自由人权为基础

① 社评：《纠正〈自由中国〉的谬误》，《中国一周》第337期，第3页。

② 殷海光：《再论君主的民主》，《殷海光文集》修订版第一卷，第80页。

的民主制度。

在上述殷张之战中，殷海光《君主的民主》等文引发国民党对自由主义者开起火来，徐复观还撰写《为什么要反对自由主义?》、《悲愤的抗议》等文字为自由主义辩护，声称“尽管一个人不标榜自由主义，甚至不甘心仅仅做一个自由主义者，但在他的知识和人格成长的过程中，一定要通过自由主义。”① 他对于自由主义与三民主义的关系，跟张其昀的解释完全不同，指出：三民主义固然并不等于自由主义，但是“三民主义的目标，难道不是为了各种自由（包括政治中的个人自由）的实现？三民主义，中山先生自己说得很清楚，是以民为主的民有、民治、民享的主义。民治、民有、民享，是把传统的开明专制的爱民、养民、教民倒转过来，使被动之民，成为主动之民，这是划分政治的大分水岭，是一个现代普通的公民所能了解的。”他自信地认为，中山先生的三民主义，是“‘自由主义底’三民主义”，不能解释为反自由主义的思想。②

反对将三民主义解释为反自由主义的思想，也就意味着反对将民有、民治、民享的民主政治，解释为爱民、教民、养民的开明专制理论，或者说，反对将民本解释成民主。这在他此前的文章中有明确的说明，如他在《中国的治道》中说：“中国的政治思想，除法家外，都可说是民本主义，即认定民是政治的主体；但中国几千年来的实际政治，却是专制政治。政治权力的根源，系来自君而非来自人民，于是在事实上，君才是正真的政治主体。”③ 面对理念与现实的二重主体性，中国的哲人总是想通过“格君心”的方法，主张人君无为或修己，去智去欲，服从人民的才智好恶，来打掉人君政治上的主体性，凸显天下即人民的主体性，然而，“一个人要‘格’去其好恶，真是一件难事。”④ 所以这种消解二重主体性的方法往往落空，形成历史上的治乱兴衰。但是，近代西方的民主政治的道路，从法制上解除了此一矛盾，通过制度“首先把权力的根源，从君的手上移到民的手上，以

① 徐复观：《为什么要反对自由主义》按语，氏著《学术与政治之间》，台湾学生书局1985年版，第457页。

② 徐复观：《为什么要反对自由主义》，《学术与政治之间》第462页。

③ 徐复观：《中国的治道》，《学术与政治之间》第104页。

④ 徐复观：《中国的治道》，《学术与政治之间》第125页。

‘民意’代替了‘君心’”。[①] 在议会政治、结社自由、言论自由等客观化的体制下，使得“一个政治领袖人物，尽可以不是圣人，但不能不做圣人之事”[②]。于是，中国圣贤千辛万苦所要求的圣君，千辛万苦所要求的治道，通过民主政治，都可自然实现。所以民主是普适性的，“中国不会有什么特殊的民主”[③]。

徐复观肯定民主自由才是中国文化和历史的出路，与《自由中国》阵营的自由主义者无异，所以《中国的治道》发表后，受到殷海光的盛赞，称其为“不平凡的人之不平凡作品”，“此时此地而能看到这种文章，真是空谷足音”[④]。

这样两位在主张民主上志同道合的人物，之所以发生论战，主要与殷海光所坚持的“五四”道路——以“科学”支持“民主”，打倒“孔家店”——有关。

50 年代殷海光的自由主义有两个重要的支撑点，一为罗素，一为“五四”。其实这两个要素紧密相连：由罗素及其影响下发展出来的维也纳学派，象征的是一个支持自由民主的知性的传统；“五四”象征的也是一个民主与科学不可分割的意象。殷海光以“五四的儿子”自任，揭橥罗素学统的资源，主张以科学理性作为民主政治的基石，认为民主政治是讲理的政治，思想自由要有自由思想的能力[⑤]。在他看来，最严格的“理”和最靠得住的思想能力，唯有对逻辑和经验的把握，除此之外的任何知识，都是扯谈，不能作为判断是非对错的标准，也不能作为民主政治的基础。包括中国传统儒学在内的东方历史文化就属于靠不住之列，因为它缺乏清晰的思想系统和方法系统，不便于“讲理”和“自由思想”。所以，他“深恶历史主义，痛恨一些人夸张‘历史文化’”，“一想到东方人那种混沌头脑和语言”，他立即怒火中烧，因为这些“鬼话”都是“无意义的语言”[⑥]，最容易引起

① 徐复观：《中国的治道》，《学术与政治之间》第 125 页。

② 徐复观：《中国的治道》，《学术与政治之间》第 125 页。

③ 徐复观：《中国政治问题的两个层次》，《学术与政治之间》第 42 页。

④ 殷海光：《治乱底关键》，《殷海光文集》修订版第一卷，第 36 页。

⑤ 殷海光：《思想自由与自由思想》，林正弘编《殷海光全集》第十一卷，台北桂冠图书公司 1990 年版，第 92 页。

⑥ 殷海光：《致王道》，《殷海光文集》修订版第一卷，第 53 页。

“思想之走私”①。所谓思想走私，指统治者利用传统儒学字句以巩固权势。在殷海光那里，传统儒学，不仅无助于自由民主，相反有害于自由民主的落实。这其实正是五四“打倒孔家店”的观念。鉴于当时的台湾“道学余毒未尽，回光返照，火药气与酸腐气结合，在那里共同作用，毒害生灵，施展权势”②，殷海光感到这是对“五四”精神的反动。

而徐复观则“不满足于仅仅做一个自由主义者”，他在肯定民主自由的坦途之同时，又特别指出，民主自由在中国生根需要中国历史文化的滋养。在论述中国民主选择时，他不用“取代”，而用“接通”，将中国圣贤的民本理想与现代自由民主的政治原则“接通”起来。他说儒家思想是凝成中国历史文化的主流，它既属伦理思想，亦属政治思想。③ 其政治思想的构造，可以归纳为德治主义，民本主义，和礼治主义。“德治系基于人性的尊重，民本与民主，相去只隔一间，而礼治的礼，乃‘制定法’的根据，制定法的规范。此三者，皆以深入民主主义的堂奥”④，所以需要把这种中国原有的民本精神“重新显豁疏导出来”，使这部分精神来支持民主政治，同时吸收西方的权利观念，将人民的主体性确立起来，致儒家思想与民主政体，内在地融合为一，既为往圣继绝学，又为万世开太平。徐复观认为，德治主义、民本主义、和礼治主义，在价值上比之西方近代的民主政治所预设的价值要精纯的多，可以补正西方自由主义主要依赖外在权力和法律而“维系不牢”的缺陷，为世界文明做出贡献。

徐复观坚持，“民主政治，今后只有进一步接受儒家的思想，民主政治才能生稳根，才能发挥其最高的价值。”⑤ 不能因为儒家学说是中国古代的思想，就否定它的现代价值。因为任何有价值的思想，都既有其特定的时代性，又有其通过其特殊性所显现的普遍性。“特殊性是变的，特殊性后面所倚靠的普遍性的真理，则是常而不变。”⑥ 他批评“五四”的新文化人物蔑

① 殷海光：《新实证论的基本概念》，《殷海光全集》第 17 卷，台北桂冠图书公司 1990 年版，第 379 页。

② 殷海光：《杂忆与随笔》，《殷海光文集》修订版第四卷，第 139 页。

③ 徐复观：《儒家政治思想的构造及其转进》，《学术与政治之间》第 48 页。

④ 徐复观：《儒家政治思想的构造及其转进》，《学术与政治之间》第 54 页。

⑤ 徐复观：《儒家政治思想的构造及其转进》，《学术与政治之间》第 53 页。

⑥ 徐复观：《儒家政治思想的构造及其转进》，《学术与政治之间》第 47 页。

视历史，厌恶传统，不承认在历史转变之流的后面有不变的常道。① 而割断与文化传统联系的结果，自由民主的文化得不到深厚文化资源的滋养，民主自由自然不能在中国生根发芽。

正是在这一点上，徐复观和他的同道与殷海光们形成尖锐对立。1952 年，徐复观参与了牟宗三与殷海光之间关于西方文化是否纯技术观点的争论，1954 年殷海光与徐复观就要不要道德自由，外部自由与内部自由是否有关等问题，又展开了暗地较量。而公开的论战发生在 1957 年。

1956 年除了发生殷张论战，还发生《自由中国》“祝寿专号”事件，引起国民党对自由主义大围剿，殷海光越来越发现需要“五四”的力量来反制。可是，在当时的台湾，五四的意象却很稀缺。1957 年五四运动纪念日到了，殷海光为《自由中国》撰写社论，开头就悲愤地说：“五月四日这样重要的节日，几乎被人忘记了！”“近七八年来，这个日子居然成了不详的记号”。在讲到造成这种局面的原因时，他除了痛斥“现实权力”憎恶“五四”所以打压之外，还用很多笔墨指责文化上的复古主义者“借现实权力以行其‘道’”，并认为：

> 依据向量解析，复古主义和现实权力二者的方向相同，互相导演，互为表里，彼此构煽，因而两者所作用于五四运动的压力合而为一。于是五四所给予中国现代的影响也就依稀可辨了。②

殷海光在这篇文章中用了两个“互为表里”，一个是现实权力与复古主义的“互为表里”，一个是“五四”倡导的民主与科学的互为表里，呼吁明智的知识分子从互为表里的现实权力和复古主义共同打击下救出互为表里的民主与科学，以“重整五四精神”。

这篇社论批判的复古主义，无疑包含徐复观等新儒家，而其中关于复古主义与现实权力“互相导演，互为表里，彼此构煽”的说法，显然激怒了徐复观。就徐复观而言，说他们批评五四，那是事实；说他们为专制势力帮凶，则万难容忍。于是在 5 月 15 日出刊的《民主评论》第 8 卷 10 期上，化名发表《历史文化与自由民主——对于辱骂我们者的答复》，按语中直指

---

① 徐复观：《儒家政治思想的构造及其转进》，《学术与政治之间》第 48 页。

② 殷海光：《重整五四精神》，《殷海光文集》修订版第二卷，第 66 页。

《重整五四精神》的作者是“文化暴徒”，“政治暴徒，是自由民主的大敌；我们有什么根据相信文化暴徒能够成为自由民主的友人?”①

《答复》分三个方面再次论证历史文化是应该研究的；研究历史文化不等于主张复古；研究历史文化更不等于为现实权力帮凶。徐复观怒斥：“《自由中国》半月刊自出刊以来，对于中国的历史文化及对于历史文化的研究者，只有不断的叫嚣，辱骂，戴帽子，放冷箭等等的恶毒而下流的词汇”②，愤然指出“世界上只要是精神正常的人士，对于不分青红皂白来践踏自己整个民族文化的自虐狂者，莫有不冷齿的”③，质问“现实政权提倡历史文化，……他们对于历史文化，只是口头上讲讲，决没有存心要把历史文化中好的东西拿来实行”，他们的是非得失“何以能偏由中国的历史文化来负责?”④ 文章最后，重申对于“五四”的态度是：

> 五四应当尊重，也应当批评。尊重五四，并非把它当作一个偶像以为树立门户之资。批评它也并非等于否定科学民主。科学民主，不是任何人的专利品，也不是五四的专利品。⑤

这场论战，由于表现出彼此不屑的态度，双方后来都没有再争论下去的兴趣。民本思想能否导向民主政治？民主政治是否需要民本思想？并没有得到解决。此后直至《自由中国》停刊，两方一直自说自话，鄙薄对方而又不作对话。这场论战事实上成为一场未完成的思想较量。

两场论战留下的思考

殷海光所经历的两场论战，前一场高下分明，后一场胜负难辨。从两场

---

① 徐复观：《历史文化与自由民主——对于辱骂我们者的答复》，《学术与政治之间》第525页。

② 徐复观：《历史文化与自由民主——对于辱骂我们者的答复》，《学术与政治之间》第528页。

③ 徐复观：《历史文化与自由民主——对于辱骂我们者的答复》，《学术与政治之间》第532页。

④ 徐复观：《历史文化与自由民主——对于辱骂我们者的答复》，《学术与政治之间》第536、537页。

⑤ 徐复观：《历史文化与自由民主——对于辱骂我们者的答复》，《学术与政治之间》第538页。

论战中呈现的论点看，张其昀、殷海光、徐复观三者的主张，亦正类似本文开头提及的今日内地学界出现的三种典型看法。所不同的，在于今日学界的看法，跟三民主义已毫无关联。

这两场论战给我们留下什么启示呢？在笔者看来，至少有三：

第一，民主与民本的关系确系需要认真面对的课题。

不讲民主政治则已，讲民主政治就会涉及中西古今、民族特色等问题，“民本”作为“民主”的对应范畴很难回避。它们的关系，绝非故纸堆里的文字游戏，而是关乎社会文明走向，关乎文化智慧创造。惟其如此，不仅应该认真面对，而且应该慎重思考。张其昀的民本即民主论，排除是否具有为国民党官方代言的背景因素，纯就学理而言，显然是一个过于粗糙、过于随意的说法，经不起历史和逻辑的追问。殷海光的移植民主论，和徐复观的接通民主论，都有各自的历史和逻辑的依据，非三言两语所可驳倒，所以直到今天，都仍有思想性的追随者。但这也并不是说，其理据已经深刻到足以解决此问题的程度。他们之不得已将一个严肃的问题诉诸情绪、且最终陷于公婆之争的尴尬，本身就是一个说明。

第二，民本与民主的关系，不能只在平面上求解，应该有立体的多向思维。

讨论民本与民主的关系，历史与逻辑要兼顾，政治性与学术性也要结合，还要将民族关怀与世界关怀统一起来。就此而言，同为较为深刻的思想，殷海光与徐复观似各有得失。

殷海光从逻辑切入，落脚处却在历史——落在民主是西方产物这样一个历史的事实；徐复观钟情历史文化，着眼点却是一种逻辑的可能——即从民本接通民主，在思想中开创出比西方更理想的民主这样一种可能。殷海光崇尚严谨而科学的学术，但他的真正关怀在政治，汲汲以求的是民主制度的落实，认为最简捷的途径就是学习西方，跟世界接轨；徐复观也热切希望自由民主成为中国人的生活方式，但他不是从“民主”之急迫性入手，而是从“中国人”的适切性入手，焦心于从学术上找到中国人实行民主的立足点。殷海光的眼光是世界的，关怀却是中国的；徐复观视野是中国的，关怀却是延伸到世界的。他们都有各自的辩证，而最终仍然是各得一半“片面的深刻”。

徐复观和他的新儒家同道，最突出的矛盾在学术与政治之间（徐氏第一步著作即以此为题）。将民主问题放在哲学层面思考，在回应急切的政治课题上难免迂阔迟钝。徐复观本人对于民主政治的呼吁和抗争在新儒家中是很突出的，但其出于生命个性者或许多于出于学术路线者。整体说来，新儒家在哲学上对回应西学东渐做出了重大贡献，其对于民本与民主关系的解说，也具有恒久弥新的思想魅力，但对于台湾现实民主政治的推动，毋庸讳言，主动性和效能上要略逊于“卑之无甚高论”的自由主义者。

殷海光和他的自由主义同道，问题则主要在于不够注意历史文化的客观实在性，更没有具体观察历史文化的复杂可分性，因而将包括民本思想在内的传统儒学对自由民主的负面影响，显然夸大且绝对化了。其结果，不仅未能解决自由民主如何在中国文化土壤中落实、生根的问题，而且客观上确实存在徐复观所指出的悖反自由主义精神的危险。《自由中国》关门后，步入生命最后十年的殷海光，通过反省终于发现孔子的“人而无信，不知其可也”，“毋意、毋必、毋固、毋我”，以及孟子的义利之辨、人禽之分等思想价值，领悟到孔仁孟义，加上墨氏兼爱，不一定不能导出民主①。他承认以前与新儒家之间的对垒是“大大失策的事”②，提出“中国的传统和西方的自由主义要如何沟通？这个问题很值得我们深思”③，显示了一个知识分子对真理的真诚。

片面的深刻有时很必要，也难能可贵，但此非求真知的鹄的。如何将两个或更多“片面的深刻”整合为全面的真理，考验着当代学人的智慧。站在前人的肩膀上，今天看来，走不出民主的民本，永远不是民主，更不成其为中国特色的民主，这一点是可以确定的。因为所谓特色，应是在共性之上做加法，而非在共性之中做减法。自由民主的实现是民本观念重新焕发生命的前提，自由民主落实后再将民族特有的民本思想精华蕴含其中，才称得上特色民主。另一方面，民本跟民主固然差异很大，但不意味着民本只能作为专制主义基础。它过去作为“慈惠的君主专制”意识形态的历史，并不能决定它未来不可以成为自由民主思想的一部分，因为“民主永远需要更

① 殷海光：《道德的重建》，《殷海光文集》修订版第四卷，第 231 页。
② 韦政通：《我所知道的殷海光先生》，《大学杂志》30 期（1970 年 6 月）。
③ 殷海光：《病中语录》，《殷海光文集》修订版第四卷，第 306 页。

新”，中国的民主化与民主的中国化均有其正当性[1]。如果说林肯所说的民有、民治、民享堪称民主三原则的话，民本则明确体现了民享，含糊体现了民有，完全没有体现民治。民本是一种可进可退的政治哲学，前进一步即为民主，不进不退为仁政或开明专制，退出半步即为专制主义的遮羞布。民本思想和民主思想都是历史的产物，既往的历史无法改变，未来的历史却是可塑的。大多数发生历史作用的思想都会有与时俱进的空间，民本亦当如此。

第三，民本与民主的问题，并不纯粹是一个象牙塔里的理论问题，在一个有活力的时代，更是一个摸石过河的实践问题，边努力边思考，收获或者多过闭门穷思。

中国传统民本思想一直没有办法打破君主的主体性和落实人民的主体性，“天下为天下人之天下”的“民有”观念是虚置的，民治自然无从说起。人民的主体性不能落实，根源在于文化之国与政治之国的壁垒，或者叫笔杆与枪杆的两隔。文化思想的力量表面上凌驾于现实权力之上，实质上笔杆总是屈从于枪杆，科举制度更使笔杆御用化。文化思想中民本的政治理想要落实，就需要有支持这种理想的常态化的现实力量——民众自我意识和权利的觉醒。所以，民本能否走到民主，关节点不在概念的抽象推演上，而在如何促进支持这种理想的常态化的现实力量的形成上。

在全球化和互联网时代，在市场经济的格局下，催生人权和公民意识的条件非农业文明时代所可比拟。在人权和公民意识的激发下今天“民本”（主张全体民众的价值）概念已有发展到“人本”（承认每个人的价值）的趋势，这在理论上已经是一大进步，因为“人本”逻辑地包含了人权的内容。不过这个内容仍然需要实践来落实。知识分子如果更多地关注活生生的社会演绎，更自觉地增进人权的意识，把儒家固有的“人把人当人”的思想元素，从人格尊严的层面向更广泛的世俗权利拓展，在推进民本向民主转进方面可能远比“五四”以来的抽象观念启蒙更有效果。殷海光及其在台湾的后继者，没有从民本到民主的论式，却以他们的坚毅努力，实质性地推动了从民本思维到民主思维的演变。

---

① 吴根友：《中国的民主化与民主的中国化》，氏著《在道义论与正义论之间》，武汉大学出版社2009年版，第299－304页。

殷海光道德重建论再认识

赵炎才（中南财经政法大学历史系）

殷海光乃中国现代自由主义思潮的重要代表人物之一，有“台湾自由主义领袖”之美誉。在1950年代的台湾，殷氏积极为“重整五四精神”、追求民主和科学而奔走呐喊。而在1960年代，其审视中国传统文化则表现出明显理性色彩，系统阐述了自己的道德重建说。对后者，学界探讨甚多，其中对其“超越五四”倍加肯认。如有论者指出：殷海光的道德重建论的价值主要有三：第一，不同于“五四”新文化人简单的中西、古今二元对立的道德范式，着眼于寻求人类普世道德，相信世界各大宗教道德传统在价值上具有共同性和可通约性。第二，其关于道德原理与道德条目的二分法，为处理古代道德遗产提供了有效的分析方法。此一思想与梁启超、杜亚泉、冯友兰等人的道德改良论一脉相承。第三，他并不赞同儒学与民主势不两立的“五四”命题。相反，他认为传统道德的伟大遗产可以和现代性并存不悖。他的整合儒家仁义、基督博爱、佛教慈悲与民主、科学的道德重建方案，超越了“五四”“现代/传统”二元对立范式，而熔中西古今于一炉。此一“穆小姐”（道德）和“德先生”（民主）、“赛先生”（科学）的结合，填补了“五四”时期新文化运动的道德真空。其伦理思想之“超越五四”亦在于此。① 可以说，类似观点在学界尚属普遍，似乎形成共识。平实而论，如此评价总体上不无可取之处。如果联系清末民初以来的相关道德史料，从较长时段审视其思想，不难发现，如此评述与具体史实尚存一定出入。事实上，殷氏之道德重建说在某种程度上可谓中国近代以来包括“五四”新文化时期相关积极道德思想的延续、发展与深化，昭示了中国传统

① 高力克：《儒家传统的调整与整合——评殷海光的道德重建论》，《天津社会科学》2007年第5期。

文化近代化的发展趋势。具体地说，它主要体现为价值诉求文化审视与道德重建共存，总体发展局部整体与具体抽象递进，基本精神道德情感与道德理性互动，内在实质道德重建与政治追求统一。

一、价值诉求：文化审视与道德重建共存

从理论上而言，重视道德之于社会发展的积极价值可谓人类社会文化发展过程中应有之义，中国自不例外。在中国传统社会近代化过程中，诸多志士仁人为之不懈努力，并作出了应有的理论贡献，殷海光即是其中的突出代表。他从文化角度论证了道德重建的时代价值。详言之，这主要体现在道德重建可平息中国传统文化近代化所引发的论争、提升道德之于社会与文化发展的作用、促进中国传统道德近代化与理性成熟学术理念的形成等方面。

（一）道德重建可平息中国传统文化近代化所引发的论争

在论证道德重建问题时，殷海光自觉将其与中国传统文化近代化问题联系起来，认为此乃中国近代文化问题的自然延续与发展。他指出："关于中国文化问题的论争，已经不是一个新的论争。从理学名臣倭仁于一八六七年反对士人接受西学的言论算起，这个论争的延续将近百年了。这个问题正是中国的社会文化受西方文化的冲击和世界由工业革进所引起的激变之特殊的产品。"究竟如何看待此一文化论争？他将其提升到关系到中华民族前途与命运的高度加以审视。他说："近代中国的文化问题是关系于中华民族的过去、现在和未来的大问题，也是关系于今后世界人类前程的大问题。"① 而在现实社会中中国传统文化近代化却引发了严重的思想混乱。在他看来，这是一个新旧过渡的交错时代。一般而论，成年人要去掉旧的思想，旧的行为习惯，来采用新的思想和适应新的制度。这在一代人之间是不可能完成的事。在此阶段，旧的观念继续发生作用，或者变个形状继续发生作用。至少沉淀到潜意识界继续发生作用；可是新的思想却要闯进来。旧的和新的同时在一个中国文化分子身上打起仗来。一个一个的人成为中西文化的战场。整

---

① 殷海光：《中国文化的展望》，上海：上海三联书店，2002 年版，第 197 页。

个社会成为中西文化的战场。战场是不易稳定的。因此，中国知识分子的思想在此一阶段也不易稳定。他们在新旧思想的冲突之中寻找思想出路。对于现存有关文化问题的论争现状，殷氏明确表达了自己的心中不满，指出其不足之处显而易见。他剖析道："自从倭仁以来，这个问题本身的意含之复杂，亦如其论争之纷乱。在这个长久的论争之中，实际上是主张太多而分析太少，情感太强而理知太弱，前提还没有弄清楚就抢先下结论，事理还未抓梳明白就作价值判断，有的甚至于搬出别人根本并未承认的那套'大道理'来板起面孔教训人。像这个样子的论争，纵然续延到地老天荒，也是得不到解决的。不仅得不到解决，似乎只有离题日远。"如此分析深中肯綮。有鉴于此，他认为"'道德重整'实乃人类今后最重大的基本问题，当然也是中国文化最重大的基本问题。"① 有良心的知识分子理当承担起其文化建设的重任。殷氏自己努力谋求道德重建在很大程度上可谓此一责任担当意识所使然。

（二）道德重建有助于提升道德之于社会与文化发展的作用

不仅如此，殷海光还从现实与社会文化角度出发论证了道德之于现代社会健康发展的重要意义。在他看来，时至今日，整个人类的社会文化生活正在面临着道德原则的考验。他指出："当着一个社会文化的道德伦范和人生理想日益失去了支持的基础时，它的实践和实现之难也一定与日俱增。在这种情形之中，作为一个大量现象来看，一般人常相应地降低道德水准或一部分人生理想以求生物逻辑的生存。当然，这种时候'现实主义'成为流行的观念形态。"很显然，这有碍现代社会的健康和谐发展。从社会文化角度而论，道德的重要性不言而喻。"五四"以降，中国儒家价值系统日渐式微，而新的道德价值体系尚未建立起来，现代中国面临深刻的道德危机，道德重建势在必行。殷氏认为："人类的社会文化的生活非没准道德不可。如果人类的社会文化的生活没有道德，那么势必归于萎废，甚至归于崩解。人类的社会文化生活，小无道德则小乱，大无道德则大乱，全无道德则全乱。"为便于阐述道德的重要价值，他以空气缺乏为喻加以论证。他指出：

① 殷海光：《中国文化的展望》，第199、197－198、529页。

“今日中国社会文化里道德问题的紧急，丝毫不下于空气缺乏。今日中国社会文化之急需重建道德，正像缺乏空气的人之急需吸收空气一样。社会生活失去道德规范，于是共同的核心价值亡失。这么一来，人际的互信与互赖的基础濒于倾覆。”而个人“内心绝对缺乏真实感及安全感。”他得出结论：“道德问题的紧急，实在千百倍于往古。”面对现实社会部分人士对道德的误解，殷氏表达了坚守道德的必要性。他说：“在目前的社会风气之中谈道德，不是被人讥为迂阔，就是容易被人认为虚伪。的确，在谈道德的人物中多的是这两种人。可是，我们不能因此就不要道德。”① 在这里，其思想在一定程度上与清末民初以来的道德救世与救国、救亡思想颇为一致。② 比较而言，殷氏观点已超越纷纷复杂的道德现象触及到一定道德本质，其识见显得更为深刻透彻！

（三）道德重建有助于促进中国传统道德近代化

事实上，中国传统道德应对现实危机存在的严重不足客观上需要其近代化，而道德重建无疑有助于推进此一历史进程。殷海光认为：自来儒家对于事实层界没有兴趣。他们没有将认知这个经验世界当作用力的重点。但是，比闭起眼睛悟空的人来，他们较食人间烟火，关心人间伦事。不过，他们却把人间看得太简单。他们认为那一套古方是“万灵丹”，可治百病。然而，他们毕竟是失败了，彻底失败了，并且有人就在他们自己身上失败了。何以致此呢？重要的原因之一，就是他们把道德建立于空中楼阁式的性善观上面。这样的道德节目，正如韦政通所指出的，在简单而静态的古老社会里尚可勉强维持，一碰到现代多变动而又复杂的社会就不灵了。现代人心灵的曲折、茫散、委曲、游移、苍白，台风眼里的安详，气油式的放浪，只有精神病理学加上存在主义的分析才能捕捉。迟钝而空悬的儒学性善观很难和他们交切。儒教和现代人更陌生了！③ 鉴于传统道德无法完全适应现实社会的需

---

① 殷海光：《中国文化的展望》，第 501、527、501、502、529、566 页。

② 赵炎才：《清末民初道德救世思潮的历史考察》，《长江论坛》（人文社科版）2006 年第 1 期。赵炎才：《致用与重构的二重变奏——清末民初伦理道德近代嬗变研究》，北京：光明日报出版社 2009 年版，第 35－44 页。

③ 殷海光：《中国文化的展望》，第 519 页。

要，殷海光认为促其近代化乃势所必然。此一思想与清末民初严复、梁启超、陈独秀等人的思想极为相似。当时，顽固守旧派极力强调藉道德化解现实危机。而严复则严厉批判了此辈空谈治国之本在道德人心的谬论，指出："民生方困，而国时时有亡灭之忧，当此之时而云道德风俗，所论诚高矣，而果有效耶"。[①] 他根据斯宾塞的理论强调道：中国富强之原在于"鼓民力、开民智、新民德"。而三者之中以"开民智"为最急，以"新民德"为最难，力主中国传统道德近代化。而梁启超的"新民"思想与陈独秀的"伦理觉悟"等无不彰显了此一思想。不难看出，清末民初以来的道德重建论在很大程度上体现了中国传统道德近代化的内在需要，而殷氏所言之重建则进一步推进了其近代化的实际进程。

（四）道德重建有利于理性成熟文化理念的形成

殷海光的道德重建论亦旨在培育学界理性成熟的文化理念。中国近代以来的学术界对待道德问题存在两个极端：恢复旧道德与摆脱旧道德。如此偏颇性道德价值取向严重影响了中国传统道德近代化。对此，殷海光剖析道："近半个世纪以来，随着文化问题的论争。时有关于所谓新旧道德的论争。有的人士主张恢复旧道德；也曾有人主张建立新道德。有人认为除掉那与旧制度绞连在一起的旧道德中国文化才能新生。旧道德的建构即是孔制。所以，摆脱旧道德即须倒孔。"对此，他均表示不敢苟同。如对陈独秀有关道德中拥护与反对的观点，他明确表示异议，指出"陈独秀这段言论很错，然而影响也很大。"对道德中的革命主义，殷海光明确表达了自己立场。他认为："中国近几十年来由于宣扬'革命'而衍生出一种革命主义（revolutionism）。这种'革命主义'里涵蕴一种意识，即是以为'旧的不除，新的不生'。其实，这只是行动人物的一个口号。这个口号，要彻底执行起来，结果真是'寂寞的宇宙'，空无所有。认真说来，作这种主张的人士连'旧的不除，新的不生'这八个字也不能用。因为这些字导源于古代，已经旧得很了。"在他看来，"近几十年来有许多中国知识分子倡言'新道德'。我们看那些说法，多属道德的乌托邦，并没有与中国的社会文化现实整合。这

① 《王荆公诗评语》，王栻编：《严复集》第四册，北京：中华书局，1986年版，第1150页。

也就是没有社会文化的基础。没有社会文化基础的道德主张，怎能付诸实行?”① 而中国现代学术界对待传统道德成熟的观点有限，缺乏起码的理性态度。他说：有关中国文化问题的论著“经我阅读以后，我发觉只有极少数的言论是出于理知的”。由于“成熟的心灵竟是这么少！”“在这样的背景下，我独自出发来寻找出路和答案。”② 在此方面，殷氏的确比清末民初时人走的更远。

综上，不难看出，殷海光力主道德重建源自深刻的文化考量。从某种意义上讲，此可谓中国近代以来尤其是清末民初以来相关思想的延续与发展。比较而论，殷海光的道德重建说所论更为宏大，关涉文化发展规律与近代学术理念的形成等方面，体现出中国传统文化近代化正不断走向深化。

二、总体发展：局部整体与具体抽象递进

殷海光的道德重建说并非一成不变，而是随着时空转换而侧重点有所不同。具体地说，其重建经历了从局部而整体，由具体而抽象的发展过程，凸显其思想的不断拓展与深化。

（一）局部与具体：藉西方近代思想批判传统道德弊端

殷海光的道德重建，首先从局部的具体方面契入。有论者指出：总体而论，殷氏一生恰逢近代中国面临严重的民族危机、发生整体性剧变的时代。对于时代变迁所造成的近代中国满目疮痍的落后状况，其内心有“切肤之痛”，并将之归因于传统文化，因此他早年对中国传统文化始终抱持批判的态度。在其早年言论中，处处可见其对中国传统文化的批判和否定，如他一见所谓玄虚的东西就生厌恶之情，甚至“怒火中烧”，“深恶”，“痛恨”，“作三十日呕”，以至“弃之如遗’。对传统之激烈批判，使殷海光成为20世纪50年代批判中国传统文化的先锋。③ 由于“传统中国文化是一个泛道

① 殷海光：《中国文化的展望》，第503、504、530页。

② 殷海光：《中国文化的展望·序》，第2、3页。

③ 高琼：《中国传统自由主义传统文化观的世纪轨迹——以殷海光为中心》，（陕西师范大学2006年硕士论文未刊稿），第9－10页。

德主义的文化”①，其批判自然侧重于传统道德。其学生林毓生如此评价道：“除了最后几年，殷先生有很大的变化以外，攻击中国传统，提倡科学与民主，是他一生言行的目标。在他的著作中对中国传统中的许多缺陷之揭发，尤其对科学与民主之阐释，往往超过早期五四人物的言论，说他是五四思想集大成的殿军实不为过。”殷海光亦坦率地承认他吸收了五四的许多观念，数十年还一直保持着那一时代传衍下来的锐气和浪漫主义的色彩。②

事实确属如此。殷海光认为：中国的现代化的问题在基本上就是一个从古老文化过渡到现代文化的问题。这个问题是牵涉广泛而且曲折又多的困难问题。“近百年来，保守主义和进步主义的拉锯战，从大的战场到巷战，从国族大事到个人婚姻自由小事，无时不在进行。”“可是，这百年来，在总的态势上，保守主义是取守势，进步主义取攻势。”中国保守主义要求中国社会伦理道德价值规范限制到孔制的轨道上。在这么长久的拉锯战里，保守主义确曾很不漂亮而又不知趣地延缓了中国社会文化发展的速度，可是并未能改变它的发展方向。它的发展方向是什么呢？就是中国必须现代化。殷氏一生之中绝大部分时间致力于抨击中国文化之糟粕，认为它们与科学、民主、自由等处于冲突状态。他在其著述中对传统道德提出诸多异议。如认为儒家伦理规范虽有助于维系社会秩序，但其许多内容不可能在今日继续发挥作用。他指出：“孔制是中国旧道德建构的核心。儒家是孔制的总经理。所以，我们要批评旧道德，必须从孔制与儒家入手。依据重建道德的评准，儒家的德目有这几种弊病：儒门德目有阶层性、重男轻女、为愚民政策立张本、独断精神、泛孝主义、轻视实务。③ 他重点批判了宋明理学，认为朱熹等人把孔子伦理玄学化了，使得孔门伦理远离人间烟火，并讥讽理学家是“矫揉造作的半调子”。进而他又批评现代新儒家，认为其承袭了理学家的恶劣风气，只知固守“虚构之常”，将历史与文化染以道德和理学的色彩，这正与当时港台官方大力宣扬“中国文化”的气味相投，而后者所谓的中国文化，仅指儒家的治道而已。这里，殷海光对中国传统文化的批判，一定

① 殷海光：《中国文化的展望》，第 214 页。

② 陈先初，杨铮铮：《试论殷海光的中国文化观》，《湖南师范大学社会科学学报》2007 年第 5 期。

③ 殷海光：《中国文化的展望》，第 393、237－238、507－511 页。

程度上讲是针对当时某种学界空气的有感而发。①

从理论上而言，殷海光对传统道德文化局部具体的批判实际针对的是道德的时代性。此与前此其他志士仁人的思想颇为一致。如梁启超曾指出："有许多学说，常因时代之变迁而减少其价值"。"不是含时代性就是含地方性；有的在现在适用，在古代不适用，有的在欧洲适用，在中国不适用。"②道德也是如此。清末以来梁氏对中国传统道德的深刻批判无不循此而来。陈独秀也从清算传统政治文化角度指出："孔教之精华曰礼教，为吾国伦理政治之根本。"③ 在陈看来，"孔教亦非绝无可取之点"，"儒术孔道，非无优点，而缺点则正多。尤与近世文明社会绝不相容者，其一贯伦理政治之纲常阶级说也。此不攻破，吾国之政治、法律、社会道德，俱无由出黑暗而入光明。"④ 李大钊也指出："故余之掊击孔子，非掊击孔子之本身，乃掊击孔子为历代君主所雕塑之偶像的权威也；非掊击孔子，乃掊击专制政治之灵魂也。"⑤ 可见，"五四"新文化精英们的道德批判实乃清末时人道德批判思想的自然延续与发展，旨在清算旧礼教旧道德束缚人性的痼疾，而殷海光的道德批判思想则使此一批判思想更进一步，达到了更高的理论水平。

（二）整体与抽象：中西文化具有融通性

殷海光在前此批判基础上还努力从整体抽象层面把握中国传统文化的近代化。他认为：中国近几十年来的大祸大乱，与一般知识分子骤然走出传统以后之茫失和浮动的确是相关的。为此，他认真审视传统文化，努力从整体、抽象意义上准确把握传统道德文化之精华。殷氏明确指出：孔教的核心是尚仁义与尊德性。其藉政教而成为中国人的道德生活的根本。在他看来，对中国传统道德应以是否适合人的存在为标准来分析，在此基础上传承其普

---

① 姚才刚：《一个"五四后期人物"对传统价值的认同——试论殷海光对中国文化观的转变》，《湖北大学学报》（哲学社会科学版）1999 年第 1 期。

② 梁启超：《儒家哲学》，叶德峰编：《国性与民德——梁启超文选》，上海：上海远东出版社，1995 年版，第 337 页。

③ 陈独秀：《独秀文存》，合肥：安徽人民出版社，1987 年版，第 73、663、660 页。

④ 陈独秀：《调和论与旧道德)》，《陈独秀文章选编》上册，北京：三联书店，1984 年版，第 444、445 页。

⑤ 《李大钊文集》上册，北京：北京人民出版社，1984 年版，第 264 页。

世价值。事实上，儒学不仅有现代仍可行的德目，而且有伟大的道德原理。如子曰："人而无信，不知其可也。""民无信不立"。子曰："士志于道，而耻恶衣恶食者，未足与议也。"子曰："富与贵，是人之所欲也。不以其道得之，不处也。贫与贱，是人之所恶也。不以其道得之，不去也。君子去仁，恶乎成名？君子无终食之间违仁。造次必于是，颠沛必于是。""子绝四：毋意，毋必，毋固，毋我。"孟子曰："生亦我所欲也，义亦我所欲也。二者不可得兼，舍生而取义者也。生亦我所欲，所欲有甚于生者，故不为苟得也。死亦我所恶，所恶有甚于死者，故患有所不辟也。"如此等等，不一而足。在其思想意识中，"孟轲所揭示的人禽之分与义利之辩实在扣紧基本的德操。这一堤防冲破了，便是洪水横流，世无宁日。"孟子虽有强烈的独断态度，但其道德判断极为锋利。他那种极不通融的坚持原则的精神，实在足为现代知识分子的范式。有而且只有通过面临义利关头能舍利而取义，面临生死关头能舍生而取义这两程考验的人才能顶天立地作个人，才能追求实现道德理想。① 不仅如此，殷氏进而从道德理论高度指出："道德节目有古今之别，道德原则无古今之别。道德实践有古今之别，道德理想无古今之别。我们在重建道德时，所面对的不是那'古圣先贤'，而是眼前活生生的个人和社群，人并非为道德而存在，道德是为人而建立。"② 在这里，殷海光实际触及道德文化的整体性问题，即对非时代性的抽象性思考。

从逻辑上而言，此一观点同样不是殷氏所独创，而是他继承前此志士仁人的相关思想加以弘扬的思想产物。诉诸历史，不难发现，清末民初时人的相关论述可谓比比皆是。清末康有为曾指出："孔子之道，其本在仁，其理在公，其法在平，其制在文，其体在各明名分，其用在与时进化。"③ 章太炎积极继承传统圣人之德，反复强调贞心专一，并列出知耻、重厚、耿介、必信为革命道德之核心。④ 还有有论者认为："纲常名教，正气之歌，德义

① 殷海光：《中国文化的展望》，第 246、275、520－523 页。

② 殷海光：《中国文化的展望》，第 507 页。

③ 康有为：《春秋笔削大义微言考序》，谢遐龄编：《变法以致升平——康有为文选》，上海：上海远东出版社，1997 年版，第 238 页。

④ 章太炎：《革命道德说》，《章太炎全集》（四），上海：上海人民出版社，1985 年版，第 286 页。

之粹，正吾族自古及今一大精神之所凝积而成者也。”① 民初严复指出：“忠”、“孝”、“节”、“义”是中华民族之“立国精神”，主张导扬渐渍，务使深入人心，常成习惯。②《大中华杂志》指出：“孔子之当崇拜，在其道德之美，人格之高，可为社会之模范。”③ 梁启超强调：“以吾所见之中国，则实有坚强善美之国性，颠扑不破，而今日正有待于发扬淬厉者也。”④ 他认为“孔子养成人格之教，真可谓始终条理而集大成者。今日昌明孔子之教，即昌明其立身处世之道而已。”⑤ 陈独秀宣示《青年杂志》宗旨时指出：“本志诋孔，以为宗法社会之道德，不适于现代生活，未尝过此以立论也。”⑥ 他虽曾提出孔教于今日有害，“吾人当悍然废弃之”。但同时又说：“士若私淑孔子，立身行己，忠恕有耻，固不失为一乡之善士，记者敢不敬其为人?”⑦ 在界定“新文化运动”概念时，他指出：“现代道德底理想是要把家庭的孝悌扩充到全社会的友爱。现在有一班青年却误解了这个意思，他并没有将爱情扩充到社会上，他却打着新思想、新家庭的旗帜，抛弃了他的慈爱的、可怜的老母。”⑧ 他反复强调：“吾人不满于儒家者，以其分别男女尊卑过甚，不合于现代社会之生活也。然其说尚平实近乎情理。其教忠、教孝、教从，倘系施者自动的行为，在今世虽非善制，亦非恶行。”⑨ 可见，陈独秀并未对传统道德全盘否定，而是有所抉择取舍。即使对五伦观念，部分时人还赋予其以新义，认为它包含道德永恒价值。如康有为认为君臣实为上下关系。⑩ 而杜亚泉视“君道臣节、名教纲常”为我国固有文明之基础，⑪ 其精神与民主共和政体的原理并非不能相容，强调文明要有延续与继

---

① 《民族精神论》，张枬、王忍之编：《辛亥革命前十年间时论选集》第一卷下册，第845页。

② 严复：《导扬中华民国立国精神》，王栻编：《严复集》，第二册，第344－345页。

③ 吴贯因：《尊孔与读经》，《大中华杂志》第一卷第二期，第295页。

④ 梁启超：《中国道德之大原》，叶德峰编：《国性与民德——梁启超文选》，第127页。

⑤ 梁启超：《孔子教义实际裨益于今日国民者何在欲昌明之其道何由》，《梁启超哲学思想论文选》，北京大学出版社，1984年版，第240页。

⑥ 陈独秀：《答佩剑青年》，《陈独秀文章选编》上册，第186页。

⑦ 刘国华：《重新认识陈独秀对孔教的批判》，《安庆师范学院学报》（社会科学版）2000年第3期。

⑧ 陈独秀：《新文化运动是什么》，《新青年》第七卷第五号，1920年4月1日。

⑨ 陈独秀：《阴阳家》，《陈独秀文章选编》（上），第275页。

⑩ 康有为：《孔教会序二》，谢遐龄编选：《康有为文选》，第493页。

⑪ 伦父：《迷乱之现代人心》，《东方杂志》第十五卷第四号，1918年4月。

承性。柳诒徵认为“君臣即首领与从属之谓，无论社会何种组织，皆有君臣。”“故君臣其名，而首领与从属其实。君臣之名可废，首领与从属之实不可废。”① 吴宓认为孔子之精神价值具有永久性。② 梁漱溟在《东西文化及其哲学》的《自序》强调提倡孔子之真。③ 孙中山极力推崇传统道德文化中的忠孝仁爱信义等旧道德，认为它们是我们民族的精神，不但要保存，且要发扬光大。后来冯友兰认为：道德原理由于其反映社会一般原理的抽象性，而具有恒久不变的普世性价值。殷海光强调对于道德传统需要区分道德原理和道德节目，道德传统中有些德目自然不适于现代社会，但其道德原理依然适于现代社会。此一观点，与前此志士仁人的思想隐然相合。于此可见，殷海光对传统文化与西方近代文化的融通性的认识既与清末民初时人的观点颇为一致，又有了较大发展，论证更充分，体现其文化思想的历史进步性。

从其总体发展中可以看出，殷海光道德重建说的并非一成不变，而是随着时空转换而侧重点有所不同，其重建经历了从局部而整体，由具体而抽象的发展过程，凸显其思想的不断拓展与深化。如果将其置于中国近代历史大背景下，可以看出，此一发展并非其个人思想发展中的独有现象，实乃中国近代以来追求真理、追求中国近代化志士仁人的共生相，只不过殷氏之思想演进因具体环境有别而显得更具系统性、更加鲜明而已。

三、基本精神：道德情感与道德理性互动

鉴于前此认识，殷海光满怀民族激情，从道德担当意识出发，努力致力于中国近代文化建设。其内涵虽纷纷复杂，但蕴含其中的基本精神却异常分明，即道德情感与道德理性互动。所谓道德情感主要是指殷氏对道德本身价值的深刻认识与迷恋以及由此引发的激进行为。至于道德理性则是其以近代科学精神审视道德本身及其近代化。殷在前期努力吸纳西方近代自由主义思

① 柳诒徵：《明伦》，《学衡》第二十六期，1924 年 2 月。

② 吴宓：《孔子之价值及孔教之精义》，《会通派如是说——吴宓集》，上海：上海文艺出版社，1998 年版，第 111、109 页。

③ 郭齐勇、龚建平：《梁漱溟哲学思想》，武汉：湖北人民出版社，1996 年版，第 69 页。

想，猛烈批评中国传统道德之弊端，其道德情感表现得异常强烈，其中自然也蕴含一定道德理性精神，因为西方近代道德在一定程度上体现了世界人类社会道德发展的总体趋势。而其后期侧重于道德理性也同样源自强烈的道德情感意识。他从道德本身发展规律出发，比较客观地理解与把握传统道德价值，努力发掘传统道德的合理思想因子，并努力与西方近代道德实现对接，以建构中国现代道德价值体系，这也彰显其对道德本身的深厚情感。二者彼此互动贯穿于始终。

（一）道德情感

如果系统审视其思想发展历程，不难发现，殷海光的道德情感异常强烈，其早年极力否定传统则是突出表现。在他看来，“中国反传统的思想运动，近数十年来，可以分做两个阶段。初期阶段的反传统，多集中于‘反旧礼教’、‘反旧社会’、‘反旧制度’。”“被唤醒的一般人之反传统，多出于个人情绪上的反感，多由于个人利害关系所发动，更由于新的生活方式之憧憬。”① 以此衡量其早期思想也是颇为恰当的。

在其短暂生命历程中，殷海光将一生绝大多数时间投入到继承自五四以来中国激烈反传统精神，努力清算中国传统文化之弊端，促其近代化的事业之中。他提倡自由主义和反对传统文化均源于强烈的道德热情。对此，林毓生指出：“他之所以对中国传统文化做全面的攻击，主要导源于他对中国传统中许多克害个人尊严的思想与制度的道德的愤怒。他的提倡科学方法，实际上，也是为了满足他道德热情的要求。”② 晚年的殷海光对此亦有所表白。他在写给林毓生的信中论及自己早年反传统原因时指出：“除了受五四的影响和五四后期的西南联大的薰育以外，我所出生及长养的时代环境和家世背景大有关系。我这一辈子眼看着中国大大小小的政治势力因争夺权力而败德的各种表演。这曾给与我心灵中道德意识极度的不安和反感。”“在家世方面，当我童少年时，家道已经中落，但师长一辈的人还要摆出一幅架子，说

① 殷海光：《传统的价值》，贺照田编：《殷海光学术文化随笔》，北京：中国青年出版社2001年版，第61－62页。

② 林毓生：《殷海光先生一生奋斗的永恒意义》，载贺照田编，《殷海光学记》，第281页。

话矫揉造作，室屋之内充满理学式的虚伪。我简直讨厌透了！这成为我日后不分红皂白的反传统文化的心理础。"① "我对中国传统文化内心深处倒有切肤之痛，而且现在仍在切肤之痛之中。" "近几十年来，无论是赞成西化或主张保守中国文化，大抵都是从这类个人的利害原因及情绪作用出发的，很少根据文化学等等作客观的认知。无疑，直到约五年以前，我一直是一个antitraditionalist〔反传统主义者〕。"② 他在《〈海光文选〉自叙》进一步剖析道："恰好成长在中国大动乱的时代。在这个时代，中国的文化传统被连根的摇撼着；外来的观念与思想又像狂风暴雨一般地冲击而来。这个时代的知识分子感受到种种思想学术的挑战：有社会主义、有自由主义、有民主政治，也有传统思想背逆的反应。每一种大的思想气流都形成各个不同的漩涡，使得置身其中的知识分子目眩神摇，无所适从。在这样的颠簸之中，每一个追求思想出路的人，陷身于希望与失望、呐喊与彷徨、悲观与乐观、尝试与武断之中。"③ 从这些思想自白中不难窥见其道德情感是多么强烈！其实，殷海光的道德情感也同样表现在他对西方近代道德价值的肯认以及改造传统道德，谋求中国近代道德重建的诸多努力之中。学界相关论述甚多，在此不赘。

（二）道德理性

殷海光不仅以强烈的道德情感投身于传统文化的近代化，而且自觉秉持理性精神，展开更深入系统的理论重建。他曾大力讴歌理性价值，强调"一切以理性为本。" 在他看来，"本乎理性的认识而建立的信仰，是值得用生命去保卫的。"④ 其道德理性突出表现在他对科学和民主的无限憧憬，将它们视为中国谋求解决百余年来大问题以求生存并发展的当然价值诉求。在他看来，"无论如何，中国人要求解决百余年来的大问题以求生存并发展下去，平平坦坦实实在在的道路，有而且只有学习科学并且实现民主。然而，不幸之至，支配中国数千年之久的传统，竟是与科学和民主这样不接近。"

---

① 《致林毓生》，王元化编：《殷海光林毓生书信录》，第154－55页。

② 《致林毓生》，王元化编：《殷海光林毓生书信录》，第160页。

③ 殷海光：《〈海光文选〉自叙》，《殷海光学术文化随笔》，第287－288页。

④ 殷海光：《自由人的反省与再建》，贺照田编：《殷海光学术文化随笔》，第30页。

同时，他又强调不能将中国传统加以破坏，文化重建应立足于创造。他指出："可知中国固有的传统，无论在别方面怎样，至少是与科学及民主距离甚远。而可巧中国之需要科学与民主又是如此之紧迫。那么，怎么办呢？是不是要将中国传统加以破坏呢？否！从我们在前面所陈示的种种，一点也得不到这个结论。至少从实践方面着想，作者不能同意这种办法。"强调"一切都有待乎从头创造。"① 事实上，在他目睹近代中国社会变迁，面对自由主义在中国实践的艰难，殷海光在理论上进行深度反思，其传统观在晚年亦发生重大转变。他自我反思道："人的思想史有阶段性的，而且是会转变的。我之所以转而喜欢中国文化，有四个原因：（1）从思考反省中所得的了解：中国文化对于生命层次的透视，对于人生活动的安排，我渐渐有较深的认识。（2）从生活的经验中体会而来；回味以前的乡居生活，这种生活给人带来清新、宁静、幽美、安然、自在——这才是人的生活，才是人所应过的生活，这种生活是产生中国文化的根源。（3）我受了 Eisentadt、Parsons 等人的影响。（4）最近受了张灏和徐先生的刺激，引起我对于中国文化的一番思考。"② 具体地说，这主要涉及理论解读"文化"观念、深入认知传统、突出道德重建、方法论的反思、重新进行自我定位。③ 所有这一切无不彰显其道德理性精神。

不仅如此，殷海光还认识到传统道德与近代道德具有内在融通性。在他看来，传统意味着一个社会群体生活经验的积累及其延续，同时意味着对社会生活稳定的支持和对后来生活的指导。由此而论，传统具有正面的价值。但是，传统往往容易成为变化的阻力，不能对新的事物做出积极的反应，产生消极的价值。有鉴于此，殷氏主张对传统既不极端维护，也不盲目反对，而应不断地加以重塑。他指出："传统也者，只是社群赖以生存的工具，并非祖宗灵牌，并非崇拜之对象，并非供奉之菩萨。传统是否可以修正，是否可以保存，或是否可以更改，全视是否适合人生而定。如果以此为标准，那

① 殷海光：《传统的价值》，贺照田编：《殷海光学术文化随笔》，第 71、76、78 页。

② 陈鼓应编：《春蚕吐丝》，远景出版社 1979 年版，第 86 页。

③ 高琼：《中国传统自由主义传统文化观的世纪轨迹——以殷海光为中心》，（陕西师范大学 2006 年硕士论文未刊稿），第 14－31 页。

么传统修正可，保存可，更改也可，毫不粘滞，毫无拘泥。”① 在论及开新时，殷海光强调道：“我在这里所说的开新，并不是像五四运动前后的那许多知识分子之系受反偶像主义的推动，以致见古就打。当然。我们更不当作知识上和道德上的乡愿主义者，也不当作知识或道德上的折衷主义者。”他认为任何人不可能把他们代代相传的文化从后门完全赶出去，从前门把一个新文化像迎新娘似的迎进来。文化的变迁无论怎样是有联续性的。每个新的文化特征，细细追溯及分析起来，常是以过去的文化特征作要素组合而成的。② 可见，其对文化内涵的把握颇具理性精神。

在具体道德重建中，殷海光将台湾道德问题、中国现代道德建构与世界道德发展趋势联系起来。他指出：“现在是极权势力威胁着整个人类自由的时代。特别是中国，受极权势力的荼毒最深。在这种时际，就情理而论，最需要自由人发挥主导作用，奋起拯救群伦，力挽浩劫。”③ 随着台湾社会的转型，传统的私德走向崩溃，而新的社会公德还没完全形成，这部分地造成了社会生活的无序。殷海光正是在此背景下提出道德重建，并且在民主与科学的基础上构建了道德理想，④ 强调道德重建应具有世界文化发展眼光。他指出：“中国文化是世界文化的一部分，应该以世界的眼光讨论文化问题”。“中国文化是‘世界文化’大家庭的一个分子，而且确实是一个重要分子。何况中国文化在道德方面过去曾有重要的建树？作为中国文化分子之一的人，有义务也有权力将中国文化在这一方面的优长加以更新”。他充满信心地说：“如果道德伦范和人生理想有昭苏发皇的一天，那么也许靠的就是那几粒烂泥里留下的种子。”⑤ 在这里，他明确将中国现代道德重建与整个现代文明的道德出路问题联系起来。

在重建方法上，殷海光将批判传统、吸纳新知与重整道德结合起来。他不仅希望通过中西对比来观照中国文化，而且强调中国文化重建的目标是新

---

① 殷海光：《自由人的反省与再建》，贺照田编：《殷海光学术文化随笔》，第 3 页。

② 殷海光：《中国文化的展望》，第 507、366 页。

③ 殷海光：《传统的价值》，《殷海光学术文化随笔》，第 69 页。

④ 陈吉瑞：《略评殷海光的“道德重建”》，《湖北大学学报》（哲学社会科学版）1999 年第 1 期。

⑤ 殷海光：《中国文化的展望》，第 294、534、527 页。

的文化整合。具体地说，此“主张吸收外来文化，并把原有文化之有价值的要素与所需新的要素合并起来，创建一种新的文化整合”。在殷氏心目中，“所谓‘道德重整’，既非复古，又非趋新，更非三条大路走中间式的浮面折衷，而是调整（accommodation and adjustment）。”他依罗素所谓“良好的生活是为爱所激发并为知识所指导的生活”的观念阐述了道德重建的具体内容。其“调整的顺序和取向是：从自己的文化和道德出发向世界普遍的文化和道德整合（integration）。”① 他说：“在道德传统中有些德目不适于现代社会。但是，这并不表示道德传统中的道德原理也不适于现代社会。道德传统中有些德目固然不适于现代社会，但是道德传统中的道德原理依然适于现代社会。”“道德传统中的道德原理之所以依然适于现代社会，系因他们广含，所断说的少，而且可作多样的解释。”② 殷海光晚年肯定了传统道德中的若干条目正是循此而行的结果。其有关学理诠释虽还有待进一步细化，但却体现了鲜明的科学精神。

应该说，殷海光所表现的那种道德情感与道德理性互动的精神可谓清末民初以来志士仁人的共性。对于道德情感，易于理解，在此不赘。至于道德理性，从一定意义上讲，与清末民初时人的道德理性立场颇为相近。梁启超在二十世纪初曾论及道德的不变与变，阐述了道德之变革与承续的关系。他指出：伦理因时势而变解释，道德则放诸四海而皆准，俟诸百世而不惑。也有论者认为：“吾民数千年来，所赖以为建国定邦、安身立命之基者，实惟孔氏之道德是信是从，而亦即尧舜文武周公诸哲之所留遗而习而行也。”③ 民初杜亚泉指出：“夫道德有体有用，体不可变而用不能不变。”“变其不合时势者一二端可已。变者十一，不变者仍十九”。中国道德之大体当然可以不变。若其小端及其应用之倾向决不能不因时因势，有所损益于间。④ 陈独秀也指出：“故道德之为物，自一方面观之，则为本心自具之良知。自他方

---

① 殷海光：《中国文化的展望》，第277、56、530、519、531、529、530页。

② 殷海光：《中国文化的展望》，第393－394、424、519－520、533页。

③ 皮生（茹欲立）：《策国民之前途》，张枬、王忍之编：《辛亥革命前十年间时论选集》第三卷，北京：三联书店，1977年版，第403页。

④ 高劳：《国民今后之道德》，《东方杂志》第十卷，第五号，民国二年十一月一日。

面观之，则又为一群演进之大法。其一可不变，其二未有不变者也。”① 陈虽对“旧道德不适今世”的时论表示“赞同”，但又明确指出：“愚固深信道德为人类之最高精神作用，维持群益之最大利器，顺进化之潮流，革故更新之则可，根本取消之则不可也。”② 梁启超还从时代性与非时代性论证了道德演化规律，指出：一切学说，都可以分为两类。一种含有时代性，一种不含时代性。儒家道术大部分不含时代性，不可以为时代古思想旧而抛弃之。③ 由此不难看出，秉持理性，主张在调和中西道德文化基础上构建中国近代道德可谓清末民初时人的主流价值取向。而殷海光的思想则在此基础上大大前进了一步，其道德理性色彩更浓。

四、内在实质：道德重建与政治追求统一

殷海光的道德重建并非简单的道德重建，而是蕴含深刻的政治价值诉求。有论者指出：“学术与政治在殷海光始终密不可分。”④ 此言可谓道出其道德重建的内在实质，即道德重建与政治追求统一。

（一）道德重建与追求民主政治

殷海光虽对西方近代民主制度倍加推崇，但并没有顶礼膜拜，而是理性对待。他曾剖析了民主政治之不足，论证了民族制度下讲道德的必要性。他指出：“我们并没有承认民主制度尽美尽善。人间世的东西多少总是有毛病的。民主制度当然有其缺点。不过，民主制度从个人出发，又归结于个人。在一切制度之中，民主制度最尊重个人。因此，在一切制度之中，民主制度蕴涵着人道主义。人道主义是道德之实践公理。所以，讲道德，在政治上必须落实于民主制度。既然如此，我们与其空谈道德，不如落实建立民主制度。”⑤ 在这里，殷氏实际道出了讲道德与民主制度发展的内在关联，认为

---

① 常乃悳：《纪陈独秀君演讲辞》，《新青年》第三卷第三号，第2页。
② 陈独秀：《答淮山逸民》，《独秀文存》，第668页。
③ 梁启超：《儒家哲学》，叶德峰编：《国性与民德——梁启超文选》，第337页。
④ 章清：《为立德、立功、立言作注解》，《读书》1996年第10期。
⑤ 殷海光：《论科学与民主》，贺照田编：《殷海光学术文化随笔》，第90页。

没有道德的民主制度是不存在的，或者说至少是不健全的。

不仅如此，殷海光还比较了专制政治与民主政治的区别，尤其是在伦理道德方面，二者的差异甚大。他认为自由与极权的对抗源于道德原则。他说："自由的取向和极权的取向之对抗，分析到底层，必须是而且仅仅必须是为了道德原则。就我所想像得到的而论，目前的这一抗争如果不是真诚地为了道德原则而是为了现实的权势，那么便不能激起人类新的感兴和新的力量以使世界归于稳定和新生。"在他看来，任何一个真诚的民主主义者都不应讳言民主政制的短处。民主政制纵然有许多短处，可是这许多短处抵消不了它的长处。民主政制对人类和平、自由、幸福，及安全所已作的贡献或可能作的贡献，至少就长远的途程来看，不是任何其他政治制度所可比拟的。而极权政制的内部经常有紧张气氛弥漫。不同的意见固然遭到无情的压服，但却无助于紧张状态之减除。比较而言，"民主政制的伦理基础高一等。"具体地说，其伦理基础是从有自己的意见的个人出发，而且各个人的意见不一定相同。如果各个人的意见不一定相同，但是又需相同以决定公共问题，那么怎样办？民主政治的行使，不能靠权威，更不能动辄威胁人的神经。在民主政制之下，要大家齐一意见来决定某个问题，只有诉诸说服、磋商，或辩论。这类程序也许有人认为缓不济急。人间有些事体是急不来的，牺牲道德原则而换取效率是值不得做的，因为得不偿失。为了应急而斫丧社会文化里的道德累积，一定加速社会文化的解体，终至如雪山之崩而不可收拾。从表面看，用民主的方式求意见的协调也许缓慢。可是，一旦意见的协调获致，这种协调是表里如一的协调，也就是真真实实的协调，并能产生团结力同活力，较之由强制及胁迫所形成的，显然可靠、持久，并且经得起意外变动的考验。因此，民主政制与极权政制的不同，"最重要的一个原因，是二者的伦理基础不同。"在《中国文化的展望》一书中，殷氏将道德重建置于民主政治论述之后，足见其用心之所在。他强调："世界民主的理想只有在一具世界规模的人本主义的架构上才能得到实质的而非仅形式的实现：人本主义的架构是对个人生存权利的肯定，对人的尊严的肯定，对道德价值的肯定，对自由的肯定，以及因此对开放的心灵和开放的社会之趋进。"① 在他

① 殷海光：《中国文化的展望》，第501、452、453、454、459、540页。

看来，“任何好的有关人的学说，包括自由民主在内，如果没有道德理想作原动力，如果不受伦理规范的制约，都会被利用的，都是非常危险的，都可以变成它的反面。民主可以变成极权，自由可以成为暴乱。自古以来，柏拉图等大思想家的顾虑，并不是多余的。”①

此一表述在很大程度上与民初时人的诸多观点颇为相似。当时谷钟秀在剖析民果政治乱象时指出：“道德堕落为政治窳败之原因”。保障此共和之法“无他途，惟促进人民之道德耳。”②《大公报》载文强调：“欲为共和国之国民，必先具共和国民之道德心”③。张东荪也说：“共和之为利为害，必以其民之道德为判断。”“欲巩固共和，非促进人民之道德不可也。”④ 时论强调立国首重道德，指出“民治之基础，当建筑于真实之知识道德上。”⑤“当此危殆之际，亦不能不以此道德为救国之良剂。”⑥ 伧父强调道德之于救国的重要价值，认为：“无道德之国民，其从事于政治也，往往役使国家，以达其自己之目的。”⑦ 而吴宓视道德精神为本，强调“政治之根本在于道德”，指出：从事于政治经济之改革，“欲求永久之实效，惟有探源立本之一法。即改善人性，培植道德是已”。⑧ 胡先骕强调：“立国之道，必从平民之道德知识着手”⑨。如此等等。可以看出，殷海光既继承了此一思想，又将其大大向前推进了一步，因为他直接针对的主要是国民党在台湾地区所实行的独裁专制统治。

（二）道德重建与向往世界大同

殷海光的道德重建论不仅谋求在中国真正实现民主政治，而且还具有世界眼光，希望解除西方近代社会发展所带来的人类社会的痛苦，对人类世界

---

① 殷海光：《〈海光文选〉自叙》，贺照田编：《殷海光学术文化随笔》，第288－289页。

② 谷钟秀：《发刊词》，《正谊》第一卷，第一号，第3、10、3页。

③ 《共和后之道德观》，《大公报》1912年3月16日。

④ 张东荪：《正谊解》，《正谊》第一卷，第一号，第9、10页。

⑤ 《民治基础》《常识》1921年6月28日，《申报》影印本，第170册，“常评”，第1041页。

⑥ 高劳：《国民今后之道德》，《东方杂志》第十卷，第五号，民国二年十一月一日，第2页。

⑦ 伧父：《接续主义》，《东方杂志》第十一卷，第一号，第3页。

⑧ 吴宓：《白璧德论民治与领袖》，《学衡》第三十二期，1924年8月。

⑨ 胡先骕：《文学之标准》，《学衡》第三十一期。

大同充满信心。在他看来，孔仁孟义、基督博爱和佛家慈悲都是这类道德原理：今日要挽人类于浩劫，必须使这三者整合起来以发挥协同的道德力量，再用这深厚而又庞大无比的道德力来推动西方世界自工业革命以来所形成的巨大经济力与器用力，这个世界的危疑震撼局势才能由稳定而改观。当然，这三者各产自不同的社会文化背景，因而各有不同的色调和不同的涵义。不过，孔仁、博爱和慈悲是可以通约的共同核心。这一共同的核心也就是三者整合的真实基础。自由世界并不缺乏经济力和器用力，但是在道德上总是打不起精神的样子，自由世界的道德力之萎缩，抵消了它在经济上和器用上的优势。这是自由世界的弱点之基本的所在。可是，这个弱点并非不能移除。移除的契机就是振起道德的精神。自由世界要能振起道德的精神，除了以佛门的慈悲为怀和孔仲尼的仁照以外，最不可少的就是孟轲的义峙。“如果当今自由世界的有力人士能为自由而‘舍生取义’，作持久而坚毅的努力，那么我有理由来预料，世界目前的乌云终会一扫而光，整个的大局终会逐渐好转，人类的前途终会在极权制度的威胁之一下解救出来。”殷海光认为：“实现世界大同，并非无根的幻想，而是实实在在有科学根据的。除了上述世界性的宗教衍出的伟大道德力可以稳步溶解人为的藩篱以外，人类学等等科学可以提供我们以具体的途径。”我们的世界是在彼此抗拒中求整合。人类的希望在此。人类文化迟早会有混同的一天。文化的混同是世界大同的真实基础。“我在前面所说的是伟大的宗教和道德的共同之处以及世界文化发展的整合趋向。现在，我们必须明了，这些动因正在汇集而为自由、平等、幸福、友善、正义、合作，增进人群利乐以及尊重个人的生命与尊严等德目的实现努力。这一努力也就是对人类普遍价值的追求。这一追求，正合科学的人本主义（scientific humanism）的主旨。”① 可见，其道德重建蕴涵向往世界大同的理想诉求。

事实上，殷海光的道德重建与追求大同理想价值诉求同清末民初时人的道德理想颇为一致。当时时人从道德思维出发积极探索救亡图存、追求中国近代化，而传统的经过创造性转化的大同理想遂成为他们追求的终极目标。他们以大同理想为轴心，围绕人格理想、政治理想与社会理想等方面努力构

① 殷海光：《中国文化的展望》，第533、535、536－537页。

建并积极实践道德理想。其内涵中外古今思想均有所涉及，混杂乃至对立的观点随处可见。尽管如此，它实已成为时人的总体价值追求，既继承了传统积极思想，也融汇了西方思想的合理内核，并有所创新，反映了时人立足社会现实，致力于挽救民族危亡，振兴中华的强烈愿望。① 而殷海光在新的历史条件下既继承了此一思想的合理内核，又将其大大推向前进，表达有责任意识知识分子的终极理想诉求。

（三）知识分子的道义责任

为了达到自己设定的目标，殷海光极力强调知识分子的担当责任。在他看来，没有强烈道德感的人，除了饮食男女之类的事情以外，对于人间的道德价值问题是无动于衷的。他说："我们在从事这一金字塔式的工作时，我们的胸襟必须是'为万世开太平'而铺路。我们希望透过自由文化的默运力，中国终于能够消解目前的种种暴戾之气，而出现一个重道德、有自由、行民主的境象。就知识分子来说，还有什么事比这更值得做？"②

在具体道德重建中，殷海光认为真诚显得尤为重要。他指出："保守性的文化再组合不及创造性的文化再组合之富于对新因素的吸收力及对新环境的适应力。不过，即令是保守性的文化再组合，也不是一件容易真正开办的事业：这需要杰出的人才，宏大的气度，识人的眼光，忘我的胸襟，尤其需要不可摇撼的道德真诚。"欲做到这一点，首先需要个人的精神解放。在他看来，真正要讲"精神文明"，首先必须是"精神的解放者"。一个"精神的解放者"，必须一不作古人的奴隶，二不作风俗习惯的奴隶，三不作人情世故的奴隶：人有免于作这些奴隶之自由，摆脱一切心灵的桎梏，才能勇往直前追求科学的真理。③

为达此目的，个人修养也必不可少。殷海光指出："个人的修养诚然是德行的起始点，可是道德如不能社会化，它的功能是要大打折扣的。中国的

① 赵炎才：《清末民初道德理想近代转化探析》，《贵州社会科学》2010 年第 1 期。《致用与重构的二重变奏——清末民初伦理道德近代嬗变研究》，北京：光明日报出版社 2009 年版，第 45－56 页。

② 殷海光：《中国文化的展望》，第 277、572 页。

③ 殷海光：《中国文化的展望》，第 250、341 页。

传统道德因不能全部替代宗教而在动乱不安时失去活力，以致流于形式。道德多重义理而少重体现的运作程序。影响所及，驯至许多人士认为只有道德原理不可动摇。至于怎样实现道德原理，则可以‘通权达变‘，无关宏旨。这就为后世．‘只问目的，不择手段”的出格人物大开方便之门。如果一个国家浸沉于’目的热‘之中但大家又是“手段盲'，那么甚难幸免于大灾祸的。”①

事实上，殷海光为此作了必要的个人努力。对此，林毓生评价道：“殷先生一生思想探索的意义，并不在于学院层次上的理论细节。他以真诚的生命投入思索的工作，其道德资源与道德想象力不断促使他认真地吸取失误的教训，并力求自我改进，最后终于从浪漫的激越落定到以自由主义大方向、大原则为根基的启蒙工作，并以他那震撼人心的道德热情来推动这一启蒙工作。”② 此言可谓道出其人生真谛！

总而言之，殷海光的道德重建论内涵颇为丰富，其中最主要得突出体现为价值诉求文化审视与道德重建共存，总体发展局部整体与具体抽象递进，基本精神道德情感与道德理性互动，内在实质道德重建与政治追求统一等四个方面。这充分体现了殷氏道德重建说的积极价值。如何看到其思想前后看似矛盾的重大变化？殷氏曾指出：“常常同一个人的前期思想是主张西化，后期的思想也许是主张复古；同是一人也许他起先很保守，到后年变得狂热而激进；到了最后又还原到保守”③。此论更多的是就形式而论。事实上，一个人形式上的退步有可能是实质性退步，也有可能恰恰相反，充分体现其思想的进步性。殷海光显然属于后者，因为他对思想文化的认识与把握已深入到道德问题的本质层面。其所言“我是传统的批评者，更新者，再造者”④ 可谓其道德重建论的最好注脚。在肯定其积极价值时，不宜完全以“五四”知识分子的部分激进言论为比较前提，而应全面综合分析。那种认为“五四”知识分子将儒家等同于礼教而整体毁弃之的说法存在偏颇之处，

---

① 殷海光：《中国文化的展望》，第 342 页。

② 林毓生：《殷海光先生对我的影响——〈殷海光·林毓生书信录〉大陆版代序》，《学术月刊》1994 年第 10 期。

③ 殷海光：《中国文化的展望》，第 202 页。

④ 贺照田编，《思想与方法——殷海光选集》，上海三联书店，2004 年版，第 597 页。

并非完全符合史实。而以此为依据，进而论证殷海光超越他们似有厚诬前贤之虞。应该说，殷海光在很大程度上避免了“五四”知识分子之不足，继承其积极合理的道德思想并发扬光大。从较长历史时段来看，其道德重建说可谓清末民初以来道德重构积极思想的自然延续与发展，体现了中国传统文化近代化的发展规律。恰如其分地评价殷海光的道德重建说既需要从形式上去了解、把握其内涵，也离不开从实质上去理性解读，更需要从中国传统思想近代化的历史进程中去观照与审视。

殷海光晚年思想动向的文化史思考

何晓明（湖北大学中国思想文化史研究所）

殷海光（1919—1969），湖北团风人。早年求学于西南联大，是20世纪50、60年代“台湾自由主义的思想领航人”。① 在他生命的最后几年，思想却发生了自觉的、明显的转向。

1967年7月，殷海光到东海大学看望徐复观。在交谈中，徐发现“他的态度已经有些转变”。其具体表现是：“他对中国文化，保持他审慎的敬意；他认为他有关中国文化的一部著作犯了不少的错误；他认为逻辑实证论沾不到价值问题；而价值问题是非常重要的。”总之，“有许多话，是他过去决不肯说，决不肯承认的。”徐复观惊奇地发问：“你怎会有这种转变呢?”殷海光回答：“我是受了近年来文化人类学的影响。”②

1969年8月，学生张尚德问殷海光：过去，您对西洋文化的热爱远超过中国文化，为什么现在反而对中国文化有极大的好感？处于生命最后关口的殷海光回答：人的思想有阶段的，而且是会转变。之所以转而喜欢中国文化，原因有四：1. 从思考反省中了解了中国文化对于生命层域的透视；2. 回味以前乡居的清新、宁静、幽美、安然、自在的生活；3. 受Eisenstadt（艾森斯塔德），Parsons（帕森斯）等人的影响；4. 受张灏、徐复观的刺激，引起对于中国文化的一番思考。③

我以为，殷海光晚年的思想转向，不仅仅关乎对中国文化的态度，还包含着更丰富的内涵：

---

① 参见何卓恩：《殷海光与近代中国自由主义》，上海三联书店2004年版，第127页。

② 徐复观：《痛悼吾敌，痛悼吾友》，见史华慈等著：《近代中国思想人物论——自由主义》，台湾时报出版公司1980年版，第448页。

③ 张斌峰、何卓恩编：《殷海光文集》修订本，四卷，湖北人民出版社2009年版，第314页。

一、生命姿态：由凌厉峻急的斗士转向温文尔雅的哲人

在相当长的时期内，殷海光的风格是思想狂放，见解凌厉，语言尖刻。他反省，自认“公敌很多”，因思想见解相左，“我”的表现是“丝毫不通融的样子”。① 他评说唐君毅为人真诚，可惜思想像浆糊；方东美只是鉴赏家，没有什么思想力。② 他自称思想建树不多，但就思想努力的进程而论，超过胡适至少一百年，超过唐牟至少三百年，超过钱穆至少五百年。③

患癌症之后，殷海光自觉生理、心理方面都有了变化，变得好吃，“再就是思想方面有些调整，对人对事的看法不像从前那么峻急。”④ 他检讨说，“狂热、幻想、激变、神话、偏执，总不是清明的思维活动的征象。我们不能说这些东西真的有助理想世界之实现。”⑤

用不峻急、不狂热、不偏执的尺度来反省，殷海光批评了五四时期的知识分子常犯的一种毛病，即“足以把思想活动压向一域，并且在有意无意之间以为那一域就是一切而不知其他。”所谓“时代精神”就是这种东西。这毛病“演变到极端，就造成信仰上的不宽容，思想上的垄断，甚至人身的迫害。”五四反传统，以为救国、创新社会必须求之于中国传统里没有的东西，科学与民主“因此被热烈提倡”。“至于中国人的价值取向、思想模态是否适于一步登天似的学习科学；中国的社会结构、基本观念、权威性格、行为模式是否宜于骤然实行西式民主，这些深进一层的问题，当时一般知识分子在意兴高潮激荡之下是考虑不到的。”⑥ 他评价“所谓‘时代精神’并非什么神秘或崇高的东西，而是在一个时代流行的意底牢结或乌托邦思想。”⑦ 他反思五四的领导人物，没有“深远的眼光”，多会呼叫，少

---

① 张斌峰、何卓恩编：《殷海光文集》修订本，二卷，湖北人民出版社2009年版，第217页。
② 张斌峰、何卓恩编：《殷海光文集》修订本，二卷，湖北人民出版社2009年版，第242页。
③ 张斌峰、何卓恩编：《殷海光文集》修订本，二卷，湖北人民出版社2009年版，第241页。
④ 张斌峰、何卓恩编：《殷海光文集》修订本，二卷，湖北人民出版社2009年版，第224页。
⑤ 张斌峰、何卓恩编：《殷海光文集》修订本，四卷，湖北人民出版社2009年版，第295页。
⑥ 张斌峰、何卓恩编：《殷海光文集》修订本，四卷，湖北人民出版社2009年版，第283页。
⑦ 张斌峰、何卓恩编：《殷海光文集》修订本，四卷，湖北人民出版社2009年版，第286页。

能思想。其原因：一是胡适之流学养、思想根基单薄，只崇拜美国文明，如何领导中国的文艺复兴；二是一股劲反权威，反传统，反偶像，反旧道德，没人做精深谨严的学术思想工作；三是新人物反旧，旧人物反新，形成两极，“彼此愈来愈难作理性的交通”①。这一问题直接导致了近代中国没有稳定的社会中心和中间力量，加之左右政治分化，局面更不可收拾。他向林毓生表示，“关于这个大问题的种种，有太多足够今后的历史学人研究和思考的。”②

二、哲学立场：由逻辑经验论转向道德实践论

殷海光是金岳霖的高足，学逻辑和分析哲学出身，主攻西洋知识论③。50 年代在台湾学术界，“殷海光”和“逻辑”是紧密联系在一起的两个名词。但是，生病以后，他感悟到“这个人间世不是一个逻辑系统。”④ 他检讨道：“就我的思想努力的经历来说，一个曾涉足于逻辑经验论的人很自然的容易走上用科学知识来求说明历史的路途。可是，近四五年来，从实际的工作经验中，我知道事体并不是这么简易。”⑤ 凡在殷海光病中与他深谈过的人，也“都知道他的思想有了转变”。⑥ 过去很长时间，殷海光充满逻辑经验论思想，又力倡科学哲学、分析哲学，所重的都是知识的问题，如今他所关切的却是人心或心灵的问题。“渐渐地，他了解到古往今来世界不同的文化领域中，古典的中国文化分子对于生活层面、以及心灵的层面都曾作过妥当的安排。尤其是在人生态度和存在价值的取向上，殷老师认为有许多可供我们欣赏与参考的地方。”⑦ 在晚年殷海光看来，“逻辑经验论最使人不满

---

① 张斌峰、何卓恩编：《殷海光文集》修订本，二卷，湖北人民出版社 2009 年版，第 278 页。

② 张斌峰、何卓恩编：《殷海光文集》修订本，二卷，湖北人民出版社 2009 年版，第 279 页。

③ 参见何卓恩：《殷海光与近代中国自由主义》，上海三联书店 2004 年版，第 43 页。

④ 张斌峰、何卓恩编：《殷海光文集》修订本，二卷，湖北人民出版社 2009 年版，第 224 页。

⑤ 张斌峰、何卓恩编：《殷海光文集》修订本，二卷，湖北人民出版社 2009 年版，第 272 页。

⑥ 过去，殷海光非常钦佩罗素，但是，“近年来我总觉到他的心灵里缺乏一点什么。”罗素缺的，他在怀德海那里找到。此外，他特别推崇自由主义道德哲学家海耶克和提倡“开放社会”的波普尔。这些变化与殷海光思想转向之间的关系，须专文探讨，此处不论。

⑦ 张斌峰、何卓恩编：《殷海光文集》修订本，四卷，湖北人民出版社 2009 年版，第 298 页。

的是：以为解决了大脑的问题，就可以解决人生的问题。其实人的问题并不止于此。人最重要的问题是心灵的问题。”① 大脑要求精确、明晰、严格，要求对客观经验世界的认知作系统化；而心灵却是价值的主司，感情的源泉，信仰的动力。“人类要有前途，必须大脑与心灵之间有一种制衡。”②

既然“人间世不是一个逻辑系统”，自由民主的制度也不是靠纯粹的说理可以建立起来，那么，好的社会制度的原动力在哪里呢？殷海光论道：“我近来更痛切地感到任何好的有关人的学说和制度，包括自由民主在内，如果没有道德理想作原动力，如果它不受伦理规范的制约，都会被利用的，都是非常危险的，都可以变成它的反面。”③

给人类社会带来巨大利益和进步的工业革命，是逻辑的、科技的胜利。“我们更不要忘记，实行工业化的过程之本身，又给人类带来许多的问题。”④ “我们不要以为只一味的搞工业化和经济起飞，而把道德、伦理搁下不管，还会把工业化和经济起飞搞得好的。” “要经济起飞，必须道德起飞。”⑤ 殷海光强调，“富裕不即使人道义高尚。道义另有来源。富裕可从工厂里出，但工厂制不出道义。道义发自人的心灵，也须从心灵流出。”如果道义发生了问题，就是“人生的基石发生了问题。我们必须救住这个基石并且重新巩固这个基石。”⑥

由此思路，殷海光将自己的目光从注重自然的逻辑经验世界转向注重人心的道德世界。“我们如要道德、伦范、基本观念，及思想模态现代化，那么就是进攻一个社会文化的最里层，也就是核心价值和原始精神层。这一层内卫体制如被攻破，即是该一社会文化解体，而从事一个新的转变。这是一件痛苦的事。所以，通常一个社会文化在这一层上抵抗最烈。”⑦ 他据此批评五四人物 ，“在兴头上不知道，就中国而言，仅仅有科学及民主是不够

① 张斌峰、何卓恩编：《殷海光文集》修订本，四卷，湖北人民出版社2009年版，第300页。
② 张斌峰、何卓恩编：《殷海光文集》修订本，四卷，湖北人民出版社2009年版，第301页。
③ 张斌峰、何卓恩编：《殷海光文集》修订本，二卷，湖北人民出版社2009年版，第322页。
④ 张斌峰、何卓恩编：《殷海光文集》修订本，四卷，湖北人民出版社2009年版，第253页。
⑤ 张斌峰、何卓恩编：《殷海光文集》修订本，四卷，湖北人民出版社2009年版，第254页。
⑥ 张斌峰、何卓恩编：《殷海光文集》修订本，四卷，湖北人民出版社2009年版，第254页。
⑦ 张斌峰、何卓恩编：《殷海光文集》修订本，四卷，湖北人民出版社2009年版，第273页。

的，道德更有基本的重要性。”①

在殷海光看来，道德问题实质是一个实践的问题。“英雄是克服别人的人，道德家是克服自己的人。克服自己常常比克服别人难。”② 注重道德修养的中国学问，“或有中国成分的学问，除知识传授以外，还要耳提面命的生活在一起，这样才有一种性灵的感应，才能进入心灵的深处。”③ 总之，“人的言论和行动趋向，说到究极处，无论是有意或无意的，总都是取决于内心深处所藏的人生观和价值观念和基本情感。”④ 自由民主的实现与否，要看民众的道德实践。因为，“货真价实的民主是长在草根儿上的。”⑤

关于草根民主奠基于道德，殷海光从日常交往中感悟颇为真切。在给林毓生的信中，殷海光称其父母是标准的中国人。⑥ “我同二老谈了许久，等于上了真正的中国文化一课。”“我静静地听，也静静地想。”传统中国靠人伦秩序维系人际活动。“究竟从前的办法有人情味些，还是现在的办法有人情味些？究竟诉诸义气有人的尊严些，还是诉诸监视有人的尊严些？”“人，究竟不是逻辑的推演机！”⑦ 林母说，殷先生你读书很多，可是，“书是书，道是道。”“我不太能分析这话，但是，我感觉到这话是素朴的，绝无玄学的卖弄。”⑧ 谈起孙儿，林的父亲脸上笑开了花。殷海光由此感到中国人的宗族伦理的巨大力量和哲学意味，“生命之流永恒不息之感”。注重血缘实在是“生物文化的自我认同”，现在的中国人连这一点也打断了，成了原子化的人，“惨”！⑨ 林毓生的弟弟做大理石生意。殷海光评论，经商须奸、诈、狠、黑、谎，样样精通才行，“幸亏你们家道德根基深厚，否则他老早染黑了。”⑩

① 张斌峰、何卓恩编：《殷海光文集》修订本，四卷，湖北人民出版社2009年版，第284页。
② 张斌峰、何卓恩编：《殷海光文集》修订本，四卷，湖北人民出版社2009年版，第294页。
③ 张斌峰、何卓恩编：《殷海光文集》修订本，四卷，湖北人民出版社2009年版，第307页。
④ 张斌峰、何卓恩编：《殷海光文集》修订本，二卷，湖北人民出版社2009年版，第298页。
⑤ 张斌峰、何卓恩编：《殷海光文集》修订本，四卷，湖北人民出版社2009年版，第294页。
⑥ 张斌峰、何卓恩编：《殷海光文集》修订本，二卷，湖北人民出版社2009年版，第266页。
⑦ 张斌峰、何卓恩编：《殷海光文集》修订本，二卷，湖北人民出版社2009年版，第276页。
⑧ 张斌峰、何卓恩编：《殷海光文集》修订本，二卷，湖北人民出版社2009年版，第276页。
⑨ 张斌峰、何卓恩编：《殷海光文集》修订本，二卷，湖北人民出版社2009年版，第277页。
⑩ 张斌峰、何卓恩编：《殷海光文集》修订本，二卷，湖北人民出版社2009年版，第315页。

三、价值基准：由科学主义转向人文主义

哲学上的逻辑经验论，必然导向价值基准的科学主义；而道德实践论，则必然导向价值基准的人文主义。

晚年殷海光焦虑的，已经不是自由主义的直接实现问题，而是世界技术化越来越强，人的道德理想却越来越败坏，人的心灵却越来越萎缩。① 他分析其中的原因："科学戳穿了传统的迷雾，揭开了人类在事实层的真相。于是，建立在传统宗教与道德宫殿里的人生观念破灭，人被人自己的知识之光照出他赤裸裸的一面。人建立于迷雾宫殿里的人生目的、价值、意义和尊严一起消散。"② 于是，在工业社会里，个性差异压平了，人的尊严矮化了，人际关系受到利害原则的主导了。人失去了原始的快乐，于是人的自由消失。③

殷海光发现，"我们既找不到完全受盲力支配的历史发展，又找不到完全受道德理性领导的历史发展。"④ 历史的发展与科学的发展有本质的区别。科学的世界很纯净，而历史的世界五颜六色。"科学不能无遗的说明历史。科学迄今不是说明历史之充足而有必要的条件。但是，科学是说明历史的必要条件。"⑤ 了解历史，必须了解人的多姿多彩性，抓住人的独特性。这才能对历史有入木三分的理解。"到了这一层，普遍定律或推广便英雄无用武之地了。"⑥ 这就是科学主义不能包打天下的原因。海耶克说"社会科学比自然科学中的任何学科少一些理论性"，"这正是我们的困难根源。不仅因个别的具体事例对我们比自然科学重要得多，而且因为由理论建构走到解释殊相的路途冗长得多。"殷海光以为，这些话精彩绝伦，"深获我心"。⑦

---

① 张斌峰、何卓恩编：《殷海光文集》修订本，四卷，湖北人民出版社2009年版，第309页。
② 张斌峰、何卓恩编：《殷海光文集》修订本，四卷，湖北人民出版社2009年版，第252页。
③ 张斌峰、何卓恩编：《殷海光文集》修订本，二卷，湖北人民出版社2009年版，第244页。
④ 张斌峰、何卓恩编：《殷海光文集》修订本，四卷，湖北人民出版社2009年版，第293页。
⑤ 张斌峰、何卓恩编：《殷海光文集》修订本，二卷，湖北人民出版社2009年版，第272页。
⑥ 张斌峰、何卓恩编：《殷海光文集》修订本，二卷，湖北人民出版社2009年版，第273页。
⑦ 张斌峰、何卓恩编：《殷海光文集》修订本，二卷，湖北人民出版社2009年版，第275页。

四、文化本位：由中国传统文化的批判者转向中国传统文化的体察者

自命“五四的儿子”的殷海光，秉承“五四”的主流思想，长期对中国传统文化持尖锐批评的态度。他自认以前有西化、现代化的倾向。但是，“现在，如果有人问我，是西化好还是中化好，是古代好还是现代好，我的答复是：我不知道。”殷海光坦承自己由一个反传统主义者，转变为一个非传统主义者。“虽然，我现在仍然受着中国文化的许多扼制，但是我已跳出过去的局格，而对它作客观的体察。”他比较中西文化传统，认为在智识、数学与逻辑方面，西方比东方发达；至于政教礼俗，人生观，和世界观，东方与西方是谁的“好”呢？“在世界普同的‘人性’从特殊的文化里发现出来以作必要的建构基据以前，这个问题根本无从回答。”①

为了“客观的体察”中国文化，殷海光承认自己“一向缺乏历史已经的实际经验”，对古籍不熟，完全不懂版本问题。② 因此需要专家和助手的帮助，来认真研究中国传统文化。他以为，中国文化，不能凭藉四个人的观念去把握：第一是不能凭达尔文的进化观念，第二是不能运用康德的超验观念，第三是不能通过黑格尔的体系哲学，第四是不能通过马克思的思想。“中国文化不是进化而是演化；是在患难中的累积，累积得这样深厚。我现在才发现，我对中国文化的热爱，希望能再活十五年，为中国文化尽力。”③

殷海光由此认同传统的价值和意义。“传统属于家族、社群、民族、宗教、职业、学术建构、军事制度，或任何历史性的群体。”④ “‘传统’与‘现代化’二者并不必然不相容。二者是否不相容，主要的视现代化实行时所在的社会文化基线是什么样的社会文化基线而定。”⑤

在对中国传统文化的具体内容的评价方面，殷海光也有了新认识。

---

① 张斌峰、何卓恩编：《殷海光文集》修订本，二卷，湖北人民出版社2009年版，第280页。
② 张斌峰、何卓恩编：《殷海光文集》修订本，二卷，湖北人民出版社2009年版，第241页。
③ 张斌峰、何卓恩编：《殷海光文集》修订本，四卷，湖北人民出版社2009年版，第309页。
④ 张斌峰、何卓恩编：《殷海光文集》修订本，四卷，湖北人民出版社2009年版，第268页。
⑤ 张斌峰、何卓恩编：《殷海光文集》修订本，四卷，湖北人民出版社2009年版，第272页。

关于儒家，殷海光以为，孔子的尊古定制，“在一方面，适合作为时君世主保持现状的理论基础，在另一方面也适应农耕社会的生活方式。”①

“我认为孟轲有气象，他可说是一个标准的道德英雄；又如韩非子，思想那么严格，观察那么锐利。如果他生在现代的话，就可能是一个逻辑家了。”“人群没有道德来维系，势必难免成为‘率兽食人’的世界。如何得了！在这样的情形之下，我们怎样处理？我以为孟夫子所倡导的‘义’是救药。”②“儒家思想极其根深蒂固的把中国的政治、伦理体制、个人行为、社会活动以及理想的生活方式，一一加以融合和扩展出来。”③

关于道家，殷海光评论，“在思想上，老子和庄子的世界是多么的自由自在？特别是庄子，心灵何等的开放。”④ 庄子比存在主义高明多了。⑤

综合而论，“释家和道家弥漫在信仰层面、人生境界，和生活的态度上。儒门则渗透到风俗习惯、道德伦常、政教礼法诸规范层面。从长期与现实权势相表里以及制度的建构来看，儒门无疑是中国社会文化的主导价值观念型模。”⑥

殷海光以前曾严厉批评宋明理学，批评朱熹使孔门伦范远离人间烟火。尤其批评当代大谈宋明理学的“玄学鬼”、“空论家”。“如今，因着几种因素而使得他重新又接触到中国文化深厚的一面。”发生这一变化的原因，陈鼓应的分析是：1. 殷海光长期受西方分析训练的影响，“然而他的心灵却是富于东方情调的。”从他的老师金岳霖、熊十力的身上，“了解到这些知识分子的风范、操守，乃是中国文化长期孕育出来的。”2. 深切透视了现代技术化的加强带给人生活上的弊端，使人失去了道德理想，商业气息渗入人际关系，逼得他“走向那朦胧美好的古典中国文化中寻找出路。”3. 早期农村生活朴质、真诚、幽美、宁静、安然、自在的情调，“在他的生活里着了根。而这种农村生活正是产生中国文化的根源处。”“由于这些原因，使殷

① 张斌峰、何卓恩编：《殷海光文集》修订本，四卷，湖北人民出版社2009年版，第289页。
② 张斌峰、何卓恩编：《殷海光文集》修订本，四卷，湖北人民出版社2009年版，第249页。
③ 张斌峰、何卓恩编：《殷海光文集》修订本，四卷，湖北人民出版社2009年版，第264页。
④ 张斌峰、何卓恩编：《殷海光文集》修订本，四卷，湖北人民出版社2009年版，第306页。
⑤ 张斌峰、何卓恩编：《殷海光文集》修订本，四卷，湖北人民出版社2009年版，第313页。
⑥ 张斌峰、何卓恩编：《殷海光文集》修订本，四卷，湖北人民出版社2009年版，第289页。

老师对于中国文化发生了兴趣。关于中国文化，他自己只作了一个粗略的评价，我们没有来得及听他做进一步、深一层的评析，就匆匆离世了。”①

殷海光指出，与现代社会流行的市场文化、商业广告相反，“中国文化却是讲含蓄——溥博、崇高、深厚。人的气象也是如此。”②“是否能够说中国人在无可奈何之中过着这样无根的生活？大谬不然。因为我们在这样表面不稳定底下有个基本的稳定。”这个基本的稳定是：第一，农村经济及其生活方式。第二，基本的社会结构（如君臣父子夫妇兄弟朋友）。第三，儒家、道家与佛教三者经过冲突后的巧妙的结合。这是中国古典文明的生命维持这么悠久的根本原因。

道统曾是“五四”猛烈批判的对象。殷海光却肯定，维持中国社会的基本稳定，道统发挥了很大的作用。道统的核心是礼制。中国各地风俗习惯差异很大，“但是伦理道德的思想系统却大抵是统一的，这统一的伦理道德观念透过同一文字的传播，更加强了中国社会的稳定性。”③

殷海光甚至以为，在社会层面，“中国在强大的帝制下，人民却有很大的社会自由。”“历史的社会应与历史的社会比较，拿历史的社会与近代西方的社会比较，是一个根本的错误。”④殷海光反省，许多人拿近代西方的自由思想去衡量古代的中国而后施以抨击，这是不对的。“胡适和我以前就犯了这种错误”。“历史的社会应与历史的社会比较，拿历史的社会与近代西方的社会比较，是一个根本的错误。”⑤

五、思想路线：由自由主义转向文化保守主义

在生命的最后关口，殷海光并不掩饰对自由主义的失望。在给张灏信里，他说：“我这半辈子追求自由”，却像故乡田畔夜间扑向磷火的小孩，

---

① 张斌峰、何卓恩编：《殷海光文集》修订本，四卷，湖北人民出版社2009年版，第298、299页。

② 张斌峰、何卓恩编：《殷海光文集》修订本，四卷，湖北人民出版社2009年版，第299页。

③ 张斌峰、何卓恩编：《殷海光文集》修订本，四卷，湖北人民出版社2009年版，第302页。

④ 张斌峰、何卓恩编：《殷海光文集》修订本，四卷，湖北人民出版社2009年版，第306页。

⑤ 张斌峰、何卓恩编：《殷海光文集》修订本，四卷，湖北人民出版社2009年版，第306页。

的确看见了磷火，“但当努力向前扑去时，往往扑一个空。”①

殷海光问自己：“中国的传统和西方的自由主义要如何沟通？这个问题很值得我们深思。如果我的病能好，我要对着问题下一点功夫去研究。”②他不赞成“打倒主义”③，而肯定“传统并不等于保守。传统乃是代代相传文明的结晶，知识的积累，行为的规范。传统是人类公共的财产，为每个文化分子事实上所共有。”笔者以为，这些问题，其实正是近代以来，中国历代文化保守主义者着力探讨、力图解决的问题。④

殷海光用“新传统主义”来表述文化保守主义。⑤“从文化的观点来看，这是一种通常在两种不同文化——现在是中国和西方——之间的对抗中出现的融合。”张之洞、严复、梁启超、十教授关于中国本位文化建设的宣言、现代新儒家的钱穆、牟宗三、唐君毅等，均属于此类。“它一直起着缓和中西文化张力的载体的作用。”“它可以从心理上抚慰失去家园的中国人的怀旧意识。”⑥

1968 年 5 月 4 日，殷海光给林毓生写信，信中称中国近几十年，知名人物里，只有严复、梁启超二位比较有些成熟的见识以外，都是青苹果。⑦严、梁二位，都是在近代中国文化保守主义思潮里占有重要地位的人物。⑧殷海光与徐复观、杜维明是好朋友，而徐、杜都是“现代新儒家”的代表人物。

---

① 张斌峰、何卓恩编：《殷海光文集》修订本，二卷，湖北人民出版社 2009 年版，第 235 页。

② 张斌峰、何卓恩编：《殷海光文集》修订本，四卷，湖北人民出版社 2009 年版，第 306 页。笔者以为。

③ 张斌峰、何卓恩编：《殷海光文集》修订本，四卷，湖北人民出版社 2009 年版，第 306 页。

④ 笔者曾归纳近代中国文化保守主义的特征为民族立场与忧患意识、人文精神与反科学主义、道德本体与宗教情怀、变易意向与中庸准则（《近代中国文化保守主义述论》，《近代史研究》1996 年第 5 期）。殷海光晚年思想的转向在许多方面与之相契合。

⑤ 殷海光对于文化保守主义有所认识和批判。他将其称为“新传统主义”。不过，殷海光对“新传统主义”的认识存在诸多的误解，批判也不尽精确。如他认为“新传统主义是新拦路虎。它反对的是观念、思想、伦秩、德目的现代化。”（四卷，272 页）这也是他并不自觉自己实际已经有与之“同道”趋向的原因。

⑥ 张斌峰、何卓恩编：《殷海光文集》修订本，四卷，湖北人民出版社 2009 年版，第 260 页。

⑦ 张斌峰、何卓恩编：《殷海光文集》修订本，二卷，湖北人民出版社 2009 年版，第 267 页。

⑧ 参见何晓明：《返本与开新——近代中国文化保守主义新论》，商务印书馆 2006 年版的相关章节。

殷海光在思想路线上由自由主义转向文化保守主义，还表现在他的关于中国哲学、中国文化的总体性认识与评判，与典型的文化保守主义的论述完全一致。

殷海光比较西方哲学、印度哲学和中国哲学。“中国哲学之欠缺逻辑的、知识论的思考方法，绝不意指它不具有其他哲学上的重要意义。中国这些中洋溢的‘睿智’和德语世界及英语世界中用的‘人生观’‘世界观’‘历史解释’这些字眼具有同样的物质。中国哲学常以隽永耐人深思的短语和警句的形式来表现出来。它们虽然看来似乎是不相关联而又漫无组织，却是非常适切地表达了其远作者的原创思想。”庄子的书，“你可以在其中寻觅出来至真至善至美的人生境界，却找不出一点对教条的迷信和盲从。”“中国哲学是创造性的，而非训练性的思想。”①

殷海光称中国人“既不进又不退”的淑世主义的人生态度和基本的价值取向是“一个伟大的存在的价值”。中国人“既不如此焦急地向前盲目的追逐，以致于把心灵都撕碎，掏空，又不是像印度人那样的厌世，否定现实生活，而是站在现实、肯定现实来体味现实的美好。请问这样既不进又不退的人生态度岂非比西洋和印度的更适合人生、更适合存在吗?”② 这一认识完全是照搬了当年梁漱溟《东西文化及其哲学》里的“人类生活三路向说”：西方文化向前要求，印度文化转身向后要求，中国文化以调和持中为其基本精神。③

需要强调的是，天不假年，殷海光 50 岁就匆匆离世，令人惋惜。以上诸方面的“转向”，均未完成，或者更谨慎地说，只是程度不同地表现出来的“趋向”、“动向”。

但是，即便如此，我们也有必要追问，这样的“趋向”、“动向”，学理意义何在?

殷海光的思想轨迹颇为类似于近代史上的一些著名人物。例如康有为、严复、辜鸿铭。笔者曾撰有《破解“历史的怪圈”——康有为、严复、辜

① 张斌峰、何卓恩编：《殷海光文集》修订本，四卷，湖北人民出版社 2009 年版，第 264 页。

② 张斌峰、何卓恩编：《殷海光文集》修订本，四卷，湖北人民出版社 2009 年版，第 303 页。

③ 参见何晓明：《返本与开新——近代中国文化保守主义新论》，商务印书馆 2006 年版的相关章节。

鸿铭合论》[①] 一文。文中试图破解学术界近乎“共识”的“历史的怪圈”：许多曾经激进的思想斗士，后来“倒退”而为“保守”力量的中坚。在中西文化关系方面，曾经鼓吹学习西方的积极分子，甚至完全由西方文化培育出来的饱学之士，后来都在文化保守主义的旗帜下，回归中国传统文化。康、严、辜都是这样的典型。文章的最后，笔者以为，这样的思想史上的“怪圈”其实一点儿也不“怪”。康、严、辜思想的演进轨迹完全符合个人知识文化素养的本质规定性，完全符合源远流长、博大精深的中国文化传统强大生命力的内在逻辑和释放规律，完全符合思想大家的独立特行的个性化特征。现在，在接触了殷海光晚年的思想历程后，笔者更加坚定了以上的认识。

如果我们将眼界进一步拓展，就会发现，对中国传统文化的离异与回归，确是近代文化史反复昭示的基本规律之一。殷海光晚年的思想动向，只不过为此提供了又一个绝好的例证。

章开沅先生多年前曾有《从离异到回归——孙中山与传统文化的关系试探》[②] 一文。章先生认为，“对于传统文化的离异与回归，在人类历史上不是个别的、偶然的现象，它带有相当的普遍性。在从中世纪野蛮进入近世文明的转变时期，情况尤其是如此。”孙中山对于中国传统文化，也有一个从离异到回归的曲折历程。章先生强调指出，孙中山的对于中国传统文化的“回归”，特别在于肯定中国的旧文化能够和欧美的新文化并驾齐驱，实因为“孔子在二千多年以前所做的宣传功夫”；特别在于肯定中国传统的忠孝仁爱信义和平等“固有道德”，“有了固有的道德，然后固有的民族地位，才可以恢复。”章先生认为，孙中山的这种“回归”并非完全对立于五四新文化运动的复旧。

殷海光曾经骄傲地自命为“五四的儿子”，“跟着五四的脚步前进”。他晚年的思想动向，对于“五四”这个巨大、辉煌的历史存在来说，意味着什么？背离？修正？还是超越？这个问题需要另外一篇文章来讨论了。

---

① 何晓明：《破解“历史的怪圈”——康有为、严复、辜鸿铭合论》，《湖北大学学报》2006年第1期。

② 载冯天瑜主编：《东方的黎明——中国文化走向近代的历程》，巴蜀书社1988年版，第237－264页。

殷海光人生哲学思想简论*

张春林（中国政法大学政治与公共管理学院）

殷海光是一个积极的自由主义者，奋力倡导自由民主。后期，由于时局变化和个人遭际的困顿及突然的重病，引发他对传统文化的重新思考，使他对人生有了许多新的体悟，思维的视角转向对生命层域的透视，关注生命与心灵的问题，本文就他的人生哲学思想作一简要梳理分析。

一、人生的分层——物理层、生物逻辑层、道德理想层

殷海光在 1966 年 4 月曾为学生讲演“人生的意义”，以供学生做人生的参考。他为什么如此关注人生的意义问题？一方面，殷海光是一个非常善于思考的人，又经历过人生的辛酸波折，对人生有许多体会和思考，想把自己的思想呈现出来，供大家参考。另一方面，他认为处在一个转型的社会，文化在蜕变中，而且这个世界是这样的扰攘不安，差不多的人实实在在说来心灵都是失落了，所以他觉得有必要与大家谈谈自己对人生的看法，以鼓励大家。首先他以一个图表形象地给大家展示了人生的几个层次，他指出人生有很多层次，最基本的是物理层，人要受物理定律的支配。第二层是生物逻辑层，人不仅是物而且是有生命的生物，受生物法则的支配。但是人又有文化的需要，讲究礼仪、寻求美感、有生死意识，这就进入第三层即生物文化层。继续发展，人有真善美的意识，有理想、有道德，这就是价值层，这层是人之所以为人的层级，人之所以为人，就得在价值层面上求创造活动。人

* 本文为国家社会科学基金项目“大陆赴台学人与台湾光复后的文化重建”（课题号：06BZS036）阶段性成果。

类的发展的过程就是这样的，由单纯的物理层，进为生物逻辑层，再由此发展到生物文化界，继续发展，到达价值层即道德理想层。① 殷海光给大家展现了人生分层的基本架构，在此基础上来讨论人生的意义何在，人生的道路何在。人活在这世界上，首先必须要能生存，可是不同的文化价值，对这种需要的满足方式是不同的。我们的传统文化价值取向把重点放在名教、仪制、伦序、德目的维系这一层次上，而不太注重生物文化层，于是精神文化和现实生活脱节了。他认为“要人生完美，必须透过生物文化层再往上升。生物文化层满足了，我们还要真善美、理想、道德、这样人生的道路才算完成”。② 他对人生的几个层面意义的分析是很透辟的，指出除了要满足生物文化层的需要，还要向上升，还要实现真善美、道德、理想，这样的人生才算完满，将人生的意义进一步提升，要达到真善美的道德理想层，这才是人生的最高境界。

殷海光转而关注人生问题，是与传统文化对他的影响分不开的，儒家思想、道家思想都是看重人的生命价值和人生意义的，他的人生目标是建立在道德价值的基础上的，当碰到求生与道德不能两全的情形时，殷海光主张坚持孟夫子所倡导的“义”，并对他所坚持的“义”的原则进行了解释，他说：“第一，我们万不可在自己的生存并未受威胁时为了换取现实利益而牺牲道德原则。第二，在我们的生活勉强可过时万不可因要得到较佳报酬而牺牲他人。第三，当我们因生活困难而被迫不得不放弃若干做人的原则时，我们必须尽可能作‘道德的抗战’，把道德的领土放弃的愈少愈好；而且要存心待机‘收复道德的失地’。复次，我们有我们的好恶，不要因为经济不能满足就要放弃尊严”。③ 他鼓励大家，要拥有自己的梦想，为保持我们的道德力、理想性和对真善美的追求而努力奋斗。看得出来，在殷海光的理想人生追求中，他是看重人的道德价值的，主张精神文化和现实生活相统一，不要因为物质生活困顿就放弃尊严，要始终保持个体的尊严和价值，保持理想性，保持对真善美的追求。他结合自己的人生体验，谈了自己对人生意义、

① 陈鼓应：《春蚕吐丝——殷海光最后的话语》，台湾三民书局 1969 年版，第 62 – 66 页。
② 陈鼓应：《春蚕吐丝——殷海光最后的话语》，台湾三民书局 1969 年版，第 69 页。
③ 陈鼓应：《春蚕吐丝——殷海光最后的话语》，台湾三民书局 1969 年版，第 70 – 71 页。

人生道路的看法，以供青年人参考。

殷海光是一个充满道德热情和社会关怀的人，在社会动荡的大变局时代，许多青年人对前途感到迷茫，甚至心灵也失落了，急需思想的启蒙和引导，殷海光的演讲，给青年学生莫大的精神鼓舞和深刻的思想启迪，鼓励他们珍惜人生，树立崇高的人生价值理想，为实现自己的人生意义，为克尽一个知识分子的社会责任而奋力前进。

二、人生的社会价值——理性、自由、民主、仁爱

人总是生活在一定的社会文化环境中的，人之所以为人，就是能够顾到自己生存的社会文化环境来追求价值层面的创造活动，实现人生的社会价值。当殷海光思考人生的社会价值时，他充分肯定了理性、自由、民主、仁爱的积极意义，认为这是人类生存的根本价值。他曾经说："一方面，我跟反理性主义、蒙昧主义、偏狭思想、独断教条作毫无保留的奋战。另一方面，我肯定了理性、自由、民主、仁爱的积极价值，我坚信这是人类生存的永久价值"①。理性、自由、民主、仁爱，这些价值观念一直贯穿在他的思想中。他是一个理知的自由主义者，倾膺逻辑经验论，推崇理性。他认为在社会生活领域中要有讲理的风气和环境，民主政治真要实行，必须讲理，愿意讲理并知道怎样讲理，形成讲理的习惯。他希望人们形成科学的思维习惯，在社会生活中形成讲理的风气。他甚至以理性精神为自由民主扫除道路，反对传统文化的泛价值主义思维体系。他推崇民主政治，认为民主不仅是一种制度，而且是一种文化。这种文化，表现在政治上是民主政治，或是议会制度；表现在人民的生活中，是一种人生态度或是生活方式，民主政治能涵容不同的人，不同的思想和不同的言论，民主政治能提供较多公平竞争的机会。而自由，则是人类追求的最高价值，民主政制正是为实现人的自由，维护个人的尊严的，他把自由与民主的实现看作人类文化成熟的最高标记，希望通过自由文化的默运力，使中国出现一个重道德、有自由、行民主

① 陈鼓应：《春蚕吐丝——殷海光最后的话语》，台湾三民书局1969年版，第52页。

的境象。他认为自由民主的实现要以道德理想做原动力，要受伦理规范的制约，他说："我近来更痛切地感到任何好的有关人的学说和制度，包括自由民主在内，如果没有道德理想做原动力，如果不受伦理规范的制约，都会被利用的，都是非常危险的，都可以变成它的反面。"① 殷海光在他的文章中多次强调道德在社会文化生活中的重要作用，如果没有道德原则的指引，人类的社会生活就会失去现实基础，自由民主也不能真正实现。作为一个自由主义者，殷海光是尊崇理性、民主、自由在社会文化生活中的价值意义的。

殷海光后来调整自己激烈反对传统文化的态度，特别致力于进行中西文化的沟通融合，并且认为基督博爱、孔孟仁义、佛家慈悲是中西文化通约的核心和基点，他肯定了仁爱的积极价值，认为仁是人与生俱来的道德资质，在这点上与西方的自由人文主义精神是相贯通的。后来他的学生林毓生也谈到中国古代儒家"仁"的哲学可以作为基本人权的理论基础的，所以"仁"的思想作为道德信条和精神资源是有其恒久的价值的。

殷海光积极肯定以上这几个方面为人生的根本价值，他自己也有坚定的人生信念，所以一生中虽然历经磨难，但他始终坚贞不屈，为实现自己的崇高理想和人生价值而不懈奋斗着。而如今我们置身于现代化的背景下，致力于民主政治建设，殷海光尊崇的理性、民主、自由、仁爱理念，已经成为人类政治文明的普适价值观念，成为我们为之奋斗的理想目标。

三、人生的精神意义——存在与自由

人生具有多个层面意义，除了物理、社会的存在层面，还有精神的层面，那就是对人生存在的体验，对心灵自由的追求，由此形成了人生的精神意义。殷海光一直倾心于逻辑经验论，对存在主义没有多大兴趣。但在60年代，由于时局形势的变化，《自由中国》被封，他退回书斋，潜心学术，开始理知的思考中国文化问题，思考人生的存在意义，他感受到存在问题的重要，在与友人、学生的谈话中多次谈到存在主义，他如此重视存在问题，当然也与他极度孤独苦闷的心境有很大关系，他后来被解除教职，丧失了与

① 林正弘主编：《殷海光全集》（十七），台湾桂冠图书股份有限公司1990年版，第653页。

青年人接触的机会，特务的陷害与监视，令他很懊丧，他觉得跟自己谈得来的人越来越少，又加上得了绝症，不久于人世，种种横逆，使他更认真地思考存在的价值意义。在晚年的病榻上，他并不激烈地反传统，而是谈了许多关于人生存在的问题，并且认为传统儒家的许多价值观念是有助于提升人生的意义的。

他说："每一个人有而且只有一个一生。这一个一生极容易像朝露般地消失在广漠的时空里。可是，这并不构成生命的'无常'之感。只要我们紧紧把握着现今的实存，努力充分发展自我，我们便在'有常'之中，便有人生的真实感。'我思故我在'我肯定自己，所以我存在"①，所谓我思故我在，就是肯定自我的表现，人生的根本在于好好把握自己的存在，充分发展自我。这是他在写作《中国文化的展望》时所说的话，他感受到个人生命能量的短暂和渺小，所以人要爱惜此生，尽其能力做些有益的事，这也是促动他写作《中国文化的展望》的原因之一。晚年病危，在病榻上，殷海光也表达了自己对生命的留恋，他说："我不想死，乃是对生命有所留恋，乃是一种自我的肯定——这个自我的肯定，不是局限于狭小的个己，而是扩张到自我以外天然的关切人类，是一种责任感，是对生命价值的积极肯定"②，这充分地体现出他那种对生的向往，对存在的肯定，对生命价值意义的珍视。在重病期间，他表现了坚强的求生意志，直到生命的最后一刻依然在思考人生问题、文化问题，克尽着一个知识分子的责任。

他认识到自由与存在的问题才是人生中真正重要的问题，人的生命存在是短暂而宝贵的，所以人要努力把握好现今的实存，努力充分发展自我，实现自己的人生价值，而自由则是人类追求的终极价值目标。在与韦政通的谈话中，不止一次地谈到存在与自由的问题，认为这是他真正感兴趣的问题，认为存在主义是这个时代的大问题，发愿要把自由主义与存在主义结合起来，他还拜托学生留意有关存在主义的书籍，认真阅读钻研，曾经让林毓生帮他购买存在主义方面的书籍。他之所以认为存在主义是时代的大问题，是他自己的身同感受，中国文化处在一个大变局时代，思想界颓废了，中国的

① 殷海光：《中国文化的展望》，上海三联书店 2002 年版，序言第 8 页。
② 陈鼓应：《春蚕吐丝——殷海光最后的话语》，台湾三民书局 1969 年版，第 52 页。

知识分子也失落了，心灵空虚，失落了存在的精神意义，他感受到的是落寞和失望。他是一个具有强烈的时代使命感和责任感的人，所以他要研究存在主义，为解决时代的问题做出一点贡献。

殷海光谈存在主义，还想到了庄子的思想，他对道家思想一直是很推崇的，他说等他的病好以后，要好好的读庄子，他认为庄子对人性的了悟是很深切的，比现在的存在主义要高明许多。他认为老庄的思想是要从根地消解一切刑名制度，狂热营求以及杀伐活动，要撇去与生命活动不相干的繁缛，而致虚静，收敛生命的能量，提升超俗的自我。殷海光充满感慨地说："在思想上，老子和庄子的世界是多么的自由自在？特别是庄子，心灵何等的开放。再从社会层面看，中国在强大的帝制下，人民却有很大的社会自由。"①殷海光强调历史的社会应与历史的社会比较，许多人拿历史的社会与近代西方的社会比较，这是一个根本的错误。他认为其实在中国古代传统中人们是有很大的自由的，他认为道家思想内含丰富的自由精神，关注人的生命存在，很好地解决了人的存在问题。虽然古代传统中的自由观念与现代自由主义的自由内涵不同，但是殷海光看到了中国传统文化中内含的自由精神与自由意志品质，这一点是很难得的。

殷海光认为人生存在的实质意义由心灵来实现。心灵是人生的天窗，价值意识、道德理想、生命智慧都要通过心灵来实现。殷海光在给友人屈莱果的信中也谈到存在问题，他说："在冥冥中必有一个伟大的至高无上的和主动的存在，不论我们称它什么，怎样藐视它，到底它已使这样一个宇宙成为可能。人类的心灵可能就是这个存在的有意义的实质。据我们所知，道德标准、正义感、对自由和幸福的追求……等等，只能在我们的心灵中存续下来"② 殷海光认为心灵是使存在有意义的实质，重视心灵的重要作用，他认为大脑的问题和心灵的问题是人生的两大重要问题，大脑的问题是"触及"，是逻辑经验论能解决的问题，而心灵的问题是不能确定的，不是逻辑经验论要解决的问题，但它却是"真实的问题"，人是有悲欢离合的。心灵的要求是另一回事，心灵是价值的主司，是感情的泉源，是信仰的动力，是

---

① 陈鼓应：《春蚕吐丝——殷海光最后的话语》，台湾三民书局1969年版，第34页。

② 林正弘主编：《殷海光全集》（十），台湾桂冠图书股份有限公司1990年版，第60－61页。

人类融为一体的基础。“存在主义所要对致的问题是心灵而非大脑。现代人大脑过于发达，而心灵一点儿也不充实，而且愈来愈空虚，这是时代的根本问题。有些人用神话热狂、意识形态来医治心灵，结果造成‘非理性的人’(Irrational Man)，要医治非理性的人，就必须要求理性。这是今人必须努力的一个方向。我们可在传统中找到一些理性的根苗，而将传统加以批评的接受。”① 殷海光关注人的心灵问题，认为现代人的心灵越来越空虚，主张以理性来医治人类失落的心灵，并且强调在传统中寻找理性的因素，批判地接受传统文化，也正是因为此，他调整了对待传统文化的态度，不再激烈反对传统文化，所以后来他说自己是传统的批评者，更新者，再造者。

面对坎坷的人生及是非难辨之世，殷海光主张学习隔离的智慧。他说：“际此是非难辨之世，吾人必学习隔离的智慧”、“树立一超越现实的自我，对外界的成败毁誉不必计较”。② 他追求心志的单纯，自觉地与污浊的现实环境隔离起来，形成自己的生活方式，他生在现实，却一点也不泥于现实，保持着内在心灵的纯净。殷海光认为“隔离的第一个方式是 withdraw，指出这不是萎缩，而是保存能力，培养工作的能量”。③ 殷海光主张学习隔离的智慧，表现出一种超然的人生态度，要超脱世俗的污浊，超拔人生，保持一种卓然独立的坚贞人格。并且主张要透过时代的雾看未来，表现出一种脱俗的生命情调。他这种生在现实，又能超拔现实的人生智慧是非常高妙的，值得我们学习。

殷海光孜孜于对生命意义的探寻，走向对彻底心灵自由的追逐，这体现在他的宗教情怀中。殷海光的太太是虔诚的基督教信徒，受他太太的影响，他也对宗教问题感兴趣，晚年也谈了他对宗教的看法，他的学生张尚德曾问他：“老师，你将来要研究宗教吗?”殷海光说：“是的”，张尚德问：“要做神的信仰者吗?”殷海光说：“是的。不过不是传统的和一般意义的。我的神不是有一个具体对象的。而是爱、同情、以及人与自然的和谐，就是爱因斯坦所信仰的那样”，④ 由此可以看出殷海光所信仰的神并不是具体化的人

---

① 陈鼓应：《春蚕吐丝——殷海光最后的话语》，台湾三民书局 1969 年版，第 15 页。
② 陈鼓应：《春蚕吐丝——殷海光最后的话语》，台湾三民书局 1969 年版，第 26 页。
③ 陈鼓应：《春蚕吐丝——殷海光最后的话语》，台湾三民书局 1969 年版，第 37 页。
④ 陈鼓应：《春蚕吐丝——殷海光最后的话语》，台湾三民书局 1969 年版，第 57 页。

格神，他也并不是一般意义的宗教信仰者，确切地说他有了一种宗教信仰的情怀。（关于殷海光晚年是否信仰了基督教，学界有争议，我们姑且不论，但从他与学生张尚德的对话中，我们可以看出他确实有了一种宗教信仰的情怀）。他所说的信仰是爱，是和谐，是至善，以此为出发点，用理知来指导人生，来探索心灵。他曾指出人有“大脑的要求”和“心灵的要求”，心灵是价值的主司，是感情的泉源，是信仰的动力，人们的道德、信仰统统是由心灵这扇窗户向世界宣泄的，他亟亟追求的自由主义，落实在宗教信仰的层面，就是心灵的自由，他是在追求一种彻底的心灵的自由。晚年，人生遭际的困顿，再加上重病，使他对人生有许多感叹，关注生命的精神意义，对自由精神的执着追求促使他走向宗教诉求，以对神的信仰来实现自己的人生境界即对彻底心灵自由的追逐。

四、人生价值的文化资源—淑世主义态度和道德理想精神

人是社会存在物，总是生活在一定的社会文化环境中，以已有文化传统为基础，并且凭藉着现有文化资源来创新发展着文化，同时发展和完善自身，在生活的社会文化环境中实现和体现人生价值。殷海光在对传统文化的反思中，认识到中国古典文化中不进不退的人生态度是适合存在，是伟大的存在价值。所以殷海光认同中国传统的淑世主义人生态度。他将西方、印度的人生态度与中国的人生态度相比，认为印度的人生态度是向着死后趋进的，近代西方的人生态度是进步主义的，中国人的价值观既不进又不退，这种人生态度更适合人生，更适合存在。“回想中国传统中那种既不进又不退的淑世主义，方彰显其人生的价值。……我之所以欣赏古典中国的人生态度和基本价值取向，乃是因为它们比较妥当地处理了人生与心灵的种种问题”①，“中国古典文化由佛、老、孔从三个不同层面形成稳固的价值主轴，孔儒主要在于社会层面的安排，佛教主要在于宗教情绪的安排，老庄主要在于精神生活与心灵境界的安排。中国人生活在这种气氛下，既不如此焦急的

---

① 陈鼓应：《春蚕吐丝——殷海光最后的话语》，台湾三民书局1969年版，第20－22页。

向前盲目追求，以至于把心灵都撕碎，掏空，又不是向印度人那样的厌世，否定现实生活，而是站在现实、肯定现实来体味现实的美好”。[①] 因而形成既不进又不退的人生态度，他认为这种人生态度比较好地处理了人生与心灵的问题，所以更适合人生。殷海光对中国古典文化内在价值进行了肯定，这主要系出于人生面的反省。殷海光虽然不喜欢读线装书，甚至不喜欢传统文化，但他毕竟是在传统文化的熏陶下成长起来的，他的心灵是富于东方情调的，他对人生、心灵问题的关注，依然传承了中国知识分子的一贯风范。他认同中国文化不进不退、稳健持中的人生态度。在商品经济发达、物欲冲刺的现代社会，往往会使人迷失，变成金钱、物欲的奴隶，失却了心灵的一份纯洁，甚至失却了道德良心，忘却了人生存在的真正价值意义。那么我们应该保持怎样的心态，采取怎样的人生态度呢？殷海光的思考和他的人生态度也许能给我们许多启示意义，无论在什么样的环境下，人始终要保持心灵的安适，使存在有实质意义。

殷海光关注存在和自由问题，进而关注人的道德心灵。“道义为之根”[②]，他认为人生存在有意义是有其道义根基的，是以道德价值的肯定为前提的。他曾经说过：“从前我思想的时候一直是以追求真理为目标的。近年来我又增加了一个题目，就是‘人该怎样活下去才好’”，“人除了致知以求真外，尚须藉一种道德原理来锻炼心灵以肯定这些道德原理。……我们现在必须从肯定一种道德价值开始来重建人生。”[③] 人生存在要有道德理想，以道德理想为精神基础，他感叹这个世界技术化越来越强，而人的道德理想却越来越败坏，人的心灵却越来越萎缩。这使他很焦虑，使他反省，使他急欲寻求一个思想的出路，迫使他向中国古典文化资源中寻觅。道德是为人而设的，是存在的道德，道德节目和道德实践有古今之别，道德原则没有古今之别，是使存在有意义的基础。儒家传统的许多德目不适合现代社会，不适合人生，为此，要进行改造，所以他提出“道德重整”的思想，道德的重整既非复古，又非趋新，更非三条道路走中间式的浮面折中，而是“调

---

① 陈鼓应：《春蚕吐丝——殷海光最后的话语》，台湾三民书局 1969 年版，第 21－22 页。

② 殷海光：《中国文化的展望》，上海三联书店 2002 年版，第 501 页。

③ 林正弘主编：《殷海光全集》（十七），台湾桂冠图书股份有限公司 1990 年版，第 641 页。

整”，这种调整是基于中国社会文化的现实，是面向世界文化的整合，即从自己的文化和道德出发向世界普遍的文化和道德整合，因而建构起服务于现代人类的道德价值体系，这是人生存在的价值基础。他认为孔孟仁义、基督博爱、佛家慈悲是中西文化通约的核心，是道德重整的基点。殷海光总是立足于世界和人类发展的高度来看问题的，所以他提倡的“道德重整”是人类未来文化发展的一个重要方向，建构出来的是社会公德价值体系，他关心世界文化发展的道德基础，也关注人之存在的道德价值之纬，重视人的道德精神的培养的。当下我们进行民主法治社会建设，要营造良好的公民文化，提高市民的公德意识，殷海光的道德重整思想具有重要的现实意义，对于个人来讲，道德理想精神的培养也是实现人生价值的重要文化和思想资源。

殷海光人生哲学思想的形成，受当时急剧变动的社会环境影响，加上自己坎坷的人生际遇，可以说是在忧患中生成，同时又体现出自己的理性思维和自由主义精神气质。当外在的处境非常困顿，他的自由民主理想难以实现的时候，他走向对内在生命心灵的探求，他讲演人生的意义，为当时的思想界带来一股清新的空气，扫除迷雾，开启心智，为迷茫中的青年学生指示了人生追求的基本方向。他分析人生的价值意义时，顾到了人生存在的两个重要层面，即社会的层面和精神的层面，所以他谈了人生存在的社会价值，理性思维、好尚自由、追求民主，倡导仁爱，这些是人在社会生活中的基本价值追求，这也是建立现代民主政治社会的基本标识。而人生存在的精神意义就是要通过心灵对生命存在意义有实质的体验和对自由精神的追求，这是人之为人最高的理想追求。殷海光谈人生哲学，并没有孤立的谈个体人，而是把个人置于社会中来谈，关注人类存在的普遍社会文化境域，所以他反省传统的人文资源，结合世界文化的优长，探寻人生价值的社会资源，体现出他普遍的人类关怀精神。他思考人生，关怀个人，希望大家有个健全有意义的人生，这同时也寄寓着他的社会关怀，他希望大家携起手来共同负起时代的责任，为人类未来社会文化的发展做出自己的贡献。从这个意义上来讲，殷海光的人生哲学又具有深远的历史意义和重要的社会价值。

殷海光作为一个自由主义斗士，他追求真理的执着精神和理想人格魅力曾经感召了许多人，他也是一位有独特思想生命的人，他对人生的深沉思考和对生命的深刻体验以及脱俗的生命情调同样给我们许多启示，值得我们学习借鉴。他强烈的时代使命感和普遍的社会关怀精神又使他的人生哲学具有深远的社会意义。

后期殷海光与基督教关系考

黄岭峻（武汉理工大学政治与行政学院）

一、问题的提出及研究的意义

1969 年 9 月 16 日，殷海光在台北的台大医院去世。而在他临终前一天，他的夫人夏君璐着手准备其后事，但与几位一直陪伴左右的学生发生了分歧。

据学生之一王晓波在《殷海光先生临终日志》中的记载，9 月 15 日，

> 医生言，殷先生有百分之九十的可能于今日逝世。殷师母办好将遗体捐赠台大医院之手续，并决定将丧事交浸信会怀恩堂周牧师办理，举行追思礼拜。因此，而与殷先生学生陈鼓应等意见相左。李敖坚决表示不参加礼拜，以免使殷先生死后英灵作教会之宣传品；陈鼓应希望在教堂里，至少应摆全殷先生生前著作及《自由中国》一套。殷师母极力反对。①

双方争执的焦点在于：是否以基督教的仪式安葬殷海光？这个争执却隐含着另外一个问题。

作为虔诚基督徒的殷海光夫人自然希望其夫君能最终皈依于上帝门下，况且，殷海光本人在其晚年也确实说过“在冥冥之中必有一个伟大的至高无上的和主动的存在”② 之类的话。而对于追随殷海光多年的这些学生而言，言必称科学的恩师是无论如何不会被任何宗教俘虏的。

不难看出，隐含在分歧背后的问题是：殷海光在晚年究竟是不是一个基

① 张斌峰、何卓恩：《殷海光文集》，第 2 卷，武汉：湖北人民出版社 2009 年版，第 323 页。

② 殷海光：《致屈苹果（1968 年 10 月 1 日）》，张斌峰、何卓恩：《殷海光文集》，第 2 卷，武汉：湖北人民出版社 2009 年版，第 293 页。

督徒?①

关于这一问题，在殷的亲友与学生中一直存在讨论。不过，以笔者目力所及，迄今仅见康志杰的一篇专文论述此问题。康文认为殷海光晚年在一定程度上承认上帝的存在，是追求一种彻底的“心灵的自由”。② 这里，此文是将殷氏“承认上帝的存在”与“追求心灵的自由”等量齐观的。而一般来讲，所谓“心灵的自由”，是指一种思想不受任何羁绊，类似笛卡尔所说“我思故我在”的境界。可以说，“追求心灵的自由”，即不可能承认任何权威；“承认上帝的存在”，则不可能追求完全的心灵自由（因为要承认上帝的权威）。那么，后期殷海光是如何在追求心灵自由的同时，又承认上帝存在的呢?

鉴于近年来大陆陆续出版了相对完备的《殷海光文集》，故笔者不揣简陋，拟根据殷氏后期的言论与行迹，对其与基督教的关系做一新的厘清。

之所以选择此题目，主要是基于如下两层考虑：

其一，一般而言，一个信奉科学并强调逻辑的人，很难接受某种超乎理性之外的宗教。殷海光究竟是否成为一个基督徒？这一问题涉及如何评价中国这位著名自由主义者晚年的思想转变。

其二，自托克维尔等人提出基督教与宪政的相关性③后，一直有人认为二者之间具有某种必然联系。殷海光究竟是否成为一个基督徒，也涉及另一相关问题——即从何种宇宙观才可以导出相对坚实的自由主义信仰。

---

① 有意思的是，当代中国另一位著名自由主义者杨小凯去世后，也发生过类似的争论——即杨小凯是否是一个真正的基督徒。

② 康志杰文章的主要结论是：“殷海光在临终前信奉了基督，这或许是出于对夫人意愿的尊重，或许是对罗马教皇约翰、保罗进行宗教民主化改革的赞许，或许还有别的其它什么原因。但是殷海光还是那个自由主义思想者的殷海光，而不是一个宗教信徒的殷海光。他的思维轨迹，不是在出世与入世，此岸世界与彼岸世界中徘徊，而是由否定上帝→讨论宗教→确认上帝的存在（心灵自由）次第嬗演着多层次的人生周折。”详见康志杰：《心灵自由——殷海光宗教信仰思想之真谛》，载《湖北大学学报（哲学社会科学版）》1998 年第 2 期。

③ 托克维尔在《论美国的民主》一书中，曾提出：“我一向认为，人要是没有信仰，就必然受人奴役；而要想有自由，就必须信奉宗教。”后来亨廷顿在研究民主史时，甚至得出一种“合理假设”，即“基督教的扩张将鼓励民主的发展”。详见拙文：《论宪政的宗教之维》，载《华中科技大学学报（社会科学版）》，2005 年第 2 期。

二、20 世纪 50 年代：殷海光对基督教的拒斥与批评

出生于基督教家庭的殷海光，自小即不信耶稣。个中原因，凭藉现有材料，殊难解释。对于他的反传统思想渊源，殷海光自己在晚年倒是有直白的交待。1968 年 9 月 24 日，他在给学生林毓生的信中写道：

> 在家世方面，当我童少年时，家道已经中落，但是长一辈的人还要摆出一副架子，说话矫揉造作，室屋之内充满理学式的虚伪。我简直讨厌透了！这成为我日后不分青红皂白的反传统文化的心理基础。①

这段文字，后来的殷学研究者引用甚多。不过，仅凭这段简单而含糊的交待推论殷早年的思想变化，还是有一些容易引起歧义之处。首先，“理学式的虚伪”究竟是源于这个家族所信奉的安立甘教，还是中国儒学，或者两者兼而有之？其次，殷海光由此而产生的反“传统文化”，是反基督教的西方传统，还是儒学的中国传统，或者两者兼而有之？最后，“摆出一副架子，说话矫揉造作”，是发生在这个家族的实然状况，还是由于殷海光青春期的逆反心理导致的一种感觉？②

囿于目前的资料，很难对上述三个问题做出合理的解释，也就很难厘清殷海光前期（1949 年之前）对基督教的态度。不过，根据他在 1950 年代发表的大量论著，则可以大致断定：这一时期的殷海光，对基督教采取的是一种拒斥和批评的态度。

从认识论角度考察，殷海光这一时期的思想有两个显著特色：

其一，坚持科学态度。

1950 年代中期，殷海光游历美国时，曾感慨道：“科学技术上一有可能，人的想象跟着一扩张，欲望也就跟着大。在人的欲望世界中，没有所谓

① 殷海光，林毓生：《殷海光 林毓生书信录》，上海：上海远东出版社 1994 年版，第 155 页。

② 从与殷家交往甚多的一位亲戚的回忆看，这个家族并不像巴金在小说《家》中所描写的状况。详见李文熹：《殷海光故家的几件往事》，载《书屋》杂志，2007 年第 10 期。

‘无人地带’的。”[①] 似乎对科学的功用稍有微词。不过，总括他这时的言论，他对科学功用的质疑可谓绝无仅有，而对科学精神的称赞则是连篇累牍。1950 年，殷在论述自由主义时，特别强调：“科学的研究者常为思想自由底先导。当着科学家发现新学说之时，他只觉得这一学说在他看来是正确的。他不屈服于任何权威。”[②] 而且他认为在欧美这样的民主国家里，之所以“有权威而权威主义行不通”，主要是因为有“科学的心性”。[③] 针对有人提出科学也是双刃剑的观点，殷海光还特别为科学辩诬。他在 1957 年写道：

> 一般所谓科学造成世界灾祸者所说的‘科学’，不是科学底全部，只是科学底一部分，甚至只是科学之不根本重要的部分。他们所说的科学，是砍掉了科学的头以后所剩下来的手和脚。科学的头就是科学的态度，理论与方法。科学底手与脚是科学的态度，理论与方法所产生的科学技术。科学的态度尚怀疑，重实证。科学的理论系本乎经验。科学的方法重解析，视察，试验。这样的态度，理论和方法，怎会制造世界灾祸呢？[④]

不难看出，这一时期即使殷海光对于科学的负面功用有所察觉，但他在显意识中也认为这不过是因为对科学的滥用，而非科学本身造成的结果。

其二，强调启蒙精神。

在殷海光看来，所谓科学精神，就是一种注重怀疑与印证的相对主义真理观。1959 年，他在一篇文章中声称：“在人间世，并无绝对的真理，只有相对的真理。”[⑤] 而在此前给爱因斯坦的信中，他也一再表明：“绝对主义

---

① 殷海光：《旅人散记》，张斌峰、何卓恩：《殷海光文集》，第 4 卷，武汉：湖北人民出版社 2009 年版，第 150 页。

② 殷海光：《自由主义底蕴涵》，《自由中国》第 3－4 期，1950 年 8 月 1 日、16 日。张斌峰、何卓恩：《殷海光文集》，第 1 卷，武汉：湖北人民出版社 2009 年版，第 23 页。

③ 殷海光：《民主底试金石》，《祖国周刊》第 8 卷第 12 期，1955 年 1 月 3 日。张斌峰、何卓恩：《殷海光文集》，第 1 卷，武汉：湖北人民出版社 2009 年版，第 58 页。

④ 殷海光：《政治科学底指归》，《祖国周刊》第 18 卷第 7 期，1957 年 5 月 13 日。张斌峰、何卓恩：《殷海光文集》，第 3 卷，武汉：湖北人民出版社 2009 年版，第 70 页。

⑤ 殷海光：《胡适论〈容忍与自由〉读后》，《自由中国》第 20 卷第 7 期，1959 年 4 月 1 日。张斌峰、何卓恩：《殷海光文集》，第 1 卷，武汉：湖北人民出版社 2009 年版，第 143 页。

者，一提起‘相对论的’，尽管并无所知，但深恶痛绝。”① 1960年，在一篇纪念五四的文章中，殷海光再次强调：科学态度与科学精神就是“非权威的”，而且，“就对学说思想而言”，他“认为人间找不到绝对真理。”②既然一切真理皆为相对的，那么对于何者暂时为真或为伪的问题，殷海光认为皆需经过人的理性的怀疑与印证。而这种对人的理性的强调，正是启蒙运动的精髓。殷海光在1959年的一篇文章中盛赞启蒙运动，他写道：

从中古脱离出来，经过文艺复兴的酝酿时期，脱颖而出的欧洲启蒙运动，有一项基本认识：一切的人都能够在这个地球上达到一个完满的地步。我们知道，在启蒙运动以前，在教会思想权威笼罩之下的欧洲人，连做梦也不敢这样想的。他们以为只有藉着神恩，人才能到达完满的地步，必须等到死后才能实现。现在，受启蒙思想的影响者认为靠自己就能充分发展自己，无待乎神恩；并且就在现世能够实现，无待乎死后。这是一大思想的革进。这一大思想的革进，是思想从神权与经院哲学解放与独立的结果。③

显然，殷海光在这里只是重复了五四以来中国思想界对于启蒙运动的主流评价，但这种重复也表明了殷海光对启蒙运动之精神的强烈认同。

一方面坚持科学态度——一切皆须经过“怀疑”与“印证”后才可大致相信；另一方面强调启蒙精神——以人的理性，而非神的恩典为尺度。其实，这一时期的殷海光思想中，已经暗含一个二律背反式的内在冲突，即一

---

① 殷海光：《致爱因斯坦（1955年2月10日），张斌峰、何卓恩：《殷海光文集》，第2卷，武汉：湖北人民出版社2009年版，第58页。另，相对主义的真理观，可能是当时《自由中国》同人的一种共同心路。譬如，李中直也曾撰文认为：“天下无一成不变的真理，前人知识的遗产只能留着后人的参考，决不能肯定和规范后人的行动。因此，就永远不能有一个行之万世皆准的政治理论和政治制度。”（李中直：《论宽容精神与政治的出路》，载《自由中国》第1卷第2期，1949年12月5日。）雷震也说过：“科学的精神是甚么？大家知道自然科学的精神是怀疑的，批判的，谦逊的。科学家对自己的理论也只是叫着假设或臆说，没有实验的证明，不敢说是确实的真理，即使已经实验的证明，也还不敢认为这是天经地义，无可变更的，只是比较其他更为确实可靠。”（雷震：《从近代文化批判共产党——共产党是反科学、不民主、非社会主义的》，载《自由中国》第2卷第1期，1950年1月1日。）

② 殷海光：《“五四”是我们的灯塔》，《自由中国》第22卷第9期，1960年5月5日。张斌峰、何卓恩：《殷海光文集》，第2卷，武汉：湖北人民出版社2009年版，第120－121页。

③ 殷海光：《展开启蒙运动》，《自由中国》第20卷第9期，1959年5月5日。张斌峰、何卓恩：《殷海光文集》，第2卷，武汉：湖北人民出版社2009年版，第91页。

方面认可启蒙运动的他，接受启蒙运动所强调的“一切的人都能够在这个地球上达到一个完满的地步”；另一方面，按照“人都可以达到完满的地步”的逻辑演绎下去，人所创造的思想与学说，也要以达到完满的地步，否则这人就不是真正的完满，但依照殷海光所坚持的科学态度，一切真理皆为相对的，这世上根本不存在绝对正确的或完满无缺的学说。这个内在冲突的演变，将导致殷海光思想在后面几年的重大变化，此处暂不作讨论。而从这两个思想特点自然推理的一个结果，就是拒斥一切宗教，这中间也当然包括基督教。

经过仔细梳理，可以发现殷海光在1950年代曾经在少数一些场合对基督教也做过些许正面评价。譬如：（1）1955年，他曾经在一篇文章中引用他非常心仪的英国哲学家罗素批评基督教的一段话，紧接着他又加了一句：“罗素所说的，当系中世纪以前的基督教。现在的基督教已经改善得颇可爱了。”①（2）还是1955年，他在游历美国期间，发现美国的劳资对立并不严重，在推论其原因时，他认为其中之一，即是因为基督教的作用，尽管他是以一种非常勉强的口吻陈述这个结论——”在这一场合，我们不能不承认基督教传统多少发生了一点作用。”② 然而，如果仔细品味这两处对基督教的正面评介，不难发现它们主要着眼于基督教的社会功用，而在同一时期，殷海光对于基督教的教义，尤其是对基督教徒目为神之话语的《圣经》，却有相当严厉的批评。1949年，殷海光即在一篇文章中指斥《圣经》是西方迫害异端的源头，他写道：

> 《圣经》之中，多少吸收了犹太教底思想成分，因而《圣经》里含藏着许多不宽容的说素。而虔诚地究读《圣经》的信徒，以为《圣经》是受圣灵的启示，非赞同不可的，不赞同的人便是抱持异端邪说的大逆不道之徒。结果，逐渐演成此后的异教迫害。③

---

① 殷海光：《自由的真义》，《祖国周刊》，第9卷第4期，1955年1月24日。张斌峰、何卓恩：《殷海光文集》，第1卷，武汉：湖北人民出版社2009年版，第68页。

② 殷海光：《旅人散记》，张斌峰、何卓恩：《殷海光文集》，第4卷，武汉：湖北人民出版社2009年版，第163页。

③ 殷海光：《争思想自由的历史巨流》，《自由世纪》第3卷第7期，1949年9月16日。张斌峰、何卓恩：《殷海光文集》，第1卷，武汉：湖北人民出版社2009年版，第10页。

从这一时期殷氏的相关言论看，他可能在潜意识中已经将《圣经》等同于独断式的教条，以致他后来批评台湾中小学的党化教育式，将台湾当局的政治说教比作《圣经》。

他的原话是："在台湾的学童，当他们刚与这个扰攘的人间开始接触，不仅要授以历史、地理等等常识，而且还要开始负起'反共复国'伟大的'时代使命'。他们必须像读《圣经》似地读那些八股教条。"①

非但如此，众所周知，基督教的教义是建立在创造论的基础之上的，而进化论与创造论在本质上具有不可调和的紧张关系。在1957年发表的一篇文字中，殷海光则明显对进化论持理解与赞同的态度。他认为：

"照理说来，科学应该能够'是什么，就说什么'了。……生物演化论者说人是从猴子的近亲演化而来的。如果这话合于事实，那么我们就得承认。我们承认这一事实时，既不贬抑人的价值，也不抬高人的价值。'是什么，就说什么'，这应该没有问题了。"②

总之，1950年代，殷海光秉承注重怀疑与印证的科学精神，将一切宗教教条皆视为独断主义，而在学术领域压制异端的行为，在他看来就是一种"泛宗教主义"，而"在泛宗教主义的笼罩之下，凡抵触宗教教条及神话的学说或理论，都被认为是异端邪说，都拿不出来，或压得不敢抬头"。③ 基督教作为宗教之一种，其教义在他看来自然也难逃独断主义的嫌疑。

1955年，殷海光游历美国。以美国当时的社会情形，因为自由神学的兴起，基督教教会也日益趋于世俗化。但即使如此，教堂在每一社区都不鲜见。那么，殷海光在游美期间与这些教会人士接触之后，又是如何观感呢？他在游记中曾记载了一桩饶有趣味的见闻：

"此间离某大学不远之处，有一座教堂，建筑之宏伟，巍巍峨峨，上出层霄。里面的'住持'某位先生，论年龄已经六十多了。他的尊

① 详见殷海光：《对梅部长的低调希望》，《自由中国》第19卷第4期，1958年8月20日。张斌峰、何卓恩：《殷海光文集》，第2卷，武汉：湖北人民出版社2009年版，第86页。

② 殷海光：《是什么，就说什么》，《自由中国》第17卷第3期，1957年8月1日。张斌峰、何卓恩：《殷海光文集》，第1卷，武汉：湖北人民出版社2009年版，第94页。

③ 殷海光：《我们的教育》，《自由中国》第18卷第2期，1958年1月16日。张斌峰、何卓恩：《殷海光文集》，第1卷，武汉：湖北人民出版社2009年版，第105页。

> 头，既像日本富士山，又成中国大雪岭。他兼任两个神学院底教授，著作颇多，住持这个教堂已经三十多年了。照我想，这样的人，应该有一股风格流露出来，布乎四体，形乎动静了。岂知事有大出人意料以外者。这位先生，主持礼拜，依照程序表上的规定是一小时。他真的是刚到一小时，便宣告完毕，不多也不少。每次都是如此。其守时之准，比美康德。不独此也，礼拜完毕以后，他就走起陆军快步，跑到礼拜堂门口，与每一位做礼拜者寒暄几句。礼貌之周到，应酬之圆熟，与青年会总干事无异。起先，我以为这只是个人差别而已。后来，我跑到附近的几个礼拜堂参加礼拜，都是大同小异的。老一辈的牧师如此，年轻一辈的更不必问，他们的动作简直制式化了。①

确实，教会发展到现当代，越来越多地采用了一些世俗化组织的管理模式。依笔者近年在美国东海岸的观感，有的教会在管理形式上就如同一个大规模的商业公司。但，值得注意的是，殷海光在这里似乎不涉及这些牧师布道的内容，而只是从礼拜形式上进行批评。或许在这一时期的他看来，基督教的教义具有独断性，根本不值得一驳吧。另外，当时欧美流行的自由神学可能也加深了他对基督教的恶感。殷海光在游记中还记载了一个与他讨论逻辑的神学院教授，而他用的标题竟是调侃与讽刺意味颇浓的“和尚读逻辑”。②

三、20世纪60年代：殷海光对基督教的认同与游移

时间进入1960年代，殷海光对于基督教的态度发生了一些非常微妙的变化。这首先表现在他提及基督教时，比较正面的引用与评价比起从前逐渐增多。

譬如，（1）1960年，他在声援被捕的另一个自由主义者雷震时，结尾

---

① 殷海光：《旅人散记》，张斌峰、何卓恩：《殷海光文集》，第4卷，武汉：湖北人民出版社2009年版，第172页。

② 殷海光记道：“后来，在某一个社交场合，有安多夫神学院某位教授，满口的卡尔纳普、维特根斯坦、卡勒·莫里斯、苏三·朗额等等，很引起笔者注意。再一问询，他说他在安多夫神学院教语意学。”同上，第180页。

处专门引用了一句《圣经》上的话献给雷震："为义而受难的人，有福了。"① (2) 1966 年，他完成《中国文化的展望》一书，他在谈及基督教爱人如己的观念时，事实上将其与孔孟学说与佛教义理等量齐观，他认为"孔仁孟义，基督博爱，和佛家慈悲各成范围，但有交会界域"。② (3) 还是 1966 年，他在给台湾大学校长钱思亮解释自己的困难处境时，殷海光曾经拿自己在台湾的境况与耶稣当年传福音时的遭际相比，他说："拿撒勒人耶稣尚且在本地不受欢迎，何况我这种人呢？耶稣说：'飞鸟有巢，狐狸有洞，唯独人子没有枕首的地方。'我今日在这个炎热得令人窒息的岛上几乎有同样的处境。"③ (4) 1967 年，他在给一位学生的信中，为一个可以交心的朋友的离去感到遗憾，同时，又为另一个知音杜维明的到来感到欣慰，由此喟叹道："上帝似乎并非有意完全使人活在地球上难过。他在虐待人之余，有时也赐人点糖片甜甜心，使生命得以昭苏。这不是一部人类的历史吗?"④

诚然，如果按照一个完全意义上的基督徒来比照此一时期的殷海光，他的这些言论非但不能证明他对基督教的好感，反而可以作为他的思想与正统基督教教义有着巨大分歧的绝好注脚。除了第一例，第二例将基督教与佛、儒相提并论，第三例拿耶稣的遭际自况，第四例以玩笑口吻说耶稣"虐待人"，凡此三例，在一个真正的基督徒眼中，都可谓是对神的大不敬。不过，如果比起殷海光在 1950 年代认为《圣经》包含不宽容因素，并将台湾的党义教育比作《圣经》教条，他这些带有渎神意味的"大不敬"言论已经变得相对正面许多了。此外，这些资料还可证明这一时期的殷海光接触过《圣经》，或许他仔细读过，或许他经常听家人谈起过，否则，他不可能在这些不同场合引用《圣经》时几乎做到信手拈来。

---

① 殷海光：《我看雷震和新党》，《民主潮》第 10 卷第 19 期，1960 年 10 月 1 日。张斌峰、何卓恩：《殷海光文集》，第 2 卷，武汉：湖北人民出版社 2009 年版，第 127 页。

② 殷海光：《中国文化的展望》第 12 章，台北：台湾文星书店 1966 年版。张斌峰、何卓恩：《殷海光文集》，第 4 卷，武汉：湖北人民出版社 2009 年版，第 238 页。

③ 殷海光：《致钱思亮（1966 年 8 月 15 日）》，张斌峰、何卓恩：《殷海光文集》，第 2 卷，武汉：湖北人民出版社 2009 年版，第 187 页。

④ 殷海光：《致张灏（1967 年 3 月 8 日）》，张斌峰、何卓恩：《殷海光文集》，第 2 卷，武汉：湖北人民出版社 2009 年版，第 217 页。

非但如此，1966年与1968年，殷海光在分别给两位美国友人的信中，还直接谈及自己对基督教的思考。

首先是1966年秋，他在给美国友人克里福神父的信中写道：

> 透过你的推介，我认识了科普斯顿神父（Father Copleston）。……他（指科普斯顿神父）在《边沁到罗素》一书中，到处强调玄学的必要性和不能免除性，你知道，我曾经沉迷于逻辑经验论。循着这样的思考路线，我认为玄学没有意义，一切有关玄学的哲学问题都是似是而非的问题。现在，我应该忏悔，我反对玄学的论点与其说是对玄学的一种谨慎而公平的论评，不如说是一种打倒偶像的举动。①

这里，"忏悔"一词，既可能有指代"道歉性反思"的非宗教意味，亦可能有指代"自责式悔改"的宗教意味。因此，它并不能说明殷海光已经有了宗教观上的否定旧我。不过，殷海光在这里一反以前批判一切玄学的惯性思维，而对"玄学"稍留余地，这不能不说是其思想的一个较大变化。但还须特别指出的是，殷海光这封信的主要目的是请克里福神父为他在美国求职做"咨询人"。如果以小人之心度君子之腹，其中也可能有殷氏为求得这位神父的帮助而特别夸大自己对玄学的迁就（当然，从殷海光后来的人生取舍看，这种可能性微乎其微。）。

而在1968年的一封信中，殷海光则更明确地谈到自己对上帝存在的部分认同。他在给屈苹果教授的信中写道：

> 对于上帝，我一直没有清楚的概念。我以为这是人类的'不可能'。因为所有关于上帝的说法都是在文化或在制度上预设的，因此上帝能建构一切，同时又不受一切约束，而又置身一切。年纪大了，我越是感到，我们实在无能力去揣摩包含了人类心灵的宇宙是怎样形成和为什么形成的。在冥冥之中必有一个伟大的至高无上的和主动的存在，不论我们称它为什么，怎样藐视它，到底它已使这样一个宇宙成为可能。人类的心灵可能就是这个存在的有意义的实质。据我们所知，道德标准、正义感、对自由和幸福的追求……等等，只能在我们的心灵中存续

---

① 殷海光：《致克里福神父（1966年10月29日）》，张斌峰、何卓恩：《殷海光文集》，第2卷，武汉：湖北人民出版社2009年版，第193页。

下来。二次大战之后，这些可贵的品德已受到严重的考验，代之而起的是对权力和财富的追求。但这些心性不曾消失。有些人继续珍惜它们。这也许就是人类希望的幼芽。①

不难看出，这段话包含两层意思：（1）人类无法知悉人类心灵形成的奥秘，所以可能有一个人类认识能力无法把握的最高主宰（上帝）使人类心灵的形成成为可能；（2）道德感存在于人的心灵，而且是此后人类的希望。

这一段话，被研究殷氏晚年思想的人引用甚多，它也确实是证明殷氏思想（尤其是宗教观）转变的一件重要材料，值得我们细究。我想，对这段话可做两个方面的考察。第一，它是否是殷海光真实思想的反映？第二，如果是，通过这段话，殷海光在多大程度上认同了基督教上帝的存在？

先来看第一个问题。

如果说1966年给克里福神父的信在理论上还有为了获得对方援手而刻意迁就对方观点的可能，那么，1968年的这封信则丝毫看不出这方面的考虑。非但如此，在这封信的开头处，殷氏在谈及对方8年后突然冒雨登门看望自己时，发了一通感慨，其中还透露出另外一个重要信息，他写道：

这件事使我对奇妙的宇宙和不可思想的人生一再陷入沉思。在人类知识领域，现代科学在作出预断上的能力是卓越的。所以电子计算机提高估量的能力。不过，有鉴于人类行为，特别是思想活动的复杂性和多样性，科学所能做到的实在极其有限。即使是拉普勒西鬼怪（Laplacean demon），也不能精确地预料捷克或达拉斯明天将发生什么事，或谁是美国的下任总统。②

“这件事”，即是指屈苹果冒雨登门。从上下文看，殷海光在一定程度上将它比作（或者认为）“神迹”，即人的理性无法解释的一种现象。我们知道，在当今相对自由化的基督教神学（如解放神学）中，已经逐渐将“神迹”剥离出基督教教义。如果殷海光只是想表现出对上帝的认可，他大可只谈超越理性的最高主宰之可能存在，而不必将生活中这桩偶发事件比作上帝事先

① 殷海光：《致屈苹果（1968年10月1日）》，张斌峰、何卓恩：《殷海光文集》，第2卷，武汉：湖北人民出版社2009年版，第293页。

② 殷海光：《致屈苹果（1968年10月1日）》，张斌峰、何卓恩：《殷海光文集》，第2卷，武汉：湖北人民出版社2009年版，第293页。

的安排——“神迹”。因此，我相信这段话确实是殷海光思想的一个真实流露。

再来看第二个问题。

在同一封信中，殷海光一方面开始相信有神迹，另一方面将道德感在人类心灵的存在归诸超自然力量的安排。如果将这两者结合起来推论，大致可以得出他开始认同或已经认同了上帝的存在。但我们知道，康德也曾经说过，每当他看到天上的星空，想到人心中的道德律时，因为无法解释其成因，也是“肃然起敬”。如同康德的“肃然起敬”不等于对上帝的敬畏，殷海光所说的“在冥冥之中必有一个伟大的至高无上的和主动的存在”，也不等于他彻底认同了这个“存在”就是基督教的上帝。

就在殷海光临终前不久，他曾经在病榻上与学生张尚德有一段关于信仰的对话，颇能说明他信仰的实况。据张尚德的记载：

> 张尚德问：“老师，你将来要研究宗教吗?”
>
> 殷海光说：“是的。”
>
> 张尚德问：“要做神的信仰者吗?”
>
> 殷海光说：“是的。不过不是传统的和一般意义的。我的神不是有一个具体对象的。而是爱、同情、以及人与自然的和谐，就像爱因斯坦所信仰的那样。”①

“我的神不是有一个具体对象的”——这句话可谓一语道破心迹。至此，我们不难发现，殷海光所谓的“上帝”的存在，充其量只是一种自然神论。②

如果以一个成熟与正统的基督教徒的标准来框照晚年殷海光的言行，不难发现他在很多方面与之还有差距。譬如，（1）通览其晚年的言论，他几

---

① 《殷海光最后的话语：1969 年 8 月 9 日 – 22 日》（陈鼓应，张尚德记录），张斌峰、何卓恩：《殷海光文集》，第 4 卷，武汉：湖北人民出版社 2009 年版，第 315 页。

② 所谓自然神论，一般也承认存在某种超自然的主宰，但又不将这位主宰归诸某一具体的神，因为以人的认知能力，根本无从具体了解这位主宰。这正如同殷海光较佩服的英国思想家休谟所说：“我们是有限的、脆弱的、盲目的生物，我们应该在他的庄严的存在前自己表示谦卑，并且应该知道我们的脆弱，默默地赞仰他的无限的完善，这些无限的完善，是目不能见，耳不能闻，人心也从不曾了解它们的。”详见［英］休谟：《自然宗教对话录》，北京：商务印书馆 1989 年版，第 14 页。

乎从来没有提及一个基督徒必然面对的创造论（世界是神创造的）、复活论（耶稣死而复活）及末世论（末日审判）这些基督教信仰中的关键问题。(2）临终前，他曾对自己的学生明确表示自己与存在主义有相通之处。① 当然西方存在主义者中不乏有雅斯贝斯这样的天主教徒，但更多的是持相对主义立场的无神论者，如海德格尔、萨特等人。② 强调自我的存在主义者，与强调上帝的基督教徒，其差距显然不可以道里计。（3）弥留之际的殷海光逐渐看淡了生死，他对学生说自己没有一点恐惧感，唯一的遗憾是没有对青年，对国家尽到责任，按照他的原话，就是："我的思想刚刚成熟，就在跑道的起跑点上倒下来，对于青年，我的责任未了，对于苦难的中国，我没有交待。"③ 这一通话可以反映殷海光身上所具有的强烈的民族使命感，不过，对于一个基督教徒来说，则多少有一些将这种"使命感"等同于偶像的味道。

诚然，我们不要忘记，殷海光虽然出身于基督教徒家庭（其父母皆为基督教徒），而且生活在一个基督教信仰较浓的家庭之中（其妻女也为虔诚的基督教徒），但他是到晚年才开始真正思考这个问题的。即使他在此时成为一个基督教徒（一种假设），也可能还是处于灵命中的初生状态。因此，我们不可用一个成熟基督教徒的标准来框照他。对于一个思想家而言，论证其是否具有某种思想倾向的最好材料，还是他的思想。鉴于此，我们在下面不妨用反证的办法，即通过他在 1960 年代如何看待人的理性，来判断他是否成为了一个真正的基督教徒。一般而言，如果一个人仍然强调理性，即基

---

① 1969 年 8 月 20 日，他对病榻前的陈鼓应说："鼓应，我对存在主义的认识不会太离谱吧！十年前你好几次说我是中国的存在主义者，当时我听了颇不愉快，现在才发现原来是同道人。等我病好了以后，我要和你跟新云一块来研究。还有，要好好的读庄子，庄子对人性的了悟这么深切，比现在的存在主义要高明多了。"张斌峰、何卓恩：《殷海光文集》，第 4 卷，武汉：湖北人民出版社 2009 年版，第 313 页。

② ［法］萨特：《存在主义是一种人道主义》，上海：上海译文出版社 1988 年版，第 6 页。按照萨特对存在主义的解释，他认为存在主义者应该将笛卡尔的"我思故我在"视作绝对真理，因为"在能找到任何真理之前，人必须有一个绝对真理，而这种简单的、容易找到的、人人都能抓住的真理是有的，它就是人能够直接感到自己。"（同上书，第 21 页。）这种思想与晚年的殷海光确实有相通之处。

③ 《殷海光最后的话语：1969 年 8 月 9 日 – 22 日》（陈鼓应，张尚德记录），张斌峰、何卓恩：《殷海光文集》，第 4 卷，武汉：湖北人民出版社 2009 年版，第 315 页。

督教徒所常说的没有完全将自己“交出去”（交给上帝），即不可能是一个真正的基督徒。

1961年，殷海光在一篇文章中，首次将科学与信仰分开，或者说首次承认科学解决不了信仰的问题。他这样写道：

> 信仰科学所不能解决的有关信仰的问题颇多。第一、至少就大量现象来说，一般人不得因为有了信仰科学就会放弃一切信仰。因为，在许多情形下，人们是需要信仰的。特别是当着人陷于无助之中或因对死亡恐惧而祈求永生时，信仰便油然而生。第二、信仰科学永远不能解决什么信仰是‘真’的或什么信仰是‘假’的问题。真假是经验语句底性质，而信仰是‘希冀’、‘肯定’，和‘企求’的混合。第三、信仰科学不能替人决定‘该’信仰什么的。因为，该或不该，是存在地（existentially）决定的事，而不是概念地（conceptually）决定的事。①

如果单看这段文字，大致可以确定一向自称“五四之子”的殷海光，在科学观上已与五四前辈如胡适、丁文江等人有了较大不同。譬如，在“科学与人生观”的论战中，胡、丁等人一直坚持科学是可以解决人生观问题，宗教也只有通过科学教育才可以显现其具有正确方向的宗教性。② 而殷氏认为科学并不能解决信仰的很多问题，这可以说是在哈耶克等人的“理性之有限性”思想的影响下发生的一个重大变化。

对于晚年的殷海光而言，他的一个最大的思想来源即是哈耶克。正是哈耶克持有的“理性之有限性”的“无知论”思想，使他对自己一向坚持的科学精神产生了怀疑。他在1965年写道：

> （哈耶克——引者）藉无知论来提醒世人，自己所知道的是怎样的少。我们的知识领域愈是开拓了，我们对于自己之无知的发现愈多，既然如此，于是我们所保有的知识不足以作过多的预测，也不足以负担全

① 殷海光：《试论信仰的科学》，《大学生活》第6卷第22期，1961年4月1日。张斌峰、何卓恩：《殷海光文集》，第3卷，武汉：湖北人民出版社2009年版，第285页。

② 丁文江曾经在1920年代与张君劢论战时强调：“我们所以极力提倡科学教育的原故，是因为科学教育能使宗教性的冲动，从盲目的变成功自觉的，从黑暗的变成功光明的，从笼统的变成功分析的。我们不单是要使宗教性发展，而且要使他发展的方向适宜于人生。”详见丁文江：《玄学与科学——答张君劢》，张君劢等：《科学与人生观（一）》，沈阳：辽宁教育出版社1998年版，第189页。

> 盘计划。由此可以推论，一切全盘计划都是愚妄。我们要达到一个美好的社会，可行的途径就是发挥个人的自由创造力。①

反理性主义的“无知论”，确实是哈耶克恢复古典自由主义信念的一块重要基石。但是，猛烈批评法国理性主义传统的哈耶克，并没有完全拒斥理性，他曾说过：“我们克制行动的理由本身应该是理性的。”而他之所以拒绝承认自己是一个保守主义者，原因之一也在于保守主义者的“反启蒙主义”。②与哈耶克类似，我们发现殷海光在晚年一方面承认理性（或科学）的有限性，另一方面并没有完全否定理性的价值。在他人生的最后一年，他在两个场合，都发表了一种表面上看有些矛盾的观点。

第一个场合：1969 年 5 月，殷海光在一篇纪念五四的文字中，一方面，批评了陈独秀的“唯科学主义”思想，认为陈氏“将科学方法引用到它无法奏效的领域”，陈独秀虽然是非宗教的，“可是，在不自觉之间，他把他所认为的作他的宗教”；而另一方面，他又同时认为“科学是人类理性的结晶”，“人群的现代生活若无理性作骨架，我们不能想象怎样活得下去。”③

第二个场合：1969 年夏秋之交，殷海光在病榻上与学生交流时，有一次完全否定了自己从学生时代受业于金岳霖先生时即服膺的逻辑经验主义，他声称：“逻辑经验论有一个设定，以为一切知识都可‘整合’（unity），逻辑经验论的这种发展，结果造成了‘知识的极权主义’。……逻辑经验主义最使人不满的是：以为解决了大脑的问题，就可以解决人生的问题。其实人的问题并不止于此。人最重要的问题是心灵的问题。”可在同时，他又强调：“要医治非理性的人，就必须要求理性。”④

总之，从这些相关资料可以看出，殷海光晚年虽然在很大程度上接受了哈耶克“无知论”的思想，对科学与理性的有限性有着明确的体认，但他

---

① 殷海光：《海耶克论自由的创造力——从“无知论”出发》，《时与潮》复刊第 198 期，1965 年 10 月 18 日。张斌峰、何卓恩：《殷海光文集》，第 4 卷，武汉：湖北人民出版社 2009 年版，第 115 页。

② ［英］哈耶克：《自由宪章》，北京：中国社会科学出版社 1998 年版，第 585 页。

③ 殷海光：《五四的隐没和再现——为五四运动五十周年而作》，《大学生活》1969 年 5 月号。张斌峰、何卓恩：《殷海光文集》，第 4 卷，武汉：湖北人民出版社 2009 年版，第 295 页。

④ 《殷海光最后的话语：1969 年 8 月 9 日 – 22 日》（陈鼓应，张尚德记录），张斌峰、何卓恩：《殷海光文集》，第 4 卷，武汉：湖北人民出版社 2009 年版，第 300、301 页。

与哈耶克一样，并没有完全否定理性。而对理性的部分认同，必然导致对上帝存在的不全面认同。这中间有着前后一致的逻辑关系。

四、结论及余论

综上所述，在1950年代，殷海光坚持科学态度与启蒙精神，对基督教持一种拒斥与批评的态度。到1960年代，受到哈耶克“无知论”影响，哈耶克在一定程度上认识到科学与理性的有限性，并承认冥冥之中有一最高主宰。但由于他对于理性价值仍有保留，所以他对基督教的认同也止步于一种自然神论，即承认有一种人类理性无法把握的最高主宰，但又不将这个最高主宰归诸于基督教的上帝。说到底，他只是部分认同了上帝的存在，对于基督教也是认同中还有游移。

自然神论并不等于基督教信仰，因之，我们可以得出结论：殷海光在晚年并未成为一个真正意义上的基督教徒。

不管怎样，殷海光在1960年代从完全不信上帝到部分认同上帝是一个非常值得注意的变化。关于这个变化发生的原因，如前所述，有论者认为殷氏的转变在于其对“心灵自由”的追求。但从字面上理解，追求心灵自由（即自己做主）与信仰上帝（让上帝做主），不仅不契合，而且相矛盾。仔细阅读殷氏晚年的言论，我以为殷的思想转变，与其说是追求心灵自由，不如说是摆脱相对主义的困惑。

在第一节中我们曾经讨论：1950年代殷海光的思想存在一个二律背反式的内在冲突。即他一方面相信启蒙精神，认为人能达到“完满”的地步；另一方面“完满”的人却不能构建“完满”的思想，因为在怀疑一切的科学态度观照下，根本没有“完满”思想存在的可能。现在无法证明殷海光自己是否明确意识到这个思想中的二律背反，但他确实通过对科学与理性价值的部分限制，似乎是力图修正这个冲突。按照1950年代殷氏过分强调真理之相对性的倾向，社会共同体中根本难以有相对恒定的价值可以保存下来。而完全脱离社会共同体的自由，难免成为空中楼阁。在《中华文化的展望》一书中，殷海光曾忧心忡忡地写道：

> 道德架构拆散了，人际的关系一定恶化，人与人之间的合作便极度

困难，要进行任何伟大的事业更少可能。在这种情境之中，人和人的交往之基本原理有而且只有现实的利害关系。①

而 1969 年 8 月 18 日，他在病榻上还说过一句意犹未尽的话：“许多人用空虚来填塞空虚，结果还是空虚。”② 相对主义的一个必然结果，就是没有恒定的价值，而价值的缺失也必然造成空虚的结果。我猜测殷海光在 1960 年代的转变，可能也有避免相对主义带来的空虚，而企图寻找某种相对恒定的价值。

---

① 殷海光：《中国文化的展望》第 12 章，台北：台湾文星书店 1966 年版。张斌峰、何卓恩：《殷海光文集》，第 1 卷，武汉：湖北人民出版社 2009 年版，第 233 页。

② 《殷海光最后的话语：1969 年 8 月 9 日—22 日》（陈鼓应，张尚德记录），张斌峰、何卓恩：《殷海光文集》，第 4 卷，武汉：湖北人民出版社 2009 年版，第 308 页。

殷海光的言论自由观述评

张斌峰（中南财经政法大学法学院理论法学系）

二十世纪五十年代的台湾政局，处在专制独裁统治的时代，当时的国民党专制干涉言论自由（广义的言论自由，包括出版自由、新闻自由）的基本方式有二：一种是预防制，包含检查制、许可制、保证金制、报告制；另一种是追惩制。按照当局自订的法条，对报纸杂志的出版，采用预防制中的许可制，兼采追惩制；对书籍或其他出版品，采用追惩制。但追惩依法应在出书上市后、送审后，岂可非法跑到装订厂去抢未成书、未上市、未送审前的折纸与毛坯？既不能假民主地去实行大大方方地事后追惩制，又不能真独裁地去实行爽爽快快的事前预审制，只能行这种偷偷摸摸的“挂羊头卖狗肉”制，而这种制，却是最毒辣最整人的一种制：因为若行事后追惩制，则在送审后、查禁前，至少有两星期让人卖书的法律机会与活命机会；苦行事前预审制，则小民至少可以遵循文警大人的圣旨，知道何者可印、何者不行，至少不必黑字印在白纸上，再给抢走，这样岂不是枉赔检字费、排版费、校对费、打样费、制版费、印刷费、纸张费、管理费……

但台湾当局的毒辣与整人，作用正是在此！它就是让你生米煮成熟饭后，再造成你的损失，使你进退两难；使你不但卖不到钱，反倒要赔印刷厂和纸行的钱！反倒要补偿读者预约来的钱！试问这样一次又一次的每次造成损失，又有几个争取言论自由的志士仁人受得住呢？国民党统治的真不愧是“言论自由”的“民主台湾”！他们从不放弃言论自由，但可使你放弃自由言论！他们从不行独裁的预审制，但可使你领教他们行的是“预抢制”，预审多麻烦呢！多不民主呢！审都不审，就这样“人不知鬼不觉”地来番暗箭伤人，又多“禁书如草不闻声”呢！又多妙呢！①

---

① 李敖：《李敖回忆录》（三十一到三十五岁），中国友谊出版公司，1998年第一版。

上一个世纪50年代的台湾，言论自由遭遇的便是上述处境。然而，如此处境下，竟然有一位青年学者——殷海光，却胆敢用本名，公开在《自由中国》发表一系列文章，强力批评专制者的政治独裁，极力倡导自由民主和法治。当时的《自由中国》是在当局利用其反共名义下才得以出版的半月刊，然而它确又是戒严令下、民间最主要的且站在推行自由与民主的立场上，批评蒋氏威权体制的言论机关，它所发表的言论及其成员的一举一动，均在秘密警察的严密监视之中。殷海光作为一位真正的自由主义主义者，他在《自由中国》上写下了不少宣传和捍卫自由主义价值观的文章，特别是他着力澄清自由主义与放任、放纵的本质性区别，论证了言论自由的概念、特征、价值、功能及其与社会秩序混乱无关的思想。而本文对殷海光自由主义思想的关注将更为具体，着力于考察其关于言论自由的论述，并试图在当下情境下审视和诠释其历史意义与现代价值。

一、殷海光先生的言论自由观

言论自由、思想自由、信仰自由是每一个人与生俱来的权力。言论自由只有一个目的，保证每个人能够说出他自己的声音，保证这个世界永远有不同的声音。一个真正康健、民主、自由和法治的社会，坚决反对以任何名义来剥夺他人的言论自由的行为，坚定不移地维护公民们言论自由的权利。但，在殷海先生所生活的时代，“今日的台湾，在表面上是一个‘国’，在实际上早已经成为一人一家一党的殖民地。这一个殖民地在骨子里完全被置于效忠私人的秘密力量严格控制之下。人民有吃喝玩乐之‘自由’，更有腐化堕落之‘自由’。只要做到不破面，官员大有贪污之自由。”但在这样的情况下，人民的实际呢？殷海光接着说：“然而，人民没有求知的自由，没有思想的自由，没有言论的自由。之所以如此，说是为了‘反共’……今日统治台湾的人生恐外来观念入境，尤怕台岛人民看见阳光。所以，他们对外来的观念隔绝唯恐不力。”一个孤岛上，“没有求知的自由，没有思想的自由，没有言论的自由”，最基本的自由都没有，对一个尽生来求自由的知识分子来说不啻于当头棒喝。殷海光在他在颇具影响力的《自由主义底蕴涵》一文中写道：“现在，一提起自由主义，许多人立即就联想起放任主义。这好像是，自由主义必然蕴涵放任主义。由此更进一步，自由主义与放任经济成为同义语。”殷海光说：“我们有言论、思想、集会、结社、信仰、居住等权利就是有自由；没有这些权利就是没有自由。我们究竟有没有享受这些权利，大家可以亲知亲见亲闻。这还有何曲解之余地?”值得注意的是，殷海光没有满足纸上所写的基本人权，而是更进一步要求其实际效应。因为那些盗用自由之名的极权统治者，虽也规定了自由的基本权利，但实际上却干着反自由的行径。

1951 年他撰写的《言论自由的认识及其基本条件》一文说道：“言论自由是一种天赋的基本人权，亦若吃饭为之一种天赋的基本人权，没有人应该剥夺任何人吃饭的权利；同样没有任何人应该剥夺任何人说话的权利。人生而有口，就应可自由说话，以发挥其功能。”① 显然，在他看来，言论自由是人之基本自由，是为人的基本权利。惟具有此种自由人，才能有人之尊严。言论自由与极权统治不相容，因为所有的极权统治，都是建立在神话与暴力之上。言论自由一实现，那些神话容易被拆穿，那种脚本的戏就唱不成了。极权统治永远要大多数人放弃自已的意见，惟少数人的意见是听。

自由、民主社会设定最为底线的标准。民主政治之要件就在于尊重和保障公民的言论自由权利，是人民得以有参政议政的基本权利。正基于此，在殷海光看来，凡诚于实现政治民主者，必须尊重并且培护言论自由，而这必须有两个基本条件：第一，有一个言论自由的环境，使之没有受到威胁恐惧，讲事实摆道理，以言论对言论；第二，就事论事。只问是非不问是谁；以论题为范围，不节外生枝，不人参攻击。② 政治民主必须尊重并且培护言论自由的两个基本条件，他试图为自由、民主社会设定最为底线的标准。

殷海光先生驳斥了为政者之牺牲言论自由的奇谈怪论：造乱集团会利用言论自由来灌输毒素，歪曲宣传、造谣群众、颠覆保卫国家和维护社会秩序的政府。对此，殷海光的反驳是：造乱集团利用言论自由，这个目的很不正当了，如果我们借言论自由来平乱，这个目的就很正当了；如果造乱集团尚且能够利用言论自由，以达到不正当目的，那么我们为什么不能借着言论自

① 张斌峰、何卓恩编：《殷海光文集》第一卷，第 33 页，湖北人民出版社，2009 年 4 月版。

② 张斌峰、何卓恩编：《殷海光文集》第一卷，第 34 页，湖北人民出版社，2009 年 4 月版。

由以达到正当的目的的呢？如果我们不能借言论自由以达到正当目的，而还是害怕言论自由的话，那么症结在哪呢？那就在于把自由等同于放纵，放纵的原动力是激情、冲动和私欲；而自由的出发点是理性与责任（即科学的精神与道义的态度）。① 有言论自由才有健全的舆论，有健全的舆论才有健全的政治在；有健全的政治才能平息当前的大乱。所以我们在学习民主的起点上，对于言论自由必须具有上述的认识并且满足上述基本条件。②

1955 年的《自由的真义》一文认为，思想、言论、人身……一个一个的自由，也就是一个一个不可让渡的基本人权。这些基本人权，就是明明白白地载在文明的民主邦国的宪法上。在民主的文明社会的长期发展的里程中，最有价值的自由就算思想自由、言论自由，这一类的自由，有了思想的自由才有创造；那为了一己统治的便利而窒息人心，终必使社会若兔子之死于毒蛇。

关于思想自由与言论自由的关系，殷海光认为，思想自由是外在的东西，它是以实际行为来衡量的思想在外界环境中的自由。思想往往与表达有关，所以思想自由同时就意味着表达思想的言论和出版的自由。殷海光说："大体说来，在民主自由运动中，一般人所要求的思想自由，就是以行为规范的标准来看思想在外界环境中所应得的自由。外在的思想自由，与表达不能分离。我们所思所想的东西，常常希望借着语言文字表达出来，在表达的时候，我们希望不受他人底限制，不受政治环境底干涉，尤其不受阴谋暴力底摧残和威胁。一般所谓思想自由，就是这个意思。这样的思想自由，既然与表达方式不能分离，所以，争取思想自由，也就积极地表现而为争取言论自由，出版自由，以及研究自由。"有思想自由的外在环境并不等于就能实现思想自由，它还要有实现思想自由的能力，它是人的内在的东西，是人独立不倚的思想能力，它需要不断加以培养才能达到。

殷先生认为，思想自由，如果只限于自己对自己无声说话的自由，则殊无社会意义，亦无政治意义。思想自由，要有社会意义和政治意义，必须转化为言论自由。言论自由又与意见自由有密切关联。所以在没有"政治安

① 张斌峰、何卓恩编：《殷海光文集》第一卷，第 34 页，湖北人民出版社，2009 年 4 月版。

② 张斌峰、何卓恩编：《殷海光文集》第一卷，第 35 页，湖北人民出版社，2009 年 4 月版。

全”的地方，意见便不能自由流通。意见不能自由流通之处，人众终年在哑塞状态下，昏然欲毙，哪会有旋乾转坤的力量？

言论自由之言论、言说需以（敢说）说真话亦即不说假话、不封锁消息、保障公众的信息权、知情权为前提。在1957年的《是什么，就说什么》一文中，他批评台湾当局之言论严格控制之令人窒息的状况：以官方为真理标准，官方以“国家利益”、“非常时期”等等“以政党为政府”而“政府即是国家”，一个国家以内只有一个政党是现代独裁极权政治的说法，以及对电讯、通讯和新闻建立起来的铁幕，他们要千方百计地扭曲、过滤和改编，就是要让人看不见极权独裁的真正面目。于是我们立言如果不走下坡路的话，就必须以“是什么，就说什么”。①

殷海光在1957年的另一篇名作——《今日是谁让我们不能说真话》一文言道：官方据以控制言论自由的王牌有如后的几张：曰“国家利益”，曰“基本国策”……曰“非常时期”，曰“紧急事态”，曰“非国即共”，……如果民间言论对政府稍事批评，或不合官定尺寸，那么不是当做“违背国家利益”，便是认为“违背基本国策”；不是认为非“非常时期之所宜”，便是说“鬃思想走私”。一究其实，这些说词，从无确定的界说，只是官方信手拈来打击异己的工具而已。官方更藉政治便利，穷年累月利用训练方式，甚至教育机构来灌输这一套想法。驯至这一套想法成了净肃思想言论的巨棒，甚至成为决定政策的基本精神。

该文指出：藏在这一套说法背后的有一些更深沉的想法，就是以为“政党即是政府”，而“政府即是国家”。不幸之至，这些想法是根本错误的，而且是近几十年来祸乱之一源。国家是永久的，不可更换的。政治不是永久的，而且是可以更换的。政府只是替国家办理政治事务的机构。我们总不能说替国家办理政治事务的机构就是国家。这正犹之乎我们不能说银行经理就是银行。国家是属于人人的国家。属于人人的国家，人人对于国事当然有发言的权利。如果我们批评替国家办事的人没有把事办好，这当然不能视同“危害国家利益”。“危害国家利益”的帽子是不能随便乱加的。如果说把问题彻底谈明白就是“危害国家利益”，那么说假话骗人，把真正严重的

① 张斌峰、何卓恩编：《殷海光文集》第一卷，第92页，湖北人民出版社，2009年4月版。

问题掩饰起来，就算是“维护国家利益”吗？国事办理的好坏，与国人息息相关，因此大家应须发抒意见。这正是民主政治的常轨。

该文还指出，在一切独裁极权暴政盛行的地区，都不能容许“是什么，就说什么”的。因为，如果是什么，就说什么的话，那么大家就看清楚了外面的世界，看清楚了自己所在的痛苦环境，看清楚了独裁极权者的真相。这样一来，独裁极权的魔术就要不成了。所以，在最基本的地方，独裁极权者必须用尽一切可能的方法来消灭这一条基准。在实际的设施方面，他们必须藉交通、电讯、新闻的严格封锁来建筑铁幕，以及各形各色的幕。他们要藉此让幕中的人看不见铁幕以外的世界，看不清自己的环境，弄不清独裁极权者真正的面目。于是乎，极权就可以关起门来上演。

发表在1960年代的《我们要有说真话的自由》① 一文认为，台湾极权，越是有权势的人越是爱说假话，爱说假话——不外乎是为了换得一时的统治利益：爱说假话不外乎“空”、“泛”、“矫饰”、自吹自擂……总之，说假话的种类有三大类：一类是政治性的党腔党调，只许信奉；二类是人身假话——歌功颂德、英明伟大、民族救星，光荣伟大；三类是官腔等等。如此说假话的台湾官方乃至其核心人物就是一群心灵冻结的人？如何使大家的心灵解冻？一句话，就是大家要有说真话的自由。

二、殷海光的言论自由观之历史意义与现代价值

殷海光先生对于言论自由的论述与探索，是一个持续不断，勇往直前和义无返顾的过程，他接受有关论述言论自由的新观念，并把它们及时地介绍给缺乏自由的时代和社会。他“对事理公正的态度与开放的心灵，面对政治压迫所表现的“威武不能屈”的峥嵘风骨，对知识的追求所显示的真切，以及对同胞与人类的爱与关怀在在使我感受到一位自由主义者于生活与理想

---

① 张斌峰、何卓恩编：《殷海光文集》第一卷，第182页—183页，湖北人民出版社，2009年4月版。

之间求得一致的努力所显示的道德境界。"① 可以说，殷海光先生是二十世纪五、六十年代中国汉语言学术界之不可多得的——自由主义者和公共知识分子。殷海光对言论自由的求索与探索，在中国自由知识分子之争取言论自由的历史进程中，可谓之最经典、最直率、最一针见血，也最通俗易懂。因此，有着不可磨灭的历史意义和现代价值，这些历史意义与现代价值具体在于：

第一，以自由民主的主张，完成自救也启悟人民。他将言论自由上升至人的基本权利，从而开启国人心智，为中国人争取本应享有的言论自由权而呐喊。在殷海光先生看来，没有人民心智、思想的充分张扬就没有国家的繁荣昌盛，就算不上高度政治文明；当有主见、有思想、享有言论自由的主人；如果国家的政策是正确的，那么正确的政策应该不怕在真正自由讨论的场合亮相，来接受多方面的考验；权势只能建立权势，但权势永远不能树立真理，而真理只能在自由讨论的基础上建立起来。显然，言论自由是宪法保护的公民的基本权利（中华人民共和国宪法第三十五条——中华人民共和国公民有言论、出版、集会、结社、游行、示威的自由）。政治自由也是公民作为国家政治主体而享有的参与国家政治生活的自由，或者说是保障公民能够参与政治活动的自由。如果公民不享有这些权利或自由，即便是有选举权也不能得到适当的行使，因为选举过程实则是一个表达的过程，无表达即无选举。所以这部分自由也被称为"表达自由"或"精神自由"。尽管公民表达的不一定都是政治性的意愿，但享有表达的权利却是民主政治的根本表现。言论自由是公民表达意愿、交流思想、传播信息的必要手段和基本工具，是形成人民意愿的基础。所以，言论自由在各项政治自由中居于首要地位。可以说，言论自由程度反映一国民主化的程度。

第二，反对专制独裁，推进自由民主。殷先生认为，自由、民主社会设定最为底线的标准。言论自由是人之基本自由，是为人的基本权利，为人的尊严，为反对极权统治的基本设准。思想、言论、人身……一个一个的自由，也就是一个一个不可让渡的基本人权。这些基本人权，就是明明白白地

---

① 林毓生：《殷海光先生对我的影响》，载《殷海光·林毓生书信录》，台北狮谷出版公司1981年版。

载在文明的民主邦国的宪法上。一切形态的极权统治和真知真识势不两立。现代极权统治刻意洗掉一切客观知识，而换上依其政治需要来编织成的一套知识。唯有讲真话的民族，才可能会有真正有价值的思想；唯有思想言论的真正自由，才可能产生思想理论大师；唯有彻底解放思想，吾国方有可能赶超世界先进。殷海光之争言论自由的牺牲精神、践行精神，依然具有时代意义和启蒙精神：少谈主义，多做实事。而为国人争取思想、言论、舆论、新闻、出版、讲学、演讲和教育的真正自由权利，当然是刻不容缓的实事。正是我们目前当务之急，实乃冲破一切愚不可及的束缚、枷锁，彻底解放思想，让我们为生活在自由的天空下，做个思想言论自由的真正的主人，享受自由温暖的阳光，呼吸沁人心脾的自由空气，做个真正的自由人共同努力呵！

第三，在言论自由知识论述上，殷先生的论述，奠定了中国自由主义知识分子论述的知识谱系的基础。殷先生提供了中国言论自由的知识谱系和思想史的脉络。自由的基本内容与构成就在于，一个人拥有言论、思想、集会、结社、信仰、居住等权利，有了这些权利就是有自由；没有这些权利就是没有自由。思想自由，要有社会意义和政治意义，必须转化为言论自由。言论自由是思想自由的外在表现，是判定自由民主社会的基本设准。民主政治之要件就在于尊重和保障公民的言论自由权利，是人民得以有参政议政的基本权利。思想、言论、人身……一个一个的自由，也就是一个一个不可让渡的基本人权，这些基本人权，就是明明白白地载在文明的民主邦国的宪法上。

第四，激发我们推进对和谐社会的认识和实践。真正的和谐社会是和而不同的社会，是畅所欲言的社会，是公众能民主参与商谈的社会；不是大一统、僵死沉默、毫无活力的社会；和谐社会是自由的社会言论自由与理想社会——言论自由是理想社会的起码条件。在正义之治社会，没有任何一种言论和思想可以特别居于垄断地位，而受到特别保护。各种言论和思想自由竞争，在机会均等的情况下，直接诉诸个人的观察、判断、分析等能力。人类的坦途是自由。在自由的制度中，各个人才能充分发挥创造力，人皆可充分发挥创造力，文化才可能有多彩多姿的发展。只有在民主社会里，才会有讲话与书写方面的言论自由，同理，新闻自由是民主的一个不可或缺的组成部分。只有在民主社会里，才会有讲话与书写方面的言论自由。强力压制信息和新闻会带来多么大的恶劣影响，已经由过去我们对待非典型肺炎事件的做法示范性地充分显示：对问题的存在长时间内三缄其口。后果是严重的：防病抑病成为不可能的事。我们的为政者，已经放弃原则——“上压下”所有与此有关信息的做法，命令公开以前还不允许的有关信息。也许这会是我们走向全面新闻自由的第一个小步子。目前，我国的实际情况就是人治与法治并存，人治优先于法治。在某些方面，人治是本质，法治是现象。人治社会之所以反对言论自由，是因为言论自由危及人治社会的权力基础；但另一方面，改革与开放、官员的开明、公民（个体的）出场与挺立，推进着中国言论自由的进步；言论自由促进着中国的改革开放，促进着拨乱反正，改写着中国历史。

和谐社会是民主法治、公平正义、诚信友爱、充满活力、安定有序、人与自然和谐相处的社会，是目前发展的一个目标、愿景，既是目标又是过程。而言论自由则是按照自己的意愿自由地发表言论以及与听取他人陈述意见的权利。我国《宪法》中第三十五条规定：“中华人民共和国公民有言论、出版、集会、结社、游行、示威的自由。”显然，我国公民在法律制度的规范下有自由表达自己意愿的权利，包括向政府提出建议、向国家机关提出有关批评意见，这受到宪法和法律充分的保障。思想自由、言论自由是人类追求真理的必要条件。目前我们力求在以人为本地构建社会主义和谐社会，在这个过程之中，人不说话肯定不会和谐，人总是说违心的话肯定也不会和谐，只有让每个公民充分表达自己的意愿，才能在全社会范围内形成一种开明的潮流。真理越辩越明，只有让每个人都说话，才能把每个人心中的问题解决在思想层面，才能更加有利于社会和谐。而一味地堵塞言论，不让人们说话，会得到暂时的稳定，但却埋下了深层次的隐患。这种隐患的能量之大，谁不清楚的话可以问问周厉王。

第五，推进在现代法治架构下保障言论自由的实现。殷海光所处的台湾社会，还是一个没有法治的威权统治，而在没有实现法治的社会，为言论自由而呐喊很可能因言而获“罪”。因此，若要在当代社会实现言论自由，就必须确立以法治为制度保障的言论自由。广义的言论自由又称表达自由，它是指个人将其思想、主张、意见、感情等表达于外部的自由；狭义的言论自由是指公民在法律规定（受法律保护亦即在法律允许的范围内，）或法律未加禁止的范围内，通过口头语言、书面语言或象征性语言（symbolicspeech）等形式，按照自己的意愿发表意见、交流信息、宣传自己的思想和观点的的权利（自由）。言论自由是指公民所享有的各种形式的表达自己意愿、想法、见解的权利，它是近现代民主国家宪法普遍规定的一项公民基本权利。法治视野下的言论自由具有以下特征：

第一，具有外在性或公开性或公共面向。言论自由是指公开表达意见，不是私下议论。言论自由是指所见所闻所思以某种方式或形式表现于外的自由，它是个人将其思想、主张、意见、感情等表达于外部的自由。它还包括搜集、获取、了解各种事实和意见的自由以及传播某种事实和意见的自由。民众议于野，自古以来就存在，尽管专制君主防民之口甚于防川，甚至使出密探举报、鼓励互相揭发等手段，也很难杜绝街头巷议。但是，作为现代民主政治的一部分，必须有公开发表，形成“舆论”的途径。因此言论自由与新闻出版自由分不开，而且必须受到法律保护。

第二，言论自由是公民的基本权利。言论自由被称为宪法的“第一权利”，但又决不仅仅是一种基本权利。随着社会的发展和人类文明的进步，言论自由的内涵在不断的丰富和深化，其内在的价值也不断得以提升和彰显。关于言论自由作为基本宪法权利的重要人权意义，言论自由的重要意义早已超越了其作为一项基本人权的范畴，而与其他宪法权利具有了显著而深刻的区别言论自由是个人人格的完整的体现。每个人在其个性发展的过程中，有权利形成他自己的观点和信仰。言论自由的行使，使表意人享受到作为一个独立自主的自由人，自由表达的满足，不仅能使人有某种程度的自我成就感，而且它赋予一个人以尊严，使之成为一个的自由人、一个被视之为具有正常理性的标志。

第三，具有普遍有效性。《世界人权宣言》中的第十九条：人人有主张及发表自由之权；此项权利包括保持主张而不受干涉之自由，及经由任何方法不分国界以寻求、接收并传播消息意见之自由。在关乎自身利益的事实项上，任何主体都是平等的，都有权发表言论，不论是人民还是政府都有权就相关事项发表自己的言论，和其他主体进行对话协商。

第四，人民主体性。言论自由的主体是人民，是不同的团体也包括政府。对于当政者而言就应该倾听民言：即查民情、查民意，问情于民、问计于民，听忠言逆耳，且做到知无不言，言无不尽，言者无罪，闻者足戒。

第五，公民的言论自由是实现法治的关键。在一个尚不能充分实现法治的国家，或在法律起不到保障言论自由权利的情况下，言论没有自由，新闻没有自由，就是常态，同时因言获罪也会成为常态。法治下的宪法规定每一位公民的个人权利都应该得到保障，其中包括宗教自由和言论自由。这些规定保护公民享有各项自由和权利，已成为实行法治的基石。公民享有宗教自由、言论和出版自由、和平集会与请愿的权利，拥有被公正审判的权利。但公民自由对政府的行动给于法定限制，保护人的基本权利，成为实行法治的关键因素。

第六，言论自由之于法治的功能在于：它是实现宪政的前提。法治的关键在于实现宪政，即法律至上，在法律的位阶等级层次中，宪法具有根本的效力。公民法治意识的提高、宪法至上观念的形成、宪法诉讼制度的确立、法治政府的形成等等都是实现宪政的必要条件，但所有这些条件的形成和实现都与言论自由具有密不可分的联系。宪政是以民主政治为基石的，而言论自由又是民主政治的基石。言论自由不仅是民主的重要基本特征，而且也是民主的内在要求和重要保证。没有言论自由，就不能称之为民主政治；没有言论自由，就无法产生民主政治；没有言论自由，就不能维持民主政治。保障公民的言论自由的权利是法治政府的义务。法治政府必须尊重和保障公民言论自由；应自觉承认言论自由存在的意义，自觉克制敌视和恐惧心理，鼓励言论竞争取代压制言论自由，自觉地处理好政府与政府官员、官员私欲与公民权利的关系，自觉为言论自由提供保障。

总之，法治视野下的言论自由是由法治为保障的，法治的社会一定是言论自由的社会。没有真正的言论自由就不会有真正的法治，在法治背景下遵守权力分离和相互制约、尊重新闻自由和司法独立，于是言论自由才能成为社会纠错机制的一个重要组成部分——它不但能很大程度上监督权力，打击、遏制腐败，还能起到消除社会隐患、促进社会和谐的重要作用。

孔子儒学“选举”“禅让”思想刍议

金纲（北京大学历史人物研究中心）

殷海光先生对传统有犀利批判，也有温情分析。他有一个著名的说法：“旧的制度并非必然百无一是。只有‘泥于’旧的制度，只有‘墨守’成规，只有‘食古不化’，或认为‘非古不足为法’时，才构成灾祸。”他表示要：“从自己的文化和道德出发向世界普遍的文化和道德整合（integration）。”为此，他还给出了一个整合的模型，这就是著名的“孔仁孟义，基督博爱，和佛家慈悲各成范围，但有交会界域。三个圆相交的界域就是三者交会的界域。这表示三者各有特点，但也有共同的地方。”（见《中国文化的展望》第十四章）“民主与科学”就在这三者交会之处。

“民主”（此处暂不讨论“科学”问题），在殷海光是一个绝大命题。孔孟之道中是否有“民主”思想萌蘖？殷海光先生没有具体讨论。本文拟就“民主”命题中与“选举”有关的问题，借助于“创造性转化”的思想方法，从传统儒学，从孔子思想中做一钩沉和探研，希望以此来窥见殷海光先生没有来得及讨论的儒学民主思想价值何在。

孔子儒学有“选举”思想，主张“选贤任能”。

《礼记·礼运》：“大道之行也，天下为公，选贤与能，讲信修睦。”韩愈《除崔群户部侍郎制》：“选贤与能，于今虽重。”《旧唐书·食货志上》：“设官分职，选贤任能，得其人则有益于国家，非其才则贻患於黎庶，此又不可不知也。”王夫之《读通鉴论·汉成帝》：“以道言之，选贤任能以匡社稷者，天下之公也。”这些意见都表述了儒学致力于权力分配公正运作的思想。（“选贤与能”亦作“选贤任能”、“选贤举能 ”。“与”有“参与”“给予”的意思，通“举”）。

《论语》中2处说到“选”，14处说到“举”，其中与现代汉语“选举”语义相关的地方有多处。

如《论语·子路》：仲弓为季氏宰，问政。子曰："先有司，赦小过，举贤才。"曰："焉知贤才而举之?"曰："举尔所知——尔所不知，人其舍诸?"

《论语·颜渊》：樊迟问仁，子曰："爱人。"问智，子曰："知人。"樊迟未达。子曰："举直措诸枉，能使枉者直。"樊迟退，见子夏曰："向也吾见于夫子而问智，子曰：'举直措诸枉，能使枉者直'，何谓也?"子夏曰："富哉言乎！舜有天下，选于众，举皋陶，不仁者远矣。汤有天下，选于众，举伊尹，不仁者远矣。"

《论语·为政》：哀公问曰："何为则民服?"孔子对曰："举直措诸枉，则民服；举枉措诸直，则民不服。"等等。

按照孔子的理解，人间罪恶导源于贵族官僚世袭制度。所以孔子一生为之奔波的就是弱化、消除这个不合理的制度，力倡选贤任能。当着如狼似虎的贵族官僚们盘踞种种权力的时候，孔子儒学温和而又坚定地瓦解了"世袭"的合理性和正当性。他的思想穿透迷雾和铁幕，告诉人们政治权力的分配除了"世袭"之外，还有"选举"的可能性。历史儒学的"选举"或"选贤任能"思想，只有放到这个大背景下，才可以理解它深刻动人之处。

孔子开办私学，培育人才，推举士子，播扬举贤理念，已经开汉代察举制、徵辟制之先河，更是隋唐科举制度之远声。察举、徵辟以及科举，从制度上破除了官僚世袭制度，给读书人预留了从政的通道。这个东西，是传统最富创造性的一项管理制度。它令共同体间所有的人，无分贫富贵贱，都有了获取政治权力的权利（尽管机会可能是不平等的）。

《论语·雍也》有一个例证："子曰：雍也，可使南面。"

孔子认为仲弓（冉雍又称仲弓）可以"南面"的说法，虽然未必是要仲弓坐北朝南做君王，但却可以理解为仲弓足以当得次一级的执政。这在世袭制度下，是一个不同凡响的思想。孔子儒学的"清议"，有两个突出的内容，一是主张弱化世袭制度，一个是主张选贤任能制度；后者又是前者的条件。"清议"之"德治教化、政治监督、理性批判"，往往与这两个内容相关。朱熹讲述选贤任能思想说："为政不在用一己之长，而贵有以来（招徕）天下之善。"又说："古之君子，有志于天下者，莫不以致天下之贤为急。"（《朱子学的》）天下，不是一人之天下，乃天下人之天下。治理天下，逻辑上就需要天下人来治理。孔子儒学之政治“清议”，整体讲述中，就有这个思想背景。这是孔子“公道－仁德”政治思想的题中应有之义。

当孔子将一个“贱人”之子（仲弓的父亲，曾被称为“贱人”，从事低贱工作的人），赞誉为“可使南面”的时候，事实上已经开始对世袭的血统观念表示了异议。如H. G. 顾立雅所说：“孔子曾说过他的一位弟子有资格占据国君的位置，我们仅知道有这样一件事是没有意义的，除非我们了解所有背景；而我们真的去了解时，那就非常重要了。因为这位弟子（冉雍）不是君位的继承人，并且有暗示说他的家世在一定程度上有污点。孔子说他可践王位，不过是由于他的德行和才能，而这在汉代是寻常之事。但在孔子之前的任何时代，从远古文献和青铜铭文（金文）来看，世袭权似乎一向被认为是登上王位的唯一资格。这件事说明，很清楚，孔子的评论并非草率的赞辞，而是一项有着伟大重要性的革命政治原则的宣言。”（《孔子与中国之道》第二章《证据》）顾氏所论或有不稳，如关于“君王”的按断，关于“革命政治原则的宣言”的结论；但他能够因此看到孔子在世袭制度前的不同意见，确是值得重视的。

贵族世袭作为一项政治制度，是不合理的；选贤任能制度有相对的合理性，也是提高政治效率的手段。选贤任能代替贵族世袭，是历史进程中具有趋向性的大势，孔子看到了这个大势，起而鼓吹，应该说，是立于历史潮头的行为。

孔子儒学之“选举”思想，不仅仅指向官僚的“选举”，也指向君王的“选举”——“禅让”，就是指向君王的“选举”设计。

孔子所追寻的圣人之道，是一种与天命天道相关且源于天命天道的人间大道。它并非先验存在，而是来源于先王。先王之道，也就是孔子的圣人之道。这个先王之道有两个值得重视的意义系统。一个意义系统与历史实在的传统相关；一个意义系统与托古改制的建构相关。它们同时指向“公道－仁德”理念。

第一个意义系统，是演绎而来的文武周公传统，甚至更早，但不会太早。也许应该直接上溯到殷商时代。孔子为商人后裔，这一点已经有足够的历史文献来证实。周王朝翦商之后，并没有同时将其胤裔扫灭净尽，而是为其分封一个领地，就是宋国，用来祭祀殷商的列祖。孔子熟悉由微子、微仲传习而来的宋国也即殷商礼制。这是一支传统。另一支传统来源于鲁国。鲁国为周公封国。周公制礼作乐，也不是凭空而来，而是吸收了殷商的礼制文明，有所“损益”演绎而来。商周两家两朝的礼制文明，以及由礼制文明所可能开出的“公道－仁德”理念，成为孔子儒学最重要的思想和精神资源。孔子对此留意甚久。他可以从容解释或演习礼法的来龙去脉。当着各国不断地流失礼制细节的时候，孔子以他的教育和传述保留了古礼，以至于鲁国还要派人来向孔子学习礼法。礼之为用甚大，它是联结“公道－仁德”理念的外显形式，但又是“有意味的形式”。遵循这些形式，就意味着回到先王之道。所以孔子对他最信任的学生颜渊说：“克己复礼”。孔子致力于复古的复兴运动，是世界上最为具保守色彩的“政治－伦理”文化形态。先儒的性质，在很大程度上由这个复古运动所决定。

第二个意义系统，是出于孔子理解的当世需要和后世需要，经由历史传统与儒学理念的重叠（更重要的是儒学理念），而人为推演的经验抽象。之所以说是“经验抽象”，是因为这一个意义系统，主要是由“先王”活动所承载，而不是理论论证。它们表现为尧舜以来的禅让以及大禹和夏商王朝以及周文王的种种“历史”活动。现在还没有办法证明尧舜以来迄于夏桀的历史真实。关于殷商以来的历史也仅仅在现代才得到考古证实。文献所表明的夏桀以前的历史，在很大程度上属于“传说”而不是“历史”。文王的故事，也确有疑点。当然，夏桀以前的历史，很可能也会得到考古或其他方法的证实。但是，当其尚未证实之前，不是讨论问题的依据。按照康有为的意见，尧舜等“先王”的历史，是孔子托古改制的想象。他认为“六经”都是孔子所作，其中说到的尧舜文武等三代先王故事，并不一定都是必有之事实，而是孔子用于表达政治主张和社会理想的假托。“拨乱之治为文王，太平之治为尧舜”，孔子乃是“改制之王”，“大地教主”，但是又因为孔子的假托，乃是“布衣改制，事大骇人，故不如与之先王，既不惊人，自可避祸”，因此假托文王以行君主仁政，假托尧舜以行民主太平（参见康有为《孔子改制考》，1958 年中华书局标点排印本）。

“禅让”，是最接近于现代民主“大选”的政治想象。它与“托古改制”相关。康有为的意见可能比较接近历史事实。

因此，有理由理解孔子的“温故”就是“温古”。孔子的“温故”，有向远古寻求思想资源的意图。这个思想就源于“托古改制”的政治设计。

孔子面临前所未有的社会危机。周公制礼作乐所养成的“政治－伦理”正在遭遇破毁。继承周公文明的鲁国也在“三桓”僭越性质的执政中处于尴尬境地。礼乐在飘摇，秩序在颠覆，邦国在动乱，诸侯在争战。孔子视域所及，有深深的隐忧。他认同鲁国文明，但他知道鲁国在诸侯中的弱小。孔子的雄心是造就一个文明的“外王”天下。他希望这个天下能以鲁国文明为主导。这个思想的施行，构成了孔子儒学的隐秘叙事，从此开始了儒学从曲阜走向中原，走向“天下”（中国），走向东亚，走向世界的文化传播过程。

美国汉学家赫伯特·芬格莱特对此慧眼独具。他说：

> 我们必须努力将孔子的思想学说视为一种对于社会冲突与动乱的富于想象力和创造性的回应，而不是对其时代危机的性质缺乏远见、久视不见。（《孔子：即凡而圣》中译本，第四章《传统主义还是空想家?》）

回应时代的问题，孔子选择了复古。他回过头去，从传统中寻求思想资源和精神资源。这样，儒学就有了向传统回归的复兴规划。“孔子使用了深深地植根于人类文化中的话语模式——叙事，尤其是有关远古的叙事性的神话或叙事性的轶事。……对于这种叙事，我们有各种各样的名称——‘历史’、‘神话’、‘民间故事’。在这些叙事形式中，例如，关于道德、法律、精神或心理等诸多方面，都不是通过抽象的概念而是用一种生命起源的神话方式，亦即一种描述事件和人物的叙事来表现的。……神话叙事解释、证明、阐明了我们世间的生活。正因此它赋予人生意义，它本身就是意义，所以通过这种方式，它比不熟悉相关神话的人所理解的过于天真质朴的生活更为重要。那个‘异在’的领域总是意义的源泉，也是意义的存在所栖居的世界。”遥远的传说中的“历史”，作为“异在”，在“精心编制的叙事和谱系学”意义上，被赋予了神奇的魅力。它在“托古改制”中，构成源头性质的传统。

唐尧虞舜等先王的“政治－伦理”楷模于是被建构起来，成为当世执政应该追寻的目标。“孔子使用一种将过去神话化的叙事方式，为的是要阐明一种新的理想，在根本上说，这种新的理想立足于对人们本性和力量的崭新的睿识洞见。”芬格莱特说，“因此，在孔子的思想中，那种形式性的叙事模式（一种产生意义的‘过去’的叙事）就是融合了其思想学说的内容（传统的关键作用）。他可以以某种方式来进行谈论，这种方式极其适合于唤起对于传统的崇敬与忠诚，而传统则正是其理想的内容。”

当孔子要求“温故”的时候，其实是在指示达致“外王”的门径。从这个意义上看，所谓“温故而知新”，其实是对君王公侯说法，或通过他的弟子在对君王公侯说法，是在要求当世的君王公侯学习过世的先王。而先王的伟大神圣，已经被建构为一种儒学版的过去时态的政治样本了。这就是所谓“法先王”。（当然，也可以选择更温和的意见：孔子对传统的“建构”，应该是基于“信而好古”原则背景下的学术工作。他根据当世的需要，当世的问题，选择了传说并复活了传统。孔学的“托古改制”并非无根据的杜撰。考信，是孔子的学术精神。）

关于“托古改制”这一个意义系统，认知它，需要现代历史哲学的烛照。一旦进入现代历史哲学，孔子的托古改制，它的积极意义，以及对孔子儒学的理性分析，就比较容易获得理解。

“道”具有统一性。过去之道可以塑造当世和来世；也会根据当世的需求被重新观察，更会被观察主体赖知觉（感觉和思维）介入被重新塑造。文化赖此而得到更新。借用子夏的一段话就是：“君子之道，孰先传焉？孰后传焉？譬诸草木，区以别矣。君子之道，焉可诬也？有始有卒者，其惟圣人乎！”孔子的托古改制，其保守性在于渊源有自，其原创性在于自我作古，其连续性在于传承有序。他不仅为当世的儒学政治需求、文化兴趣和关怀，提供了历史材料，而且是知觉（感觉和思维）可以感知的历史材料。

史实与假托这两个意义系统，共同组合为“先王之道”。它们相互取摄，以至于你中有我，我中有你，已经不好严格区划。这样，孔子讲述的“先王之道”也即“圣王之道”，有了寓言或文学的性质。它构成了儒学传统政治关怀的重要特点：复古，改制。复古，乃是一种类似于文艺复兴的政治复兴主张；改制，乃是一种假托先王以改变执政面貌的改良意见；它们的目标都是回到“先王之道”。回归的道路漫长而艰难。它首先需要达致“内圣”，而后才可能“外王”。而由“内圣”到“外王”却是由一系列“政治－伦理”设计（譬如《大学》中的“三纲八目”）来完成的。儒学的政治理念同时也是道德理念。所以，儒学的政治制度设计很大程度上是一种德治设计。它对“有道”和“无道”邦国的批评主要也是一种道德批评。当着执政不理睬儒学的德治设计时，儒学的姿态是掉头走开，以一种不介入政治的姿态，开始介入文化。孔子儒学所建构的“先王之道”，在以后的演绎中，成为包孕政治的文化形态，“先王”，也被理解为文化先驱而不是政治领袖。儒学的“道统”，就是这样演成的。

历史上的儒学相信“选贤与能”的合理性和正当性，相信禅让的真实性，透露出儒学对历史上朝代之更迭，并不希望“以暴易暴”，而是希望政权能够和平转移的保守立场。

“禅让”可能有另外的真相。今天已经难于真实地还原历史原貌。但今人不妨将此看作一个美妙的寓言，它昭示了儒学对改朝换代的模式设计。也许很幼稚，也许很粗糙，也许很虚假，但它所透露出来的非暴力愿望和政治治理的良苦用心却是值得分析的。“禅让”是比“极权帝制”更贴近“民主宪政”的政治模式。“禅让”，再往前推导几个过程，就有希望进入民主政治的逻辑。而帝制，从一开始就设定在了民主的反面，那是无论如何推导，也距离民主很远的路径。现代政治当然有更符合实际，更具文明标准的权力分配和权力转移模式即“选举”。但今人应该知道的是：儒学意识形态原则上是和平主义的、非暴力倾向的。这就与今日所倡导的“告别革命”有了政治性格上的相通之处。

但在现代条件下，还必须指出：传统儒学的光荣与漏洞往往并在。

孔子儒学关于“禅让”和“选贤与能”的这类言说都在指陈一个现实，即讽喻最高统治者要“以德治国”，要“举贤才”，要“亲贤臣，远小人”。这是儒学反复言说的训诫。这个训诫说了几千年，邦国从无“德治”之可能；“贤才”往往遗于野；“小人”也往往并不“远”。历史于是就总在重复着昨天的故事。这之中的原因何在？

《说文》关于“选”字的解释是：“从辵（chuò）、巽，巽遣之；巽亦声。一曰：选，择也。”朱骏声《说文通训定声》认为“巽”在这里有“愻”的意思，“愻”，就是“顺”，“巽遣之”，就是“恭顺遣送之”的意思。桂馥《说文解字义证》说：“言有贤能而入网，而贳遣之。”“贳（shì）”，是“贷”的意思。受者曰赊，予者曰贳。“贳遣之”，就是安排某人到某处并给予馈赠。因此，“选”字有“选择”且“选优”、“优选”并给予被选者优厚待遇的意思。

《说文》中正体“举”字“舆”字头下一个“手”字，其义为“对举也”。“对举”，就是两手相对而举。《段注》解释说：“谓以两手举之”。

由“选”、“举”字源来看，被选者一旦被选，就会获得相应的权利或权力。问题在于：谁是这权利或权力的“予者”呢？也即权力的来源是什么呢？

结论是：历史上来看，儒学所倡导的所谓“选举”，无论官员“选举”还是君王“禅让”，更多的其实是“选拔”。不仅仅官僚是经由“选拔”而产生的，“禅让”，在实质上也是经由“选拔”而不是“选举”产生的。而“选拔”与“选举”是有根本差异的两种权力分配模型。

官员“选举”，可能经过了“察举”、“徵辟”，但最后的上任，仍然需要“钦点”。“禅让”，是儒学的政治理想。但仔细考究起来，所谓“禅让”，其实还是同宗同族间的政权移交。按照史传谱系或孔子儒学“托古改制”的设计，尧帝是帝喾之子，而帝喾是黄帝的曾孙。舜帝则是黄帝的八世孙。算起来，尧帝要算是舜帝的叔伯曾祖。这样的禅让，并没有在异宗异族间进行。更重要的，舜帝是尧帝“钦点”产生的（虽然经过了“四岳”的推举）；大禹是舜帝“钦点”产生的。他们的登基都还不是“大选”的结果。

这就是历史上“选举”和“禅让”的问题所在。如何经由传统的“选举”和“禅让”理想设计，和平过渡到现代政治文明的“选举”“大选”制度？还有一段可以预期的道路要走。传统儒学的光荣不能填补它的漏洞。赢得现代民主的光荣，填补传统选举的漏洞，是现代政治哲学也是现代儒学面临的共同问题。

胡秋原等对殷海光的迫害及后果

汪幸福（湖北省团风县）

上世纪60年代中期，台湾国民党中央执行委员、“立法委员”胡秋原等人借“中西文化论战”之机，无端对知名学者殷海光先生进行了长达数年的丑化、攻击。胡秋原等表演的这场恶作剧，对殷海光的名誉、人格、健康造成极大的伤害，以致其早逝。今天研究殷海光先生，不能忽略了这个问题。下面，笔者根据有关史料，对此问题作一粗浅的论述。

胡秋原等人对殷海光的极端丑化、攻击

“中西文化论战”的一方为国民党支持的“传统派”学者胡秋原、郑学稼、任卓宣、徐高阮等，另一派为“西化派”学者李敖、许登源、居浩然、陆啸钊、李声庭等。这场论战的背景很复杂，因不是本文论述的范畴，这里从略。

由于论战有政治势力的介入，开战不久就离题发展到互相攻击谩骂。胡秋原年长，有知名度，又系国民党高官，难以忍受李敖的辱骂，怀疑初出茅庐的李敢与他论战，并辱骂他，一定是受人指使、利用。胡秋原起先曾怀疑过姚从吾等人，后又觉得不像，最后怀疑是殷海光在背后策动、指使的，加之国民党此时已作了打击迫害殷海光的计划，胡秋原等人便与国民党一起，借“中西文化论战”之机，连带对殷海光进行极端的丑化、攻击。在迫害过程中，胡秋原主要从学术上丑化、攻击，侯立朝及有特务背景的徐高阮则将攻击、谩骂的重点放在政治方面。

（一）胡秋原的丑化、攻击。在迫害殷海光的过程中，胡秋原扮演了“急先锋”的角色。从1965年9月起，他在其主持的《中华》杂志上，连续写了数篇攻击、丑化殷海光的长文《评两本错乱欺人的书》、《评殷海光

另一本更错乱诈欺的书〈思想与方法〉》。《评两本错乱欺人的书》主要攻击殷先生的代表作《逻辑新引》、《中国文化的展望》，后一长文主要丑化殷先生的重要学术著作《思想与方法》，而且从一批写到七批，长达十几万字。

在《评两本错乱欺人的书》一文中，胡秋原攻击、丑化殷先生的《逻辑基本》一书搞学术"诈欺"，主要问题有21条，并武断地、危言耸听地说："我要指出，此人说的逻辑、科学方法，是完全与这两个名词相反之物，他对这二者全无所知！只是随意乱抄，信口乱说，再以特定的狂热，作特定的宣传。……他所用的术语，所说逻辑与科学方法内容，非错即荒唐，至于所说废话，十分之九是乱说的。"① "这种以逻辑之名，实际上全是反逻辑反科学的书，贻误青年太大了。"② "一看，我才明白《逻辑新引》者，实金（岳霖）君《逻辑》之'旧抄'。然则'新引'之错乱是否应由金负责？不然，因'新引'不是'照抄'，而是'乱抄'，再加上他自己之乱猜、乱说。不过，如无金书，他将连错乱也凑不成功的。"③

胡秋原在文中还攻击殷海光对学术不真诚，无中生有地说殷用不真诚的手段，促成了一欺诈集团。《逻辑新引》不仅属一错乱类、滑稽类，而且属于不真诚类、江湖诈术类的书。殷海光之所以敢于如此大胆地诈欺，无非欺中国非西方，无人有逻辑常识，也没有人重视真诚，他大可乱吹。④

在此文的最后，胡秋原像法官判案一样，对殷海光先生的重要学术著作《逻辑新引》作了如下判决：

> 我宣布《逻辑新引》一书，乃世界上自有逻辑以来所绝无仅有的错乱妄诞之书，而此书作者绝无学术真诚，只是以逻辑之名，藉罗素人身之崇拜，使用江湖手段，作最"假"、最错的宣传，大言欺世，愚弄青年，企图形成一个欺诈势力的。⑤

《思想与方法》一书，是殷海光先生过去在各报刊上论述自由、民主、科学的理论文章的汇集本，1964年由肖孟能的台北文星书店出版。此书面

---

① 胡秋原：《评两本错乱欺人的书》，台湾《中华》杂志第3卷第9期第46页。
② 胡秋原：《评两本错乱欺人的书》，台湾《中华》杂志第3卷第9期第46页。
③ 胡秋原：《评两本错乱欺人的书》，台湾《中华》杂志第3卷第9期第47、48页。
④ 汪幸福：《殷海光传》，湖北人民出版社2000年9月版，第266页。
⑤ 胡秋原：《评两本错乱欺人的书》，台湾《中华》杂志第3卷第9期第48页。

世后，台湾各界评价甚高，一印再印。那时，胡秋原也认为此书甚好，并在多种场合提到殷的这本书。“中西文化论战”开始后，胡秋原变脸，认为《思想与方法》有很大的问题，应予批判，故一气写了十多万字的谩骂文章，对殷先生的人格及学术成就大肆丑化、攻击，胡在文中说：

> 他（指殷海光）那些装腔作势之自命，乃是肆无忌惮的妄言，是对于“思想”两个字的××，“自由中国”学界以及人类知识的一种离奇的侮辱，他所谓“应用”，乃应用××的无知和欺诈，对整个中华民族和“自由中国”以侮辱和诅咒。……所谓“扫雾”，恰是散布烟幕，施放毒气。他所谓“跃知”乃是尽量表演无知，表演强不知而为知而且吓唬社会——即欺诈，而且想造成一个无知诈欺集团的独裁，而这书就是这集团的教科书。……他没有受过任何学问的基本训练，没有一个中学生应有的知识。……殷海光的特点，是对他所标榜的也是无知和乱说。他对科学、民主四个字的意义根本不懂。①

胡秋原在此文中还说：

> 今日有若干人，包括许多肉食者在内，喜欢将科学与民主挂在嘴上，表示众人皆睡，唯我独醒。其实最不懂的就是他们。殷海光即其一。
>
> 像殷海光这样无学术之人，居然在大学教书，还要“长期发展科学补助金”，这是民国38年（1949年）之前不可想象之事。……但我最后要说，殷海光在思想上虽然矛盾，在政治上有一贯目的——建立他的独裁；手段——尽量诈欺并诉诸他心目中的权威。……殷海光的逻辑经验论是杀人哲学，焚书哲学！
>
> 他对这些问题（指科学与伦理）不仅没有一点基本常识，没有一句确切的话，而其东扯西拉的“诈欺运作”，比较以上所见的更为荒谬而大胆。因为这几篇文字所涉及的问题，如科学与方法，他连这方面任何基本的书也没有读过，便只好随便乱抄，更“自由呓语”，公然伪造；他相信因果律是“魔术”，他也便真耍魔术。但其魔术并不是马戏

---

① 胡秋原：《评殷海光另一本更错乱诈欺的书〈思想与方法〉》，台湾《中华》杂志第3卷第11期第33、34、48页。

团的魔术，而是一种政治黑巫术，造成其信徒的迷信，并蛊惑他们对“自由中国”冲锋或抄后路的。①

从胡秋原的上述文字不难看出，他对殷海光的丑化攻击，充满了偏激、情绪化，显得十分离奇。他没有想想，自己是个文化人，这些站不住脚的荒唐文字公开发表在杂志上，文化、教育界的人真的相信殷海光“没有一个中学生应有的知识”？殷的逻辑经验论真是“杀人哲学”、“焚书哲学”？

除此之外，胡秋原还写了《为学术欺诈告有关方面》等文和《费正清在台湾的大阴谋》等专书，将丑化、攻击殷海光的活动推向新高潮。当时，台湾学术界的许多人士认为胡秋原做得太过分，劝他就此而止，此时的胡秋原根本听不进规劝，除在学术上大肆攻击、丑化殷海光外，还在经济、生活上对殷进行迫害，将殷往绝路上逼。这主要在两方面：其一，暗中在学界官员及有关人士中活动，要求他们取消殷的每月 73 美元的科研补助金，使殷家生活难过；其二，以“立法委员”的名义给台湾大学校长钱思亮写信，说殷海光不学无术，不够格在台大任教，应将其解聘，以免误人子弟。

当时的胡秋原在台湾岛上有名气也颇有地位，有关当局经他这一狠逼，殷海光的饭碗就难保了。

（二）侯立朝的诬蔑、诽谤。国民党文化打手侯立朝曾长住美国，60 年代被国民党召回台湾办杂志。侯一回到台北，便与胡秋原等人抱成一团，专写攻击殷海光的文章和书籍。1964 年 8 月，在国民党大员陶希圣和胡秋原的怂恿、支持下，侯立朝抛出一本 5 章加一附录、长达六、七万字的《文星集团想走哪条路?》的专书和另一本《文星与李敖》，对殷海光进行恶毒的攻击和谩骂。

在《文星集团想走哪条路?》一书中，侯立朝无中生有地说，李敖等人已形成政治集团，这个集团是以《文星》杂志为阵地的。他还煞有介事地说“殷海光是‘文星集团’的大法师”，并武断地说“在这位‘法师’面前，排着 5 个咬牙切齿的金刚：绰号‘人权法师’的李声庭；绰号‘恶法克星’的陆啸钊；绰号‘西化太少’的居浩然；绰号‘西化义士’的韦政

① 胡秋原：《评殷海光另一本更错乱诈欺的书〈思想与方法〉》，台湾《中华》杂志第 3 卷第 12 期第 42 页。

通；绰号‘小疯狗’的李敖”。①

在这本书中，侯立朝还莫名其妙、夸大其词地说，以殷海光作后台的“文星集团”在政治上要造反，文化上卖国。政治上要造反是要倒翻政体，倒翻法律，倒翻教育，倒翻社会。达成的目的是：“两个中国，台湾独立，托管台湾，投靠中共”。②

熟悉殷海光的人都知道，他早年在政治上虽然“反共”，后来也反对蒋介石的专制独裁统治，却很爱中国和中华民族，到台湾去后曾坚决反对“台独”、“两个中国”及“一中一台”，在他的所有演讲、著述中，找不出半个“台独”的字眼。他还以超前的眼光，惊人的判断力，预言无论国共两党现时怎样仇视，海峡两岸将来一定会实现和平统一。而真正主张由联合国“托管台湾”，不愿台湾回归中华人民共和国的，正是他们“传统派”中的徐复观；长期用激烈手段公开反对、阻挠中美接触、建交，担忧、害怕新中国进入联合国的，是他们这一帮中的胡秋原。

侯立朝在他的另一篇奇文《文化界的一株大毒草》中，也罔顾事实，颠倒黑白，对殷海光先生进行了诸多诬蔑和诽谤。蒋经国死后，这位政治打手惶惶不可终日，匆匆逃离台湾，不知是不是担心当年当打手作恶过头有关。

（三）徐高阮的恶意攻击和谩骂。台湾“中央研究院”副研究员徐高阮，早年曾参加过共产党，后叛党投入国民党阵营。此人表面是在学术研究机构工作，实际上是台湾特务机构警备总司令部、调查局安插在学术界的耳目，专干迫害学人的事情。他与胡秋原的私交甚深，“中西文化论战”一开始，徐就与胡结盟，对殷海光口诛笔伐，大肆谩骂、攻击，其手法就是无事生非，小题大做，无限上纲，给人乱戴红帽子。

1965 年 2 月，徐高阮抓住李敖与殷海光交往密切大做文章，在《中华》杂志第三卷第二期上公开发表了 4000 余字的文章《我控诉——出版界的卖国者》，向台湾当局的“内政部”、“教育部”控告“文星集团”诋毁国民党和蒋介石及“卖国”的罪行。

① 侯立朝：《文星集团想走哪条路?》，台湾印（未注明出版单位），第 48 页。

② 汪幸福：《殷海光传》，湖北人民出版社 2000 年 9 月版，第 261 页。

在此控诉书中，徐高阮与胡秋原一唱一和，横蛮武断地说文星书店出现的问题，是四个方面的原因造成的，而其中最重要的因素，是殷海光的“长期煽惑与训练”，攻击殷海光是“一个投机的‘自由’政客”，“实在是文星书店书刊上一切出卖民族利益的疯狂煽惑的‘理论’根源”。①

徐高阮对殷海光作了上述无端攻击后，还向台湾当局提出了两个要求：一是台湾大学应在校内聘请“公正”的学者组成一个专门委员会，调查殷海光有没有教导学生、助教以知识的连续欺诈，并声称，如果调查证实了他指控的事实，台大当局应考虑殷海光是否应该做教授。台大如不对此进行调查，那就首先对不住“国家”，也对不住原台大校长傅斯年；二是要求“内政部”、“教育部”等机构也应组成一个专门委员会调查台北文星书店三年来一切活动的性质，还要调查“政府”人员中有谁帮助了罪恶，然后予以处置。

这个“控诉书”发表不久，徐高阮对殷海光又发动第二波攻击——批殷的译文《共同知识欺诈举例——特告台湾大学师生》。在这篇长文中，徐高阮对殷海光的文章《逻辑经验论导释》、《胡适思想与中国前途》及著作《怎样辨别是非》中出现的个别英文名词翻译错误大做文章，攻击殷海光不学无术，搞学术欺诈，是“一件很可怪的事，一件自欺欺人的事，一件应受谴责的事”，“是有意蒙世”，“是他们的诈术”，“是有一种基本上是黑暗的精神支配了一些本来无辜的青年”。②

除了上述单篇文章外，徐高阮也写了一部诽谤、诬蔑殷海光的专书，而且这部专书还得到蒋经国控制的“国防部”政治部的资助。

在诬蔑、迫害殷海光的过程中，台湾另一争议颇多的学者、被李敖称为“两面人”、“文化特务”的徐复观也参与进来，从头至尾非常积极地推波助澜，利用其掌控的《民主评论》杂志，参与打击迫害殷海光的大合唱。他明知胡秋原、侯立朝、徐高阮之流写的那些丑化、攻击殷海光的文章系胡言乱语，荒谬绝伦，却落井下石，昧着良心将他们的文章一字不漏地在其杂志

① 徐高阮：《我控诉——出版界的卖国者》，台湾《中华》杂志第3卷第2期第142页。

② 徐高阮：《共同知识欺诈举例——特告台湾大学师生》，台湾《民主评论》杂志第16卷第10期第19页。

《民主评论》上连载，有的还特别加上有倾向性的“按语”，而且时间长达三、四年，给已遍体鳞伤、孤立无援的殷海光先生造成新的更大的伤害。徐复观此举，曾受到很多人的批评和谴责，雷震先生出狱后，也就此事批评过他。

二、胡秋原等丑化、攻击殷海光的原因

胡秋原与殷海光都系湖北人，认识的时间较长，原来的关系也很不错，殷海光受到欢迎的时期，他在多种场合赞颂殷海光的政论文章写得极其出色。《自由中国》被当局打压、封杀，特别是“中西文化论战”爆发后，胡秋原就变脸不认“老乡”了，并带头发起对殷海光的攻击、围剿。

胡、殷之间的关系急剧变化，并且从“老乡”、友人变成敌人，必有原因。笔者认为，除了胡秋原怀疑殷海光是李敖、陆啸钊、李声庭、洪承完等人的后台外，还有三个重要因素促成了这一变化。

第一，国民党在背后策动。殷海光与雷震、夏道平等人共同办了 11 年《自由中国》半月刊。在这 11 年中，殷海光一直是该杂志的灵魂人物，《自由中国》对国民党、蒋氏父子造成重大冲击的文章，大多出自他和夏道平之手，蒋氏父子早就恨透了他。由于他是成名甚早的著名的“反共”理论家，当局一直找不到整他的借口和理由，故迟迟未下手。

据前几年披露出来的史料，早在 1958 年，殷海光因为《自由中国》杂志撰写“反攻大陆问题”的社论触怒蒋介石，台湾警备总司部奉命成立了一个叫“雷雨”的秘密小组，专门研究设计打击殷海光、雷震的计划，甚至连判处雷、殷有期徒刑的判决书也起草好了。另据著名作家聂华苓在一篇回忆殷海光的文章中讲，1960 年 9 月，国民党抓捕雷震等人时，就准备连殷海光一同抓进监狱，后考虑“涉嫌叛乱”的罪名安不到他头上，故在行动的前一刻又取消了逮捕他的计划。雷震案落幕后，台湾特务机关腾出人马，又精心设计了一个“除三害”案，企图用陷害的办法将殷海光套进牢房，由于此案被殷及其好友胡虚一识破又未得逞。

以上事实说明，“中西文化论战”未爆发之前，以蒋介石为首的国民党就一直在谋求惩治殷海光，只因设计的案情不易操作或被识破而未达目的。

到了60年代中期，原来企图用暴力手段打击殷海光的国民党，决定改变方式，转而用"学术手段"来迫害殷海光。此时爆发的"中西文化论战"，为他们打击殷海光提供了一个绝佳的机会。这样，有一定学术功底的国民党官僚胡秋原、侯立朝及与国民党特务机关有特殊关系的徐高阮，还有那个十分复杂的徐复观，就成为他们的打手。他们的目的是在政治、学术上把殷海光搞臭，在经济、生活上把殷家搞苦，使殷海光在台大待不下去，并慢慢将其折磨而死。

笔者仔细研究过胡秋原、侯立朝、徐高阮写的攻击、丑化殷海光的文章及著作后，认为这场打击迫害殷海光的活动，确实是有组织、有步骤、有分工、有重点的集体行为，这些行为如果没有国民党在政治、经济上的支持，发表、出版的文章及著作不会有那么多，言辞不会那么偏激、激烈，线和纲也不会上得那么高，问题也不会说得那么严重，时间也不会拉得那么长。比如胡秋原写的专书《费正清在台湾的大阴谋》、侯立朝著的《文星集团想走哪条路?》等书，都没有注明正式的出版单位，只有作者名字，而且印数甚大，印刷精美，四处散发，甚至免费发到了学生、路人手上。以他们当时个人的工资收入，应无能力做这样的事情。

第二，李敖写的一封与殷海光有关的信落入了徐高阮的手中。据李敖著的《李敖自传与回忆》中说，1961年10月10日，李敖给胡适写了一封长信，其中有一段与殷海光有关的话是这样说的："有一次我向殷海光开玩笑，我说：'殷先生，你在台辛辛苦苦培养出来的几个自由主义者，一受军训，全都变成国民党了，据我所知，他们有几个还是自愿的，凭这一点，你应该佩服我。'"①

胡适对李敖的才华和这封信很欣赏，常给到南港去拜访他的人看。有一天，徐高阮去看胡时，胡把这封信又递给徐看。徐高阮觉得李敖这封信有很严重的政治问题，这也是殷海光在台大培植政治势力的铁证，当即向胡适提出将信借回去"细看"，胡适不知他的用意，同意他拿去。徐高阮将信拿走后，就去台湾警备总司令部告密。胡适在世时，徐高阮碍于胡适的面子，不敢将此信公开。1962年2月，胡适去世了，徐高阮感到再无障碍，又将李

---

① 李敖：《李敖自传与回忆》，台湾文星书店有限公司1987年10月版，第160页。

敖的信翻印送给国民党各大机关和胡秋原传阅。台湾当局与胡秋原、除高阮等人均认为，殷海光在台大有计划地培养“自由主义者”，目的是组织一个“火牛阵”或形成一个“政治集团”，与国民党对抗。

那时的胡秋原，既是国民党大员、又是坐享高薪的民意“代表”，看了李敖的信后，自然不愿，也不允许殷海光在教育界用“自由”、“民主”思想培养一批又一批的“自由主义者”，而危及国民党政权，危及蒋氏父子的恐怖统治，并必欲除之而后快。故那一时期，胡秋原、徐高阮明里暗里不停地向台大当局呼喊、施压，要求解除殷海光的教职。

其三、胡秋原认为殷海光在背后怂恿、支持、指导李敖等与他论战。前面已提到，与胡秋原等开展文化论战的，都是殷海光的学生。从殷海光、李敖等人后来的文章、著作证实，“西化派”与胡秋原等人论战，系李敖等人自发而为，与殷海光无关。但胡秋原却不这样看，怀疑殷海光与此事有关。论战之初，胡秋原认为李敖、许登源、洪成完、居浩然等人是代老师殷海光出来作战，后来发现对方不是代师论战，又疑是殷海光在背后指导、支持李敖。胡秋原咽不下这口气，便迁怒于殷海光。认为把殷海光搞垮搞臭搞死，才解心头之恨。直到上世纪八九十年代，已经年迈的胡秋原与夏道平先生、李敖打官司时，还说当年不是他要打击殷海光，而是有很大的一个势力（这势力不在蒋介石之下）要利用殷海光及其徒弟打击他。

他在另两篇辩解文章中还离奇夸张地说，在美国人和费正清等总计划下，《文星》担任分计划，其任务就是打倒胡秋原，先以文化论战来打，失败后用“闽变”来打。这两事，殷海光都参加指导，而打手则是他的学生。他说 1962 年 3 月间，殷海光要训练军队对他进行进攻。4 月 1 日系愚人节，在《文星》杂志上，殷海光的人马呼啸而来，出版家肖孟能出动了殷家军劲旅以后，殷海光在香港的门徒则准备开庆祝大会，殷海光是战争的参谋总长。[①] 胡秋原还无中生有地说，有一次，他作学术报告时，殷海光的弟子抢夺他的麦克风，还要动手打人。这些行为，都是殷海光在背后指使的。上述说法在报上登出后，许多人感到不可思议。

还有一未经证实的原因也在这里作一简叙。据台湾著名经济学家、政论

---

① 汪幸福：《殷海光传》，湖北人民出版社 2000 年 9 月版，第 276 页。

家夏道平先生1989年8月在纪念殷海光先生学术研讨会上讲，胡秋原当年之所以那么恨殷海光，恐怕与殷扔胡秋原的赠书一事也有关。夏说，有一年，胡秋原出版了一本新书，特地托著名诗人周弃子捎带一本给殷海光。胡秋原在台虽然有较高的政治地位，也有“文艺理论家”的头衔，《自由中国》杂志社的人却看不起他，原因是他在政治上投机多变，看人论事偏激，讲话哆嗦，文章又臭又长，故投给《自由中国》杂志的稿件，屡屡被退。50年代中期后，殷海光对国民党及其官僚十分厌恶，胡秋原送书给他，他看不起，不愿接受，当着周弃子的面甩到纸篓子里去了。后来，周弃子将此事告诉了胡秋原，胡遂怀恨在心。故国民党决定打击迫害殷海光时，胡秋原冲锋陷阵，狠下重手。

夏道平先生还讲，这件事是殷海光亲自告诉他的。夏系殷海光当年在《自由中国》的同事，也是最要好的朋友。他为人正直，胆大心细，做学问也很严谨，著述甚多。他在世时，笔者经殷海光夫人夏君璐介绍与他有过交往，他讲的此事应该比较可靠。

三、胡秋原等对殷海光迫害的后果

“中西文化论战”已过去四、五十年，论战的真相已经大白于天下。事实充分证明，殷海光与此次论战毫无关联。但胡秋原、侯立朝、徐高阮、徐复观与蒋介石集团联手对知名学者殷海光的多方迫害，却一直没有厘清、清算，令人遗憾。每当海内外的专家、学者在一起聚会纪念、研讨殷海光先生的学术、思想时，一谈起这位才华横溢的思想家只活了短短的50岁时，心情就格外沉重。

笔者一直认为，“中西文化论战”虽然是一场闹剧，却被蒋介石集团巧妙地利用为一场迫害异己的运动，而这场运动的直接结果就是将思想家殷海光真正地整倒了。因为，胡秋原等人无端地对殷海光长达数年的丑化、攻击、谩骂，造成了两大严重后果：

其一，给殷海光的名誉、形象造成巨大的伤害。大家知道，殷海光先生在中学时代就喜爱逻辑，高中还没有毕业就有40余万字的学术译著出版，是全国第一个有译著出版的高中生，在西南联大和清华大学哲学研究所时期，他在逻辑学方面又受到金岳霖、沈有鼎两位哲学家的悉心栽培，是当时很有名的高材生。后来，殷海光有一段时间虽然未做学术研究工作，对逻辑学的钻研却从未停止过。他被傅斯年聘到大学后，是台大最受学生喜爱的一位教授。

殷海光凭专业在大学教书，凭文章、著作在学术界立足，可胡秋原、徐高阮之流煞有介事攻击他连个中学生的知识也没有，写的书是抄老师金岳霖的，做学问不真诚，是学术骗子，在大学搞学术欺诈，甚至形成了一个欺诈集团。明明是他胡秋原攻击、丑化殷海光，他却诬蔑殷海光要打倒他，在训练军队对他进行进攻，台湾岛上有一个不下蒋介石的势力要打击他，殷海光是战争的参谋总长。胡秋原等人的话虽然不真，因他们的地位、身份特殊，其丑化、攻击殷海光的言论在当时却很迷惑了一些人，给殷海光的名誉、形象造成了巨大伤害。

其二、殷海光的健康日益恶化。殷海光青年时期患了慢性胃炎，但不严重。殷夫人夏君璐告诉笔者，《自由中国》被蒋氏父子封杀时，殷海光虽然很愤怒，对胃病也有一定的影响，但问题不太大，加之他经常到医院检查并吃药治疗，慢性胃炎未恶化，而且像健康人一样，什么东西都能吃。这表明，上世纪60年代初期，殷海光虽然遇到很多波折，其胃病并不严重。

“中西文化论战”开始后，胡秋原等人丑化、攻击、谩骂殷海光的文章和著作连篇累牍。殷海光在《我被迫离开台湾大学的经过》中说：“在论战中，胡秋原君知识上的短缺，思想上的混乱，被我的一群学生指破，……这一下使他的名流声望扫地。他痛心疾首之余，认为系我在背后策动，于是在《中华》杂志上参加徐君（高阮）对我的围攻。这二位先生的言论，充满对我的诬蔑、毒骂、及构陷，标榜历史文化儒家道德的某君（指徐复观），则从旁助威。”① 随后，台湾当局对殷海光的迫害接踵而至：演讲权被剥夺，文章不准发表，著作不能出版，新书一面世就被当局查禁，科研补助金被取消，教职被解除，行动被特务监视，去美国工作、治病被阻拦，最后连买菜买米的钱也没有。到这时，他才感到在岛上再难以生存下去。面对一波又一波的打击、迫害，他愤怒、焦虑、忧愁，天长日久，胃炎变成了癌症。

① 林正弘编：《殷海光全集》，台湾桂冠图书股份有限公司1990年2月版，第9卷第157页。

现代医学研究认为，慢性胃炎转化为胃癌的原因虽然很复杂，但精神痛苦和情绪上的愤怒却是最重要的因素之一。毫无疑问，蒋介石集团与胡秋原、徐高阮、侯立朝、徐复观的联手迫害，给殷海光及其家人造成的伤害和痛苦是难以形容的，也是殷海光病情不断恶化的主因。因为他们的打击措施一个接着一个，一波连着一波，使坐困围城的殷海光孤立无援，痛苦绝望，病情日益恶化。

1969 年 9 月 16 日，殷海光在蒋介石集团和胡秋原等人的双重迫害下去世，终年 50 岁。殷海光先生去世后，胡秋原总是说殷是患病死的，似乎与他无什么关系。笔者认为，无论胡秋原承认不承认当年迫害了殷海光，仅凭他那些诽谤、丑化殷的文章、著作，他应对殷海光的早逝负相当大的责任。

高山安可仰[①]

柴松林（台湾政治大学）

夏先生已经在去年十二月廿三日去世了。虽然他安详满足的走完了人生的道路，进入了他期盼的天国；但是仍留在人世的我，这两个礼拜中却是思潮起伏。回忆与夏先生相识这三十年间，"谊属师生，情同父子"的亲密关系：挫败时的鼓励，怠惰时的劝勉，成就时的赞许，逍遥时的欢乐，犯错时隐藏在宽容中的责备；他的音容笑貌，历历如在目前。

夏先生应该是慈父，但是战乱和特殊的政治环境，使他的几位子女滞留大陆，除了思念之外，想必以未尽为父的责任为憾；幸于七年前经陈宏正先生安排在香港得共聚数日，喜见子女皆已长成；稍后，留学德国的孙女夏芳亦来台探亲，祖孙之间竟日忘年倾谈，欢乐之情满溢。对于在美国的瑞年和在台北的嘉乔，更是视同己出，亲爱有加。瑞年在科学领域中成就非凡，父女间你来我往的各种论战，为现代的幸福家庭做了全新的定义。

师母朱立明女士与夏先生共度的岁月中，不但未能享受世间的荣华富贵，还为了照顾晚年多病的夏先生，十多年来不停的辛劳忧虑。不过师母非但少有怨叹，反时时自喜能有谦谦君子为伴，精神生活无比的充实富足。夏先生对师母的爱、尊敬和感谢，不在言语文字，而尽在行动中展现。夏先生近年常对我说："人老了，要好好照顾自己，否则就会增加亲人负担。"他为了爱师母，怕给师母添麻烦，就认真的节制饮食，强作运动，希望自己健康，又为了担心师母在他百年之后过分操劳，一再叮咛后事从简，这自然又展现了一种真诚而具体的爱。

夏先生在学校里也是好学生、好老师。他那篇感念恩师益友的文章《我最难忘的一位恩师和一位益友》，便是描述他在孩童时期受教育的经过。

---

① 一九九六年一月七日夏道平先生追思礼拜讲词，刊于《传记文学》。

在他师事杜星符先生，就读私塾时，就已饱读经史子集，而为文写作亦能不苟且草率，对于启蒙的恩师，终身感激，时在念中。依其在《自由经济的思路》自序所述，他投考武汉大学本想进哲学系，但由于他仰慕的一位教授，离开武大，才改念经济系。根据《石屋二老》这篇文章的追忆，在大学时代影响他最大的是任凯南教授和李剑农教授。这两位教授兼容了中国儒家兢兢业业与道家潇洒自得的精神，又能发扬近代西方人文主义的传统。夏先生从两位名师，谦卑的学习，认真的辩难，一方面奠定了承袭传统中国文化的基础，一方面也培养了肯定“个人尊严与群己权界”的自由主义精神。

夏先生不单做学生时以谦逊、尊敬、感激之心努力向学；在其后长达三十余年的教学生涯中，更能身兼经师与人师。我们一家人与夏先生长久的情谊，便是由内子庆容受教夏先生门下开始的。庆容在《我在自由中国》序文中说：“我非常庆幸，竟然能在夏先生与我之间，拉近了遥远的距离。江河不择细流，宽厚而谦卑的人，从不会自诩渊博深远。夏先生的可敬处，更在他将三人行必有我师的道理延伸到师徒关系上，学生的长处智慧，他一向是乐于反向来学的。这正是他与学生间彼此都能融乐自得的原因。

夏先生一生与朋友的关系，也是令人称道和羡慕的。他和殷海光先生、周德伟先生，由切磋学问而益坚对自由主义的信仰；由他的副题“可堪孤馆闭春寒，杜鹃声里斜阳暮”的文章来《纪念殷海光先生》，以《周德伟先生未受重视的一项业绩》来纪念周德伟先生，就可以看出这几位自由主义大师之间的相知相惜。像他与王世杰先生、胡适先生、雷震先生，蒋硕杰先生等的深厚情谊，可贵的不在个人之间的酬酢往来，而在于他们继承了古儒臣“致君与尧舜”的传统，共同致于民主之实践和人权之伸张。从夏先生《纪念王兄德芳》一文中追怀与王德芳先生的友谊，和《最难忘的益友》一文，叙述与詹绍启先生近一甲子的关系，可以体会到夏先生与知己之间，已远逾直、谅、多闻，进入了更高的境界。

庆容在《我在自由中国》一书的序文中说：“多年来我体察人的温柔婉约，发现并不在性别，男人也有其温柔婉约的一面。表现在外的不单是言辞，不单是笑容，不单是爱抚；主要是对人的尊重，这一点我从老师身上得到印证”。他对人的尊重全出自内心，让人无时无刻都可以感受到。像我家两个小孩，从一懂事便和他是朋友，他们之间没有老少、尊卑，发展出独立的友谊关系；他对我家两个小孩的态度，就是他对人类，对一切有情无情态度的具体表现，他把任何人都视为一个独立完整的、有价值的存在，不因任何条件而加以歧视。

夏先生从事过许多种不同的工作，刚从大学毕业的时候留在武汉大学担任助教，在这段期间他精读了许多经济学的经典巨著，奠定了治学的基础。在对日抗战中期，投笔从戎，以上校军官身份实现了报国的志节。后来进入了当时的中央民意机关国民参政会，担任经济建设策进会的研究室主任，与雷震先生开始了半生的因缘，也走上了自由经济的思路。

在夏先生所从事的工作中，对社会影响最深刻久远的是与胡适先生、雷震先生等共同创办战后台湾自由主义重镇的《自由中国》。在自由中国的十年生命期中，他写了一一六篇掷地做金石声的社论，一时之间，举世风靡，对当时与往后的台湾产生重大的影响，启蒙了自由主义的思路，也为台湾民主政治的开展，打开一条血路。

《自由中国》结束之后，夏先生以其深厚的学养受聘政治大学、东海大学、辅仁大学、东吴大学、铭传女子商专等校，担任经济学教授及中华经济研究院的特约研究员。在此期间除孜孜作育英才、发表论文之外，倾其全力译述自由主义，尤其是奥国学派诸大师的经典之作，先后出版的有：米塞斯《经济学的最后基础》，郝卜生《分配经济学》，海耶克《个人主义与经济秩序》，卡尔多《消费支出税》，米塞斯《人的行为》，哈布勒《经济成长与安定》，霍布克《自由社会的经济学》，萨穆尔生《经济学》，以后并与吴惠林先生等合译叶派吉的《自由经济的魅力—明日资本主义》等。

夏先生基本上是一位崇尚自由主义的经济学家，熊自健先生在其所著《夏道平与战后台湾自由主义的新发展》一书中有详细的阐述；也是富于人道主义精神的人权斗士；但这只其严肃的一面。换个角度来看，他其实还是一位关怀层面广阔而又多情细致的散文作家，他早年所译海洋生物学家卡逊的《海的故事》就是一个代表。卡逊女士后来又写了改变历史的著作《寂静的春天》。我自学生时代便崇拜卡逊女士，她的书有智慧、有灵性、有科学家的谨严、诗人的浪漫、散文家的笔触和儿歌作者一般的温柔。夏先生很早便认识了卡逊的贡献，译出了卡逊的书，正显示其关怀层面的广阔与内心情感的多面性。夏先生不但在专业上有宏伟的贡献，在当代科学上有广泛的知识，在古典文学上也有很深的造诣。在一起旅游或闲谈的时候，自先秦诸子，唐诗宋词，以至明清作品，旁征博引，益觉其文化素养之丰富深厚，这一点由他留下的忆友抒情之作中感觉得出来。

总结夏先生一生最值得称道的贡献，有以下几方面。

一、知识分子的典型：夏先生无论青年时期投笔从戎，中年时期主持自由中国笔政，还是晚年时期阐扬自由经济思想，无不展现其品行之高洁、学识之丰富、思虑之精纯、任事之勇毅、原则之坚持、视野之广阔、理想之超越。是范仲淹所谓“宁鸣而死，不默而生”知识分子的典型。

二、第三部门的支持者：夏先生是社会运动的热情支持者，不论是在我推动环境保护运动、消费者运动、人权运动；和内人推动妇女运动上，给予指引，提供支持，在挫败时给予鼓励，使我有重新奋起的信心。他为我的《如何实践公道》一书作序，标题为《为我国独立部门的拓疆者喝采》，引用理查德·柯留耶尔的著作，勉我为独立于政治与商业的两大部门的第三大部门献身服务，来建立一个既人道又自由的社会。

三、导正个人主义的方向：夏先生吸取了西方自由主义的个人主义理论，澄清了中国人对自由主义个人主义的误解，导正个人主义正确的发展方向。主张每一个人有其人格尊严与自由，是目的，不可作为别人的手段。国家的存在是为了保障个人的自由、生命、财产，国家以其独占强制力防范个人侵犯他人自由、生命、财产，但须以法律限制其行使与滥用。

四、由实践中落实自由主义：夏先生终其一生的著作，从《自由中国》的著名社论《政府不可以诱民入罪》，到临终前所发表的《敬告李总统登辉先生》，林林总总的建言，有事实、有胆识、有热忱，都是为了鞭策台湾迈向自由、民主、法治与自由市场经济的大道，是自由思想的启蒙者，也是人权的捍卫者，为台湾自由经济与民主政治注入强有力的生命力。

夏先生打过了美好的仗，经历了丰富多采的一生，瑞年妹说：“他像一棵大树，枝叶繁茂，结实累累，又可以庇荫他人”。夏先生的形体，虽已离我们而去，在天上享受安宁与荣耀；但却长活我们的心中。不仅我们自己，连我们子孙都会继续感到他智慧、热情和关爱。

夏先生在王世杰先生九十寿诞的时候，曾写了一幅寿联，据他自己说，这幅寿联后来并没有送出去，联文是：

人间岁月非关寿

夫子春秋在典型

现在，我将这幅寿联再献给夏先生，表示“人去也，典型在”的哀思！

夏道平及其自由思想简介

夏明（湖北经济学院）

一、夏道平——追求自由的人生历程

夏道平，1907年5月诞生于湖北省大冶县保安镇的一个九代同堂大家庭里，是父母的独生子，全镇人口不到一千人，都以开店铺做生意为主。夏家也是历代以商业为主，每逢年尾还买进若干田地，租给佃农耕作，算的上是一镇的巨富之家。由于家境殷实，请得起家塾老师。夏道平七岁上学，在四位老师中，杜星符先生最具启蒙作用。这位长于词章学、作文讲究谨严的桐城义法的家塾先生是清末名儒之一张裕钊的再传弟子，在长达六年的教学中，他不仅教授了夏道平经史子集的重要部分，为其奠定了传统古典文化的扎实基础，而且"并不因家塾束修的丰厚而恋栈，而经常劝我父辈要让我们后辈去考新制学校，以适应时代潮流"①。因缘际会中，夏道平以"同等学力"考进新制学校，之后于1929年考进武汉大学预科，两年后毕业直接升到武汉大学法学院经济学系，"进入武汉大学学习，决定了我后来大半生的命运"②。

夏道平1935年国立武汉大学经济学系毕业，由于成绩优异毕业即留校做助教工作。本想学好外语公费留学，无奈抗日战争爆发，随学校迁徙到四川乐山，但同样也免不了惨重轰炸的命运，在一次轰炸中，"只因时间差了几秒，空间差了几寸，得以幸免。但我的全身都染上了身旁死者溅出的鲜血"③。由于这次事件使夏道平"觉得在现代战争中没有什么前方后方的区

---

① 夏道平：《自由经济的思路》，台北远流出版公司1989年版，第6页。

② 夏道平：《自由经济的思路》，台北远流出版公司1989年版，第7页。

③ 夏道平：《自由经济的思路》，台北远流出版公司1989年版，第9页。

别”，便毅然弃笔从戎，投身抗战前线赴河南洛阳任一文职军官，“在那种全民奋战的伟大时代，夏先生当时认为若不到前线作一番亲履其境的洗练，他将会觉得生命中少了些什么”。① 后由于战区人事变动，加之与武汉大学原校长王世杰的师生关系，夏道平抗战后期返回重庆任“国民参政会”研究室主任。正是在参政会服务期间，夏道平结识了参政会的两位要角：雷震和王云五。长期的工作接触使之与两位建立了深厚的友谊并成为终身朋友。战后迁都南京出任经济部参事，也就在南京雷震的家中，夏道平首次会晤胡适先生（胡适与雷震两位先生是《自由中国》的灵魂和骨干，夏道平之所以与《自由中国》自始至终的关系，就是在国民参政会时期结下的不解之缘）。

1949 年来台后，由于“再也不想进政府机构担任公职，打算在民间作点有意义而可谋生的事情”②，夏道平起先在王云五先生筹办的出版业——华国出版社工作，同时又受雷震之邀参加了《自由中国》期刊的筹备工作，《自由中国》创刊后成为其主要撰稿人之一。在此期间，夏道平结识了殷海光、张佛泉、傅正、聂华苓、戴杜衡、宋文明、马之骕等一大批热爱自由、追求民主的开明人士，虽然“各人所学的专业不同，但对于自由理论的钻研，都具有同样炽热的热情。这是因为我们所处在这个时代亲身体验到种种反自由的政权为害之深而燃起的”③。“夏道平和殷海光，绝对是《自由中国》最重要的两支健笔。殷先生从理论入手，阐发自由民主的思想；夏先生则从实际问题入手，鞭策民主自由制度”④ “《自由中国》总共出刊 249 期，社论共有 429 篇，其中 116 篇是出自夏先生之手，其他尚有不少夏先生以本名或笔名写作和翻译的，以及早期刊出的若干短评”。⑤ 在《自由中国》将近 11 年的历史中，夏道平写过许多篇掷地有声的文章，批评的矛盾直指军方、高层官员和官方传播机构，其中最著名的那篇《政府不可诱民入罪》的社论（《自由中国》第 4 卷第 11 期）就险些使《自由中国》在它

① 宋文明：台湾《自立晚报》1996 年 1 月 6 日。
② 夏道平：《我在自由中国》，台北远流出版公司 1989 年版，第 6 页。
③ 夏道平：《我在自由中国》，台北远流出版公司 1989 年版，第 9 页。
④ 夏道平：《我在自由中国》，台北远流出版公司 1989 年版，第 20 页。
⑤ 吴惠林：《台湾自由经济之路》，台北华泰文化事业公司 2002 年版，第 33 页。

不满两岁的时候（1951 年 6 月）而被捉人停刊。这篇社论触怒了当时执行金融管制的军方，但军方却不直接答复社论中所提出的疑点，而语带威胁的将非法金融活动和“匪谍”活动扯在一起，扬言该社论“破坏政府威信，打击人心士气”；由于治安单位反映强烈，《自由中国》被迫又发表一篇社论，同时声明《政府不可诱民入罪》绝对不是故意侮辱有关机关工作人员的操守。但是，《政府不可诱民入罪》的社论，得到了远在美国的胡适先生的高度支持，他认为这篇社论“有事实、有胆气，态度很严肃负责，用证据的方法也很细密，可以说是《自由中国》出版以来数一数二的好文字，够得上《自由中国》的招牌”①，所以他“十分佩服、十分高兴”。但正当他高兴的时候，听到军事机关施加压力的传闻，又看到《自由中国》的新社论，感觉到言论自由受到很大的伤害，因此他连写两封信给雷震。他的第一封信说：他要辞去《自由中国》发行人的头衔，“一来表示 100% 赞成《政府不可诱民入罪》的社论，二来表示他对军事机关干涉言论自由的抗议”；他的第二封信说：“自由中国不可没有自由，不可没有言论自由。总统和行政院长在这个国难期间，更应该切实鼓励言论自由，使人民的苦痛，政府的毛病，都有上下周知的可能。此是大事，我辞职的事是小事。我要先弄明白一点：究竟你们在台北办的《自由中国》有没有言论自由！你们是否能继续发表像《政府不可诱民入罪》一类的批评文章”。《政府不可诱民入罪》这篇社论批评到军方，惊动党国大员，激起胡适的义愤，“它的价值在《自由中国》半月刊的历史上可以永垂不朽”②。而在 1960 年 9 月《自由中国》被迫停刊，雷震被捕之际，“夏道平和殷海光、宋文明冒着极大的危险，三人共同发表声明，指出那些所谓‘涉嫌叛乱’的文字，大都是他们三人撰写的，愿文责自负。表现出一位有良知的知识分子的傲骨和胆识”③。《自由中国》杂志在台湾政治民主化的进程中可谓“居功至伟”，它聚集了一大批战后台湾自由主义者的力量，共同为维护宪政，捍卫人权奋斗，成为战后台湾自由主义最具代表性的刊物并掀起了台湾第一波的自由民主化浪

① 夏道平：《我在自由中国》，台北远流出版公司 1989 年版，第 16 页。
② 夏道平：《我在自由中国》，台北远流出版公司 1989 年版，第 17 页。
③ 聂华苓：台湾《自立晚报》1996 年 3 月 2 日。

潮，同时为日后台湾的经济自由、民主政治埋下了火种。

《自由中国》停刊后，台湾自由主义日益寂寥。夏道平又回到大学教书，有趣的是“那年七月间我分别接到台湾省立法商学院续聘的聘书及政治大学的兼任聘书。雷案发生后，法商学院的续聘被校方单方面解除；政大的兼任聘书倒没有借故收回。所以我能够一直教书到现在”①。尽管身处逆境，困守校园，但夏道平仍然没有忘记对自由经济的钻研，“《自由中国》结束后，殷（海光）先生和我长谈的时候，反而比以前多了。我们除‘教’书外，对于‘读’书也都有很浓厚的兴趣。尽管在专业上我们所读的书不同，但在较高的层次，彼此的学问都有契合之处”②。聂华苓在《夏道平——寂寞的微笑》回忆道：“他们坐在屋前的台阶上，谈民主、谈自由、谈海耶克、谈罗素、谈自由经济。两个都不改乡音：一个湖北大冶，一个湖北黄冈。听的人很累，谈的人可乐，谈的欲罢不能，就到殷先生的房间，一面喝咖啡，吃点心，一面再谈下去”。除了殷海光，在夏道平“可谈学问思想的人当中，还有周德伟先生。周先生是我生平所知的做官而不忘学问的稀有人物之一。当他从关务署长退休以后，专心翻译《自由的宪章》那段时间，我们每周要面谈一两次。晚年因病留居美国，他在美国度过了生命中最后的十一年。在这十一年当中，除掉病势沉重的最后一年多，我们之间的通信从未中断到一个月以上。十一年下来，我已积存他的来信将近百封，其中讨论学术思想的长篇大论，竟长到一两万字，有的只是商榷一个名词的翻译。有时我们为一个名词或概念的涵义，争辩的不能罢休，最后还是各执己见”③。

然而，随着时间的流逝，这些谈得来的朋友越来越少。1962 年胡适逝世，1964 年戴杜衡逝世，1969 年殷海光逝世，而雷震、傅正坐牢，致使台湾 1960 年代自由主义黯然失色。夏道平目送当年的同仁坐牢、去世，倍感孤寂。他在给聂华苓的回信中写道：“我这十多年来埋首教书兼做一点翻译工作（经济学方面的英文名著）。乱七八糟的刊物，我绝不过目，也从未写过凑热闹的文章。忠于知识而又可以坦诚谈问题谈学问的朋友已没有了。我

① 夏道平：《自由经济学家的思与言》，台北远流出版公司 1995 年版，第 36 页。
② 夏道平：《自由经济学家的思与言》，台北远流出版公司 1995 年版，第 37 页。
③ 夏道平：《夏道平先生杂文选》，台北桂冠图书股份有限公司 1994 年版，第 142 页。

只好在书本里面去找人谈心。这里固然有一分寂寞感，可也有一分会心乐。夏君璐（殷海光夫人）最近和你通信没有？我常常想念她们母女。我每过温州街16巷时总要停足望望那间屋子。写到这里，我在心酸眼潮”①。在当时“风雨如晦”的政治气候下，夏道平忍受着孤独寂寞，把主要心力放在翻译自由主义的经典名著上，除了早年翻译的米塞斯《反资本主义心境》，在这期间，夏道平又翻译了米塞斯的《经济学最后基础》和《人的行为》。《人的行为》这本书有八十多万字，是米塞斯理论体系的代表作。由于翻译了米塞斯的三本书，更激起了夏道平浓厚的兴趣，进而研读海耶克的英文著作。因而，他又译出了海耶克三本论文集中最精彩的一本《个人主义与经济秩序》。然后又译了不属奥国学派的德国罕有的自由经济学家洛卜克的《自由社会的经济学》。在翻译了这五本名著之后，夏道平更加深切地、更周延地理解了理知的自由主义，而笃定了其终生的信念。而正是这一信念的抱持，使夏道平受到了两大益处。“一是理知的自由主义者研讨社会问题，不是一味地靠经验知识，他们更凭籍先验的推理。举例来说，米塞斯在社会主义风靡世界，而苏联的社会主义苏维埃制度受到世人赞赏时，他独树一帜，预言社会主义因扼杀市场机能而终惨败。海耶克在凯恩斯学派声势赫赫的时候，痛斥他们将导致通货膨胀率长期的累增而终结陷于假象繁荣中的贫困。米塞斯、海耶克凭先验推理的预言，现在都已实现。我所翻译的米塞斯和海耶克的那四本书，都是唯心主义凭先验推理的论著，也都是二十世纪的宠儿——迷信科学万能的知识分子所排斥的。我那时默默地翻译那几本书，却是在做不合时潮而又吃力的冷门工作。但是，我却偏好这种理论体系，而有乐在其中的自我享乐，得有精神生活的安适。再者，近来几年由于米塞斯、海耶克二人的预言实现，我以前埋头做的冷门工作，在今日台湾的学术界已博得相当的肯定，这一‘不虞之举’，又给了我意外的安慰。”② 也正是在《自由中国》的健笔纷纷凋零散尽，台湾自由主义黯然失色之际，所幸夏道平、周德伟等幸存的自由主义者默默埋首翻译自由主义经典，以此才维系了自由主义的命脉。“战后台湾译介米塞斯、海耶克思想并非起始于夏

① 聂华苓：台湾《自立晚报》1996年3月2日。

② 夏道平：《自由经济学家的思与言》，台北远流出版公司1995年版，第39页。

道平。殷海光于1954年‘注释’海耶克名著《到奴役之路》（该译文夹杂的译注与译文的分量几乎相等）；杨承厚也于1967年译出米塞斯的名著《货币与信用原理》。可是后来居上，孜孜不倦，努力不懈地译介米塞斯、海耶克思想的，则是夏道平与周德伟。周德伟于1973年翻译出版了海耶克的代表作《自由的宪章》，并于1975年出版了《海耶克学说综述》一书。然而夏道平以其畅达的白话文在翻译、阐述米塞斯、海耶克思想上，则比周德伟典雅的半文言体，更容易让人明白通晓，因此其影响力也就更大。”① 夏道平、周德伟共同努力移植当代奥国学派米塞斯与海耶克的理论体系，并运用当代奥国学派的理论与政策来批评时政，再加之蒋硕杰、刘大中、邢慕寰秉持奥国学派理念提出许多政策建言，尹仲容采纳良言并主导台湾“自由化”行动，从而引发了台湾第二波自由主义浪潮并创造了台湾1960年代的“经济奇迹”。台湾自由主义经过当代奥国学派的思想洗礼后，走向了新的里程。

夏道平除了翻译奥国学派经典名著外，曾在政治大学、东海大学、辅仁大学、东吴大学、铭传商专等高等学校教学，散播自由主义种子，传布自由经济理念，培养自由经济的接种人。1981年，在台湾那场将留名青史的所谓“蒋（硕杰）王（作荣）论战”，又称“李斯特”（政府干预）大战“史密斯”（自由市场），或称“学院派与社论派之争”中，夏道平深受蒋硕杰先生两篇文章感动，乃写信对当时身处弱势，倍感“苦寂”的蒋先生表示敬佩和支持，而蒋先生将之视为“如闻空谷足音，实引以为莫大鼓励”，而且更盼望夏道平也能“常为文驳斥滥竽充数之经济学家在报章发表之言伪而辩之文章”；蒋先生认为：“这些经济学家之所以猖獗，实因行家过于沉默不予痛击故也”。夏道平也果然在1982年9月5日于《中央日报》以《讨论经济问题应有的共识》为题，就“蒋王论战”作一客观评论。此文算是对蒋硕杰的呼吁之重要回应，多少解除了蒋先生“各报围剿之苦”。正是这种相惜相知，夏道平与蒋硕杰成为莫逆之交。1993年10月蒋硕杰去世，当时夏道平“哀伤得安不下心来写文章，只写出一副挽联‘学思同源相见晚，只今愿结再生缘’”以示悼念。正所谓“学思同源”，蒋硕杰在夏

① 熊自健：《当代中国思想述评》，台北文津出版社1992年版，第76页。

道平退休之后，力邀夏道平担任中华经济研究院特约研究员，主要从事改稿和编辑《经济前瞻》季刊的工作。于是“自由经济的种籽乃播到中经院研究员身上，而远流出版公司一系列的《自由主义译丛》就是这种成果的展现”①。“中经院撰写研究报告，当报告写就时，还需经一番审查、修改，而负责文词修饰及检查者正是夏先生，凡是中文研究报告，任何人写的都得经夏先生这一关”②。夏道平在中经院期间，除了日常工作外，一方面继续探寻自由经济原理，传播自由经济理念；一方面也在悉心地寻找自由经济的同道者和接种人。在米塞斯《人的行为》修订版译者序中，夏道平写道“译者，一向浸润于这本不时髦的冷门书的译者好像是寻芳于幽谷的人，虽然也常享有独乐之乐，终不免有点寂寞之感。所幸近年来在中华经济研究院结识了吴惠林博士。他是年轻辈难得的向往自由哲理而不满足于技术层面的经济学者之一。尤其在芝加哥大学进修回来以后，他更有兴趣追索奥国学派的理论渊源。于是我们二人的日常谈论中每每提到米塞斯、海耶克诸人的著作。于是在他书架上尘封已久的那本《人的行为》初版，他又拿出翻阅，并进而细读它的整章或整篇。本书的初版，我早已知道其中有不少错误，……现在，它之得以全盘修订以及修订后得以出版，其过程已经吴先生‘校订者的话’中讲到，在这里我只想对这位志趣相投的吴先生及具有识见的远流出版公司之朋友表示谢意”。而吴惠林先生在为夏道平《自由经济学家的思与言》一书的序言中写道：“我和夏先生应可说是‘忘年之交’，这一段交情已有十多年了。……连续数年，无论文稿长短，几乎每篇皆事先请夏先生修正，这是他的另外工作；而夏先生也不惮其烦的逐字修改，有时甚至整句、整段帮我重写，虽然有时心中并不好受，但删改后的文章的确是好的多。……或许夏先生认为我还可以教，也看出我对自由经济有所向往，乃在有意无意间将海耶克、米塞斯等奥国学派名家的言行风范对我透露，让我潜移默化地吸取他们的理论。为了点化我这颗顽石，当远流出版公司将夏先生早年为台银译就的米塞斯、海耶克、洛卜克之大作，重新再校订出版时，夏先生就将校订的工作给我负责，表面上似乎需要我帮忙，实际上应是要逼我

① 吴惠林：《台湾自由经济之路》，台北华泰文化事业公司 2002 年版，第 38 页。
② 吴惠林：《台湾自由经济之路》，台北华泰文化事业公司 2002 年版，第 39 页。

仔细阅读这些名著。经过一番功夫，我确实看进了一些自由经济的东西，也更坚定了走向自由经济的道路”。原《自由中国》经理马之骕先生在《温文中见真情》一文中写道：“夏先生临终前，我曾问他‘你有没有尚未完成的书稿？需要请人帮忙完成？’夏先生答曰：‘有。这些事情请中华经济研究院吴惠林、谢宗林两位教授帮忙。’……而当我事后向谢宗林先生告之此事时，谢先生感叹到：‘其实，不是夏先生请吴惠林和我帮他忙，而是他用这种方式，鼓励我们后辈们，继续努力，研究自由经济发展之路’。”马先生接着写道：“夏先生不但是自由经济学家，同时亦具有教育家的风范；不但是自由经济的实践者，也是自由经济的布道者。”①

“作为‘自由经济学家’的夏道平先生只是其人格之一面；从另一面来看道平先生，他对家庭、对友人、对学生的挚爱、宽厚、体贴，和对人、事、物的温柔。让接触到他的人都能感受到内心的喜悦，享有人间稀有的‘尖峰经验’。”② 宋文明在《儒者中的贤人》一文中追忆到：“以我和夏公近四十年的交往，我可以绝对肯定的说，夏公是一位芸芸大众中百年难见的完美人物，也是我一生中所逢到的最可亲、最可尊敬的朋友。他性格敦厚、人品高尚、胸襟宽宏、态度优雅、重视友情、淡薄金钱，对社会人群也是彬彬有礼、雍容大度、一视同仁。他作为一位儒者，则是儒者中的贤人；作为一位基督徒，也是基督徒中的智者。”③ 柴松林、薄庆荣夫妇在夏道平《我在自由中国》一书中以别开生面的对话方式记述了他们和夏道平三十多年的师生情谊。“窗外下着细雨，老师操着乡音，以神往的专注阐述亚当斯密的精神时寂寞的身影出现了，一时之间，感情澎湃。想到教师节在即，便提笔写了一封问候信寄上；过几天老师便寄来一本他当时所译的《海的故事》。自此以后，便展开了绵延至今的新师生关系，而且全体家庭成员也参与其中。……多年来我体察人的温柔婉约，发现并不在性别，男人也有其温柔婉约的一面。表现在外的不单是言辞，不单是笑容，不单是爱抚；主要的是对人的尊重。这一点我从老师身上得到印证。他对人的尊重全出自内心，

① 马之骕：台湾《自立晚报》1996 年 1 月 6 日。

② 夏道平：《夏道平先生杂文选》，台北桂冠图书股份有限公司 1994 年版，序言二。

③ 宋文明：台湾《自立晚报》1996 年 1 月 6 日。

让人无时不刻都可以感受到。就拿他与我们孩子间的关系做例子。他们从刚懂事的两、三岁便和老师做朋友，他们之间建立了独立平等的交往，并非附属于大人的关系之上。孩子们喜欢他们的夏爷爷，会主动的和他通电话，相约一同吃饭，听他奇奇怪怪的乡音；而老师每年也会主动宴请他们一、两次。他们在一起的时候，老少尊卑的分野是不存在的。老师对待我们孩子的态度，就是他对人类，对一切有情与无情万物的态度和具体表现。他把任何人都视为一个独立完整的，而有价值的存在，不因任何条件而加以歧视。人之所以为人的平等是他的基本伦理，任何堂皇的理由都不得扭曲。对人你可以要求表现你的价值，却不能排斥，甚至于还该欣赏他人不同的价值观。老师自己的行为便是最好的说明，他不仅教育了孩子，也教育了我们。……除了平等以外，要数到他对自由的坚持，这不但表现在他所写的文章，他所译的书，尤其表现在他的行为。他的一生作为，是实践自由最好的例子。追求自由的人，不仅当自己的自由遭到侵害的时候，要能奋起卫护；当他人的自由受到剥夺的时候，也能奋起抗争。老师清楚的认识自由的本质是道德与伦理的责任。道德在于自律，在于成就自身的人格；伦理乃在于合群，在于建立群体的秩序。所以自由的实践表现在道德原则的谨守，伦理规律的依循，对于他人自由权利的尊重上。经过我们多年的观察体会，知道老师就是这样的人。……讲到老师的认真与固执，我们也有话要说。他不仅做学问十分认真，同时也严肃的看待生命，认真过活的态度，也令我们敬佩不已。每天早上起来，散步运动是认真的，讲求饮食营养是认真的；从不觉得老之将至，兴致勃勃的读书、写作、交友、关心社会；期许我们后生晚辈，给之鼓励，怕之犯错，希望我们把社会运动做好，对我们的那些关心，实际上是他对社会的关怀。老师面对横逆，都能以平常之心淡化之，提到他认真的活，注意自己的健康，可能只是他怕对别人造成负担，他的关心自己，正是他的关心别人。……中国的读书人，多不免有一股酸气，可老师身上嗅不出来，自己没做的事别人做了，他是真真切切的赞美，他不羡慕谁，不嫉妒谁，谁做好了，他也跟着乐。这些年来，我们越接近他，越增添一份对他的尊敬，我们一家人，都觉得他是我们家的一分子，也因此对他的幸与不幸我们感同身受。我们深知，这些收集在文集中的篇章，表现了他对人间的情爱，对自由与正义的坚持。有机会在他的文集出版之前，再次捧读，益感其士不可以不弘毅的精神之可佩。”

夏道平这位兼具自由主义和人道主义的经济学家，1989 年，由于年老病痛，离开中华经济研究院回家静养。为消遣时间，除了读读唐宋诗词，写写毛笔字外，其求知欲转向了安身立命的宗教文献。1994 年 10 月夏道平在《经济前瞻》上发表了《自由主义与宗教》一文，向社会和亲朋好友报导了“一个自由经济学者成为基督教徒的心路历程”。夏道平首先点明“在文明演化中宗教辅强道德”，谈到“在此‘世风日下’中，知识分子无不感叹‘道德沦亡’，但很少有人注意到宗教”时，他即指出“事实上，宗教与道德的关系，是一种辅强的关系；宗教辅强道德”。在解说“宗教如何辅强道德”的功效时，他还特别提到“纯正的自由主义大师海耶克认为从过去文明演化的历史来看，宗教，尤其是一神教的作用，功不可没”之言，此亦是我们常可听到的所谓“宗教乃济道德之穷”。接着他以“从知识层面通往信仰层面是可能的”为题，讲到他追求经济学知识，因“有幸接触到米塞斯和海耶克的论著而笃定成为海耶克的追随者”，更承认“海耶克的宗教观是我可能从知识层面通往信仰层面，而成为基督教信徒的原因”。胡学古先生评论道：“像夏先生之成为基督教信徒，乃得力于海耶克之宗教观，使其能从知识面通往信仰面之故。这个由自由经济学者的高级知识分子转变为基督教信徒的心路历程，自要比那些一般世人成为基督教信徒的心路历程，要高明多了。”夏道平自认其信教“是由于求知欲要找到一个最后的归属”，而在解释“我何以选信基督教”时，夏道平道出了两个原因：“一是前面已讲到的基督教的上帝耶和华与中国固有的传统文化中的‘天’，同是宇宙万物的创造者。这一超逻辑的信仰，毕竟解答了知识面认为不可思议的问题——如何由‘无极’的‘无’而生所有的‘有’？另一个原因，是基督教也解答了另一个受人质疑的问题，即：上帝耶和华既是全能的宇宙万物创造者，而祂也是爱人的，为什么要造些坏人到人世间作恶危害呢？这又是一个不能从知识面理解的问题。但在基督教经文中有了亚当、夏娃在伊甸园偷吃禁果的神话（神所讲的话），对这个问题给了解答。当你到了自觉自己的知识追求再也不会有何增益或贡献的时候，你的求知欲就可因相信这个神话而得到安息。如上所述，可知为了要让求知欲找到最后的归属，就不能停止在中国固有的‘家’的传承，必须从外来的三大宗教之间选择一个来信。此所以作为中国知识分子的我，终于选择了基督教。”

1995年12月23日傍晚，这位“前半生致力于台湾自由民主，后半生为自由经济撒播种子不遗余力”而以信奉基督教为终的自由经济学家夏道平先生，带着一分寂寞，也带着一分期盼，安详地离开了尘世到了他理想中的天国。我们只能在他留下的《我在自由中国》、《自由经济的思路》、《自由经济学家的思与言》三本文集和他翻译的五本自由经济经典名著中，继续探索这位自由经济学家的心路历程，接续其真正知识分子的理念典范。

人去世，典型在。道平先生永存！

二、夏道平——自由经济的传道圣者

夏道平曾在《自由经济的思路》的自序中写道：“就我个人而言，我这一生终于走上的自由经济思路，是经由上述那一漫长、曲折，而又崎岖的过程，以及在这过程中遇合到的几位伙伴给我的激励和启导。就那段段的外在过程讲，我感受到不少的悲酸；但就我现在已走上的思路讲，我却觉得舒坦而愉快。”走上自由经济之路的夏道平，无论是“风雨晦冥期”的颠沛流离，还是“雷霆日月昏”的白色恐怖，抑或“浓雾诡谲”的和平年代，都终其一生坚持一贯的理念，“虽然夏先生并不十分出名，但默默耐心，锲而不舍地传播自由经济理念，其学养有如涓涓细水长流深远地影响着台湾的经济自由和民主政治，不愧为导师级的人物。”①

（一）痛斥管制经济，鼓吹经济自由

夏道平虽是武汉大学经济学系毕业，而且还在经济学系当过几年助教，但就自由经济的思路而言，确是半路出家的。夏道平曾曰：“在这半路中的一些遇合和遭受，有的是从正面帮助我走上这条思路，有的是从反面启发我坚持这一走向。”夏道平在武汉大学一年级时，起先由一位刚从德国回来的先生教经济学，所教的正是当时德国流行的社会主义经济学，三年级时又被这位先生讲授从铁血宰相俾斯麦以来的那套经济政策。因此，夏道平自认在

① 吴惠林：《台湾自由经济之路》，台北华泰文化事业公司2002年版，第39页。

起步念经济学时，被误导到“非”经济学的歧途。幸好夏道平“没有深深地走进那个歧途”，这一来得力于知识面的不断扩展，二来更得力于好几位从伦敦经济学院回来的教授，特别是教西洋经济思想史和西洋经济史的任凯南教授。任教授是夏道平毕业论文的指导老师，因而单独聆听的机会也较多，由此埋下了“自由经济”的种因。而对第二阶段的从军生涯，夏道平后来回忆道：“军事机关的文职人员，即令其头脑的活动不拘限于既定的空间，其笔杆却不能全凭自己的良心写作，许多看不顺眼的事，叫你闷在心中悲愤。……报国的说词，或多或少不免有点自欺；在潜意识的动机中，大概是受了上校军官这一头衔（相当于文官简任）的诱惑。”所以，夏道平走上自由经济的思路，当然不会是在第二阶段的军中，但也不会在第一阶段的学校，而是启蒙于第三阶段的国民参政会。

“国民参政会”是抗战时的民意机关，夏道平回忆说：“在这样一个论证机构中工作的人，只要心灵没有自我封闭，耳濡目染，自然会吸收或多或少的抗生素，得以抗拒种种反自由的政治神话。”在这期间，夏道平一方面结识了雷震，开启了自由经济的思路；一方面担任经策会研究室主任，每日工作就是审阅民间陈情申诉的文件，因而对当时经济管制的流弊有了一些实际的认知。而在《自由中国》十一年的生命期中，夏道平为了不断地充实自己的论证知识，愈来愈自觉地钻研自由理论，进而对经济管制本身之必然为害又有了更深一层的理解。于是，他的文章首先把矛头指向各种管制经济的措施，那篇著名的《政府不可诱民入罪》社论，就是揭发金融管制的执行机关所犯的一件严重罪行，而加以严厉申斥。除此之外，在《自由中国》，夏道平还以《国营事业转投资问题的商榷》和《民营事业的使命》两篇文章，一方面以台湾造纸工业为例，主张修正保护政策，采取一系列的开放措施，逐步迈向自由贸易；另一方面强烈反对政府走“发达国家资本，节制私人资本”的路线，夏道平阐述道：“生产事业的国营，只有在资源稀少以免私人垄断的情况下，才有其必要；过了这个限度，国营事业愈扩张，政治上的民主就愈萎缩。理由很简单，政府的钱包，由人民（大都经其代表）来掌握，人民才可以控制政府，使其不能滥用权力；反之，如果人民的经济生活，操纵在政府之手，这个政府就会走上极权的途径，或已是极权的政府。所以我们确信，政治民主是要以经济自由为基础的。一国的政治趋势，趋向民主或趋向极权，也可从国营事业的伸缩看出来。”同时，夏道平也期勉民营企业要发挥科学管理的精神，开创出光明的前途，并进而影响到政府的行政。夏道平接着写道：“科学管理，本为现世纪工商业生存和发展的重要条件。台湾的生产事业，绝大部分是国营的。国营事业的当局，懂得科学管理之重要的，不乏其人，但他们都是政府官吏，他们还要懂得做官术才能安于其位。做官术与科学管理常常是冲突而不相容的，为着前者不免就要牺牲后者。民营事业就不如此。所以我们有理由期望民营事业以推行科学管理为第一要务，并以此科学管理的精神来影响政府机关的行政，推动政府机关的改革。我们认为，这是现阶段民营事业应负起的一个伟大使命。这一使命对于有远见有抱负的企业家，应该不算过重。”

平实而言，经济问题在《自由中国》并没有重要地位，四百多篇的社论中属于经济性文章的占不到十分之一。在《自由中国》写经济社论的除了夏道平，还有戴杜衡、瞿荆州，但其中有一半出自夏道平之手。尤其值得一提的是，1957 年的上半年，夏道平的一位同乡詹绍启先生寄给他一本《美国新闻和世界报导》著名英文杂志，那一期正好介绍米塞斯的《反资本主义心境》这本书的摘要，夏道平于 1957 年 1 月和 2 月分四期将这本书连续译介于《自由中国》。这本小册子虽不是米塞斯的思想精华所在，但却是极为通俗易读，因而正可供作传布自由经济思想的绝佳工具。更为重要的是，夏道平由此开始了引介奥国学派大师的著作。《自由中国》停刊后，夏道平并没有放弃知识分子批评时政的责任和道德勇气，而是更深入涵泳当代奥国学派的经典，重新武装自由经济思想。因此对经济自由的重要性又有了全新的认识。夏道平首先从译介当代奥国学派的方法论入手，反复申述其方法论强调社会科学的特质在于人类的行为是有目的的、有价值判断的，应该以个人的行为作为社会行为的基础，以此来从事社会科学与人类行为的研究。夏道平指出奥国学派这种“把人当人”的行为学方法论，是方法论的个人主义原理，它预设了尊重个人尊严、个人自由等价值信念，与当代的“科学迷”和从科学迷衍生出来的“经济工程师”，以及所谓的“科学社会主义”是格格不入、针锋相对的。掌握了这种“从个人的价值判断及其所追求的目的，来了解与探讨人的行为，解析社会现象”的方法论，夏道平又将译介的重心转移到“强调重视个人的主观评价、消费者主权，以及经由许多‘个人’合作所形成的”当代奥国学派的市场经济理论上，“市场不是一个地方，一件东西，或一个集体的存在。市场是一个过程，是由形形色色的个人，在分工合作下的行为之相激相荡而发动的……市场过程完全是人的行为结果。每一市场现象都可溯源于这个市场社会成员们的某些确定行为。因此，市场经济是一个生产手段私有而行分工的社会制度。……这种情况曾经被称为市场民主，在这种民主里面，每一文钱就代表一次投票权。我们还可更正确地说：一部民主的宪政，是给每个公民在政治行为中的一个设计，市场经济则是给他们作为消费者的时候的主权。”① 夏道平翻译了米塞斯《人的行为》，解析了当代奥国学派重新诠释古典自由主义的市场经济理论并发展出更为精密周详的学理；突显了市场自利利人、自愿合作、货币计算、价格机能、消费者主权等特质。在此基础上，夏道平不仅译介了海耶克关于竞争与价格在市场经济中的作用，更重要的是反复申论了海耶克一贯强调的“市场经济是一种自发形式，是一种自生自长的秩序”。夏道平在《市场秩序与所谓丛林法则》中，简要地论述了海耶克关于作成的与长成的秩序的区分及其定位，强调人类文明的进展有赖自生自长的秩序，不可用设计作成的秩序任意地侵入与干扰，而是用它来维护与辅助自生自长的秩序。这就点出了海耶克对现代政府功能的定位。即政府必须严格区分强制性与服务性不同性质的功用，不可任意用强制力干扰市场经济的运作。在《祝贺海耶克教授九秩大寿》和《一本新书的读后感》两篇文章中，夏道平特别强调：“如果做成的秩序为着本身权力的扩张，以致干扰到、侵蚀到、乃至破坏了长成的秩序，则其终极结果就是做成的秩序本身的大动乱、大崩溃。”“中央计划、中央控制，如其计划控制是在扭曲市场机能，而非润滑市场机能使之顺利运作，那就是经济自由化的基本阻碍。”夏道平在呼吁“政治回归宪法”的同时，也在大声呼吁“经济回归市场”。“经济自由，虽不是享有个人自由的充分条件，却是一个最基本的必要条件。其重要性，正同前述的财产私有权一样，不可让做成的秩序去侵害它。威权体制的实行，也即理想设计的秩序之做成。这种做成的秩序，必然侵害财产私有权，也必然侵害市场自由的运作，或完全扼杀市场。”正是秉持当代奥国学派的市场经济理

① 米塞斯著，夏道平译：《人的行为》，台北远流出版公司 1991 年版，第 351 – 367 页。

论，并站在维护市场经济正常运作以此推动经济自由的立场上，夏道平针对当时台湾物价管制、金融管制、通货膨胀、累进税及工会等问题大加批评，并从个人自由的原则出发，积极宣导当代奥国学派的财经政策，切实推进台湾的经济自由。

在西方古典自由主义的传统中，经济自由乃是自由主义立足的根基所在。但反观现代中国的自由主义，一个对比鲜明的事实是，很少有人主张、鼓吹经济自由，相反，向往“计划模式”、强调所谓“经济平等”却大有人在。比如，胡适当年曾对苏俄的计划模式赞誉不已，而殷海光等人则极力主张“经济平等”。夏道平由于有其经济学的知识背景，加之早年从军生涯和国民参政会的从政经验，因而对当时经济管制和威权体制的弊端有着切肤之痛；而对所谓的“经济平等”，夏道平也有别于胡适、殷海光等人的看法，在《平等与经济平等》一文中，夏道平写道：“现社会的经济不平等，有许多是由政府干扰自由市场而产生的。至于自由市场所决定的所得与财产的不平等，对于我们大家的生活，包括经济的、政治的、社会的、文化的，只有裨益而无害处。”因而相对于“经济平等”而言，“经济自由”更加珍贵。可见，夏道平是在汉语系统中较早立足经济自由来阐释、高扬自由主义的人。不仅如此，与1950年代《自由中国》时期夏道平的言论相比较，1960年代之后夏道平的言论则处处烙印着奥国学派的标记，风格鲜明独特。由于夏道平精心移植当代奥国学派的方法论、经济理论与财经政策，所以夏道平不仅较早地强调经济自由的重要性，而且更指明了实现经济自由的两大要件：尊重市场和限制政府。夏道平在《一个自由派国际学会的成长》中，语重心长的指出当代中国知识分子不明白市场经济的机能及其优越性而步入歧途，铸成大错。夏道平感叹道：“对于市场机能理解愈深，对于自由民主的信念愈是坚定；而且对于自由民主的实际运作是否得当，也会有愈正确地辨认。由于对市场机能之不了解或不甚了解，所以有些努力于自由民主的知识分子，竟有倾向于威权主义的。殊不知威权主义与自由民主是背道而驰的。如果为促进自由民主而倾向威权主义，其始也，是观念混淆；其终也，将后悔莫及。……经济自由是政治民主的必要条件。所以凡是志在促进自由民主的人士，必须耐心的研究市场机能究竟是怎么一回事。”

（二）推动“宪政”改革，争取言论自由

“经济自由和自由民主理念，这两者之间关系异常密切，但同时两者兼具的人物却极稀有，夏道平先生却正是这样一个人物。”① 夏道平不仅是一位尊崇奥国学派理论学说的经济学家；也是一位从实际问题入手，鞭策自由民主制度的文章政论家。在夏道平诸多的言论中，尤为强调言论自由的重要性。

夏道平在《请从今天起有效地保障言论自由》一文中首先指出：“言论自由是诸项基本人权中之一项。人权而冠以‘基本’二字，是表示这几项人权是人之所以为人的要件。基本人权不是邦国或政府赋予的，而是先于邦国或政府而存在的。”“言论自由、出版自由，是一个进步社会的特征。凡是这些自由得不到有效保障的社会，政治必然地要一天腐化一天。要扭转这个可怕的趋势而进入和平的改革，最主要的就是要有言论自由、出版自由。”其次在《有容乃大·无欲则刚》一文中，夏道平阐述了言论自由同政府之间的关系：“言论自由虽不靠政府赐予，但在运用上却要政府根据‘除凝’的原则予以有效的保障。”但对政府决策人以“批评政府以致政府损失威望”的说辞，以此经常限制和干涉言论出版自由，夏道平予以坚决地驳斥，指出：“政府是由‘人’组成的。‘人’是易犯错误的动物，由人组成的政府，当然难免有错误处。政府偶尔做了错事，并不太损政府的威望；舆论对于政府错处的批评，也不即是政府威望的损失。只有政府做了错事即经舆论批评而又不改革，甚或箝制舆论、压迫舆论以图掩盖，这才是政府威望的损失，这一种损失，其责任在于政府本身。”夏道平接着指出：“舆论的积极作用是政治的维他命，消极作用是政治的防腐剂。有力的舆论才可希望政府重视，才会影响政府的决策和其人事的进退。如果人民对于政府和其人事的批评，只限于街头巷尾的窃窃私语，而不见于公开的言论和文字，这就说明当地的政治是不民主的，同时也说明当时当地民主政治的信仰者不够努力。”最后，夏道平从宪法、法律、开明社会、政治责任等角度阐述了言论出版自由的正当性和以此形成健全有力舆论的重要性，积极呼吁“政府有

---

① 吴惠林：《台湾自由经济之路》，台北华泰文化事业公司2002年版，第46页。

容乃大"，"真心谋国的政治家应该运用它、珍重它。不应该怀疑它、畏惧它、乃至糟蹋它"；同时勉励同仁"无欲则刚"："一切信仰民主政治的人士，要有当仁不让的气概，为争取言论自由而努力。《自由中国》的记者先生们要确立崇高的抱负，为保障人权，为伸张正义，把我们国家引上民主政治的途径。"

夏道平不仅力陈言论自由价值之可贵，而且也是推动"宪政"改革、争取言论自由的实践者。无论是反对"国民大会增订临时条款"，破坏"总统"任期的"宪法"限制的《蒋总统不会作错了决定吧?》、《敬告我们的国大代表：团结、法统、政治买卖》，还是要求"行政院长"俞鸿钧遵守诺言负政治责任的《诺言贵实践》和《修辞立其诚》两篇社论；无论是对当时司法行政部长谷凤翔大力挞伐的《如此司法——"奉命不上诉"》的四篇檄文，还是抨击出版社以及警备总部干涉言论自由的行为与法令；也无论是呼吁缩小军法审判的范围，指出军法局局长包启黄公然侵害宪法所保障的基本人权，还是指责保安司令部诱民入罪的偏失，提议废除治安和税收机关的奖金制度等等一系列文章，使我们"看到了一个自由主义者如何本着捍卫人权、维护宪政的立场，对1950年代台湾威权政府进行鞭策，从具体的事实与具体的问题出发，把矛头指向总统、行政院长、部会首长、治安机关，要求当局落实宪法所保障的人权与民主"①。综观夏道平一生的言论，从《自由中国》那篇掷地做金石声的《政府不可诱民入罪》，到临终前发表的《敬告李总统登辉先生》，有事实、有胆识、有热忱、态度严正、推论细密、立场一贯、提议中肯，有力地鞭策了台湾迈向自由、民主、法治、市场经济的大道。夏道平不仅是自由思想的启蒙者，也在实践中落实自由主义；不仅是言论自由的鼓吹者，也是基本人权的捍卫者。"在台湾自由主义者之中，夏道平独树一帜，充分发挥了思想启蒙的功用。"②

（三）维护基本人权，捍卫个人自由

夏道平鼓吹经济自由，争取言论自由，其思想根基源于他铭刻一生的个

① 熊自健：《当代中国思想述评》，台北文津出版社1992年版，第66页。
② 熊自健：《当代中国思想述评》，台北文津出版社1992年版，第96页。

人主义信念。近代中国知识分子在吸纳西方自由主义的过程中，对于自由主义思想—个人主义，始终存在着某种程度的误解。夏道平在缅怀周德伟先生文章的“注释”中特别提到“individualism”一词。“周先生把它译成‘个别论’或‘个体主义’。我仍主张译作‘个人主义’。……这个名词，由于反对者的故意歪述，也有于赞成者的肤浅传播，更由于不经心者的误解，以致被滥用得不成样子。所以有些人为避免这些混淆的困扰，特意把原译的‘个人主义’改译为‘个体主义’。有个时期，我也同意这一改译而使用它，近年来我又觉得我们不应该放弃那个原译名，因为原译名当中被改掉的那个‘人’字太重要，太重要。个人自由，只有在个人主义哲学作理论的支持下，才有真实的意义，才可使我们不致被奴役到像马戏团的猴子那样。如果我们深信这一点，我们就得特别重视这个‘人’字，而不要为避免庸俗的误解，或慑于众口的污蔑而轻轻地把它换掉。”熊自健先生在其所著的《夏道平与战后台湾自由主义的新发展》一书中归纳了夏道平阐述的个人主义要点：（1）每个人有其人格尊严与自由，为一目的，不可作为别人的手段。（2）国家的存在是为了保障个人自由、生命及财产；国家以其独占行使强制力防范个人侵犯他人自由、生命、财产，同时以法治来限制国家行使强制力，防止其滥用；个人在法治的架构内自由行动。（3）个人之间自发性的协作与自愿合作奠定人类文明的基础，使每个人蒙受最大的利益。国家应尊重并维护自发的秩序，不可用强制力干涉。（4）人的行为是有目的、有选择的，必须以个人作为研析的起点与终点。夏道平“吸取了西方正统自由主义的个人主义理论，澄清了中国自由主义者对个人主义的各种误解，导正个人主义在中国歧出的发展，把台湾自由主义引入正途，贡献良多”。

夏道平这种西方纯正的自由主义个人观的形成，是与他过早的接触奥国学派经济名著分不开的。正是浸淫于奥国学派经济学家的自由主义，夏道平才免于跟随殷海光或张佛泉两位先生走上“非理知”自由主义的思路。夏道平回忆道：“海光当时所崇拜的罗素是浪漫的自由主义者；佛泉在他的《自由与人权》所讲的自由是类同杜威的积极性自由主义。都与米塞斯、海耶克他们理知的自由主义不大相同。”而对于奥国学派经济学家的自由主义，夏道平特别强调“是从市场机能的运作中发现的，这是不同于其他学派自由主义的独特点”。夏道平接着阐述到：“市场机能这个名词，在台湾现已成为财经官员的口头禅，也是传播媒体的常用语。但是，真正透彻懂得市场机能的人，实在太少。它的运作微妙，非写一本厚书无法讲的清楚。这里只能扼要地说，它的特征，是在于从个人主义与唯心主义的思想方法中演绎出来的。他们在观察社会现象时，总要落实于一个个活生生的‘人’的互动过程。至于社会、国家、民族，乃至阶级这类集体名词所意涵的概念，不可高于或外于活生生的个人而成为独立的实体。所以在这种自由主义的理论体系中，真正地是‘把人当人’。因而他们反对用自然科学的方法来处理社会问题。自然科学所处理的是‘物’不是‘人’。如用这种方法处理社会问题，就是把‘人’物化了。”

由于这种以“个人主义”为主体的“理知”自由主义信念的抱持，夏道平才得以对西方自由主义之为何物？它与个人主义之间的关系是怎样？以及何谓欧陆型的自由主义？何为美国型的自由主义，两者之间的差异何在？有一个正确的认知。这些在夏道平文集《谈自由、念胡适》、《“殷海光文集”（九思版）跋》、《祝贺海耶克教授九秩大寿》以及《悼念傅正》等文章中都有所阐述。这些“似都值得每位向往自由主义、民主宪政，因而反对‘到奴役之路’的知识分子好好读后细细省思一番的”。现从上述文章中节录几段文字，以此展示夏道平对于以个人主义为主体的自由主义之正解。“正义的与歧义的自由主义之明白区分，是特别重要的。前者是海耶克现在所承袭所发扬光大的洛克、休姆、亚当斯密的传统，把个人自由以及它衍生的诸自由看作近代西方文明一切价值的基础，而非并列于那些价值之中的一个价值。至于后者，包括今天美国大众传播所谓的自由主义。今天美国的一般知识分子中所谓的自由主义者是怎样的一个心态，这可用一句话代表：‘自由的精神，是不太相信它是对的这个精神’。这是没有基本原则的所谓自由主义。这样的自由主义者，在某种环境下，很可能变成自由的否定者。”“在西方文献中，自由主义的原始意义，是特指‘个人的’自由，也即特指撤除政府对‘个人’许多活动的一些任意而强迫的限制；因为那些限制有害于个人的自立，有害于个人的自负责任，有害于个人的自尊，有害于个人的自我实现。总而言之，凡是有关这些方面的个人活动，政府不得任意干涉。”“我们在观察、分析，或议论人世间的事象时，必须想到形成那些事象的，毕竟是些活生生的一个一个的人，而我们自己也常常包括在内。

……我是习于用这种个人主义的思想方法来看人世间事象的。所以我在前面提到的那篇短文的结尾处，写下一句祈祷傅正灵魂安息的话，那就是‘明日之事，是后死者将为他们自己写下的功罪录’。我所说的‘后死者’是在特意指出活生生的个人。现在本文的结尾我再提出这句话，一以警惕政客们不要籍集体名词来卸除自己应负的个人责任，一以警告野心家不要籍集体名词横行霸道地来压制个人应享有的自由。”

在1996年1月7日夏道平追思礼拜上，与夏道平相识30多年，“谊属师生，情同父子”的柴松林先生，以“高山安可仰，徒此捐清芬”缅怀了夏道平的一生。柴松林追忆道：“依我与老师的言谈交往，他心中的自由有许多不同的意义。一是指外在的环境允许人，为他自己的利益，去做他愿意做的事；由这种意义来看，社会上大部分人都拥有了相当多的自由。二是指当一个人，已经有了相当的道德和智慧，能够自主的去做它应该做的事，在这种意义之下，自由是一种完全独立于外在环境的心里状态，而且只存在于其精神和人格之中；即使镣铐加诸其身，也丝毫无损于其本身所拥有的自由。这是指每一个人自生下来便有其独特的秉赋，为着有利于每个人发展其个性的优点，应让每个人决定他自己要做什么，要成为什么，传统上所谓的自由意志，大概就是指这一种意义的自由。……每一种意义的自由都是珍贵的，老师一生的作为，是实践自由最好的例子。”

确实，夏道平“无论是青年时投笔从戎参加抗战与进入国民参政会，中年时主持《自由中国》笔政，还是晚年时阐扬自由经济思想”，其一生的言行风范，不仅从理论上阐释了“个人自由”的精髓要义，也在实践中处处维护着基本人权，勇敢地捍卫着个人自由，无愧为“知识分子”的典型。

三、夏道平——皈依耶稣的基督教徒

夏道平并不出名。在《自由中国》“那几只如椽大笔之中，殷海光先生因为后来被取消了台大教学的权利，出国又遭困难，最后又得了癌症，晚年的生活充满了困厄，所以他的言论角色得到特别的彰显。夏道平先生性情平和，《自由中国》结束之后他一直从事教学研究的工作，没有遭到太大的横逆，所以他当年的政治文章，反而没有得到应有的重视”①。夏道平也从未想过要出名，“做而不求，独具道中”。上世纪六、七十年代，埋首翻译奥国学派经济学名著，做着这“冷门而又吃力的工作”，一方面是由于“性情所致”；一方面是偏好于这种“理论体系的钻研”。而后受到了一点重视，完全是“时势”所造，完全是米塞斯、海耶克“预言”的实现。

夏道平没有显赫的学历，一生也没有写过大部头的著作。吴惠林先生在《自由之道，平笔如椽》的文章中将夏道平比喻为美国芝加哥大学的达瑞克特，但与之相比，夏道平还算幸运。夏道平“因政治因素，在教学生涯中浮浮沉沉，而终其一生信奉‘自由经济’，钻研‘海耶克’思想，虽在台湾自成一家之言，但始终被摒除于主流之外。纵使在自由经济道路上走得孤寂，夏先生却是甘之若饴且锲而不舍地奋力传播。如今自由经济已逐渐在全球复苏，在台湾，所谓‘亚太营运中心’方案，究其精神就是自由经济理念，由此可知夏先生的真知远见”②。

夏道平从事自由经济可谓“半路出家”。自由经济“是我在一生的变化中，东碰西撞，五花八门的摸索，终于走上的一条思路。其过程是漫长而曲折的，而不是在学院里面宁静地探索到的”。走上这条道路后，“有的人称我为自由分子，有的人夸我为海耶克专家。前者我不愿接受，怕与美国的同一名称相混。后者我不敢接受，因为我还没有读完海耶克的全部著作。”而自称“自由经济学者”的夏道平，自从走上自由经济这条道路后，“道一以贯之”，本着“虽千万人吾往矣”的精神，一生都在为经济自由、言论自由、个人自由而奋斗。套用夏道平悼念他的老师王世杰的一句话来描述夏道平，可为“奥国学派经济学的精髓要义，是道平先生经济思想的核心；近代西方的民主宪政，是道平先生政治实践的轨范”。反观以上夏道平的种种言论，确如涓涓溪水源远流长地滋润着自由经济理念和民主政治思想的传播，即令今天看来，也饶具“时代意义”。因为当时所提出的问题之重要及批判角度，两岸三地，于今观之，有的不但“未减褪”，有的反而“更严

① 夏道平：《我在自由中国》，台北远流出版公司1989年版，第19页。
② 吴惠林：《台湾自由经济之路》，台北华泰文化事业公司2002年版，第46页。

重”。“面对坚守自由经济的诸位前辈，我们宁不深自反省乎?”①

夏道平在晚年皈依基督耶稣而成为一名虔诚的基督教徒。不可否认，夏道平晚年才信教。表面上看，确因年老病痛，为消遣光阴，找几本宗教文献聊以自慰，然后就选定了基督教终生信奉。但据一直生活在夏道平身边，直到他生命尽头仍陪伴其左右的子女们回忆，夏道平先生信教绝不是一个随随便便的过程。因为夏道平先生是一个原则性很强的人；是一个很坚持，甚至很固执的人；是一个不会轻易放弃或改变自己信念的人。因此，夏道平最终信教不仅是一个有趣的个人问题，而且就其中国目前的现实而言也是一个值得探讨的问题。总括而言，夏道平坎坷的人生经历早已埋下了“宗教”的种因，而缜密的逻辑思考以选定“基督教”为其最后归宿。从学理而言，道平先生所景仰的海耶克，早就从“无知论”的角度，阐述了无论是人类整体还是个人，其理性在认知上都是有限的，任何一个人都不能把握社会发展所需要的全部“知识”。因此在面对社会变迁时，我们每个人都不能自以为“真理在握”，反而应在坚持基本原则的同时，以开放的心态、包容的态度去尊重其它人的选择，并达到与他们的良性合作。这是一种谦卑敬畏的精神。由此再进一步，奥地利经济学派承袭了洛克、休姆、亚当密斯古典自由主义传统，其理论体系是由个人主义与唯心主义的思想方法中演绎出来的，具有十分明显的“先验论”特征。“先验”和“经验”在哲学上是两个不同的概念，“先验”带有“天赋”的含义，“经验”则带有“后天”的色彩。这样我们就不难理解亚当密斯的“无形之手”，海耶克的“长成的秩序”背后的力量。从经济学的角度来解释，这种力量是“市场”的力量!即由市场上无数个个人相激相荡的行为所引起，并透过价格机能所产生的一种“无形”力量；若从宗教的角度来说明，这就是“神”的力量！“天下神器不可为之，为者失之，执者败之”。当我们面对“神”（市场）时，要以谦卑的心态时时承认自己个人的局限性。再从自由与基督教的关系来看，夏道平曾指出：三大宗教相同的地方很多很多，归结到一点，就是劝人为善，也可简约到一个“爱”字。不同的是，基督教讲到了宇宙万物的创造者——神，即“神”造人，而不是“人”造神。这一点很重要。当我们承认

① 吴惠林:《台湾自由经济之路》，台北华泰文化事业公司2002年版，第49页。

（信仰）是万能的“神”创造了人类，那么首先，我们就具备了“平等意识”，即每个人在神的面前都是平等的，不存在高低贵贱之分；其次，就有了一种“敬畏心态”，即对“神”的敬畏，可以打破种种“人”造神的神话。历史上不乏这样的“狂人”，既“目中无神，不知天高地厚”，又“目中无人，涂炭生灵万物”！人造出的神，几乎都是害人的；第三，是一种“自由精神”，万能的神是“自由”的化身，神爱人，故将“自由”的天性赋予了每一个人。所以，自由主义的原始含义，是特指“个人”的自由，之所以这种“个人自由”以及它衍生的诸自由是人类文明一切价值的“基础”，恰恰是因为“神”赋予人的这种“天性”，具有神圣性和不可侵犯性。若以这样的认知，道平先生逝后没有埋葬在“自由陵园”而选择“基督教陵园”作为最终栖息地，就诚如《新约·罗马书》7－8 节所说：“我们没有一个人为自己活，也没有一个人为自己死；我们若活着是为主而活，我们若死了是为主而死；所以我们或活或死，总是主的人。”道平先生的一生为“自由”和“宗教”之间的关联性，作了最好的诠释！

四、结　　语

严格地说，这是一篇报导性文章，其文的形成得益于夏道平及其同仁、朋友、学生等一系列书籍、报刊及各类文章。近几年来，不仅夏道平终其一生坚持不渝的自由民主理念已绽放出炫人光芒；而且夏道平苦苦钻研乐在其中的奥地利经济学派也诚如香港著名报人林行止先生所言正大派用场。“华人世界海耶克学会”已于 2005 年成立并每年召开一次学术年会；夏道平精心翻译的奥派名著广为流传且大陆简体版的编辑出版工作正在筹划之中；夏道平的一些精彩言论譬如经济学家、经济工程师、特定利益发言人的划分等被广泛引用且众多晚辈先进纷纷以“夏道平”作为论文课题和研究方向。2007 年武汉大学、华中师范大学、湖北经济学院及湖北大冶县政府联合台湾“中央研究院”、“中华经济研究院”、“殷海光自由基金会”等单位共同策划、组织了台海两岸合作纪念“夏道平先生百年冥诞纪念会”，两岸专家学者及后生先进近千余人分别参加了中国大陆地区和台湾地区的系列纪念活动。与会学者一致认为：夏道平毕生追求自由民主的生平经历和人格魅力；

夏道平“鼓吹经济自由、争取言论自由、捍卫个人自由”的实践过程和学术素养；夏道平最终皈依基督耶稣的宗教思想与宗教情怀，不仅有力推动了战后台湾经济自由化和政治民主化的实际进程，而且对于今天中国大陆无论是经济上的改革开放，还是政治上的民主宪政，抑或文化上的宗教复兴都具有十分深刻的借鉴意义。

最后用夏道平先生的一段话结束本文，谨以此寄语热爱自由的青年后生并感谢“纪念会”提供机会将道平先生介绍给大家。面对世界各地“当今滚雪球式的公共政策，个人主义的知识分子应负起知识的责任，拿出道德的勇气，针对那些只求增加个人选票的政客和只求提高个人知名度的舆论界人士，予以无情的痛击，并就持有的知识，知无不言，言无不尽。这是个长期的教育性问题，这要靠那些正在钻研海耶克纯正的、主观的个人主义的年轻一辈不停的努力了”！①

① 夏道平：《自由经济学家的思与言》，台北远流出版公司 1995 年版，封面二。

夏道平：台湾白色恐怖时期的坚强斗士

汪幸福（湖北省团风县）

夏道平先生是台湾白色恐怖时期的抗暴旗手，民主斗士，著名政论家、经济学家。在他百年诞辰之际，海峡两岸的专家、学者齐集江城，研讨、纪念这位为台湾社会转型做出了杰出贡献的坚强斗士，是很有意义的一件事。

下面，笔者试着从四个方面来论述夏道平先生当年是如何不顾生死，与胡适、雷震、殷海光等人一道，同蒋介石、蒋经国父子的专制、腐败政权展开斗争的。

一、揭露军警特的违法乱纪

夏道平先生是《自由中国》半月刊的编委兼主笔，与蒋介石集团展开斗争的武器就是一支笔，阵地就是一本公开发行的杂志。从 1949 年 11 月到 1960 年 9 月，《自由中国》生存了 11 个年头，代表杂志社说话，也最受海内外读者注意和喜爱的社论，累计发表了 429 篇，而夏道平一人就执笔了 116 篇，另外还有一些针对时弊的短评、编者按也出自他的手，可见他的作品量之大、质量之高。

那一时期，夏先生所写的社论，大都是揭露、抨击国民党及其军、警、特的，因而不少社论引发了风波，并险些造成杂志被查封和撰稿人坐牢。

蒋介石一生喜欢人颂扬，痛恨人批评，而不能容忍批评的又主要在两个方面，一是军队、特务机关，二是他本人。而夏道平先生执笔写的社论，又恰恰老捅这两个马蜂窝。

据笔者统计，夏先生前后写的揭露特务机关和军队黑暗面的社论约有

11篇，如《政府不可诱民入罪》、《谈做保》、《从包启黄案件论军法》、《军司法再进一步的革新》、《从孙案的反应瞩望于调查委员会》、《从孙元锦之死想到的几个问题》、《我们的军事》、《为〈自治〉半月刊横遭查扣而抗议》、《我们反对军队党化》、《开倒车——走私案移送军法审判》、《为军公教人员叫不平》等。

上面社论中，惹出最大麻烦并戮到蒋氏父子军事、特务机关痛处的又数《政府不可诱民入罪》、《从孙元锦之死想到的几个问题》、《我们反对军队党化》三文。

《政府不可诱民入罪》社论的事实调查、执笔均由夏先生完成。1951年3月初，夏先生听说台北市区接连发生几起离奇的经济案件，感到里面有鬼。他将自己听到的初步情况向杂志社负责人雷震作了报告，雷鼓励他作进一步的了解，弄清细节，并将此事写成文章向社会披露。夏先生深入到民间一调查，发觉几起大案都是特务机关保安司令部为捞钱设的圈套，系诱民入罪，而且手段毒辣。特务机关的做法是先在土地银行开户，弄到银行期票，然后用期票作押，付高利向人借款，待借贷成交时，特务突然出来破获，然后告贷方犯“地下钱庄罪”、“破坏金融罪”、“买卖金钞罪”，抓进监狱进行军法审判。

夏先生弄清案情后，对特务机关的卑劣行为十分愤怒，并一气呵成了社论《政府不可诱民入罪》。当时，雷震想到此社论发表会引起广大读者的共鸣，也有可能引起很大的麻烦。编委们经过反复讨论，决定将此社论发表在1951年6月1日出版的《自由中国》第4卷第11期上。

《政府不可诱民入罪》社论除将几起经济案的内幕公开揭露出来外，还特别指出特务机关这样做的危害性。社论还说：

> 政府中人……竟利用其权势闹出以诈使民的花样来！这种事体的影响，其恶劣和深远，远不民间少数投机者扰乱金融所比拟。现在，这件事已闹得无可掩饰了，我们为着爱护政府，为着政府今后的威信，特在这里呼吁政府有关当局勇于检讨，勇于记过，勇于把这件事的真相明白公告出来，并给这次案件的设计者以严重的行政处分，这样才可以表示这次诱人入罪的案件，只是某些不屑官吏做的，而不是政府的策略。同时，我们还要向中央的及省级的监察机关呼吁，请他们彻底调查这次事

件的详细内幕和责任，并督促政府适当处理。“自古皆有死，民无信不立”，为政者，监督者，以及我们政府者，都应该时时刻刻牢记斯言。①

这篇社论面世后，在台湾引起爆炸性的反应，许多民众看了社论，对国民党特务机关的卑劣行为无比愤怒，同时，为《自由中国》敢发如此锐利的社论极其钦佩。

台湾保安司令部的特务们看到此文后，恨得咬牙切齿。主持日常工作的副总司令彭孟辑认为此社论损害了以他为首的保安司令部的形象，他除拿着杂志到蒋经国那里告状外，还扬言要逮捕《自由中国》半月刊负责人和社论执笔人，并向上呈送了捕人的公文。与此同时，国民党的党政机构不断地给《自由中国》制造麻烦。那一段时间，雷震及《自由中国》社的职员，吃尽了国民党及特务机关的苦头。后来，在国民党内比较开明的台湾省主席吴国桢的干预下，保安司令部才未动手抓人。

《政府不可诱民入罪》一文对国民党和保安司令部的形象确有相当大的影响。为了挽回不良影响，国民党大员陶希圣、王世杰、黄少谷、陈雪屏纷纷出面给《自由中国》施压，要求《自由中国》再登一篇肯定当局金融管制措施、否认前篇社论主要内容的文章《再论经济管制的措施》，《自由中国》迫不得已，只有被迫发表。

使大家始料未及的是，身在美国的胡适看了《再论经济管制的措施》，就知道是受了官方的压力才发此文的，并对此愤怒不已。1951 年 8 月 11 日，他给《自由中国》负责人写信，正式辞去《自由中国》发行人职务，并愤愤地说：“《自由中国》不能有言论自由，不能有用负责的态度批评实际政治，这是台湾政治的最大耻辱。”②

胡适在信中还说，他辞去发行人，“一来是表示我百分之百赞成《‘政府’不可诱民入罪》的社评，二来表示我对于这种‘军事’机关干涉言论自由的抗议。”③

胡适除辞职、抗议外，对夏道平先生执笔的社论给了很高的评价，他

① 夏道平著：《我在〈自由中国〉》，第 36 页。
② 《李敖千秋评论》丛书第 83 期，第 253－254 页。
③ 《李敖千秋评论》丛书第 83 期，第 253－254 页。

说："我看了此文，十分佩服，十分高兴。这篇文字有事实，有胆气，态度很严肃负责，用证据的方法也很细密，可以说是《自由中国》出版以来数一数二的好文字，够得上《自由中国》的招牌。"①

胡适的信，给夏道平先生及《自由中国》全体同仁极大的鼓舞，大家决定冲破阻力，将胡适的信公开发表出来，吐吐憋在心中的怒气。1951 年 9 月 1 日，胡适的信在《自由中国》上公开发表。这封信又一次触怒当局，保安司令部副总司令彭孟缉还特地打电话到雷震家里愤怒指责，并声称要与《自由中国》没完没了。

据蒋介石的秘书周宏涛在其回忆录中说，《政府不可诱民入罪》社论和胡适的抗议信，还闹到了国民党中央党部和蒋介石那里。1951 年 9 月 2 日中午，国民党中央改造委员会专门开会研究如何处置此问题，会上还成立了"审查《自由中国》刊载胡适抗议小组"。9 月 4 日，"审查小组"开会讨论一致认为，《政府不可诱民入罪》的社论和胡适的抗议信"损害了政府的威信"。②

9 月 6 日、13 日，蒋介石还连续两次主持召开会议听取"审查小组"的情况汇报，并在会上痛斥《政府不可诱民入罪》社论和雷震公开发表胡适抗议信的行为极其荒谬。后来，由于一些与胡适、雷震关系较好的国民党党政要员出面疏通化解，加之蒋介石考虑以后需借重胡适的地方甚多，不可做得太绝，才未下令关闭杂志，抓捕惹出大风波的雷、夏二人。

夏道平先生执笔的这篇社论尽管未造成杂志社关门，自己也未入狱，但也相当危险。令人敬佩的是，在此次风波中，夏道平先生与雷震一样，面对当局和特务机关一波又一波的压力和恐吓，始终挺胸抬肩，毫不畏惧，充分表现了一个正直知识分子的硬骨头精神。

1955 年 7 月 27 日，雷震在"国大代表"、原军统特务出身的王新衡处得知，台湾保安司令部台北经济组组长李基光为敲诈位于台北树林毛纺厂厂长孙元锦的财产，将其逼得上吊自杀。王将此命案报告了蒋经国，蒋经国下令将李基光逮捕。与李基光关系甚好的保安司令部副总司令李立柏中将却不

① 《李敖千秋评论》丛书第 83 期，第 253－254 页。

② 周宏涛口述、汪士淳撰写：《我与蒋公——见证中华民国的关键变局》，第 345 页。

允许抓人，并将此事报告了蒋介石，说孙元锦是畏罪自杀。蒋被李立柏蒙蔽，同意不抓李基光，使蒋经国的命令成了废纸，也使命案在身的李基光逍遥法外。王新衡对李立柏、李基光意见甚大，但又毫无办法，并为此苦恼万分。

雷震听说王新衡处还有孙元锦命案的照片、遗嘱等，当即表示要去看。7 月 30 日下午，雷在王家看了证据，认定王说的孙元锦命案确凿无疑。因怕出问题，王不敢将证据交给雷震带回杂志社。

9 月 5 日晚，《自由中国》开编委会，雷在会上谈了孙元锦命案，引起与会编委们的愤慨。大家一致认为，为政者应让老百姓相安无事，台湾的特务机关不但不懂此道，还借故敲诈民众，应写社论将此案公开出来，给特务机关一个警告，并推夏道平先生执笔。夏感到此事重大，乐意接受了。

随后几天，雷震设法通过朋友徐昌五等人弄到了孙元锦的照片、遗书。

9 月 7 日晚，《自由中国》编委会举行全体编委会议，会上正式决定下一期发表 3 篇社论，一为抨击殖民主义，以北非法属问题为中心展开，二为公开孙元锦命案，三为批评台湾经济保护政策不当，障碍了外资进入台湾，导致本地工业无进步。对孙元锦命案，雷震相当慎重。为不过分刺激当局，他将夏先生写的准备付印的社论稿《从孙元锦命案想到的几个问题》交给为人十分谨慎的毛子水审看一遍，并嘱毛作适当修饰。

9 月 16 日，《自由中国》杂志一出来，就被特务盯上。除少量销出去外，大部分被扣押。保安司令部还轮番派人到杂志社求情、下跪、施压、恐吓，要求杂志社改版换文，将孙元锦命案的文章抽出来。在当局的一再施压，杂志进不了市场的情况下，编委雷震、张佛泉、夏道平、瞿荆洲、黄中 15 日在毛子水家中举行了紧急会议，决定抽出《从孙元锦之死想到的几个问题》社论和附文王大钧的投书《关于孙元锦之死》。

为使读者不失望，编委会还决定在《联合报》、《自立晚报》上刊登一则启事，告知第 16 期《自由中国》因故延期发行，希望广大读者谅解。

那段时间风波不断，夏道平先生却始终认为，《自由中国》杂志社做得很对，没有任何害怕、紧张的情绪。雷震为缓解杂志社与当局的紧张关系，屡屡去拜访国民党的一些要人，夏道平先生一再对他说，《自由中国》没有做错事，与官方疏通关系可以，不要随意低头。

9月19日，雷震给胡适写了一封信，将孙元锦的两篇文章被迫抽下的经过及他与编委会同仁受到的压迫告诉了胡适。雷在信中还说："雪艇（王世杰）叫我小心，他说还有严重的事情在后面。……这种局面是撑不下去的。我已快60，对生死置之度外了。这几天我被他们纠缠得痛苦万分，夜间服安眠药也睡不着。"①

从上面这段文字可看出，夏道平先生执笔的这篇社论，给《自由中国》人士带来多大的压力和麻烦，在台湾揭露弊端，为人申冤要承受多么大的风险。

由于雷震在信中嘱胡适回信时不要提此事，胡适自然知道这中间的复杂和麻烦。他当初极力主张创办《自由中国》，除了反共，另一个特别重要的任务就是督促当局切实改革政治、经济，努力建立自由民主的社会。胡适在以后的回信中虽未提此案，绝对不会不过问此事，因为他一向信奉明代思想家吕坤的名言"为人辨冤白谤是第一天理"，并常鼓动同仁要为人"辨冤白谤"，《自由中国》一再揭特务机关的弊端并为老百姓鸣冤叫屈，就是受他的影响。

估计胡适极有可能收到雷震的信后，通过某种方式向国民党要人陈诚讲了孙元锦命案，故有陈诚后来在国民党中央常委会上当着蒋氏父子的面，痛斥特务机关残害民众的一幕。蒋介石的秘书周宏涛在其回忆录中说：

> 陈诚在星期一中常会时，当着蒋公的面痛斥特务的滥权，说有几个工厂受到特务的勒索后，厂长因不堪压力竟然自尽，陈诚说这些人游手好闲，无事生非，专以检举及揭发他人隐私为能事，常常诬陷一些较有钱的人，商界人士，实在可恶。
>
> 事后蒋公可能斥责了经国先生，他觉得受到父亲误会，因此很灰心，到我这里倾吐心中的难过。②

从周宏涛的上述说法判断，尽管孙元锦命案被当局强力抽下，还是被许多人知道了，而且还造成台湾上层统治集团的严重内讧，可见夏先生执笔的这篇社论，给蒋氏父子的专制统治造成的冲击力之大。

---

① 万丽鹃著、潘光哲校阅：《万山不许一溪奔——胡适雷震往来书信选集》，第82页。

② 周宏涛口述、汪士淳撰写：《蒋公与我——见证中华民国的关键变局》，第466－467页。

蒋介石逃往台湾后，对其军队在大陆的失败进行了检讨与反思，感到他的数百万军队没有战斗力，关键是官兵的训练不到位，贪生怕死，腐化严重。为改变这种局面，他决定采取特殊措施，如秘密聘请日本战犯帮助训练军队，在军中设立特种党部等。

《自由中国》编委们认为，蒋介石在军事上的上述措施，并不是走正道，而是搞歪门邪道。这样下去，军队的战斗力仍难提高，以后与解放军一交手，仍然溃不成军。

1957 年 8 月 16 日，《自由中国》发表了夏道平先生执笔的社论《我们的军事》，社论提到日本战犯在台北石牌“地下大学”搞训练一事时，批评道：

> 设在台北市郊的那个机构，最无道理，这个机构的正式名称常常变动，军界中人通称为“地下大学”。这个地下大学，是由若干日本军人做教官，受训者为我们的陆军校将。日本的军事学在第二次世界大战以后，已经大大落伍了。有些新的武器，日本军人见都没有见过，他们哪有资格训练我们的军官呢？我们的陆军已充分美式装备了，怎么还需要日本人来教练我们的军官？这一机构的设立，是毫无正当理由可说的。有了这一训练机构，我们的陆军中可能又多了一个派系之分。①

蒋介石上世纪 50 年代初在军中组建政工帮，设立特种党部是由其子蒋经国主抓的。这项工作一开始，就引起部队官兵的强烈不满，各级官兵与党工、政工人员发生的矛盾和斗争，层出不穷。

《自由中国》编委和夏道平先生对蒋氏父子的这种做法也很有意见，认为此举违背“宪法”，妨碍军队“国家化”，而且后患无穷。1957 年 8 月 16 日，夏先生在其执笔的社论中，公开反对在军中设立党部，并尖锐地指出：“国民党的特种党部在军队里面活动的结果，使党员士兵与非党士兵之间发生隔膜，离心离德，乃至相互猜忌。至于地方选举的时候，特种党部也来指示其同志出来助选，使军人参加了政治斗争，造成破坏选政与民主政治的恶例。军中政治工作说起来都是冠冕堂皇的。可是那一套教条式的东西，天天像填鸭子一样向官兵们的耳朵里硬塞。日子久了，他们不仅对于那些与他们

---

① 夏道平著：《我在〈自由中国〉》，第 188 页。

生活毫无直接关系的教条感到厌烦，同时也知道了政工究是怎么一回事。于是他们处处小心，深恐说错了半句话。情绪这样长久地抑郁，有点心理学常识的人，都可以想像得到今日官兵们的一般精神状态。”①

此社论发表后，蒋氏父子及其军队在这个问题上不但没有任何收敛，反而变本加厉。1959 年 3 月 16 日，夏道平先生又为《自由中国》写了社论《我们反对军队党化》，题目直白，也更醒目。社论引用“宪法”第 138、139 条，强烈地反对军队党化，并说：

> 军队党化，是我们一向反对的。
>
> 作为一个现代化的民主国，军队只能属于国，不能属于任何一个党。军队里面，只许有邦国的军政军令，不许有任何政党的任何活动或措施。
>
> ……
>
> 取消军队党化，才可以使军队脱离政治漩涡；取消军队党化，才可为建国打下一个安安稳稳的基础。换句话讲，为建国前途着想，取消军队党化，是第一要着。国民党在三军中的任何活动都是违宪的，应该一概停止。现役军人应该只知有国，不知有党，只知有中华民国宪法，不知有何党义。②

反对军队党化，是胡适极力主张的，《自由中国》人士在这个问题上接连公开发表社论，屡屡触动当时十分敏感的问题，无疑冒了很大风险。在这一阶段，夏道平先生从未考虑个人安危，冲锋陷阵，勇往直前，颇不简单。

二、抨击台湾官场的黑暗与腐败

夏道平先生在《自由中国》任主笔期间，利用手中的一支笔不断抨击台湾官场腐败，使台湾上层的腐败大案和国民党高官们做的一些见不得人的丑事，一件件地被揭露出来。

夏先生执笔写的这类文章，影响较大的有：《立法院给宪政开一恶例》、

① 夏道平著：《我在〈自由中国〉》第 191 页。

② 夏道平著：《我在〈自由中国〉》，第 275－276 页。

《又一个关系宪政的问题——俞院长说辞不掉兼职》、《选票与人心》、《立监两院加紧自肃运动》、《为政不在于摆排场、逞威风——向周至柔主席进一言》、《如此司法——“奉命不上诉”》、《从官方的报道“再论不上诉”》、《三论谷凤翔对“奉命不上诉”案应付的法律责任——又一证据谷凤翔难逃教唆罪嫌》、《“奉命不上诉案”为何不予起诉?》。

上述抨击官场黑暗与腐败的文章，在当时来说，都是非常敏感的问题，而且矛头直指最高当局，并都指名道姓，读后不得不对《自由中国》诸编委，特别是夏先生的勇气和胆略肃然起敬。

夏先生1954年10月1日为《自由中国》写的社论《又一个关系宪政的问题——俞“院长”说辞不掉兼职》，是直指“行政院院长”俞鸿钧的文章，特别值得一叙。

俞鸿钧1954年5月由蒋介石提名出任“行政院长”，此人上任时说过许多漂亮话，也赢得了不少掌声，但言行不一的俞鸿钧任了一段时间后，任人唯亲，贪污徇私，承诺的事情不兑现，使对他寄于愿望的民众大失所望。1954年6月，俞鸿钧曾在“立法院”接受“立委”质询谈到各级官吏的兼职问题时说：“我的兼职，决定全部辞掉，其他兼职的人员也将以一人一职为原则。”

可过了3个月后，别人的兼职都辞掉了，他兼任的“中央银行总裁”却一直不辞。到了9月，“立委”温士源在“立法院”质询问他为何还未辞去“中央银行”总裁时，俞支吾其辞，说他已辞过但未被接受，并说他赞成一人一职。

夏道平先生在报上看到这一消息十分愤怒，认为古人说得对，为公或为私，是世上人和鬼的分界线。俞鸿钧说话不算数，“未被接受”是借口，实际是舍不得辞。因为大家都清楚，“中央银行”总裁是个油水甚多的肥职，任何人任了这个职都不愿放手。过去此职都是蒋介石的亲戚宋子文、孔祥熙担任，而且孔任此职达12年之久。孔离任十余年后，还在台湾“中央银行”领取各种费用和补贴，直至被人举报才被停发。俞鸿钧1945年至1948年任过此职，到台湾后又复任。俞的其他兼职都可辞，惟这个职不愿辞。俞鸿钧不辞这个兼职就是腐败，这个恶例一开，后患无穷。

他向编委会提出，应写社论批评俞鸿钧的腐败行为。编委们都觉得，此事事关大局，应该写社论抨击。夏道平在社论中对俞鸿钧的腐败行为进行了批评，并一针见血地指出："'行政院长'向'立法院'所作的承诺，所宣布的政策，是要负责实践、实施的。辞掉全部兼职，是俞鸿钧向'立法院'所作的承诺，一人一职的原则，是俞'院长'宣布的政策。……现在的问题却是这样：俞'院长'不能实践其辞掉全部兼职的诺言，因而就放弃了一人一职的政策。"①

这篇社论在《自由中国》杂志上刊出后，因说出了大家想说不敢说的话，引起广大民众的共鸣，同时也引起官方的愤怒，俞鸿钧更恨入骨髓。

1957 年底，俞鸿钧的诸多腐败行为被人揭发，台湾"监察院"派人查处时，受到俞的阻拦。俞还公开说，他是奉蒋介石的命令阻拦的。

《自由中国》编委们得知此消息，个个义愤填膺，认为俞鸿钧此举荒唐，应将他的非法行为和腐败事实在报刊上公开，让全台民众知道这位"行政院长"是什么货色。

夏道平先生上次写了揭露俞鸿钧的社论，这次又被大家推为执笔人。1958 年 1 月 1 日，夏先生揭露俞鸿钧的另一重要社论《弹劾案与调查权》面世。社论引用一位民众投书所列的事实，举出俞鸿钧担任"中央银行"总裁、"行政院院长"期间，所有开支均由公家供给，甚至每天还在"中央银行"领取 200 元的"饭菜钱"。因怕暴露，俞身边的人在"中央银行"事务科领款时，将领款人写成"中山北路宿舍"。1956 年下半年，俞在"中央银行"领取木炭 2 万斤，合台币 2 万元，平均每月 5000 元以上；1957 年上半年，俞在"中央银行"领取木炭开支 7500 斤，金额达 10080 元，煤气费 1608 元。俞家的插花、卫生纸，也是公家的供给，而且数目惊人。

社论举出上述事实后又写道：

> 这种浪费公币之变相贪污的供给制，其内幕真是黑暗重重，这一次如能彻底揭发，再谋以补救之道，未尝不可慢慢地达到弊绝风清的理想，可是监察院的调查权的行使，居然被阻了。
>
> 俞鸿钧以中央银行总裁的身份，拒绝监察院继续调查帐册。据说，他曾面告监察委员他是奉总统的命令不让监察院继续调查。而且行政院

① 夏道平著：《我在〈自由中国〉》，第 101 页。

的帐也奉命暂不给予调查。俞鸿钧这一说词，我们很难确定其真伪。如果他说的是假的，这就关系到他的人格问题，我们不敢如此假定。如果说他的话是真的，我们又不敢相信总统竟会用命令毁宪法。总统的权力来自宪法，决不能超越宪法或违反宪法而下命令，如果如此，我们政府所赖以号称合法政府的根本依据，也就给自己摧毁了。这个关系太严重！太严重了！①

当时的俞鸿钧权倾朝野，专横跋扈。《自由中国》用如此醒目的标题和如此重的语言揭露他的腐败行为，甚至连包庇他的蒋介石也一同连带进行抨击，即使用今天的眼光看，其胆量也真够大。

后来，《自由中国》又接连发了几篇批评俞鸿钧的文章，加上俞的腐败问题太严重而受到弹劾，终于迫使俞于1958年7月1日下台。可以说，俞鸿钧及其“内阁”的倒台，《自由中国》和夏道平先生有首功。

夏道平先生执笔的社论，对台湾省主席周至柔的歪风邪气和腐败行为的批评也相当尖锐。周至柔原系台湾军队的总参谋总长、空军司令、国民党中央常委，1957年8月继严家淦出任台湾省主席。周至柔上任一年多，施政的成绩不见，官场的歪风邪气和腐败传闻却不少，单是摆排场、逞威风之事，就使全岛各级官吏和老百姓叫苦不迭。

《自由中国》半月刊的编委们听到各方反映后，认为这是官场腐败，应予批评，并督促这位省主席立即改正，使他真正懂得古人所说的“公生明，廉生威”。1958年9月19日下午，编委会开会决定写批评周至柔的社论，并由夏先生执笔。

1958年10月1日，夏先生执笔的社论《为政不在于摆排场、逞威风——向周至柔主席进一言》公开刊出，社论指出周至柔摆排场的情景时，直言道：

就摆排场来讲，最近周主席出巡各县市所摆的排场之大，为台湾光复以来历任省主席所未曾有。官方报纸在这方面是不大写的，民营报纸的片断报道，也不过是全部事实的点滴而已。即就这几点几滴来看，也足够叫人咋舌了。例如周主席所到的县市，县市长及议员们要率领一群

① 夏道平著：《我在〈自由中国〉》，第205页。

部属郊迎于县市的边界，主席及其数十名随从官员坐车所到的村落，民众要燃放鞭炮，夹道欢迎，被巡视的县市，事前要日夜赶做许多粉饰工作，如街门的油漆粉刷，街道的整理打扫，小册子的编印，检阅仪式的演习等等，不仅弄得许多县市政府人员忙得不可开交，而且殃及十一二岁的小学生，要他们在星期天做校内外的清洁工作，累得他们精疲力竭，发育未全的小孩子们，因周主席出巡而受此活罪，于心何忍？至于主席驾到以后，至于随从官员之多，招待场面之“伟大”，也就可以想见。像这样劳民伤财的出巡，是绝对要不得的。出巡时所看到的，多是一时粉饰出来的好场面，所听到的也多是一派歌功颂德的好听话，看不出什么实情，听不到什么真话。①

社论指出周至柔的另一个大问题是逞威风，随意骂下属，弄得下属痛苦不堪。周当省主席后，第一个被骂的是卫生处长，这位处长在周至柔的“电话点名”时，被骂得两腿发抖；省建设厅厅长负责全省的建设，使爱面子、讲排场的周至柔特别关注，被骂得最多；省主计处处长因在汇报工作时突然被周大骂一通而吓怕了，被迫离开了省政府；社会处处长在省政府会议上用了“抱残守阙”4 个字，周认为太严重，也在众目睽睽之下被狠狠申斥一顿，使这位处长抬不起头；还有财政厅长、民政厅长也在省政府会议上被他大骂过。

社论列出上述事实后，接着指出：

周主席是有作为的人，政治上有所抱负的人。正因为如此，我们希望他要改变这种乱骂人以逞威风的作风。因为这种作风不改变，则他所能用的只有奴才，决不会有大才。人才都是有骨气、有自尊心的。现代的政治，要靠多方面的人 才合作，不能靠一堆软骨头架子的奴才被驱使。关于这一点，我们在这里虽然是对周主席讲的，但我们也希望有权有势而又有政治抱负的官员们，都反省反省。②

夏道平先生写的这篇社论，击到了周至柔的要害。因社论中所批评之事有根有据，周至柔有口难辩。据雷震说，事后有人悄悄告诉他，这篇社论在

① 夏道平著：《我在〈自由中国〉》，第 235 页。

② 夏道平著：《我在〈自由中国〉》，第 237 页。

台湾省的上上下下反响十分强烈，各地民众都抢着读。雷震1958年10月6日的日记还记载，刊有批评周至柔文章的《自由中国》销得特别快，因各地书报亭不断来电话要刊物，杂志社决定将此期又重印了一次。社论批评周至柔的两大问题，周心里对《自由中国》有气，但又不得不作一些改进。原《自由中国》编委傅正在《雷震全集》第39册注释中写道："据台湾省政府高级要员传出，社论发表后，他们人人称快，而周至柔也收敛不少。"①

台湾的"立法委员"、"监察委员"上世纪50年代接连发生弊案，影响十分恶劣。

《自由中国》编委们感到，台湾官场腐败，与"立法院"的"立委"、"监察院"的"监委"没有改选，老"立委"、"监委"不能以身作则，廉洁自律有关，如部分"立委"涉及外汇舞弊，很有几个"监察委员"贪污受贿、违法乱纪，故社会上对他们有许许多多的舆论，使立、监两院的委员在老百姓中的形象大打折扣。

夏先生根据了解的事实真相，写了社论《立监两院加紧自肃运动》，发表在1958年4月16日出版的《自由中国》上。社论指出了"立"、"监"两院存在的腐败问题后，强烈要求"立"、"监"两院加紧自肃运动，通过自肃，将里面的腐败分子清查出来，依法予以严惩。社论还强烈呼吁："好人站起来，坏人才会倒下去！我们要大声喊这句话，把'小人道长，君子道消'的趋势扭转过来。"②

国民党后来似乎惩办了一些违法乱纪的"立委"、"监委"，但这种惩办是否将所有违法、犯法的"立委"、"监委"挖出来了，就很难说了。无论怎样，夏道平先生和《自由中国》的编委们能将斗争的矛头指向那些平时耀武扬威、高高在上的"民意代表"，还是颇不简单的。

台湾的司法腐败，是老百姓十分关注也很愤恨的老问题。夏道平先生与《自由中国》在上世纪50年代穷追不舍，连续不断地揭露蒋介石面前的大红人、国民党中央常委、"司法行政部部长"谷凤翔执法犯法、带头违法的举动，曾使台湾千千万万的民众叫绝。

---

① 雷震著：《雷震全集》第39册，第371页。

② 夏道平著：《我在〈自由中国〉》，第228页。

谷凤翔当了“部长”后，司法系统腐败之风日甚一日，民众意见甚大。1955年春，台湾南投县县长李国桢因涉及一起土地腐败大案，收受贿赂数额巨大。台中地方法院检察官黄向坚侦办完此案后，正式向法院提起公诉。1958年5月14日，地方法院判决李国桢无罪，其余案犯都有罪。黄向坚认为法院判李国桢无罪荒谬，当即决定上诉。首席检察官延宪谅却压着不发，黄打电话催问是怎么回事，延说是上面授意不要上诉。到了上诉的最后一天，黄向坚又去催问上诉的事，延不但不同意上诉，还劝黄不要催，放弃上诉算了。黄说这样做违法，延宪谅见黄不愿放弃上诉，便在一张纸上写了5个大字：“奉命不上诉”。黄仍不服，拿着延宪谅的5个大字和上诉书，越过延宪谅，赶在最后时刻急急忙忙到台湾高级院作了上诉。

这个案子之所以判得离奇，是因为主要犯罪人李国桢找了“司法行政部长”谷凤翔，谷为了保护李国桢，向下作了暗示，只判他人，不判李国桢。知道此案内幕的人觉得谷凤翔利用权势保护不法分子，是执法犯法，心里不服，向《自由中国》投书叙述了案子的内幕，还向台湾当局的“监察院”举报了此案，“监察院”特派“监察委员”陈大榕到南投调查。由于案子十分复杂，涉及的层级又高，陈大榕一动手就阻力重重。

夏道平先生与《自由中国》人士都认为，谷凤翔的“奉命不上诉”极其荒唐，应抓住此事狠狠将司法系统的腐败问题揭一揭。夏先生基于上述考虑，于1958年11月写了社论《如此司法——“奉命不上诉”》。社论披露了案情后，还尖锐地指出：

> 延首席检察官所写下的“奉命”二字，究竟奉谁的命？这里只有3个人是可能的。一是高等法院的首席检察官，二是最高法院检察长，三是司法行政部长。这三个人当中至少应有一个。究竟是谁，最负责彻查责任的，就是司法行政部长。司法行政部长对这件案子，已装聋作哑这么多时，已足够构成失职罪。如果今后还要装聋作哑下去，那么，除失职罪以外，他本人就不免有为本案主犯的罪嫌。①

社论还说，过去党政要员干预司法的事件，有的是党政关系，有的是涉及贿赂情事，这次好像不是党政关系，干涉的动因可能是贿赂，也就是谷凤

① 夏道平著：《我在〈自由中国〉》，第241页。

翔可能得了李国桢的钱。台中地区的民间传说以及读者给《自由中国》杂志社的投书说出了50、30万元的数目。这种传说是否百分之百的可靠，尚未得到确证，《自由中国》也不下这个结论。假使有关当局能彻底查究，并不难弄得水落石出。这就要看当局有无澄清司法的决心。

社论还指出：近年来台湾司法界的日趋腐化，是谷凤翔一手酿成的。

在这篇社论的末尾，夏道平先生强烈要求谷凤翔的上司——"行政院院长"陈诚切实负起责任，坚决查处"司法行政部"及谷凤翔的腐败问题，社论说：

> 司法行政部隶属行政院。在这件案子上，最应负彻查责任的司法行政部既装聋作哑不作为，那么，司法行政部长至少就应负失职之咎。除失职外，是否还有重大的罪嫌，行政院就应该从他的身上彻查起。彻底查明延宪谅所奉的命令是不是奉他的命令？如果是他的命令，他的动因是什么？是不是还犯有更大的罪嫌？这是行政院对这件案子所应负起的责任，行政院应主动地尽快地在这个案子上有所作为，不必等监察院有何表示。
>
> ……
>
> 张其昀是国人皆可去的部长（教育），现在终算去职了，谷凤翔也是国人皆曰可去的部长，为何要留任？教育固重要，司法行政更重要。教育行政办得不好，后患是渐发生的；司法风纪败坏到了极点，可能逼着人民造起反来。这一危险性，更不容忽视。陈院长向来标榜法治，主张厉行法治的。……厉行法治，就得从撤查败坏法治的司法行政部长谷凤翔着手！①

前面已经提到，夏道平先生为人谨慎，性格温和，但在涉及大是大非时，他似乎又变成了另一个人。谷凤翔当时在台湾位高权重，红得发紫，靠山又硬，夏先生在社论中对他的批评不仅尖锐激烈，而且火药味甚浓，可见他对司法腐败是何等痛恨，与歪风邪气斗争的胆量之大！

《如此司法——"奉命不上诉"》的社论发表后，在台湾社会引起很大的反响，但也引起谷凤翔和违法者李国桢、延宪谅等人的痛恨与恐慌。为了

---

① 夏道平著：《我在〈自由中国〉》，第242－243页。

掩盖罪责，谷凤翔又密令延宪谅赶到台北密商对策。接着，官方接连以送“新闻稿”的方式，给党报党刊提供否认谷凤翔、延宪谅违法的报道、短评。谷凤翔甚至以接受记者访问的形式，推卸自己的责任，否认有任何违法的举动。

针对谷凤翔的言论，夏道平先生根据编委会的决定，于1958年11月底又执笔了一篇社论《从官方的报道再论“奉命不上诉”》。此社论发表在12月1日出版的《自由中国》上，将谷凤翔的谬论一一驳了回去，社论最后说：

> 我们可附带向读者报告一个消息，即监察委员陈大榕与黄向坚的谈话笔录中曾记录下这一事实；延宪谅曾经告诉过黄向坚，说是谷部长指示不要上诉的。这一点，高检处侦察本案的时候，不能轻易放过，积极而忠实的侦察，不能专把眼睛看下面，最重要的是向上侦察。
>
> 本文脱稿的时候，监察弹劾谷凤翔的案子已经审查搁浅了。今后的发展如何，不仅为谷凤翔个人之官运问题，而是对政府威望或信誉又一次的大考验。①

《自由中国》半月刊接连发社论揭露、抨击谷凤翔，引起全社会的极大关注。起先，谷凤翔以为自己官大，后台硬，不怎么在意，到第二篇社论出来，社会压力加大，他才紧张起来，并设法阻止事态的扩大，但效果不佳。

后来，《自由中国》杂志社又得到谷凤翔违法的新证据，决定穷追猛打，发第三篇社论《三论谷凤翔“奉命不上诉”的法律责任——又一证据谷凤翔难逃教唆罪嫌》。此社论还是由夏道平先生执笔。根据社论中揭发的事实，黄向坚5月24日要赶在最后的一天下午将诉状上送时，延宪谅却故意不上班，使黄向坚难以找到他联署。黄无法，只得依法以个人名义填具《声明上诉书》，签名盖印上送。谷凤翔得知此事，指使延宪谅制作了一个“行政公文”，将黄向坚的《声明上诉书》抽了回来。根据台湾的有关法规，延宪谅此举违法，谷凤翔也犯了“教唆罪”。

由于此问题越闹越大，台湾民意机构“立法院”不得不通知谷凤翔到“立法院”去接受质询。谷在12月1日答复质询时说，“奉命不上诉”案之

---

① 夏道平著：《我在〈自由中国〉》，第250页。

所以扩大，幕后有阴谋在，有人想借这个问题迫他下台。对此，夏先生在其执笔的第三篇社论的末尾再次反驳谷凤翔说：

我们不知道谷凤翔口中的阴谋作何解释。事实上，“奉命不上诉”案之扩大，是由于案情的严重性。而案情的严重性，是谷凤翔自己造成的，怎能说有人有阴谋？舆论界对这件案子讲话，有事实，有法理作根据。谷凤翔如认为受了委屈或冤枉，尽可能摆出事实来，从法理上答辩。如果想以“阴谋”两字来吓唬人，实不值识者一笑。至于说迫他下台，这倒是我们正正堂堂毫不含糊的公开的主张。否则，我们也不会一而再，再而三为这个案子写文章了。我们办政论刊物的人，对于民众皆曰可去的官吏，我们必须挺身来撵他。这是我们道义上的责任。……就“奉命不上诉”这件案子讲，民众所注目的，不止于谷凤翔是不是会受到行政处分，我们大家还要看谷凤翔是不是会受法律制裁。①

尽管谷凤翔位高权重，夏道平先生却毫不畏惧，抓住他的违法事实和拒不认错，一错再错的态度，一棒接一棒地追打，并明明白白地说出就是要把他这样执法犯法、一犯再犯的腐败官吏撵下台，其勇气和战斗精神，古今罕见。

《自由中国》及夏先生紧紧盯住谷凤翔不放，谷凤翔压力甚大。为保官保名誉，他又指使延宪谅以“新竹地检处”的名义于1958年12月31日在国民党《中央日报》第四版上发表了一个不予起诉李国桢的“理由”。在这个不伦不类的“理由”中，延宪谅扯了多项歪理说明为何不上诉此案，并说“奉命不上诉”不是谷凤翔指示的，而是以他的想法命令检查官黄向坚不上诉，以至“责任不明，滋生误会”。②

《自由中国》编委们在《中央日报》上看到延宪谅发表的“理由”，一致认为延是替谷凤翔揽责、开脱，同时也说明谷非常害怕落了乌纱帽。为把谷凤翔拉下台，编委们决定写第四篇社论，并推举夏道平先生继续执笔。夏先生根据大家的意见，立即赶写了《“奉命不上诉”案为何“不予起诉”?》的社论，发表在1959年1月16日出版的《自由中国》上。此文除批驳了延

① 夏道平著：《我在〈自由中国〉》，第255－256页。

② 夏道平著：《我在〈自由中国〉》，第258页。

宪谅的歪“理由”外，还将矛头指向蒋介石及其“政府”：

一个政府偶尔有一两个不屑的官吏，即令是一两个大官，并不是一件太可怕的事，可怕的是违法乱纪而证据确凿的大官，既不受到法律制裁，又不受到行政处分。那么，这个政府也就很难维系人民的信赖了。这是个很严重的问题。……现在，时间过去了一两个月，本案在法律程序上既如此这般地告一段落，而监察权也不能发生作用，行政处分一点也没有。这就影响到大家对于整个政府的看法了。①

据笔者所知，《自由中国》因揭发腐败官吏连发 4 篇社论，并一直由一人执笔，大概就只这一次。尽管这 4 篇社论都是以杂志社的名义出现的，夏先生在中间却起了很重要的作用。他明知这几篇社论发表了有很大的风险，但他丝毫不惧，一写到底。在白色恐怖严重的上世纪 50 年代，他这种不屈不挠的斗争精神，令人佩服。

用文章揭露、批评国民党选举舞弊，夏道平先生也打了头阵。

大家都知道，国民党败逃台湾后，为凸显所谓的民主，办的各种选举甚多，但选举十分肮脏。他们长期用各种见不得人的选举手段，排挤非国民党人士，如在党内发文件强行逼党员投指定人的票，投票所职员欺骗选民投票，不要民、青两党和非国民党人士当监票人，用补助费或资金贿选，投票所的人在选举人名册上代按指印，冒领选票等。国民党采取的上述措施，常使民、青两党的提名人和非国民党人士落选。每次选举结束后，就有许多民众给《自由中国》投书，检举、控诉国民党在选举中的种种舞弊行为，要求《自由中国》对国民党的这种卑劣行为进行抨击。1957 年 4 月，台湾第三届临时省参议员及各县市长选举一结束，《自由中国》就收到很多检举国民党作弊的信，有一封来信就举出嘉义市第 61 投票所选民名册中的黄陈宝珠、谢茂、林锡明、李碧霞等 150 人，就未登记参加投票，被筹办选举的国民党员代按指印、冒领选票投了票。

《自由中国》编委会根据民众的检举，决定立即写社论抨击国民党，并由夏道平先生执笔。夏先生很快写成社论《选票与人心》，将国民党在选举中的丑恶行为一一揭露出来。社论发表在 1957 年 5 月 16 日面世的杂志上。

---

① 夏道平著：《我在〈自由中国〉》，第 261－262 页。

在社论的最后，夏先生用他的锋利之笔向国民党直言道：

我们还要郑重指出的，政府这次办选举最不聪明的办法是拒绝民、青两党监票的要求。因为在投票开始中，没有竞选各方严密地互相监察，一旦揭发舞弊情事，大家就很自然地要说政府是在有计划地作弊了。急于事功不择手段的做法，做的人也许自以为聪明，但事实的发展每每证明其为愚蠢。古今中外的历史，这种事例多着呢！人心转向，当然不是马上可以看出结果来的。这时，如政府对于这次选举所引起的人心怨愤，不予理睬，甚至一味地以高压手段来制服，也许不至马上压出什么乱子来。可是我们应当知道："夫抱火厝之积薪之下，而寝其上，火未及燃，而谓之安，偷安者也。"这种话，决不是危言耸听。头脑比较清醒同时对于政治尚有责任感的人民，当不"河汉斯言"。

选票在真正民主法制的国家，是可以代表人心的。但是，如果人心与选票脱离了关系，乃至成为负相关的时候，政府就得量一量：选票与人心熟轻熟重?①

夏先生写的这篇社论一问世，民众拍手称快，兴奋无比，国民党的感觉则完全相反，只是社论中所举之事，件件真实，铁证如山，他们赖不掉抹不了，只好暂时沉默。

值得肯定的是，对国民党在各级各类选举活动中的作弊问题，台湾的官吏、民众和其他媒体都清楚，是官场腐败的一大顽症，就是无人指破，更无人批评，只有《自由中国》及其编委夏道平、殷海光诸斗士敢于公开揭露、批评此问题。

三、强烈反对蒋介石非法三连任

根据国民党1946年在大陆制定的"宪法"，"中华民国"的"总统"、副"总统"任期为6年，可连任一次。这就是说，不论是谁做"总统 "，最多只能任两届，也就是12年，超过两届就不合法。

蒋介石于1948年4月19日当选为中华民国第一任总统，1949年1月

① 夏道平著：《我在〈自由中国〉》，第175－176页。

21 日宣布下野，由李宗仁代理。1949 年 10 月 1 日，中华人民共和国成立，蒋介石败逃台湾。蒋在台仍打“中华民国”旗号，并于 1950 年 3 月 1 日宣布复职。1954 年 3 月 22 日，蒋介石当选第二任“总统”，任期到 1960 年为止。这就是说，1960 年对蒋介石是一道坎，不能第三次连任。

从 1958 年底起，《自由中国》就开始关注蒋介石三连任的问题，并通过一些评论、社论表达了杂志社的看法，希望蒋介石注意培养接班人，并昭告天下，到 1960 年 3 月“国民大会”召开时，顺利实现新老交替，为后人树立一个守法的典范。

《自由中国》人士中，几乎都反对蒋介石三连任。起初，胡适对蒋介石三连任有疑问，认为不合法，作为领导人必须顾及此点。后来，一些迹象和事实表明，蒋介石丝毫没有退意，要第三次连任。为此，胡适曾当着蒋经国的面，半真半假地说出了希望由陈诚接替蒋介石，不愿看到蒋经国接其父的斑的话。在另外的一些私人场合，胡也讲了希望蒋介石做一个守法的“总统”，不要三连任的话。但在报纸、杂志上，他怕伤害蒋介石，尽量不谈此事。

对蒋介石三连任的问题，《自由中国》的几个主要编委都有意见，面对蒋的违法行为，他们决定以护“宪”为名，力阻蒋介石第三次连任。在《自由中国》掀起的反对蒋介石第三次连任的过程中，夏道平先生与雷震、殷海光一道，一直站在最前线，一次又一次地严厉批评蒋介石的做法。据初步统计，《自由中国》先后发表了 10 余篇社论反对蒋介石三连任，而夏先生一个人就写了 6 篇，如《蒋总统不会作错了决定吧》、《好一个舞文弄法的谬论——所谓“修改临时条款并不是修改宪法本身”》、《敬向蒋总统作一最后的忠告》、《敬告我们的国大代表——团结、法统、政治买卖》、《怎样才使国大的纷争平息了的!》、《蒋总统如何向历史交待?》。这些社论都曾在当时的台湾社会产生过很大的影响，也使蒋介石芒刺在背，切齿痛恨。

1959 年 6 月 1 日发表的社论《蒋总统不会作错了决定吧》，是夏先生执笔社论的代表作之一，社论开头就说：

> 早在一年以前，台北方面有一件不见于文字的政治新闻，就是说蒋总统恐怕还要做第三任。做第三任是违宪的，因宪法第 47 条明明白白规定：“总统、副总统之任期为 6 年，连选得连任一次。”如果蒋总统

真要做第三任的话，就得修改宪法。①

社论还说，蒋介石第二任期还有一年，希望蒋在“总统”任期内，以身作则，留下一个优良的宪政传统，不三连任的范例。蒋介石是敬佩王阳明先生的言行而常读其遗著的。王有名言“山近月远觉月小，便道此山大于月”。王阳明先生这两句诗，指出了主观直觉的危险，而一切事物，理当求证于客观。更希望蒋介石在考虑三连任问题的时候，不要在“此山大于月”的直觉下作错了决定。

到1960年1月，离召开“国民大会”只有两个月。蒋介石对自己是否三连任，一直没有明说，民间对此却议论纷纷，国民党的拥护连任也搞得热火朝天，一浪高过一浪。《自由中国》人士认为，应抓住这段时间，再向蒋介石作“忠告”，希望蒋知道古人所讲的“有义则治，无义则乱”的深义，也从自己的名声着想，不要着迷“权力”，遭后人唾骂。

在《自由中国》编委会上，编委们讨论谁写此社论时，夏道平先生一马当先，表示愿写向蒋介石作忠告的社论。1960年2月1日，社论《敬向蒋总统作一最后的忠告》在《自由中国》上刊出。社论说，选举下一届“总统”的“国民大会”马上就要开了，闹了一年多的修“宪”与连任的问题，容《自由中国》人士讲话的时机已不多了，现在再把以前没有讲过的话，趁这最后的时机，向蒋作一最后忠告。

此社论还尖锐地指出：“就权力政治讲，一切决定于权力。只要权力在手，就可为所欲为；同时权力的攀附者劫持民意，伪造舆论，乃至制造各形各色的政治神话，以掩饰权力者个人的意图。这类政治纵令可以倖致一时的安定，可是这种安定，也只是‘厝火于积薪之下’的表面安定，其结局必然是流血、革命、民主涂炭、废舍为墟、社会解体、‘国家’灭亡。继其后的，如果不是一个权力政治，其结局也必然如此，中外历史这一类循回往复的故事，已经足够昭示我们：这是人类最愚昧、最惨痛的记录。”②

社论最后对蒋介石忠告是：遵法守法，做权力交替的楷模。国民党是一个大党，蒋不连任，继任者还是国民党人，而不会落在党外。到那时，蒋以

① 夏道平著：《我在〈自由中国〉》，第279页。

② 夏道平著：《我在〈自由中国〉》，第311页。

国民党总裁的地位，仍然可以透过党的机能领导军“国”大计，如果一旦客观条件足够，反攻复“国”大业的完成虽不在蒋任内，而蒋的精神领导之功，大家仍然不会忘记，而且权力交替的楷模，经蒋树立以后，千秋万世的“功绩”更是不朽，尚书多方篇上讲的“惟圣罔念作狂，惟克念作圣”这两句话，是蒋现在和过去所维护的中国的固有文化中的格言，愿趁这一最后时机为蒋诵之。如果蒋不听忠告，执意违法三连任，一切将与这反之。

尽管夏道平先生及《自由中国》人士向蒋介石作了如上忠告，蒋介石仍我行我素，扯了许多歪理由要连任，并为三连任采取了多项措施，如许诺给“国大代表”与“监察委员”、“立法委员”享受同等待遇，逐月发薪水，动员海外侨团发劝进电，指使机关团体上街游行要求蒋连任，收买有反对力量的知名人士等。

1960 年 3 月 3 日下午，蒋介石在台北召集 1000 余名国民党籍“国大代表”开座谈会，蒋在会上一口气讲了 5 个问题，并正式宣布：“如果是党的意见，我将接受第三任。”①

过去，“国大代表”因平时不做工作，从不领薪水。蒋介石为收买“国大代表”投他的票，在这次会上突然说出他一向关心“国大代表”们的生活待遇问题，并宣布从现在起，“国大代表”的待遇与“立法委员”相等。在场的“国大代表”听到蒋的这一宣布，当即掌声齐鸣，欢呼雀跃，纷纷表示要投蒋的票，使蒋介石顺利三连任。

1960 年 3 月 11 日，为蒋介石三连任而修改的“动员戡乱时期临时条款”三读通过，根据修改的这个条款，蒋介石可永远连任，原“宪法”中的第 47 条“连选得连任一次”被取消。

对蒋介石的上述做法，夏道平先生与《自由中国》同仁极其愤怒。为表达大家的愤慨之情，他代表编委会写了另一影响甚大的社论《蒋总统如何向历史交待?》，对蒋介石不顾海内外的强烈反对，一意孤行，非法三连任的卑劣行为进行了抨击，并预言蒋介石第三任期比第二任要难得多。社论指出，近年台湾的经济虽然有些进步，可党政方面寡廉鲜耻的作风一天甚似一天，司法界的贪污腐化一天严重一天，为目的而不择手段的事件于官方的

---

① 1960 年 3 月 4 日台湾《中央日报》。

一天多似一天，以致世道人心败坏到不堪闻问的地步。如果这样发展下去，蒋介石将来何以向历史交待？

社论最后还说：

“天下为公”，是说要“无私”，“民无信不立”，是说要去伪。这两点是一切革新所必须的主观条件。我们希望蒋总统在他的第三任以内大大的发挥其领导作用，以事实示天下以“无私”，以事实示天下以“无伪”，把政治风气开朗起来，为建国复国显出一道曙光。

后世的历史家对蒋总统的功过，不能凭空增加一分，也不能凭空减损一分。今后的6年是蒋总统向历史作最后交待的阶段……①

夏道平先生等《自由中国》人士反对蒋介石三连任的活动持续近一年半，虽然未获成功，但他们也不是失败者。此活动虽然过去40多年，我们再去品读夏先生及《自由中国》诸同仁那些意识超前、掷地有声、充满智慧，不畏生死批评、苦谏的政论文章，仍觉趣味无穷，受益匪浅。对他们的高尚道德，敢于抗争的英勇气概，也肃然起敬。他们在历史上留下的印迹和宝贵精神，也必将被世世代代的台湾同胞所铭记。

四、《自由中国》事件后仍坚持抗争

1960年9月4日，国民党及蒋氏父子以“涉嫌叛乱罪”对《自由中国》下手，将杂志发行人雷震等4人抓捕入狱，酿成震惊中外的“《自由中国》事件”。事件发生后，夏道平、殷海光等人并未退缩，继续采取各种形式，坚持与蒋氏父子的专制、独裁进行斗争。

这里，笔者着重叙述夏道平先生坚持抗争的3件事。

一是挺身而出发表声明抗议国民党罗织罪名打击雷震。据雷震、殷海光的朋友胡虚一先生在一篇回忆殷海光的文章中说，1960年10月16日，夏道平先生与殷海光先生看到国民党刊登在台湾各大报上和一闪既隐的“白皮书”中罗列的雷震“涉嫌叛乱”的数十篇文章都是他们所写，心里又气又沉重，感到当局将他们平时所写文章弄成雷震的重罪十分荒唐，也极其可

① 夏道平著：《我在〈自由中国〉》，第328－329页。

笑，当即决定发表一个《〈自由中国〉言论撰稿人共同声明》，对当局无故抓捕雷震等人表示强烈抗议，并公开表示当局罗列雷震的文罪，大多系他们所写，他们愿承担责任，不应算在雷震一人身上。声明说：

被指控的那些文字，除读者投书以外，大都是我们撰写的。我们写那些文字，只是书生论政。……我们立言，无一不是对自己的知识负责，对自己的良心负责，对读者负责，我们坚守“是什么就说什么”的原则。我们认为我们这样做是对的。

但是，我们拜读了警备总部的雷案起诉书和一现即隐的白皮书，我们获知我们这些言论竟被认为是违法言论，因而是雷震先生“叛乱罪嫌”的一个构成层面，这真使我们惶惑万分！固然雷震先生是《自由中国》半月刊的发行人，对《自由中国》半月刊的言论负有法律责任，可是我们是撰稿人，对于我们撰写的文字，我们从来没有打算规避自己应负的言论责任。

然而，不幸得很，我们细读警备总部起诉书中有关《自由中国》半月刊言论的部分和那本一现即隐的白皮书，我们发现其中尽是断章取义、东拼西凑，张冠李戴，和改头换面之词。这一编织的结果，与我们文章原文完全不符。我们认为这种举措，关系我们个人者尚小，关系言论自由者大，关系中国政治民主前途者大。假设英、美民主国家的政府对于民间学人论政稍有不合胃口者，动辄加以“助敌宣传”的帽子，罗织罪名，那么他们的言论自由岂不尽遭扼杀？他们的民主制度岂不将被摧毁无余？

我们再四思维，我们实在发现不了我们的言论违法之处何在。现在将那些被指控的文字，除读者投书以外，全部搜集起来，印成专册，呈现在广大读者面前。我们衷诚诉诸读者的理智、常识和良心，我们要求大家对我们的言论作一最公正的评判。①

此声明写起来后，有两个在场的编委不敢挂名，最后署名的只有殷海光、夏道平、宋文明。夏先生将声明复写数份后交给胡虚一送到台北各民间报社和《民主潮》杂志发表。一些编辑看到这份声明，对夏道平、殷海光、

① 殷海光著：《殷海光全集》第12集，第995－997页。

宋文明先生的勇气、人格十分钦佩，称赞他们是真正的中国知识分子。

这份声明在台北各报刊发表后，震动海内外。2000 年，笔者在《殷海光传》中谈到这件事时，曾赞扬殷海光、夏道平、宋文明此举特别伟大，颇似清初著名诗人赵执信的“揽罪受罚”。清康熙二十八年（1689 年）戏曲作家洪升因在私宅招伶演新戏《长生殿》，触犯禁忌。事发后，有关人员纷纷找借口躲避、开脱，惟赵执信不怕事，将责任往自己身上揽，结果被革职。历史上的这一幕，又在 20 世纪 60 年代的台湾上演，只不过“揽罪”的人变成了殷海光、夏道平诸先生。

第二件事是将原则看得比什么都重要。雷震被判重刑后，曾托去探监的夫人宋英带口信出来，说办一个名牌杂志很不易，希望《自由中国》不要停刊，发行人可由胡适、殷海光、夏道平先生担任。

由于蒋介石在打击雷震问题上受到全世界舆论的谴责，压力甚大。为了缓和国际压力，堵堵外国人的嘴巴，1960 年 11 月，蒋介石决定改变封杀《自由中国》的原计划，让《自由中国》继续办下去，其惟一条件是由夏道平先生继任发行人，并排除殷海光，包括不得再发表殷海光的文章。蒋介石、陶希圣之所以如此痛恨殷海光，是因为殷长期在台湾、香港发表宣传自由民主、反对专制独裁的理论文章，是海内外颇有影响的启蒙思想家。他的理论和主张，对台湾青年影响甚大，对蒋介石集团的恐怖统治造成了重大冲击。蒋介石的心腹陶希圣通过原在《中央日报》的部下戴杜衡将此意见转告夏道平时，夏道平火冒三丈，认为这是原则问题，不能让步。他还愤愤地说：

> 这是蒋介石的阴谋。他们既要打击雷震，又要得台湾有自由的美名。你告诉陶希圣，我任不任《自由中国》发行人，不是我个人能决定的，我对此也无所谓。但有一点是肯定行不通的，那就是《自由中国》不能没有殷海光先生。这个杂志宁可不复刊，也不可没有他。①

第三件事是不顾生死继续与雷震保持密切关系。雷震坐牢后，认识他的人因怕受牵连，几乎断绝了与雷的来往。夏道平却与众不同，不顾个人安危和特务的监视、阻挠、恐吓，经常不断地到狱中探望雷震，还给雷震送书，送鞋袜、衣物、食品，给狱中的雷震以很大的鼓舞。雷震坐满 10 年牢出来，

---

① 汪幸福著：《胡适与〈自由中国〉》，第 366 页。

住宅周围从早到晚仍有大批便衣特务监视。雷原来的一些朋友因怕留下黑记录，大多不敢去雷家。夏道平先生不怕特务的记录、恐吓，经常出入雷家，仍与雷震保持密切往来。特务对他盘查、警告，他充耳不闻，继续去看。

不仅如此，外面有一些特殊来宾要看雷震，夏道平还积极为他们牵线搭桥，据原《自由中国》女编委、文艺编辑、著名美籍华人作家聂华苓在回忆录《三生三世》中说，1974 年 3 月，她和丈夫安格尔到台湾去访问时，很想见见雷震，并送点钱给雷，以表达她对雷的敬佩之情。因特务监视太严，她找不到见面的门道，加上又怕雷不愿见，心里很着急。后来，她想到了夏道平，估计他有办法。聂华苓在回忆录中说：

> 夏道平和雷先生交谊深挚，是雷先生出狱后仍然敢去探望他的老友，他对雷先生现况比较清楚。我打电话给他。我心情激动，却极力平静，没敢多说，只是告诉他我想去看雷先生，请他问雷先生我和 Paul 是否可去看他，并告他我们去看他的日期和时间，正是我们离台的头一天上午 11 点。夏道平说得等一两天，雷先生才能知道什么时候可以见我们。我明白夏道平的意思：雷先生的电话有特务窃听，他们需要时间决定雷先生是否可见我。我和夏道平从没有断绝书信来往，电话中他没说要见我，我就了解他困难的处境了。两天以后，夏道平来电话说，雷先生可以见我们，并要在家请我们吃饭。我说我们只能去看雷先生两个小时，看他之后立刻就上飞机回爱荷华。他哦了一声，没说一句话。①

从聂华苓的这段文字可看出，夏道平是冲破特务的重重阻拦，想方设法才为她和雷震见面搭好桥的，颇不容易，故聂在书中对夏道平先生此举充满敬意和感激之情。

在台湾白色恐怖时期，夏道平先生凭自己的智慧和勇气，与蒋介石、蒋经国父子的专制、独裁斗争了 30 余年。尽管国民党在打击雷震、殷海光先生时，因种种原因未对他进行政治迫害，他为台湾人民争取自由、民主所作的苦斗及其贡献丝毫不亚于胡适、雷震、殷海光。他是一位应该大书特书的勇士，也是一位应该树碑立传的英雄。他的苦斗史和英雄业绩彪炳千秋，永垂青史。

---

① 聂华苓著：《三生三世》，第 295 页。

“自由经济学者”的一段心路历程

——夏道平反计划经济思想的演变

陈曼娜（天津财经大学现代经济管理研究院）

作为“自由经济学者”的夏道平先生，他的自由主义经济思想和同一时期其他中国自由主义经济思想学者一样，基本上是在对政府干预市场、特别是对计划经济思想的批判中产生与形成的，这是理论产生的一般历史逻辑使然。因此，夏道平对于社会主义经济认识上所发生的变化，也就成为观照其自由主义经济思想发展过程的一个重要视角和考量。依据本人手头有限的资料，可以看到夏道平先生这一思想变化，大致经历了一个由接近“非此即彼”但又不具有强烈排他性的思维方式，到后来包容、肯定“含混经济”形态的发展过程。而这一心路历程，对于自由主义经济思想在今后的发展，特别是对于正处于社会经济转型的中国经济决策来说，具有一定的借鉴意义。

一

夏道平先生反对政府干预市场、反对计划经济的自由经济思想，从实践的层面上说，主要来自于抗日战争后期他由前线的文职军官转至后方重庆，在国民参政会的经济建设策进会任研究室主任时期的社会工作经历。尽管当时的工作“不过是审阅民间陈情申诉的文件，签注拟办的研究而已”，但夏道平先生认为，这些工作毕竟“使我对于当时经济管制的流弊，增加了一些实际的认知”；再加上在这一时期结识了雷震，并由雷震认识了胡适，所以，他自认为“走上自由经济的思路是种因于这个阶段”①。这也可谓一种负相关的影响因素。

而从学术思想的渊源上说，夏道平先生反对计划经济的自由经济思想，主要来自西方自由主义经济思想的影响。关于这方面的影响，根据先生的自述——《自由经济的思路·自序》和《夏道平先生杂文选·自述·自由主义与宗教——一个自由经济学者成为基督教徒的心路历程》，又可分为间接影响和直接影响两种形式，并呈现在两个关键的人生阶段：

第一阶段，在武汉大学经济学系读书时期（1931—1935 年），从授课老师那里间接受到英国自由经济思想的影响。在一年级时，夏道平先生说一位留学德国老师讲授的是当时德国流行的社会主义经济学，属于俾斯麦以来德国奉行的那套国家统制经济思想。② 但在二三年级的时候，则遇到了好几位从伦敦经济学院毕业回来的教授，在他们的影响下自由经济思想开始初步确立。其中，以任凯南对于夏先生的思想影响最大：

> 任老师教我们的西洋经济思想史和西洋经济史。我的毕业论文是他指导的，因而单独聆教的机会也较多。他的言行，在我的记忆中也较牢固。③

比夏道平先生高一年级的武大经济学系同学、如今被誉为中国发展经济学之父的张培刚先生，在今年 9 月 6 日应武大经管学院之邀而撰写的《感恩母校 怀念老师》一文中，也有类似的记述：

> 还要着重提到，为我们讲授外国经济史和外国经济思想史两门课程的任凯南老师。……任师不但在课堂上讲课认真，还要求学生在课堂外阅读英文参考书，主要是关于欧洲经济史和产业革命史。任师见我读书用功，特在自己的书库中，拿出英国瑙尔斯（L. C. A. Knowles）女教授撰写的一本英文名著《19 世纪产业革命史》（伦敦，1927 年版），送给

---

① 夏道平：《自由经济的思路》，（台湾）远流出版公司，1989 年版，第 8 页。

② 另据张培刚先生的《感恩母校 怀念老师》（2007 年 9 月 6 日）一文所记，“那时经济系的教师，大多数留学英国，只有陶因师留学德国”，夏道平先生所说的留学德国的老师，可能就是陶因。张培刚先生高夏道平先生一届，是 1930 年考入武汉大学经济学系的。（见 http://blog.tianya.cn/blogger/trackback.asp? BlogID = 276183&PostID = 11069574）

③ 夏道平：《自由经济的思路》，（台湾）远流出版公司，1989 年版，第 6 页。

了我，让我细读。……我不断思考，终于又得出一条崭新的思想：在实行城市工业化的同时，也必须实行农村工业化。①

由此可见，以英国自由经济思想为学术知识背景的武大经济学系的专业教育，自由主义经济思想的影响不容低估，否则夏张二人的晚年回忆就不会不约而同地提到当年伦敦经济学院毕业的那些武汉大学教授，提到任凯南。

第二阶段，是从翻译米塞斯的著作开始直到晚年（1956—1994年）。在这一阶段，夏道平先生先后翻译了以下西方自由主义经济学的经典名著：

《人的行为》，[奥] 米瑟斯，台湾银行经济研究室，远流出版社，1956年，90年代再版。

《经济学的最后基础》，[奥] 米瑟斯，[台] 远流出版公司，1991年。

《反资本主义的心境》，[奥] 米瑟斯，[台] 远流出版公司，1991年。

《自由社会的经济学》，[德] 洛卜克，台湾银行经济研究室，1970年。

《分配的经济学》，[英] 霍蒲孙，台湾银行经济研究室，1970年。

从夏道平先生所译介的西方自由经济思想名著目录看，其中的自由经济思想对其必然产生深远的影响。他在《自由经济的思路》一书的自序中，即明确告诉我们：

这本集子所刊出的东西，大部分是经济思想的介绍。其余的部分是我把乐于介绍的思想应用到某些问题的讨论上。……这是我在一生的变乱中，东碰西撞，五花八门的摸索，终于走上的一条思路，自由经济的思路。②

5年后，夏道平先生在其所撰写的《自由主义与宗教——一个自由经济学者成为基督教徒的心路历程》一文中，更为详细地告诉我们：

在我翻译的经济学著作中，有早年译的霍伯逊的《分配经济学》和后来译的萨缪尔逊的《经济学》（第十一版）。……这两本书都未影

---

① 见 http://blog.tianya.cn/blogger/trackback.asp?BlogID=276183&PostID=11069574。

② 夏道平：《自由经济的思路》，（台湾）远流出版公司，1989年版，第5页。

> 响我的思路。我在经济思路摸索的过程中，启示我走上自由主义的，早先是武汉大学的任凯南和杨端六两为老师，他们都在伦敦政治经济学院读过五、六年。任老师教西洋经济思想史，他是肯南（E·Cannan）欣赏的学生。杨老师教货币学。1936年凯因斯的《一般理论》出版后，他曾写过驳斥的书评，登在武大《社会科学季刊》上。我得到任、杨老师的初步启示后，再经过二十多年又有幸接触到米塞斯和海耶克的论著而笃定成为海耶克的追随者。①

夏道平先生认为，正是缘于接受了这种非同寻常的影响，他才"敢以'自由经济学者'自称"。②

二

夏道平先生自由经济思想的社会现实背景和学术思想渊源，都为其提供了反对政府干预市场和反对社会主义计划经济的逻辑起点，因此，其自由经济思想的发轫期，在价值取向和思路选择上对于社会主义计划经济具有与生俱来的排他性。

其一，作为他的社会实践经验来说，重庆国民参政会的经济建设策进会研究室主任的社会阅历，给他带来一种最直观、最真实的感受——即重庆战时政府的经济管制政策直接与自由经济理念相颉颃。

其二，二十世纪的五、六十年代，是一个充满着冷战阴云和思想硝烟的时代，社会主义阵营与资本主义阵营的对峙，决定了在经济思想上的资本主义市场经济与社会主义计划经济的对立。

其三，他所笃定追随的米塞斯和海耶克的自由主义经济思想，本身就是在反对政府干预市场、反对社会主义计划经济的论辩中形成自己学术思想体系的。而这一点对于以理论思维为生命并作为米塞斯和海耶克追随者的夏道平先生来说，其影响要更大一些。

---

①《自述·自由主义与宗教——一个自由经济学者成为基督教徒的心路历程》，《夏道平先生杂文选》，（台湾）桂冠图书股份有限公司，1994年，第182－183页。

②《自述·自由主义与宗教——一个自由经济学者成为基督教徒的心路历程》，《夏道平先生杂文选》，（台湾）桂冠图书股份有限公司，1994年，第180页。

以哈耶克为例，1944年出版后来被翻译成20多种文字使他一举成名的《通往奴役之路》（The Road to Serfdom），就是一方面为个人自由唱赞歌；另一方面，则对中央经济计划进行无情攻击。他于1974年被授予诺贝尔经济学奖，而且是诺贝尔奖获得者中第一个主张自由市场的经济学家。而他生前最后一部著作《致命的自负》，仍是猛烈抨击社会主义的，其副标题就是“社会主义的谬误”。他将“赞成竞争性市场造成的人类自发的扩展秩序的人为一方”和“以要求在集体支配现有资源的基础上让一个中央政权任意安排人类交往的人为另一方”①，以此作为一种论证的对象，其尖锐的对立性可见一斑。夏道平先生主张将书名译为《毁灭性的狂想，社会主义》②。

对于奥地利学派的第三代大师米塞斯，夏道平先生将其在美国撰写的6部著作翻译出版了3部。而米塞斯曾经在“社会主义风靡一时的1920年发表那篇开创性的《社会主义的经济计算》”一文，并在该文中提出了“社会主义不可能有合理的经济计算”③ 的说法；夏道平先生曾称其为“彻底反共的经济学家”，由他翻译的《反资本主义的心境》一书，曾“索性把书名改为《被诬蔑了的资本主义》”④。夏道平先生对于米塞斯褒贬臧否的态度，显而易见。他对米塞斯《人的行为》一书，是发自内心深处最由衷的赞美，但有一些阳春白雪之憾：“译者，一向浸润于这本不时髦的冷门书的译者，好象是寻芳于幽谷的人。虽然也常享有独乐之乐，终不免有点寂寞之感。”⑤

揆诸以上现象，说明夏道平先生这一时期的自由经济思想，以那个时代的内外背景和他自己自由经济理论的渊源，在三重条件的聚合之下，所选择的是一种比较接近于“非此即彼”，但又不具有强烈排他性的思维方式。这主要是由于受到海耶克和米塞斯等人的影响，他像海耶克和米塞斯一样，保

---

① 哈耶克：《致命的自负——社会主义的谬误》，冯克利、胡晋华译，中国社会科学出版社，2000年版，第2页。

② 《介绍海耶克的一本新书》，《夏道平先生杂文选》，（台湾）桂冠图书股份有限公司，1994年，第3页。

③ 《夏道平先生杂文选》，（台湾）桂冠图书股份有限公司，1994年，第22页。

④ 《米塞斯〈反资本主义的心境〉再版译者序》，《夏道平先生杂文选》，（台湾）桂冠图书股份有限公司，1994年，第17-18、19页。

⑤ 《米塞斯〈人的行为〉修订版译者序》，《夏道平先生杂文选》，（台湾）桂冠图书股份有限公司，1994年，第9页。

持严肃的学术讨论风格，注重逻辑思维的缜密和学理论证的严谨。

夏道平反对政府干预市场、反对计划经济的自由经济思想，主要体现在《自由经济的思路》一书中。其中《海耶克教授经济思想的简介》一文，是以哈耶克的四部著作——《科学的反革命》、《个人主义与经济秩序》、《通往奴役之路》、《自由之构成》为媒介、以财政政策为切入点，以凯因斯的经济理论和各种形式的社会主义经济理论为观照和批评对象，并针对台湾的经济问题——主要是财政政策问题，进行了全面的介绍。在对哈耶克自由经济思想介绍与诠释的过程中，作者随时注入了自己的见解和主观判断。

该文的第五、六部分，他以哈耶克对自由所出纯真而原始的定义，去审视现代福利国家的措施是否影响或妨碍了人的自由。他把这个精义浓缩为：以判断“服务性的活动是否为强制性的”① 为标准，来识别福利国家的合法性与公正性；并提出“政府无权包办”的主张。

第七、八部分，探讨了计划经济体制的起因与发展下去的恶果。

在这个介绍的过程中，他所提出的由“科学迷与工程师心理状态的泛滥，激起了近代的社会主义、统制经济或计划经济的潮流”的“社会主义计划经济起源论”②，缺乏足够的说服力；作为经济学者，没有从经济发展的过程中寻找原因，似乎存在一个认知上的误区。

其他的自由经济思想，散见于《经济前瞻》、《现代经济金融月刊》和《铭传学报》上的文章里和译者序中，它们程度不同的反映出夏道平经济思想的吉光片羽。其中，《平等与经济平等》、《累进税理论之崩溃与重建——就个人所得税来分析》、《不要过分倚赖所得税》，是根据自由经济思想的原则，针对台湾的实际问题而提出的理论思考，特别是对于经济政策上的分析与建言。

与同一时期台湾另外两位经济学家周德伟、蒋硕杰相比，夏道平先生的贡献主要在于对于自由主义经济思想的译介方面，理论与实践，在任何一个社会转型的时代，都具有不可替代作用。

---

① 《海耶克教授经济思想的简介》，夏道平：《自由经济的思路》，（台湾）远流出版公司，1989 年版，第 78、79 页。

② 《海耶克教授经济思想的简介》，夏道平：《自由经济的思路》，（台湾）远流出版公司，1989 年版，第 75 页。

三

夏道平先生作为一位比较严谨的自由经济学者，他在以市场经济为标准对计划经济体制进行批判的过程中，始终保持着相当程度的谨慎，具体体现在语言表述上的适度①。而这种分寸感的可贵之处，就给“后冷战时代”的“混合经济”思想留下了发展空间。另外，随着冷战时代的结束，其晚年的学术价值取向，更像他本人在生活中所秉持的宽容、温厚的性格。

夏道平先生的这一态度，比较早的是体现在对于洛卜克《自由社会的经济学》的翻译中（抑或夏道平先生受到洛卜克思想的启发）。他在《洛卜克〈自由社会的经济学〉校订版译者序》中，以对于“人生之享有幸福，经济条件是必要的，但非充分的”这句话的不同理解，来说明坚持市场经济的经济学家和主张消灭市场而向往民主的社会主义的社会学家的思想分歧，希望通过对该书第九章即最后的结论的阅读，能够在双方之间“发生沟通调和作用”②。

另外，夏道平先生在1965年撰写的《对苏俄经济改革的观感》一文里有这样的陈述：

> 从长期的趋势看，有的人认为世界上的经济制度，将走上一种折衷路线：一方面，社会主义经济渐渐转向资本主义，另一方面，资本主义经济渐渐转向社会主义；展现在我们前面的是一种所谓混合经济。的确，实际的情势是如此。可是，在前一转向中，个人自由将渐渐扩大；在后一转向中，个人自由将渐渐削减。就这一点着想，我们对于资本主义邦国所采取的某些时髦的经济措施，不得不深怀戒惧。③

这里，特别真实地反映出夏道平先生面对在冷战前和冷战中产生，并在

---

① 比如，他在《海耶克教授经济思想的简介》一文中对于社会主义一词如何界定与使用的说明，其分寸感就非常突出。见夏道平：《自由经济的思路》，（台湾）远流出版公司，1989年版，第6页。

② 《洛卜克〈自由社会的经济学〉校订版译者序》，《夏道平先生杂文选》，（台湾）桂冠图书股份有限公司，1994年，第32页。

③ 夏道平：《自由经济的思路》，（台湾）远流出版公司，1989年版，第227页。

冷战后逐步成长起来的“混合经济”的复杂心态：直面，肯定，但戒惧。

26年过去之后，1991年夏道平先生在再版米塞斯《反资本主义的心境》一书时，又涉及“混合经济”（mixed economy），他说该词“是当代风行的经济学教科书常用的”①。他没有多做说明，也许用他在《自由经济的思路·自序》中的夫子自道权作一解：“在介绍方面（西方自由主义经济思想——作者注），也不够深入；在应用方面，更没有我自己的丝毫创见。”而这样的解读未免太苛刻了，因为，“混合经济”作为新时代的产物，是一个尚未有解的新问题。这也正像先生在1990年所说那样：

十多年来的世局——东西两方的紧张冷战，台海两岸的雷霆斗、日月昏，变到今天这样——左右两端相继转向政治民主、经济自由。这确是历史上罕见的大变局。

这一大变局既“显现出奴役与自由的意理一消一长”②，但也给局中人提出了选择的困惑：“美国模式”、“瑞典榜样”，是参照系，而议论者莫衷一是；热门话题“民主社会主义”和吉登斯的“第三条道路”，触及理论的疑难处和敏感区，让各种意识形态调动了一切力量；“中国特色的社会主义”，在目前的这些讨论中应该说是最具有讨论和研究空间的题目，却呈现出内热外冷的态势。

面对这样的学术思想局面，我们是能否像夏道平先生一样，对于新知识保持热切的关注，而在研究与译介中又坚守学术的谨慎和冷静，这是应该是我们今天纪念夏道平先生的意义所在。

---

① 《米塞斯〈反资本主义的心境〉再版译者序》，《夏道平先生杂文选》，（台湾）桂冠图书股份有限公司，1994年，第27页。

② 《米塞斯〈人的行为〉修订版译者序》，《夏道平先生杂文选》，（台湾）桂冠图书股份有限公司，1994年，第9页。

夏道平对自由市场经济的证成*

何卓恩（华中师范大学中国近代史研究所）

一

夏道平以传播自由市场经济理念而闻名，但早期他却并没有那么坚定的自由市场经济理念。他就读武汉大学时，正值1929—1933年资本主义世界全面经济危机和苏联计划经济第一个五年计划的成功，国内正盛行计划经济、统制经济的论调，“在我们经济学系一年级教经济学的那位先生，是刚从德国回来的。他所教的，是当时德国流行的社会主义经济学。……所以我在起步念经济学的时候，就被误导到‘非’经济学的歧途。”① 后来任凯南等几位教授从伦敦经济学院回来教课，才使他对自由市场经济的理念有所了解，没有“深深地走进”那个德国式统制经济的“歧途”。但当时他还没有达到在理知上认同自由市场经济的程度。

在武大经济学系毕业后，夏道平留校当了助教。抗战期间他投笔从戎，后来转任国民参政会经济建设策进会研究室主任。这种工作，虽然使他对于当时经济管制的流弊，增加了一些实际的认知，但对于经济管制本身之必然性经济后果，仍然没有理论上的理解。但在这里，他结识了后来在台北主持《自由中国》半月刊的雷震。雷震办《自由中国》邀请夏道平担任主笔之一。当《自由中国》渐渐转变成批评国民党当局的“反对”刊物时，夏道平开始自觉思考经济自由问题。

《自由中国》为了批评国民党的独裁政策，从第9卷5期到11卷7期连

---

* 本文为国家社会科学基金“大陆赴台学人与台湾光复后文化重建研究”（06BZS036）阶段性成果。

① 夏道平：《自由经济的思路》，远流图书出版公司1989年版，“自序”第5页。

载过另一主笔殷海光译述的当代著名经济学家海耶克著作《到奴役之路》，激发人们反思自由政治与自由经济的关系。夏道平是学经济学出身的，当然较易于接近奥地利经济学派的自由市场经济著作。在撰写那篇曾引发台湾政治地震的社论《政府不可诱民入罪》时，他已经通过社会现实萌生了比较明确的警惕“政府”过度干预经济的意识；留心研究西方自由经济学说后，这种意识越来越明朗。1957 年的上半年，武大校友詹绍启寄给他一本《美国新闻和世界报导》著名英文杂志，有介绍米塞斯的《反资本主义心理》这本书的摘要，夏道平立即于 1957 年 1 月和 2 月分四期（16 卷 1－4 期）将其连续译介于《自由中国》。这本小册子将各种各类反对自由市场经济的学说，逐一加以批驳，也将夏道平市场经济的理念推到了一个新的水准。

《自由中国》锋芒毕露的政治反对，终为国民党当局所不容。停刊后，夏道平任教政治大学，与早年曾在伦敦经济学院直接受教于海耶克的经济学家周德伟过从甚密，经常请益，相约分别译述和研究奥国学派主要经济学经典著作。周德伟“达旨”了海耶克的《自由的宪章》，并着有专书《当代大思想家海耶克学说综述》；夏道平则系统翻译了米塞斯的《经济学的最后基础》和百万字巨制《人的行为》，又翻译了海耶克三本论文集中最精彩的《个人主义与经济秩序》，以及德国自由经济学家洛卜克（W. Ropke）的《自由社会的经济学》，成为台湾公认的“自由经济的传道者”①。

夏道平在他的自选集《自由经济的思路》自序中说，自由经济的思路是他“在一生的变乱中，东碰西撞，五花八门的摸索，终于走上的一条思路”，“我虽是武汉大学经济学系毕业的，而且还在经济学系当过几年助教，但就自由经济思路而言，我是半路出家的。在半路中的一些遇合和遭受，有的是从正面帮助我走上这条思路，有的是从反面启发我坚持这一走向。”走上这条思路，过程漫长、曲折、崎岖，“不是在学院里面宁静地探索到的”。② 台湾学者熊自健认为，周德伟、殷海光、夏道平等人之所以越来越崇信自由市场经济理论，与其说是知识使然，不如说是社会历史使然。左的社会主义计划经济，右的法西斯主义统制经济，都给社会发展造成不利的后

① 吴惠林：《当代财经杰出经典人物》，翰庐图书出版有限公司 2002 年版，第 3 页。

② 夏道平：《自由经济的思路》，远流图书出版公司 1989 年版，“自序”第 5、7 页。

果，他们认为奥地利经济学家所开辟的自由市场经济理论，是规避文明恶果的明智出路。①

夏道平在接引米塞斯、海耶克的过程中，经过他的消化和理解，他完成了在他很早开始接触但不曾有能力完成的对市场经济的证成。

二

夏道平对市场经济的证成是从对现实中存在的计划经济和统制经济的检讨开始的。计划经济和统制经济在近代中国思想界有着广泛的信仰者和同情者，内战后计划经济的经济体制在大陆实行，而台湾事实上存在浓厚的统制经济的影子。

计划经济在夏道平的用语中常与“社会主义”互用，统制经济在夏道平的思想中则主要是与法西斯主义相联系的一种国家资本主义经济形态。在夏道平看来，虽然计划经济和统制经济在具体方法上存在差异，但有一点是共同的：那就是“科学主义”的虚妄和“经济工程师”的心态。它们都有一个基本的预设，即科学可以解决一切问题，不仅可以解决自然界的问题，而且可以解决人类社会的一切问题，经济的问题也可以通过科学方法的运用得到完满的解决。由于对科学主义虚妄的迷信，他们进而相信社会经济活动不过是一个可以控制的“工程”，可以由工程师一手操作，达到最优化、最理想、最高效的境界。

夏道平认为，形形色色的计划和统制经济所赖以预设的“科学方法”都是没有根据的。经济学属于社会科学，社会科学与自然科学具有不同的特质。自然科学的对象是客观的，物质世界不具有能动性；社会科学的对象则充满主观性，人类的行为总是有目的、有价值判断的。“主观的与客观的，就自然科学者来看，是个比较简单的区别。前者是指人们的见解或信念，后者是指外在的事实。但这个简单的区别，不能轻易地用在社会科学方面。因为作为社会科学之对象的‘事实’，也包括一些见解——这里所说的见解，

---

① 熊自健：《战后台湾的自由主义者与海耶克思想：以殷海光、夏道平、周德伟为例》，氏著《当代中国思想述评》，文津出版社1992年版，第43页。

当然不是社会现象的研究者本人的见解，而是社会现象所赖以产生的那些行为者的见解。在这种意义下，社会科学者所处理的也和自然科学者所处理的一样，都是客观的事实，因为它们都是不受某个观察者或研究者的影响而独立存在的。可是在另一种意义下，社会科学所研究的事实，其本身可能是一些见解。是我们所研讨的那些行为的行为者的见解。"① 简言之，经济学是人的行为学之一部分。经济学家所必须了解的"人"，与生物学家或动物学家心目中的"人"不一样。经济学家虽也知道"人"具有一般动物的欲望、冲动、和本能的反应，但更重要的，是"人"还具有异于禽兽的意志、理念、和逻辑思考。这是人之所以为人的一大特征。经济问题不同于自然世界的问题，科学也许可以借以观察某种经济现象，却不足以依此"设计"整个的社会经济活动。

经济学的对象既不同于自然科学，自然科学的方法（简称"科学方法"）自不能机械地适用于经济学。夏道平观察到近代自然科学愈来愈令人惊服的成就，常常给人以科学方法万能的印象，"于是热心于社会改良者，急于事功，为求速效，对于社会问题，尤其是对于经济问题的研究与解决，也一律诉之于科学方法。"② 这种情形在他看来正是非科学的。他借用海耶克的说法，称持这种意见的人为"科学迷"（Scientism）。他说，"科学迷对于经济问题的探讨与解决，并不是无能为力，而是它能为大害。"③ 其中为害之一，就是工程师心态在经济学和经济制度中之泛滥。工程师在他所从事的某个特定的小世界里有完全的控制力，若在社会组织中谋求工程师式的控制，则超出控制者能力的范围，势必酿成灾难。遗憾的是，社会上这种"工程师心态"十分流行，不仅有了所谓"社会工程师"、"政治工程师"这一类的时髦称谓，乃至于苏俄的艺术家竟以史达林所赐的"灵魂工程师"这一封号而感到骄傲。计划经济或统制经济的潮流，正是科学迷与工程师心理状态的泛滥的结果，它表面上依从"科学"，实际上却完全违背经济运动自身的原则。

---

① 夏道平：《海耶克教授经济思想的简介》，氏著《自由经济的思路》第 71－72 页。
② 夏道平：《海耶克教授经济思想的简介》，氏著《自由经济的思路》第 73 页。
③ 夏道平：《海耶克教授经济思想的简介》，氏著《自由经济的思路》第 73 页。

三

夏道平说，经济运动首先是人的行为。人的行为固然离不开他人和社会整体，但目的和价值判断的确定总是个人性的。“人”，活生生有血有肉一个一个的人，是经济学家讨论经济问题的起点，也是着落的终点。人有欲望，且人的欲望会自我繁殖，而其满足却要受到外在的种种限制。于是在求满足的过程中，他不得不有所选择。选择，是出于不得已；选择什么，则又力求自由。这就是说：人，并非生而自由的，但具有争取自由的本性。由于人性中有如此特征，所以在漫长的演进过程中，渐渐学会了争取个人自由的适当方法，这个方法是要不妨害别人也可同样争取他的自由，否则终会妨害到自己的自由。这种个人在自觉的互动中，形成了分工合作、日益扩大的经济社会。[①] 个人行为无不涉及目的、价值问题，在经济活动中，这些目的、价值与他们的经济自主性密切相关，经济学之所以不能以“工程师”的心态求得解决，就因为任何经济工程师都不能深入到每一个个人的内心。

以个人为出发点来考虑经济和社会问题的思想方法，夏道平称之为个人主义（individualism）。他认为集体主义往往只是社会的手段和过程，个人主义才是社会的真实起点。在基本意义上，“集体主义是个人主义的死对头”[②]。individualism 一词，台湾经济学家周德伟为了避免通俗的误解而译作“个别论”和“个体主义”，不用“个人主义”。夏道平主张仍译作“个人主义”，他的理由，见之于所译海耶克的《个人主义与经济秩序》一书的译者序：“英文 indivdualism 这个字在中国向来是译作‘个人主义’。这个名词，由于反对者的故意歪述，也由于赞成者的肤浅传播，更由于不经心者的误解，以致被滥用得不成样子。所以有些人为避免这些混淆的困扰，特意把原译的‘个人主义’改译为‘个体主义’。有个时期，我也同意这一改译而使用它，近年来我又觉得我们不应当放弃那个原译名，因为原译名当中被改

---

① 夏道平：《经济学家的思路》，氏著《自由经济学家的思与言》，远流图书出版公司 1995 年版，第 91－92 页。

② 夏道平：《走出“社会正义”的流行迷思》，氏著《自由经济学家的思与言》，第 55 页。

掉的那个‘人’字太重要，太重要。个人自由，只有在个人主义哲学作理论的支持下，才有真实的意义，才可使我们不致被奴役到像马戏团的猴子那样。如果我们深信这一点，我们就得特别重视这个‘人’字，而不要为避免庸俗的误解，或慑于众口的污蔑而轻轻地把它换掉。”①

夏道平指出，个人主义与集体主义对立，也就是与“社会主义”对立。他认为通常将资本主义与社会主义对称是错误的，社会主义的对称只能是个人主义，资本主义的本意为“迂回生产的经济”，在这个意义下，如今所有社会主义邦国，不仅是资本主义，而且是高度的资本主义。所以“逻辑地讲，与资本主义经济相对的，不是社会主义经济，而是原始型的穴居野处，茹毛饮血，不用任何生产工具，只凭双手双足谋生活的那种经济。”② 那么，通常意义上的“资本主义经济”实际上指的什么呢？“资本主义”这个名词，被马克思用以概括工业革命初期一切可恶的现象，作为攻击的总目标，此后，在一般人的心目中就成为剥削制度的代名词。但实际上，资本主义只是一种“自由经济”或“市场经济”的经济秩序。他提出与“市场经济”相对应的应为“官署经济”（Bureau Economy）。“官署经济”属于社会主义的范畴，“市场经济”属于个人主义的范畴。

四

在夏道平看来，官署是一种秩序，市场也是一种秩序，但官署的秩序应该以政治性功能为主，经济的秩序不能离开市场的基础作用。如果使经济官署化，则势必造成秩序的错位。他说，政府权力所形成的社会秩序与市场形成的经济秩序截然不同，前者是设计作成的（简称做成的社会秩序），后者是自生自长的（简称长成的社会秩序）。“作成的社会秩序是必要的，我们没有任何健全的理由否定它的功能。但是，同样必要，而且现代文明所赖以

① 夏道平：《周德伟先生未受重视的一项业绩》，氏著《自由经济学家的思与言》，第152页注释8。

② 夏道平：《累进税理论之崩溃与重建》，氏著《自由经济的思路》第214－215页，注释第25。

扩展，而其内容所赖以丰富的，毕竟是长成的社会秩序。”① 这里所说的“长成”或“自生自长”，其意义与生物学上所讲的“成长”完全不同。长成的社会秩序，毕竟还是“人”的行为组成。离开“人”就无所谓社会。但是长成的社会秩序虽由人的行为组成，每个人只就他自己直接接触到的环境而调整他的行为。各人主观的愿望不同，各有其不同的行为目的。尽管他们全体行为的“总”结果凑成了这种秩序，而这个总结果并不是他们行为时所预期的或有意追求的目的。换言之，“这种秩序不是由特定的某人或特定的某些人设计造成的，而是在大家不知不觉中呈现出来。”② 做成的社会秩序仅凭感官就可觉察，长成的社会秩序则不能。

市场秩序属于长成的社会秩序，它与人性相吻合，应该是人类经济活动最基本的秩序。其功用远远不止于一般经济学者所说的“经由市场供需法则所形成的价格体系之指引，生产资源会用在最有效率的途径”。它的妙处，包括“各分子的行为目的虽不同，而不碍于他们的协作”，“行为目的不同或相反的人们，彼此间不仅不成为敌人，而且成为实质上互助的朋友”等③。基于当事人既有的知识和对未来的期望，市场秩序处在不断调整之中。其间虽不免有些人失望，乃至受到严重的损失，但这个代价既无大害而且有益。“无大害，是因为它不会长久固着在某些特定的人身上。有益，是因为它有激励的作用。激励来自正反两方面，也即利润与亏损。”④ 总体上，各人的行为相激相荡，行为的目的相反相成，会使秩序趋向于一种动态的平衡。

市场经济不是什么伟大人物的精心设计，它是从芸芸众生个别行为的互动中慢慢自然形成的。人类社会之形成与扩大，是由于人的自觉行为之互动。“互动”之“互”字显示出主词的“人”是指的多数人，而且多到说不出他们是谁何；绝不是少许几个人，更不是像孟轲所称为“独夫”那样的一个人。其互动也，是各在其独特的环境，各凭其独特的零碎知识而行为，而互动。绝不是靠少数人或一个人的设计、规划、指挥或命令而组织成

---

① 夏道平：《经济自由化与市场秩序》，氏著《自由经济的思路》第 267 页。
② 夏道平：《经济自由化与市场秩序》，氏著《自由经济的思路》第 268 页。
③ 夏道平：《经济自由化与市场秩序》，氏著《自由经济的思路》第 268－269 页。
④ 夏道平：《经济自由化与市场秩序》，氏著《自由经济的思路》第 269 页。

的所谓“团队”行为。非团队行为的行为不仅未造成混乱，反面是分工合作的社会所赖以达成、所赖以扩大的基础。用亚当·史密斯的话讲，这是“无形之手”的作用：用海耶克的话讲，是“长成的社会秩序”。

夏道平指出，重视“无形之手”，并不意含排斥“有形之手”：尊重“长成的社会秩序”，并不意含排斥“法制的社会秩序”。我们用“重视”、“尊重”这些字眼，是要强调有形之手不应牵制或阻碍“无形之手”的运作，只能为其去碍，使其运作顺畅无阻；是要强调法制的社会秩序不应干扰或搅乱长成的社会秩序，只在提供一个有利于后者得以保持活力而无僵化之虞的架构。市场秩序的存在和运作，当然要靠做成的秩序来维护来辅助，但不容许后者的强制力任意侵入干扰，甚至取代。否则轻而言之搞得市场秩序大混乱；重而言之，会斫伤整个经济的活力。因此，社会经济的运行应务求自由化，经济自由化就是“现存的繁琐的经济管制之逐步解除”①。这种经济秩序，是以私有财产权为基础；生产与分配则由市场运作，透过价格体系来决定；政府的经济功能，只限于提供某些必要的法制架构，使市场能自由顺畅地运作而不加干扰。

五

夏道平同时看到，市场经济和其个人主义方法论，还预设了一个重要的人文观念，那就是尊重个人尊严，个人自由的价值。主张每一个人有其人格尊严与自由，是目的，不可作为别人的手段。国家的存在是为了保障个人的自由、生命、财产，国家以其独占强制力防范个人侵犯他人自由、生命、财产，但须以法律限制其行使与滥用。

这种价值在各种计划经济、平等经济的理论中，是被排斥的。各种名目的计划经济和统制经济，共同的特点，在于以衙署命令替代市场机制，以所谓社会正义替代利润的诱因，生产手段国有，分配、交换，也直接置之于一个中央统制之下。其结果，秩序的错位导致“走向奴役之路”。真的个人主义，从来没有讲到所谓经济平等。经济平等这一构想，如果要不违背个人主

① 夏道平：《经济自由化与市场秩序》，氏著《自由经济的思路》第266－267页。

义的基本精神，平等一词，必须另加诠释。

那么，何以那些诋毁自由的经济形态会被很多人接受而大行其道？夏道平认为这或与社会成员对于“责任”的逃避有关，或与他们对于自由的意义了解不透彻有关。

自由与责任是不可分的。自由不仅是意谓个人有选择的机会，也意谓着个人要为选择而烦心。因为一个自由人必须对自己的行为后果负责任，而接受成败的利害或荣辱。“确有许多人怕负责任；责任与自由不可分，因而他们也就怕自由，愿意牺牲自由以过一种被庇护的生活。”① 于是，“社会安全”这个模糊的概念以及随之而来的强制性的全面的社会保险被广泛地接受。

不少人承认自由重要，但认为生活的安定更重要。他们为了大多数人所迫切要求的经济平等，宁可牺牲现实上只有少数人所能利用的自由。他们不了解，“少数人所能利用的自由完结了，大多数人的灾难更因之而加深。”②

夏道平说，没有安定的生活何贵乎有自由这种想法，在某一限度以内是对的。但是，如果不设定一个限度而是把安全视为绝对的重要，那就涉及两个严重的问题。一个是属于价值方面的，一个是属于认知方面的。他引用费力浦斯（H. B. Phillips）的说法指出：从价值方面看，自由是值得追求的，“历史上不断的有些演说家和诗人热烈地赞美自由”；而从认知方面看，离开了自由，文明的进步便受到阻碍，“在一个进步的社会，对于自由的任何限制，都会减少可被尝试的事物，因而减低进步的速率。进步的社会之所以让个人有行动自由，并不是因为自由给他更大的满足，而是因为让他有了自由，则其净结果是我们其余的人都享受到他更好的服务，比我们所知道的在任何法令下所能给予的更好。”③ 他又引用海耶克的说法：“我从自由所得到的利益，大部份是别人利用自由的结果，而别人对于自由的利用，大部份是我所无法利用的。所以，对于我而言，自由之所以最重要，并不一定是我自己所能利用的自由。我们可以确定地说，有些人可以尝试任何事情，比所有

① 夏道平：《海耶克教授经济思想的简介》，氏著《自由经济的思路》第 80 页。
② 夏道平：《海耶克教授经济思想的简介》，氏著《自由经济的思路》第 82 页。
③ 夏道平：《海耶克教授经济思想的简介》，氏著《自由经济的思路》第 81 页。

的人都作同样的事情，要重要得多。……所以，自由的利益，并不限于对自由人——至少可以这样说，一个人决不是主要地受益于他自己所利用的自由。历史上常有不自由的多数人因为有自由的少数人之存在而得到利益，今天，不自由的社会也得益于自由社会的存在。”①

在他看来，社会成员对于自由的轻忽，为扭曲人性的统制经济或计划经济的潮流提供了土壤，“于是个人自由——民主社会的文明所赖以成长、所赖以持续的个人自由，就横遭侵袭”②，走向“到奴役之路”。这就又回到了夏道平从《自由中国》时期开始关怀的主题：人的自由、权利、尊严。夏道平坚持，为了真正“把人当人”，为了挽回人的尊严和自由，经济秩序应当是自由市场经济，而不是其它。

这样，夏道平就分别从计划经济、统制经济的检讨，经济行为的主体形态与认识方法，个人经济活动与社会经济体制的关系，市场经济的人文价值等不同层面，完整论证了自由市场经济的正当性。这种论证，不仅在战后台湾经济和社会演变中是难能可贵的，对于今天中国大陆改革开放的持续深化中巩固市场经济的理念，应该说也有十分深刻的借鉴意义。

---

① 夏道平：《海耶克教授经济思想的简介》，氏著《自由经济的思路》第82页。
② 夏道平：《海耶克教授经济思想的简介》，氏著《自由经济的思路》第75页。

夏道平对自由的厘定与阐发*

邓文（武汉理工大学政治与行政学院）

夏道平是一个自由主义经济学家，他主要学术和思想贡献是在自由经济思想方面。但他不是为经济而经济，而是为了台湾的“政治民主”而经济。他系统翻译数百万字的自由经济学派的经典著作，是中国人中第一个进行这方面工作的人，也是近代中国将自由市场经济与民主宪政自觉联系起来的先驱之一。他不少的文稿和翻译的专书中都从不同角度论及了自由，反映和折射出他本人的自由观。

一

“自由，人人爱”，但对自由的理解却千差万别。“严格地讲，纯正的自由主义，其内涵是些什么，……就连所谓自由派和反自由派的学者群，也难得有明确一致的想法。”夏道平甚至觉得这种含混也是人人爱自由的原因之一：“正因为一般人对它没有明确的概念，茫茫然漫无边际，所以人人爱自由”。① 不过，夏道平仍然主张自由和自由主义，如果期待在社会生活中加以落实，还是需要厘清其基本的规定性。

在西方文献中，自由主义的原始意义，是特指“个人的”自由，也即特指撤除政府对“个人”许多活动的一些任意而强迫的限制：因为那些限制有害于个人的自立，有害于个人的自负责任，有害于个人的自尊，有害于个人的自我实现。夏道平认同这种意义，正如同他早年翻译的米塞斯《反

---

* 本文为国家社会科学基金“大陆赴台学人与台湾光复后文化重建研究”（06BZS036）阶段性成果。

① 夏道平：《谈自由 念胡适》，“夏道平文存”3《自由经济学家的思与言》，远流出版公司1995年版，第161页。

资本主义心境》中所表述的："现代观念中的自由，其意义就是如此。每个成年人都可自由地按照自己的计划来生活，不致在警察监督下被迫的遵照政府的什么计划。个人自由之有限制，不是来自别人的迫害或迫害的威胁，而是来自自己身体的生理组织，以及自然界生产因素的稀少性。人，永久不能违背自然法则去安排他的命运。"① 在他看来，个人自由的本质意义就在于把政府官吏与军警的权力限制在一定的范围以内，使其不能任意地为害人民。所有争自由的斗争，其目的也就在此。

夏道平倾向于将西方文明史，看作一部为自由而不断斗争的记录。他以显然同意的语调，这样译述着米塞斯的著作："自由这个观念，可说是西方特有的。东方与西方的分别，最重要的一点，就在于东方人的脑子中从来没有像西方那样的自由观念。……在科学方面，有些原始贡献，实在是溯源于东方。但是关于自由观念之起源，是始于古代希腊城市国家，却从来没有人争辩。希腊哲学家、历史家的著作，把自由观念传给了罗马人，后来又传给现代的欧美。于是它就成为建立西方良好社会的主要基石。它孕育了放任哲学，而放任哲学引导出资本主义时代一切空前的成就。"②

夏道平所理解的自由，也就是哈耶克《自由的宪章》中所说的"免于镇制"或"免于强制"。他不太同意马赫禄普等人人"把自由主义者视同改革家或进步分子"（《自由主义与自由选择》），指出："自由主义者是否也即改革家或进步分子，这要看他所处的是怎样的社会。在一个没有自由的社会，改革家大概是自由主义者。如果在一个很自由的社会，改革家很可能不是自由主义者；而真正的自由主义者，就被叫作保守分子。孕育英国工党的费边社人物，无疑地都是和平主义的改革家，但不是自由主义者。"③ 他也不同意杜威学说中关于自由即能力的意见。杜威在他的《自由与社会控制》（Liberty and Social Control，发表于1935年11月的Social Frontier）一文中说到"自由是能力，是做某些特定事情的有效能力"；又说"要求自由，也即要求能力"。后来（1938年），他又在《经验与教育》（Experience and Edu-

① 米塞斯著，夏道平译，《反资本主义的心境》，远流出版公司1991年版，第22页。

② 米塞斯著，夏道平译，《反资本主义的心境》，远流出版公司1991年版，第86页。

③ 夏道平：《谈自由 忿胡适》，"夏道平文存"3《自由经济学家的思与言》，远流出版公司1995年版，第165页。

cation）一书中补充地说：不受强制的干涉“只是自由的消极面”，这个消极面“只有用来达成有能力的自由时，才有意义。”夏道平认为，“自由”与“运用自由”的能力，毕竟是两回事。他说：“自由的存在，一方面是让那些有能力运用的人更能运用自由，另一方面也可激发那些尚无能力的人努力培养或训练自己的能力来运用既有的自由，这一方面很重要。……把自由说成有效的能力，而认为自由的消极性是空洞的、无用的，有很严重的危害。”①

五四时期的中国自由主义者，普遍存在将自由理解为“解放”的倾向，而“解放”正是与“改革”、“能力”相联系的语汇，从夏道平的批评，可以显示夏道平的自由观已经明显超越了五四知识分子的水平。

夏道平不仅重视自由的本质规定性，也很重视自由在经济、政治、文化各层面的意旨，从而衍生出他的经济自由观、政治自由观和文化自由观。

二

在经济活动中政府应该充当何种角色，干预和管理到何种程度，历来有不同见解。主张完全在政府计划下开展的，为计划经济学派；主张虽不必完全由政府计划，但政府可以全面管制的，为统制经济学派；主张政府只充当社会秩序维持者，充分放任社会成员自由组织经济活动的，为自由经济学派。夏道平以自由经济学家自认，坚持只有在经济上实现充分自由的制度，才是最符合人性的经济制度。

夏道平对于经济自由的论述，开始于《自由中国》时期。《自由中国》是政论性半月刊，讨论经济问题不算特别突出，但篇幅也可观。在《自由中国》写经济评论的主要是夏道平、戴杜衡、瞿荆洲三位，其中有一半出自夏道平之手。这些评论很能表现其自由经济主张。

夏道平隐约表达自由经济思想倾向的一篇论述，是《自由中国》第4卷第11期（1951年6月1日）的社论《政府不可诱民入罪》，这篇被视为

① 夏道平：《谈自由 念胡适》，“夏道平文存”3《自由经济学家的思与言》，远流出版公司1995年版，第167－168页。

台湾知识分子反对国民党独裁统治，鼓吹自由民主宪政的标志的檄文，主要针对国民党当局金融管制的执行机关的滥用职权而发，该文虽尚未及点出“自由经济”的主旨，但在批评和申斥中，显示出对权力机关经济管制危害性的警惕。之后，随着殷海光所译述的哈耶克名著《到奴役之路》的连载（《自由中国》9卷5期至11卷7期），以及胡适自我“洗脑”的公开发表，夏道平对自由经济的思考越来越清晰。发表于《自由中国》第11卷第9期（1954年11月1日）的《国营事业转投资问题的商榷——关于大法官会议的一件解释案》，即明确提出国营事业的范围日益扩大，民营则日益缩小，其后果很可能是海耶克所讲的“到奴役之路”，既没有效率的保证，又失去了自由的保障。到他执笔的《自由中国》第12卷第8期（1955年4月16日）社论《民营事业的使命》，则更开宗明义地说：“对于政治经济问题，我们一向有些坚定不移的信念。其中，我们认为：政治民主是要以经济自由为基础的。”① 正是在这种意识支撑下，继殷海光的对奥地利自由主义经济学家哈耶克的介引之后，夏道平也翻译了另一位著名奥地利自由主义经济学家米塞斯的著作《反资本主义的心理》的摘要，连载于《自由中国》（16卷1－4期）。这本小册子将各种各类反对自由市场经济的学说，逐一加以批驳，也将夏道平市场经济的理念推到了一个新的水准。

《自由中国》停刊后，夏道平任教政治大学，与早年曾在伦敦经济学院直接受教于海耶克的经济学家周德伟过从甚密，经常请益，相约分别译述和研究奥国学派主要经济学经典著作。周德伟“达旨”了海耶克的《自由的宪章》，并著有专书《当代大思想家海耶克学说综述》；夏道平则系统翻译了米塞斯的《经济学的最后基础》和百万字巨制《人的行为》，又翻译了海耶克三本论文集中最精彩的《个人主义与经济秩序》，以及德国自由经济学家洛卜克（W. Ropke）的《自由社会的经济学》，以更多的精力，更丰富的阐释文字，来论证经济自由主张，成为台湾公认的“自由经济的传道者”②。

在这些翻译的注释或说明文字中，夏道平分别从计划经济、统制经济的

---

① 夏道平：《民营事业的使命》，“夏道平文存”1《我在〈自由中国〉》，远流出版公司1989年版，第125页。

② 吴惠林：《当代财经杰出经典人物》，翰庐图书出版有限公司2002年版，第3页。

检讨，经济行为的主体形态与认识方法，个人经济活动与社会经济体制的关系，市场经济的人文价值等不同层面，完整论证了自由市场经济的正当性。① 例如，他认为，虽然计划经济和统制经济在具体方法上存在差异，但有一点是共同的：那就是“科学主义”的虚妄和“经济工程师”的心态。它们都有一个基本的预设，即科学可以解决一切问题，不仅可以解决自然界的问题，而且可以解决人类社会的一切问题，经济的问题也可以通过科学方法的运用得到完满的解决。由于对科学主义虚妄的迷信，他们进而相信社会经济活动不过是一个可以控制的“工程”，可以由工程师一手操作，达到最优化、最理想、最高效的境界。而实际上，“科学方法”并靠不住。科学也许可以借以观察某种经济现象，却不足以依此“设计”整个的社会经济活动。计划经济或统制经济的潮流，正是科学迷与工程师心理状态的泛滥的结果，它表面上依从“科学”，实际上却完全违背经济运动自身的原则。夏道平说，经济运动首先是人的行为。人的行为固然离不开他人和社会整体，但目的和价值判断的确定总是个人性的。经济学之所以不能以“工程师”的心态求得解决，就因为任何经济工程师都不能深入到每一个个人的内心。人有欲望，且人的欲望会自我繁殖，而其满足却要受到外在的种种限制。于是在求满足的过程中，他不得不有所选择。选择，是出于不得已；选择什么，则又力求自由。个人行为无不涉及目的、价值问题，在经济活动中，这些目的、价值与他们的经济自主性密切相关，经济秩序的建立，无疑应该以这种人性原则为根据。而最能体现这种人性原则的，便是自由市场经济体制。他指出，政府权力所形成的社会秩序与市场形成的经济秩序截然不同，前者是设计作成的（简称做成的社会秩序），后者是自生自长的（简称长成的社会秩序）。“这种秩序不是由特定的某人或特定的某些人设计造成的，而是在大家不知不觉中呈现出来。”②

---

① 何卓恩：《夏道平对自由市场经济的证成》，《湖北社会科学》2007 年第 10 期，第 105 页。

② 夏道平：《经济自由化与市场秩序》，“夏道平文存”2《自由经济的思路》，远流出版公司 1989 年版，第 268 页。

三

夏道平的经济自由思想，与其说是以经济效率为根底，不如说是以人性、人的权利为本原。因此，经济自由的目的，不仅仅是提升冷冰冰的经济增长数字，更是要提升每一个人的内在生活品质。其中重要的一条，即个人尊严的尊重，个人自由价值的实现。因此他主张每一个人的人格尊严与自由，是目的，不可沦为手段。国家的存在是为了保障个人的自由、生命、财产，国家以其独占强制力防范个人侵犯他人自由、生命、财产，但须以法律限制其行使与滥用。现代的政治文明，都是要保障个人自由，以防止来自政府方面的侵害。

人的自由、权利、尊严，是《自由中国》半月刊的基本主题，夏道平作为主笔之一，从一开始就热忱关怀“把人当人”的议题。这样看，他的政治自由理念的形成还略早于经济自由思想。

其政治自由理念，至少包括人权、民主和法治三部分。

人权方面，夏道平阐述较多的是人身权、言论权和财产权。论及财产权的文章，除上文提到的《政府不可诱民入罪》、《国营事业转投资问题的商榷》之外，还有《从孙元锦之死想到的几个问题》（13卷6期）、《叫我们如何鼓励“抬不起头的”税务人员?》（21卷7期）等多篇，此不再述。论及人身权的文章，可以《论作保》（7卷7期）为例，当时台湾法令下，出入境要保，任公职要保，进学校要保，一个嫌疑犯经侦察无罪时，也得有保才可释放，夏道平认为这些做保规定，“大多数场合是要以个人之身体自由来作保证的。”指出：“政府课于人民的做保，纵然不能完全取消，总以愈少愈好。要保，是不信任的表示，也是卸责的企图。民主政府或走向民主的政府，不该对人民普遍地不信任，更不该把政府自身应负的责任推到人民身上。”① 政府应该认识到，人类是奔向自由的。此类文章还有《开倒车——走私案移送军法审判》（21卷11期）等。

---

① 夏道平：《谈做保》，“夏道平文存”1《我在〈自由中国〉》，远流出版公司1989年版，第63页，第60－61页。

夏道平论述言论自由的文字，最为宏富。如《请从今天起有效地保障言论自由》（15卷9期）、《一篇血腥气的怪论——“中立主义的转变”》（18卷4期）、《为〈自治〉半月刊横遭查扣而抗议》（18卷1期，与雷震合写）、《出版法事件的综合观》（18卷10期）、《对政经半月刊事件的观感》（22卷2期）、《记者节谈穆万森案件》（21卷5期）等。其中，《请从今天起有效地保障言论自由》，是为轰动一时的《自由中国》“祝寿专号”而作，文章认同穆勒《自由论》中“言论自由为一切自由的根本”的观点，声言：“言论自由是诸项基本人权中之一项，人权而冠以‘基本’二字，是表示这几项人权是人之所以为人的要件。基本人权不是邦国或政府所赋予的，而是先于邦国或政府而存在”。① 夏道平不仅从人权的立场论证言论自由，也认为言论自由在政治上还有积极功用，“言论自由是形成舆论的要件。舆论的积极作用是政治的维他命，消极作用是政治防腐剂。这就是励精图治的政府之所以要尊重舆论，也即是我们要为形成健全舆论而努力的道理”②，所以“信仰民主政治的人士，要有当仁不让的气概，为争取言论自由而努力”③，“真心谋国的政治家应该运用它、珍惜它。不应该怀疑它、畏惧它，乃至糟蹋它。”④

政治上的自由人权，需要民主和法治来保障。严复说，自由为体民主为用，夏道平也深谙此旨，讲过“自由可谓系目的，民主则主要系方法。‘民主乃自由在行动中’。民主乃自由之‘器用化’”⑤ 这样的话。在他看来，民主能够从权力之源上控制当权者，也能在当权者滥权之后以选票制裁它，确保大多数人的权利不致被剥夺。当然，民主要保证全体公民的权利，还需要法治配合，法治不仅有助于保障多数人，也有助于保障居于少数地位的人

---

① 夏道平：《请从今天起有效地保障言论自由》，“夏道平文存”1《我在〈自由中国〉》，远流出版公司1989年版，第167页。

② 夏道平：《有容乃大·无欲则刚》，“夏道平文存”1《我在〈自由中国〉》，远流出版公司1989年版，第119－120页。

③ 夏道平：《论政治责任》，“夏道平文存”1《我在〈自由中国〉》，远流出版公司1989年版，第48－51页。

④ 夏道平：《论言论与新闻的管制》，“夏道平文存”1《我在〈自由中国〉》，远流出版公司1989年版，第152页。

⑤ 社论（夏道平）：《我们要贯彻‘五四’精神》，《自由中国》第12卷9期。

的权利，所以“法治与民主是不可分的”①。关于对法治的认识，夏道平曾写过一篇社论，他诧异于台湾某些政要“渐渐有点怕民主，但他们却又常常强调法治”，而一方面强调法治，另一方面表现于实际的却是“与法治的精神相反”的怪现象，感到这与他们误解和歪曲法治有关，为正本清源，有温习法治课题的必要。他提出法治的两点要义：一、“现代意义的法治，法的本身必须都是民选的立法机关制定的”，当权者的个人意志和行政机关的政令，不能混迹于“法”；二、“司法独立”，任何其他的权势不能干预司法，法官在司法过程中，惟法是守，不接受任何指示。法治的最大功用，在“保障人民权益，限制政府权力”，不了解这一点，就会与法治本义南辕北辙。

国民党到台湾后，“民主”和“法治”不进反退，激起夏道平极大义愤，发表不少批评文字。他对“奉命不上诉”事件的穷追猛打②，对蒋介石公然试图违“宪”三连任的不假辞色，直指其谬③，都是典型的案例。夏道平个性上本来属于温和气质的儒雅君子，但在大是大非问题上，与殷海光等激烈人物毫无差别。

四

杜威在他所著的《自由与文化》一书中，曾经说过：“自由的政治制度必须存在于自由的文化之中。”其实人类社会的种种活动，构成了文化多方面的因素。从广义上讲，无论政治、经济、教育、宗教和艺术等等，都属于文化的一部分。从狭义讲，文化虽主要指教育、宗教、艺术，以及思维方式

① 社论（夏道平）：《建立法治》，《自由中国》第15卷4期。

② 夏道平所撰四篇社论是：《如此司法——“奉命不上诉”》（19卷10期），《从官方的报道再论“奉命不上诉”》（11期），《论谷凤翔对“奉命不上诉”案应负的法律责任》（12期），《“奉命不上诉”案为何“不予起诉”？》（20卷2期）。

③ 对违宪三连任问题，夏道平连续写了《蒋总统不会作错了决定吧?》（20卷12期）、《好一个舞文弄法的谬论！——所谓“修改临时条款并不是修改宪法本身”》（21卷2期）、《敬向蒋总统作一最后的忠告》（22卷3期）、《敬告我们的国大代表》（22卷4期，与雷震合写）、《怎样才使国大的纷争平息了的!》（22卷6期，与雷震合写）、《蒋总统如何向历史交待》（22卷7期）六篇社论。

等内容，而与经济、政治并列，但其与经济、政治的关系仍然很密切。杜威的说法正是看到了这种难以肢解的关系。夏道平很早就写过一篇文章介绍美国大选，推崇民主制度“个别投票，一起祈祷”① 的精神，从基本意旨上说，表达的就是政治与文化的关系。

中国自由知识分子自严复以来，尤其五四之后，几乎无不关心文化问题。建立什么样的一种文化，才可以有利于自由的社会制度生根发芽？夏道平自然也会思考。

对于有着数千年文明史的中国来讲，文化问题首先就牵涉到如何对待传统文明，如何对待西方价值的问题。夏道平的基本认识仍然是采取“自由”的态度——既不以卫道的立场固执保守传统，也不以迷信的态度盲从西方文化，而是一切根据社会需要，自由择取，自由创造。只有这样，才能真正符合“人”的之所需，适应经济自由与政治自由的之所求。

夏道平最早讨论文化议题，是他在《自由中国》第6卷9期以夫人朱启葆的名义发表的评介唐君毅著作《中国之乱与中国文化精神之潜力》的文章。唐君毅以新儒家的立场，分析中国共产党取得大陆政权的原因，认为固然政治和经济的因素非常重要，但更重要的是中国共产党得到了某几个方面“中国文化精神的支持”。因此之故，流落台湾和海外的中国人，要谋取出路，也应该从文化建设这个根本处入手，提振中国传统文化中更具主导性的文化。夏道平并没有轻易接受唐君毅的具体结论，但肯定了唐君毅提出的“大问题”。当时台湾教育当局正在奉命研究和推行“四维八德教育”，夏道平期盼唐君毅提出的问题，能够激发人们进一步思考。

这里夏道平自身并没有给出一个方向性的答案。但不久他在批评萨孟武贬儒扬法的意见时，他终于表达了态度。他说：“儒家思想是古方，法家思想也同样是古方。古方用之于古，有效有不效；用之于今，则一无是处。因为它们都是替统治者讲求治民之术的。人民在他们的眼中是天生的被统治者。……儒家的道德和法家的法、术，与现代民主国家的政治和政治道德，不知相去几千万里。”② 也就是说，现代文化不可以古方为凭藉，而应该体

① 夏道平：《美国大选杂感》，《自由中国》第7卷10期。

② 夏道平：《读萨孟武先生“关于读经问题”书后》，《自由中国》第7卷5期。

现现代精神。不仅文化精神如此，即使文化工具和文化符号，也不可拘泥古旧。50年代，大陆文字学家积极推进文字简化工作，可是台湾当局却坚持沿用书写不便的繁体字，夏道平在大陆文字简化前两年，即提出了对字体简化的意见，表示："文化是要适应时代要求的，国家是为人民而存在的"，"文字是表达思想情绪的工具。工具的本身，在不妨碍其功用的条件下，越简单越好；简单就便于使用。"字体简化是大众的要求，"故步自封的保守观念是我们一向反对的。"①

可见，夏道平在文化取向上，与五四知识分子有基本的共同性。他曾撰写社论明确提倡"五四"精神，主张"养成民主与科学的态度"②。之所以对中国传统文化的批判性较突出，与他不满于台湾当局利用政治力量崇扬传统，利用传统文化某些词句强化威权有关。他接触到奥国学派后，米塞斯等人认为东方国家缺乏自由阻碍文明发展的观点，也影响到他。米塞斯在《反资本主义的心境》第四章中说，东方民族，在几百年乃至几千年以前，已经在工艺、建筑、文学、哲学以及教育制度等方面有了辉煌的成绩，也建立过强有力的帝国。但是，他们的努力一旦被阻，文化就陷于麻痹迟钝的状态，失掉了适应新环境的能力。他们的智力与艺术天才，元气和活力也为之消失。原因是东方缺乏一件最重要的东西——相对于国家而言的自由的观念。天才所需要的第一件事，是呼吸自由空气。东方人从未举起自由的旗帜，从未强调个人的权利以对抗统治者的权力，从未把专制君主的任意专断当作问题来讨论。这样的文化，自然需要更多的内省和新观念的冲击。

不过，如果因此认为夏道平是一个全盘反传统主义者或西化主义者，也不符合他的真实主张。实际上传统文化对于他具有多面的意涵，他所批评和希望改造的，只是传统中显然不适应当时需要的一部分；其他不具有这种色彩的部分，如传统文化所追求的"爱"，传统文化所陶养的儒雅人格，以及其他可以推陈出新的传统思想，他都是给予肯定的。他说，中国固有的传统文化中富有"爱"的教诲。中国传统文化与西方基督教"同的方面很多很

---

① 社论（夏道平）：《我们对字体简化的意见》，《自由中国》第10卷8期。"夏道平文存"1《我在〈自由中国〉》，远流出版公司1989年版，第84－86页。

② 社论（夏道平）：《我们要贯彻'五四'精神》，《自由中国》第12卷9期。

多，总而言之，都是教人为善，也可简约到一个‘爱’字”①。他用“中国儒家兢兢业业与道家潇洒自得的精神”，与“近代西方人文主义的传统”相提并论来颂扬和怀念在大学时代影响他最大的任凯南教授和李剑农教授。②他称许他的挚友周德伟先生在学术思想上应受重视的两项业绩，“一是为我国知识群众有系统地介绍当代大思想家海耶克教授，二是把我国儒家传统思想重新评估，而赋予新的意义。”③

总之，夏道平作为一位自由主义的政治经济学家，很注意从本质规定性上把握自由的内涵，并将这个内涵努力在思想上落实到经济、政治、文化各层面，主张充分的市场经济，真正的民主政治，和适应时代的现代文化。夏道平的思想表达虽然是在战后台湾这一特殊地区，但他的思想却是近代中国知识分子智慧贡献的一部分，梳理其思想的内在结构，对于反省近代中国自由主义的历史，思考当今转型中的中国大陆市场经济和民主政治建设，应不无正反两方面的启迪。

---

① 夏道平：《自由主义与宗教》，《经济前瞻》第35期（1994年7月10日）。

② 夏道平：《石屋二老：纪念任凯南、李剑农两教授》，台北《珞珈》季刊第63期（1972年10月1日）。

③ 夏道平：《周德伟先生未受重视的一项业绩》，台北《传记文学》第49卷第1期（1986年7月）。

夏道平经济自由思想的内涵

李晓波（中南民族大学民族学与社会学学院）

夏道平（1907—1995），湖北省大冶县人，1935 年武汉大学经济学系毕业。抗战期间，任上校文职军官。后历任国民参政会经济建设策进会研究室主任、经济部参事。1949 年赴台。1949 年 11 月《自由中国》创刊后，与殷海光等人一起成为主要撰稿人之一。“自由之道，平笔如椽。”①《自由中国》总共出刊 249 期，社论 429 篇，其中有 116 篇是夏道平写的。此外，还有不少以本名或笔名写的和译的、以及早期刊出的若干短评。《自由中国》刊出的经济方面的社论，有一半出自夏道平之手。这些文章“对当时与往后的台湾产生重大影响，启蒙了自由主义的思路，也为台湾民主政治的开展，打开了一条血路。”② 1960 年 9 月《自由中国》被迫停刊后，夏道平在埋首任教的同时，较系统地翻译了奥地利学派的经济学著作，如米塞斯（L. Mises，1881—1973）的《反资本主义的心境》（The Anti-capitalistic Mentality）、《经济学的最后基础》（The Ultimate Foundation of Economic Science）、《人的行为》（Human Action）、哈耶克（F. A. Hayek，1899—1992）最精彩的一本论文集《个人主义与经济秩序》（Individualism and Economic Order）等。这一“冷门工作”为 1960 年代台湾地区“经济奇迹”的出现奠定了良好的理论基础，博得今日台湾学术界相当大的肯定。退休后，夏道平接受蒋硕杰的邀请，任台北中华经济研究院特约研究员，主要从事改稿和编辑《经济前瞻》季刊工作。1995 年 12 月 23 日傍晚，这位“前半生致力于台湾自由民主、后半生为自由经济散播种子不遗余力的哲人”③ 安详

① 吴惠林：《自由之道，平笔如椽》，台北《联合晚报》1996 年 1 月 6 日。

② 柴松林：《高山安可仰，徒此揖清芬》，《夏道平先生追思礼拜讲词》，1996 年 1 月 7 日。

③ 吴惠林：《自由经济人师神髓录》（修订版），台北远流出版公司 2005 年版，第 321、322 页。

辞世。

由于种种原因，长期以来夏道平却被思想界和学术界相对忽视。目前学界有关夏道平的研究文献不多，但其中也有一些富有代表性的研究成果。[①]在此基础上，有关夏道平思想的研究还应继续深入，譬如应该进一步分析其经济自由和民主宪政思想的丰富内涵。限于篇幅，本文侧重探讨夏道平的经济自由思想的内涵。

一、积极层面的经济自由思想

列文森（Joseph R. Levenson，1920—1969）在其名著《儒教中国及其现代命运》的导言中指出，研究思想不仅要注意思想家所肯定的部分，而且要注意其所否定的部分，因为他所否定的部分影响到他肯定的部分的意义。[②] 据此，夏道平的经济自由思想可以解析为两个层面：积极层面和消极层面，它们紧紧围绕经济思想史、经济哲学的重大主题之一——市场与政府的边界和关系问题而展开。

1. “市场法则之于经济学，正像万有引力之于物理学”

市场法则是指“在市场运作中没有任何强迫和压制……每个人自愿地与别人合作。市场指挥他，告诉他如何才能最利于自己、也最有利于别人。市场是至高无上的。仅仅这个市场，把整个社会制度安排得有秩序、有意义。”[③] 市场法则，简言之，即人的行为由市场掌舵，由市场指导。

---

① 其中代表性的成果有：熊自健的论文《战后台湾的自由主义者与哈耶克思想：以殷海光、夏道平、周德伟为例》（《当代中国思想述评》，台北文津出版社 1992 年版，第 28 – 29 页）及其研究报告《夏道平与战后台湾自由主义的新开展》（台北“行政院国家科学委员会”专题研究计划成果报告，1994 年 8 月）；何卓恩的论文《夏道平对自由市场经济的证成》（《湖北社会科学》，2007 年第 10 期）、《自由与平等：〈自由中国〉时期殷海光、夏道平对政经关系的反思》（《经济市场化与社会和谐——海峡两岸纪念夏道平先生诞辰 100 周年学术研讨会论文集》，华中师范大学，2007 年 10 月，第 58 页）和《自由主义与宗教信仰——从夏道平晚年的一篇自述文章反省历史》（《经济前瞻》第 108 期，2006 年 11 月）；邓文的论文《夏道平对自由的厘定与阐发》（《武汉理工大学学报》社会科学版，2008 年第 8 期）等。

② Joseph R. Levenson，Confucian China and Its Modern Fate：A Trilogy，University of California Press，1965，p. xxvii. 此处转引自黄克武：《一个被放弃的选择——梁启超调适思想之研究》，北京新星出版社 2006 年版，第 37 页。

③ 米塞斯：《人的行为》，夏道平译，台北远流出版公司 1991 年版，第 353、354 页。

夏道平非常重视市场法则。他强调“市场法则之于经济学，正像万有引力之于物理学”。市场法则“尽管有时不能顺利运作，却是一永恒的潜在力量。它来自千古不变的人性。你可以用大力歪扭它、抗拒它，但你不能消灭它。”① 如果有人的行为存在，那么一定有市场存在；如果有市场存在，那么一定有市场法则存在。当被外力扭曲时，它也存在，同时也会发生作用，而且值得突出注意的是，市场法则“发生作用的能量，随着扭曲程度的扩大而增强”。②

2. 市场秩序可贵

借助于奥地利学派的支援意识，夏道平将社会秩序分为两种：一种是设计作成的（简称“作成的社会秩序”），一种是自生自长的秩序（简称“长成的社会秩序”）。“作成的社会秩序”我们每个人都非常熟悉。各级部门的官署、法院、宪兵、警察以及种种法律命令都是这种秩序的象征。“长成的社会秩序”不是由特定的某人或特定的某些人设计造成的，而是在大家不知不觉中呈现出来，“用亚当·史密斯的话说，就是‘无形之手’的安排。但在亚当·史密斯的《原富》中所讲的‘无形之手’，是专就经济现象而言。其实，所有的人文社会现象都有‘无形之手’所安排的部分，而且是一大部分。”“长成的秩序是我们的文明社会所赖以出现、所赖以进步、所赖以扩大的基因。作成的秩序当然也是必要的。但其必要只限于维护和辅助长成的秩序。如果作成的秩序为着本身权力的扩张而扩张，以致干扰到、侵蚀到、乃至破坏了长成的秩序，则其终极结果就是作成的秩序本身的大动乱、大崩溃。”③

“长成的社会秩序”中最重要的一个组成部分就是市场秩序。市场秩序是“经由市场供需法则所形成的价格体系之指引，生产资源会用在最有效

---

① 夏道平：《讨论经济问题应有的共识》，《夏道平文存》第2册，台北远流出版公司1989年版，第229页。

② 夏道平：《经济学家不该是学官两栖的动物》，《夏道平文存》第3册，台北远流出版公司1995年版，第98页。

③ 夏道平：《祝贺海耶克教授九十大寿》，《夏道平文存》第3册，台北远流出版公司1995年版，第47页。

率的途径”。[1] 它的两大基石是私有财产和个人选择自由。市场秩序除了具有“长成的社会秩序”的共性之外，还有一大特征：它是手段的关联，而非目的的关联。“其中每个分子（个人和政府机关之外的团体、机构）比在其他任何秩序中得有更多的机会享有更多的财货与劳务。这，当然是各个分子的协作结果，可是他们之间的协作绝不同于通常所说的合作。通常的合作总有一个具体的共同目的。市场秩序中的协作不是这样，而是各个分子利用它自己的知识与技能为各自的目的自作决定。他们之间的协作，不是由于目的相同，只是由于手段一致。手段是‘交换’，是‘取与舍’。”[2]

针对当时有人将市场秩序和丛林法则混为一谈、甚至漫骂市场秩序（市场经济）的现象，夏道平极力澄清其中的误解。他说：“那些被指责的事象，很多不是市场运作的结果，仅仅是在市场上浮现出来而已；它们的根源另有所在。而且，把它们都归咎于市场的那些说辞，其中还不免有些观念混淆，有些情绪参杂。”[3] 我们不应该把市场当做替罪羔羊。他反问道：“对于抽象的市场（market）概念完全陌生，而把有形市场（market place）上蝇营狗苟的行为所呈现的诸多丑恶现象，归咎于市场机制，于是提出一些扭曲市场运作的主张，乃至于激进于主张消灭市场……这一思想方式与另一极端的无政府主义者的想法有何区别?”[4]

夏道平还特别谈到了市场秩序的“妙处”。这些“妙处”可以概述如下：第一，虽然市场上各分子的行为目的不同，但是这不仅不妨碍他们的协作，相反，目的越不同，行为人彼此的受益反而越大；第二，在一个很大的市场（尤其是国际市场）里面，这种协作的参与者是些什么人，相互间大都不知道，也不必知道。在市场秩序中，行为目的不同或相反的人们，彼此间不仅不会成为敌人，相反会成为实质上互助的朋友；第三，在市场秩序

① 夏道平：《经济自由化与市场秩序》，《夏道平文存》第 2 册，台北远流出版公司 1989 年版，第 268 页。

② 夏道平：《经济自由化与市场秩序》，《夏道平文存》第 2 册，台北远流出版公司 1989 年版，第 268 页。

③ 夏道平：《经济自由化与市场秩序》，《夏道平文存》第 2 册，台北远流出版公司 1989 年版，第 269 页。

④ 夏道平：《洛卜克〈自由社会的经济学〉校订版译者序》，《夏道平文存》第 3 册，台北远流出版公司 1995 年版，第 35 页。

中，总不免有些人失望，乃至于受到严重的损失。但是必须注意到市场是一个不断调整的动态过程，市场机能让人的行为逐渐趋于合理。这些代价不仅无大害而且还有益。说市场无大害，是因为它不会长久地固定在某些特定的人身上；说市场有益，是因为它有激励作用；第四，市场秩序有利于人群和平相处，更有利于人群生活水准的不断提升。

3. 双黄线：市场与政府的边界

夏道平认为，政府这个组织，在人类社会是必要的。现代政府的功能有两方面："一是权威型的依法强制，一是辅导性的公平服务。前者是作成的社会秩序所赖以维持，后者则是有利于包括市场秩序在内的长成的秩序之扩展。"① 他特别强调：市场秩序是"长成的秩序"中最重要的一部分，它的存在和运作，当然要靠"作成的秩序"来维护来辅助，但不容许"作成的秩序"的任意侵入干扰，否则就搞得市场秩序大混乱。

为了更清晰地说明市场与政府之间的边界，夏道平想到了马路中间所划的双黄线。他说，"当我们讲到社会秩序的时候，我们观念上也要在它的中间（不一定在正中间）划出这样有权威的双黄线。线的一边是作成的秩序，其中具有依法的强制力。另一边是长成的秩序，其中具有各个分子自由协作下的惯例或不成文的规律。两者绝不可混淆，更要严格禁止有强制力的那一边对另一边任意使用它的强制力。这样，市场秩序的正常运作才可保持。"② 显然，他并不是不要政府，也不是旨在削弱政府，而是突出强调市场运作的相对独立性和政府强制权力运行的规范性。"政府的经济功能，只限于提供某些必要的法制架构，使市场能自由顺畅地运作而不加干扰。"③ 他还认为，政府从事服务性的活动有两大要件：一是不能使用强制权，"我们没有理由要把政府的职务限之于最小的范围，而一味地反对其服务性的活动之扩大。问题的关键，只在服务性的活动是否为强制的。"二是政府无权包办，"一

① 夏道平：《经济自由化与市场秩序》，《夏道平文存》第2册，台北远流出版公司1989年版，第270页。

② 夏道平：《经济自由化与市场秩序》，《夏道平文存》第2册，台北远流出版公司1989年版，第270、271页。

③ 夏道平：《〈自由经济的魅力——明日资本主义〉译者序》，《夏道平文存》第2册，台北远流出版公司1989年版，第55页。

个自由社会，在一定的范围以内，赋予政府以强制权。强制权是政府所独占，而政府所可独占的，也只限于强制权的行使；至于其它方面，政府都得与人民或人民团体在同等条件下活动。”①

4. 积极推动独立部门发展

美国著名的社会运动家理查·柯留耶尔（Richard. C. Cornuelle）将那些独立于政府部门和商业部门以外的民间组织统称为独立部门（又称第三部门），这些部门的目的不在政治权力，不在商业利润，而在社会服务。柯留耶尔通过亲身体验后发现这股社会潜力非常强大，假如充分发挥出来，足以解决很多社会问题，足以应付很多公共需要，而且比政府运作独占的强制力去做，更有效率，更切实际。

夏道平十分推崇独立部门，希望以此改变长期以来个人将公共需求动辄诉求于政府的习惯，也希望独立部门能够在提供公共服务方面经常与政府部门保持竞争的关系。他积极支持学生柴松林实践独立部门。柴松林主持了很多公益组织，其中有新环境基金会、消费者文教基金会、第一儿童发展中心等。这些公益组织为台湾的环境保护运动、消费者保护运动、妇女儿童权益保障运动等做出了不可估量的贡献。

5. 国际贸易自由

夏道平的国际贸易自由主张应当从亚当·斯密的名著《An Inquiry into the Nature and the Cause of the Wealth of Nations》说起。他提醒我们应当重视原著书名中 Nations 这个单词词尾“s”所蕴涵的国际意义。他说：“从表面上看，这好像是很小很小的事情。但在观念上却会衍生对立的差异，以致在政策上可能带来严重的后果……这个小小的“s”之有无，关系到这本书所讲的是什么经济学：国际主义的，还是国家主义的？这确是个很严重的区分。”② 他更倾向使用严复的译名《原富》而不是流行的译名《国富论》来指称这本名著。

夏道平驳斥了重商主义和商战观念。他认为，重商主义中的“重”字

① 夏道平：《海耶克教授经济思想的简介》，《夏道平文存》第 2 册，台北远流出版公司 1989 年版，第 79 页。

② 夏道平：《经济学者应注意的一个小小“S”》，《夏道平文存》第 2 册，台北远流出版公司 1989 年版，第 279 页。

“实际上并没有‘尊重’之意。而是将商业比作你死我活的战争那么‘重要’。因此就有了‘商战’这个名词，就有了‘商场即战场’的说法。”① 同时，他还反对将商业竞争比作生死搏斗的生物竞争，认为商业竞争属于社会竞争，商业竞争在本质上是商家为争取最有利的地位而作的自我努力。这种竞争的目的不仅是要争取对方的顾客，而且也要引发潜在的新顾客。商业竞争的优点很多，比如，它不仅可以增加贸易总额，更重要的是，还可以为大家提供更加物美价廉的产品和更方便、更快捷的劳务服务等。② 总之，夏道平提醒我们一定要突破贸易方面的观念障碍，国际贸易理当自由。

二、消极层面的经济自由思想

一般来说，主张经济干预的原因有：平等、贫穷、福利、公平正义、经济成长、就业、社会安定等。对于这些，夏道平逐一批驳。

1. 平等，与经济无关

平等是一个现代性术语。从观念史的角度看，平等经历了一个从政治领域到经济领域的拓展过程。平等是否应该从政治领域拓展到经济领域？我们需要怎样的平等？这些问题一直以来备受争议。对此，夏道平也有自己的思辨。他指出，平等成为一个社会目标或理想只是近代（十八世纪）的事情。但是，近代人的平等观念却是很模糊或粗疏的。“大体上讲，近代人所向往的平等，大都着重于经济平等。他们似乎认为：经济平等是其它一切平等的必要条件。如果经济不平等，则所谓政治平等、社会平等……都会有名无实。这个说法是把平等问题看得过于简单。”③

为了澄清这里的观念误区，夏道平回顾了中西哲学史、思想史上的平等观念。他对中国哲学史（孔子以后、康有为以前）的一个总体印象是：“其

---

① 夏道平：《突破贸易方面的观念障碍》，《夏道平文存》第 2 册，台北远流出版公司 1989 年版，第 272 页。

② 夏道平：《突破贸易方面的观念障碍》，《夏道平文存》第 2 册，台北远流出版公司 1989 年版，第 273、274 页。

③ 夏道平：《平等与经济平等》，《夏道平文存》第 2 册，台北远流出版公司 1989 年版，第 139 页。

有关平等问题者，实不多见。所可见者，也只有一些粗疏的经济平等的想法。至于经济以外的，如政治、社会、种族等，几乎都是对于实际的不平等予以承认，至少是默认。”① 他有侧重地考察了近代西方思想传入中国之前的各大资源，特别是先秦创生时期的儒、墨、道、法四家以及外来的释家。

夏道平认为，虽然儒家的代表人物孔子、孟子和荀子在人性论上是不一致的（孔子倾向于承认人的先天禀赋不平等，孟子主性善；荀子主性恶），但是他们都把天子世袭制看作是当然的事情。孟子虽有“民为贵，社稷次之，君为轻”的民本思想，“但深究其义理的核心，究不如称为家长主义更适切……这与政治平等主义下的民主政制完全不同。”② 就社会领域而言，夏道平认为儒家大体上并不强调社会阶级的重要性。毕竟，在儒家的价值体系中，除世袭的皇家以外，并没有什么其它高得不可侵犯的阶级，也没有卑贱得不可接触的阶级。他还认为，儒家并不重视经济问题。孔子很轻视生产问题；孟子虽然注意到分工的重要性，特别赞美井田制，但是井田制终究只是一个梦想；荀子虽和孟子一样重视分工，但是却承认分工所引起的贫富差距等。③ 他还特别提到了孔子的广为人知的格言“不患寡而患不均”。他说：“这个格言的实际效果可从两方面看：一方面，对于与政治权力发生关联而形成的贫富悬殊，它不发生丝毫改善作用；另一面，这个格言或多或少妨碍了或阻碍了工商业的资本形成与积累。也许还有更严重的效果。”④ 总之，孔子的这个思想不仅始终是个理想，而且消极作用很明显。

墨家的“兼爱说”显然具有平等主义的强烈倾向，但是在夏道平看来，由于墨家承认君权源于天（“天子上同于天”），所以这种政治思想与儒家的“天子”观念没有什么不同。道家的老子和庄子崇尚自然、主张“无为”，他们出世的生活态度决定了其思想在社会建构方面的影响等于零。再说法

---

① 夏道平：《平等与经济平等》，《夏道平文存》第 2 册，台北远流出版公司 1989 年版，第 142 页。

② 夏道平：《平等与经济平等》，《夏道平文存》第 2 册，台北远流出版公司 1989 年版，第 143 页。

③ 夏道平：《平等与经济平等》，《夏道平文存》第 2 册，台北远流出版公司 1989 年版，第 144 页。

④ 夏道平：《平等与经济平等》，《夏道平文存》第 2 册，台北远流出版公司 1989 年版，第 149 页。

家，法家所讲求的“术”与“法”，都是君主统治的工具。无论在商鞅那里，还是在管子那里，君主都超然于法外，所以法家的思想与现代民主法治所倡导的法律面前人人平等的原则根本不同。此外，法家虽有均富的主张，但很少施行过。

对于外来的佛教，夏道平认为佛教的教义本身就具有严格的阶级性，根本没有佛性的人是绝对不能成佛的。佛教东来后，佛教教义与儒家“人皆可以成尧舜”的观念相结合，所以佛教转而成为众生平等的学说。但是这一学说只是消极地强调贫贱想求富贵必须靠历劫修行，这一生收不到善果，来生终会有善报。这个信念的普及，不免淡化了奋发有为的精神，也未尝无功于社会的安定。①

至此，夏道平完成了对中国哲学史（自孔子至康有为）上的平等观念的全部考察。他的结论是：在政治方面，人们之间并不平等，这是一个不争的事实；在社会方面，中国社会阶级色彩虽然没有像古代欧洲或印度那样浓厚，但是人们之间毕竟还是有尊卑贵贱之分；在经济方面，土地所有权的重新分配问题始终未得到解决。总之，在近代西方思想输入中国以前，“以个性尊严、个人自由为基设的平等观念，一点儿影子也没有。如果我们把‘不患寡而患不均’看作经济平等的思想，那也只是属于家长主义下的平等，与上述基设的平等根本不相容。”②

紧接着，夏道平检索了西方哲学史上的平等观念。现代西方文明的源头古希腊有两种相互对立的思想：一种是雅典的，一种是斯巴达的。前者以斐瑞克里兹（Pericles）的葬礼演讲词为代表，后者以柏拉图（Plato）的思想为代表。夏道平认为斐瑞克里兹的演讲词中所讲到的政制应当有利于多数人、法律要给予所有人同等合理的待遇等观点是西方民主自由社会若干基本信息具体而微的表征，而柏拉图所宣扬的是“比例的平等”，即“平等，不是给所有的人同样的待遇，而是‘值’得多的多得，‘值’得少的少得。”这种平等与民主社会法律之前的平等完全不同，柏拉图是个“伟大的反动

① 夏道平：《平等与经济平等》，《夏道平文存》第2册，台北远流出版公司1989年版，第146－148页。

② 夏道平：《平等与经济平等》，《夏道平文存》第2册，台北远流出版公司1989年版，第148页。

人物”。①

夏道平还简要勾勒了上述两种思想的发展线索：“雅典时代个人主义的平等观念，受柏拉图的摧挫而一度萎缩以后，由于斯多葛哲学（Stoicism）、罗马法和基督教义的影响而再度发展。可是到了中世纪，又来了新柏拉图学派和有机体的国家说。相对于个人主义的平等观念而言，这又是一股逆流。临到文艺复兴，西欧思想史乃开展了近代的第一章。人际关系，随着人文主义（Humanism）的兴起而重新厘定。于是，个性尊严、个人自由，又成为十八世纪社会政治哲学的主流。这个主流所激扬的平等，是法律之前的平等（法治）和参政权的平等（民主政治）。至于经济方面，则只是强调经济自由，无所谓平等。如果要说经济平等，那只是经济活动的机会平等，也即经济自由的另一种说法。”②

夏道平特别强调，即使在经济自由主义（经济自由主义追求的是自由竞争、自由贸易，在自由经济制度下，人们的所得和财富的分配，必然是不平等的）占主流地位的十八世纪，“平等一词，也与经济无关。”③ 这可以从美国《独立宣言》与法国大革命的口号看出。美国《独立宣言》宣称“所有人都是生而平等的”，这在本质上是强调人格平等。法国大革命宣扬“自由、平等、博爱”。“‘平等’一词在当时的意义，是与自由接近的，即免于压迫之自由，或免于被歧视之自由，也即法律之前的平等。”④

贫富差距现象古已有之，但在工业革命后，贫富差距的日益扩大使得经济不平等成为一个社会问题，并且引发了一些争论。夏道平将正反两方面的意见作了通盘考察。

在经济不平等的原因层面，夏道平指出：“社会环境（或制度）与个人间的差异，都有关于经济不平等的形成。但两者孰轻孰重，或者说，两者孰

① 夏道平：《平等与经济平等》，《夏道平文存》第2册，台北远流出版公司1989年版，第150-152页。

② 夏道平：《平等与经济平等》，《夏道平文存》第2册，台北远流出版公司1989年版，第152页。

③ 夏道平：《平等与经济平等》，《夏道平文存》第2册，台北远流出版公司1989年版，第153页。

④ 夏道平：《平等与经济平等》，《夏道平文存》第2册，台北远流出版公司1989年版，第154页。

被重视，孰被轻视，这是关系到对于经济平等的态度——主张或反对。”①具体而言，主张经济平等的人们都特别强调经济不平等的原因在于社会制度，他们抨击私有财产制度、遗产继承制、公共卫生制度等，并希望重新设计制度；反对经济平等的人们则认为经济不平等的原因在于人与人之间的天赋差异。夏道平赞成后者。他还提醒我们注意，“现代社会的经济不平等，有许多是由于政府干扰自由市场而产生的。如保护关税，特许独占，以及其它许多特惠于某些人群的法令。”②

在经济不平等的影响层面，经济平等主义者有两大说辞：经济平等有助于经济成长和经济福利的增进。但是，在夏道平看来，经济平等并非有助于经济成长。因为“在市场经济中，所得的分配，主要的是代表生产要素在生产方面的贡献。如果用累进的所得税或其它方法使所得平均化，则经济进步会缓慢下来而经济效率也为之减低。换言之，所得是生产要素的价格，如果把这些价格都弄得平等，则生产要素就不会灵活地转到急于需要它们的用场，因而对于消费需求的变动与生产技术的变动，都失掉了有效率的反应。”③

同时，夏道平还认为，经济平等也并非有助于经济福利的增进。他以当时美苏两国的实例来反驳。当时美国是市场决定投资，苏联是政府决定投资。就经济成长率而言，苏联已不比美国低；就所得分配而言，苏联远比美国平等。但是就人民生活水准来讲，苏联与美国却不能相提并论。由此可见，“经济成长是一回事儿，经济福利的增进又是一回事。”“人民经济福利的增进，不在于所得分配的平等；恰恰相反，所得分配的不平等，反而可以保证人民经济福利的不断增加。理由很简单。因为成长率之增高如来自市场决定的投资，则投资的方向就与人民经济福利直接相关；同时由于市场决定的不平等的所得分配，足以鼓励‘各尽所能’贡献于生产，因而成长率得

---

① 夏道平：《平等与经济平等》，《夏道平文存》第2册，台北远流出版公司1989年版，第157－158页。

② 夏道平：《平等与经济平等》，《夏道平文存》第2册，台北远流出版公司1989年版，第169页。

③ 夏道平：《平等与经济平等》，《夏道平文存》第2册，台北远流出版公司1989年版，第161页。

以增高。在这样的社会里，所得最低的阶层，其所得的绝对量，也会比平等分配的社会一般的所得来得高些。”① 对于福利派的“总满足最大”理论（该理论认为，当所得平均的时候，也就是总满足最大的时候），他说，如果政府干涉到生产资源的配置与生产活动，那就是减少了总的满足（美苏两国的事实已经证明），福利派的观点是自相矛盾的。他还特别强调：“自由市场所决定的所得与财富的不平等，对于我们大家的生活，包括经济的、政治的、社会的、文化的，只有裨益而无害处。自然，在分配不均的社会，总会有人不满的。但‘不满’并非完全是坏事，‘不满’有时是‘希望’的化名。希望可以促成进步。如果消除了所有的不满（这当然是个绝对不可能的假定），也即消除了所有可能的进步。但是，如果不满与不公平的错觉相结合，那就会酿成社会动乱；动乱的归趋，大概就是一个奴役的社会。”②

最后，夏道平得出结论：第一，平等是有界域的。在平等议题上，我们应当坚持的是人格平等、法律平等、原则性的机会平等，我们应当反对的是结果平等、实质性的经济平等；第二，贫穷问题不宜与一般的经济不平等问题混为一谈。我们当然应当消灭贫穷，但问题的关键是如何定义贫穷、用什么方法消灭贫穷。何为贫穷，可以参考当时当地的最低生活费来确定。消灭贫穷的方法有两种，一是救济性的，一是辅助性的。前者要以不致助长被救济者的依赖性为原则，后者要以职业训练和就业辅导为主。

2. 走出“凯因斯的通货膨胀”

夏道平反思了二战后世界各国尤其是西方大国的通货膨胀现象。认为二战后是一个长期通货膨胀的时代，这个时代不仅蔑视货币纪律、破坏货币纪律，而且还用种种说辞如充分就业、经济成长等，作为支持通货膨胀的理论基础；二战后长期的通货膨胀是“凯因斯的通货膨胀”，因为它是由人着意设计出来的，而这个人就是凯因斯（J. M. Keynes，1883—1946）。“造成今日长期通货膨胀的人是凯因斯，说得更正确一点，应该说是《就业通论》

---

① 夏道平：《平等与经济平等》，《夏道平文存》第 2 册，台北远流出版公司 1989 年版，第 162 页。

② 夏道平：《平等与经济平等》，《夏道平文存》第 2 册，台北远流出版公司 1989 年版，第 169 页。

（The General Theory of Employment，Interest and Money）的著者凯因斯，以及把这本书奉为经典的凯因斯学派，不应赤裸裸地说是凯因斯。”①

夏道平检讨了凯因斯的著作《就业、利息和货币通论》（以下简称《通论》）。他认为《通论》缺乏必要的社会哲学基础，凯因斯把自然科学的研究方法运用到社会科学上，只是从技术效率层面考虑社会问题。“这本书所讲的，自始至终只讲物质的生活资源，从未讲到人之所以为人也要靠精神食粮。在这本书中，找不到丝毫的‘人影’，所以这一本书是把人完全物化了。”② 就理论基础而言，“这本书的要旨是基于店老板型的一个古老信念，即一个店子的发财，靠的是消费者对其货物的需求。凯因斯从这个通俗的信念孕育出他的中心理论：经济繁荣、充分就业可以靠总需求的提升来达成；总需求的提升有赖于货币量经由政府的支出而增加。”③ 凯因斯的就业理论“仍是出发于一个正确的识见，即失业增加的正常原因是实质工资过高，要直接减低工资非常困难，难到不能考虑。因此凯因斯的结论就是，实质工资必须靠币值的减低而减低，也即靠通货膨胀的过程来隐蔽地减低。这是隐藏在充分就业政策背后实实在在的理由。”凯因斯就业理论的全部秘密就在于，“藉通货膨胀来减低实质工资”。④ 凯因斯的《通论》之所以引发通货膨胀，在于凯因斯“误认为‘所有的’显著失业都由于‘总’需求的不够；为解决就业进而达成充分就业，获致经济繁荣和成长，基本的要图就是增加货币量以提升总需求。”⑤

此后，凯因斯学派将凯因斯的《通论》奉之为经典，延续了凯因斯的论断。“凯因斯的《通论》有所偏向，偏向于充分就业，以至于他的门徒们

---

① 夏道平：《海耶克论凯因斯的通货膨胀》，《夏道平文存》第 2 册，台北远流出版公司 1989 年版，第 122 页。

② 夏道平：《勿开时代倒车——读欧阳正宅〈凯因斯理论的肯定和争议〉一文有感》，《夏道平文存》第 3 册，台北远流出版公司 1995 年版，第 60 页。

③ 夏道平：《海耶克论凯因斯的通货膨胀》，《夏道平文存》第 2 册，台北远流出版公司 1989 年版，第 122 页。

④ 夏道平：《海耶克教授经济思想的简介》，《夏道平文存》第 2 册，台北远流出版公司 1989 年版，第 103、104 页。

⑤ 夏道平：《海耶克论凯因斯的通货膨胀》，《夏道平文存》第 2 册，台北远流出版公司 1989 年版，第 124 页。

有的更进一步偏到轻视币值的安定而成为通货膨胀主义者。”① 通货膨胀主义者的说词，不仅投合了政治权力的自我扩充的倾向，而且还迎合了企业界的浅见，所以凯因斯学派左右逢源迅速得势。由于凯因斯学派不时地抬出凯因斯的权威，以及金融财政当局往往以繁荣成长和充分就业为口实，再加上一般民众不健全的心理因素（一般人都认为通货膨胀的反面通货紧缩最为可怕，两害相权，宁可偏向于通货膨胀），于是，二战后长期的“凯因斯通货膨胀”趋势为之形成。

夏道平指出，“凯因斯的通货膨胀”以前的通货膨胀并不相同。“凯因斯的通货膨胀”是一种温和的膨胀，更是一种加速的膨胀。这种膨胀稍一停止或减缓，接着就是更大的膨胀，其原因在于，“靠通货膨胀来达成就业、繁荣和成长目标，有时虽有一时的效果，而这一时的效果，也是经由扭曲的过程达成的。所谓扭曲的过程，是在这个过程中，由于货币支出量的增加又增加，把更多的工人（失业的和已就业的）吸引到那些靠货币量继续增加乃至加速增加才能存在的职业。换言之，这种就业是不稳定的就业，是要靠通货膨胀率不断地高出意料地上升来维持的，一旦通货膨胀率稍一减低，这类就业马上变成失业。这时，有关当局在舆论的压力下，尤其是在一般经济学家抬出凯因斯的权威所施的压力下，又回复到通货膨胀。”②

夏道平还指出，“凯因斯的通货膨胀”并非促进充分就业的有效手段，而且其代价是相当惨重的。“以通货膨胀的手段来解决失业，更造成比原来的失业量更大的潜在失业而终会爆发出来。”③ “凯因斯的通货膨胀”最严重的害处，亦即一般人不大理解的危害在于，“如果照过去一样，膨胀稍一停止或减缓，接着就是更大的膨胀。如果继续下去，势必膨胀到市场经济的一切机能终于全盘解体。”④

---

① 夏道平：《海耶克教授经济思想的简介》，《夏道平文存》第2册，台北远流出版公司1989年版，第99页。

② 夏道平：《海耶克论凯因斯的通货膨胀》，《夏道平文存》第2册，台北远流出版公司1989年版，第125页。

③ 夏道平：《海耶克论凯因斯的通货膨胀》，《夏道平文存》第2册，台北远流出版公司1989年版，第125页。

④ 夏道平：《海耶克论凯因斯的通货膨胀》，《夏道平文存》第2册，台北远流出版公司1989年版，第125页。

通货膨胀问题，归根究底，总是个货币问题。在现代币制下，货币供给本身并不会自动调整。为了走出“凯因斯的通货膨胀”，夏道平特别强调必须用法则和制度严格限制金融当局的货币发行权。他说，“要想停止或减缓现在的通货膨胀，除主观条件（大家的认识）以外，必须具备客观的条件以限制货币当局增加货币量的权力，也可以说必须给货币当局一面坚强的挡箭牌，用以抗拒外来的压力，抗拒那些要求更多货币，更便宜货币的压力。”① 金融当局的货币发行权只能加以限制，但不可全部取消，限制的目的是“要把政治压力和金融当局主观因素的影响减至最小……要使金融当局的重要措施，成为大家可以预知的”。② 为达成这些目的，法规的明确规定，并不需要规定某些个别的行为，只需规定金融政策的一些目标。他还呼吁经济界学人承担起知识上的道德责任，知无不言，言无不尽。

3. 反对累进税

税收是政府筹取经费的一个常见办法。个人所得税是最重要的税种之一。夏道平以个人所得税为例陈述了反对累进税的观点，并提出了建设性的税收办法。

夏道平首先检讨了累进税的理论基础：“受益说”、“能力说”、“经济稳定说”和“伦理说”。“受益说”的哲学基础先后有契约原则和福利原则。前者把纳税看作人们与政府契约上的交换关系：人们以纳税的代价换得政府劳务所提供的利益。契约原则后来被边沁（J. Bentham）的最大福利原则所替代。“受益说”虽然有一个优点，即试图将税收与公共支出双方的关系密切起来，但是在实际生活中它不能有效地应用到一般租税上，而且在理论上也站不住脚。夏道平的批评可以概括为两大要点：第一，财富和所得并不是我们全部福利的指标，由政府所提供的福利有的是不能量化的；第二，没有任何经验上的证据证明受益的程度会随着所得的增加而增加。如果以受益的多少来决定税负的轻重，那么穷人反倒应该比富人缴纳更多的税（毕竟穷人才是享有保护利益更多的），这显然违背公平原则。

---

① 夏道平：《海耶克论凯因斯的通货膨胀》，《夏道平文存》第 2 册，台北远流出版公司 1989 年版，第 126、127 页。

② 夏道平：《海耶克教授经济思想的简介》，《夏道平文存》第 2 册，台北远流出版公司 1989 年版，第 106 页。

“能力说”，简言之，即量能纳税。这里的“能”实际上指纳税人主观的牺牲能力。“能力说”认为，所得多者承担牺牲的能力远比所得少者承担同样牺牲的能力强。“能力说”又有三种：“牺牲说”、“赚钱能力说”和“所得剩余份”理论。“牺牲说”的基本假设有两个：一是货币所得的边际效用递减，一是对所有的人来说，这种货币所得边际效用递减都适用，因而也是可以比较的。夏道平驳斥了这两大假设。他指出，货币的边际效用递减这个说法对于某些特定的消费品如食物、衣服等可能是适用的（由于生理的限制，毕竟有一个最大的满足）。但是它绝对不是通用的。譬如，对于投资者来说，它可能会失效，因为投资欲会随着货币获得量的增加而增加。货币所得的边际效用递减这个假设，在我们的生活经验中找不着肯定的证据。同时，货币所得的边际效用递减这个说法并非可以适用于所有人。“假如真的如此，那么我们人类社会就不成其为人类社会，只是一大堆同一模型塑造出来的同一产品。”① “赚钱能力说”的基本要点是，一个人的纳税能力，不能仅就纳税后的效用牺牲来衡量，而且也应就赚取所得时的难易程度来衡量。夏道平不以为然。他的反驳意见很多，其中最重要的一个是：一般人所认为的一个观念即钱多的人容易赚得更多是有问题的。“所谓的‘更多’只能就绝对量来讲，如果就比例上讲，不见得总是更多。”② “所得剩余份”理论是把所得分配成为成本和剩余两部分，所得越多，剩余对成本的比率也就越大。但是“成本”只是一个观念，无从客观衡量。他也否定了这一理论。

“经济稳定说”认为，所得税有助于经济稳定，累进的所得税更有助于经济稳定。例如，在累进税制下，当经济活动高涨时，为防止通货膨胀的出现，可以适当的超收（税收的增加将会超过人们所得的增加率而增加），这就可以起到反膨胀的效果。反之，可以收到反紧缩的效果。夏道平承认，在经济波动的时候，累进的所得税确有上述帮助作用。但是，这些帮助作用“既不是充分的，也不是必要的。为应付经济波动，金融政策与财政政策谨

① 夏道平：《累进税理论之崩溃与重建》，《夏道平文存》第2册，台北远流出版公司1989年版，第190页。

② 夏道平：《累进税理论之崩溃与重建》，《夏道平文存》第2册，台北远流出版公司1989年版，第191页。

慎而灵活地运用，其效果并不因所得税之不课累进税而抵消。"[①] 所以，他又否定了支撑累进税的"经济稳定说"。

至于累进税的理论基础"伦理说"，夏道平认为，累进税既可以从伦理的观点得到支持，也可以从伦理的观点遭到反对。他援引了现代心理学家佛洛门（Erich Fromn）所提出的两大伦理模式：权威型的伦理与宜人的伦理。在佛洛门的讨论中，"权威"一词专指无理性的权威。这个权威的建立，不是基于理知，而是基于服从者对权威的畏惧心理和其本身的微弱感和依赖感。权威型的伦理，对于是好是坏这个问题的答复，主要是就权威本身而不是就服从者的利害关系来讲的；宜人的伦理则不然，人是伦理的服从者，同时也是伦理的塑造者。这种伦理不是压抑人的个性，而是利于个性的发展。与个人所得相联系，"所得分配的不平，衡之以宜人的伦理，正是公平的。"[②] 但是，对于权威型的伦理而言，则是不公平的。夏道平显然支持了宜人的伦理。

夏道平不仅检讨了累进税的理论基础，而且还分析了累进税在实践中的诸多消极影响。从政治的观点看，"累进税制的制定，却是多数人对少数人给以差别待遇，而且是任意的差别待遇。这正是坚持民主法治基本原则的人所强烈反对的。"[③] 从行政的观点看，所得税以分级的累进税率来征收，增加了征收的难度。其结果，"不仅是加重了税务行政费用，也加重了纳税人更多的困扰……更是鼓励贪赃纳贿、逃税偷税这一下流的趋势。"[④] 从经济的观点看，累进税破坏了同工同酬的公平原则，因此会减弱某些人的工作积极性，进而会影响社会分工，会使有限的社会资源得不到适当的配置。同时，累进税使得储蓄总额减少（因为所得越高的人，用以储蓄的部分就越大。累进税率越高，则这个人被征收的税收来自将用以储蓄的部分越多，来

---

① 夏道平：《累进税理论之崩溃与重建》，《夏道平文存》第 2 册，台北远流出版公司 1989 年版，第 194 页。

② 夏道平：《累进税理论之崩溃与重建》，《夏道平文存》第 2 册，台北远流出版公司 1989 年版，第 207 页。

③ 夏道平：《累进税理论之崩溃与重建》，《夏道平文存》第 2 册，台北远流出版公司 1989 年版，第 196 页。

④ 夏道平：《累进税理论之崩溃与重建》，《夏道平文存》第 2 册，台北远流出版公司 1989 年版，第 197 页。

自将用以消费的部分越少)，也使得私人投资能力降低，也会影响企业家精神的发挥，最后结果必定是社会财富的分配失去流动性。“累进税的主张者总以为它可以减轻经济的不平等，可是，事实上它在这方面却保障了既存的不平等。”①

夏道平还在批判中建设，他推举递减的累进税。递减累进税的两大要件是法定税率和有客观标准的免税额。法定税率可参考政府在国民收入总额中拟课税的百分数来规定。免税额则可依照一时一地的最低生活费用来确定。这样，在征税的时候，实际税率就以递减的方式累进。②

综上，夏道平反对政府以平等、贫穷、福利、公平正义、经济成长、就业和社会安定等说辞干预市场。它们连同他对市场法则、市场秩序、市场与政府的边界、独立部门、国际贸易等的论述一起组成其经济自由思想。

---

① 夏道平:《累进税理论之崩溃与重建》,《夏道平文存》第2册，台北远流出版公司1989年版，第203页。

② 例如，假设政府规定某时某地区的应征税率为10%，免税额为2000元人民币。现有A、B、C和D四人，月收入分别为10000元人民币、20000元人民币、30000元人民币和40000元人民币。则上述四人的应税额分别为800元人民币、1800元人民币、2800元人民币和3800元人民币，实际税率分别为8%、9%、9.33%和9.5%，实际税率显然以递减的方式累进。

殷海光、夏道平自由主义思想之比较*

张春林（中国政法大学政治与公共管理学院）

殷海光与夏道平是湖北老乡，共同执笔于《自由中国》，都坚持民主自由的理想。他们二人的思想有许多共同之处，同时也有诸多相异之处。本文试图对其二人的思想作一简单对照分析：

一、相异之处

（一）二人自由主义思想理论来源不同

殷海光主要接受的是哈耶克的古典自由主义思想和波普尔的开放社会思想。当殷海光退回书斋，潜心学术，有机会接触到更多哈耶克的著作，深受他的自由主义思想影响，无知论是哈耶克自由主义思想的知识论基础，“无知论”思想认为，所有人的知识都是有局限的，人类的相对无知是无法弥补和不可克服的，他强调无知的不可避免性是个人自由的基础。正是因为人们都存在于不可避免的相对无知的状态之中，所以他主张个人自由，主张建立开放社会，使人充分发挥其自由创造力。哈耶克坚持进化论理性主义，认为人类社会是以一种演化的方式发展起来的，所以反对一切人为的设计，坚持自生自发的自由秩序原理，殷海光后期认识到自己一向深信不疑的逻辑经验论的局限性，转向认同哈耶克的进化论理性主义，也正是在“无知论”和进化论理性主义知识论基础上，来阐释哈耶克的自由主义思想，并自觉地进行自由主义理论思考和学理建构的。

夏道平对自由主义思想更深入的接触，则主要体现在对米塞斯等人自由

* 本文为教育部人文社科基地重大项目“近代中国民族主义与自由主义关系研究”（07JJD770100）成果之一。

经济思想经典名著的译介上。他翻译了米塞斯的一系列著作，诸如《反资本主义心境》、《经济学最后基础》、《人的行为》，后来又翻译了哈耶克的《个人主义与经济秩序》及洛卜克的《自由社会的经济学》，正是在不断的翻译过程中，使他对自由主义思想有了进一步的理解，理解了理知的自由主义思想的深意，并由此走上了自由经济之路，致力于传播自由经济理念及探索自由经济原理。所以，夏道平的自由主义思想的理论来源主要是奥国学派的理知自由主义。

（二）二人宣扬民主自由思想的角度不同

殷海光主要是从理论的角度，阐发自由民主的思想。他以《自由中国》为言论阵地，发表了系列文章，大力阐扬自由民主的思想，揭示民主与科学的涵义及相互关系，他继承五四的理路，积极进行民主自由的启蒙宣传，抨击传统家族制度和国民党极权专制。在后期，他致力于自由主义思想的学理建构，对自由主义的涵义及其划分进行了新的阐释，强调内心自由的重要性，对哈耶克的自由主义思想进行系统介绍，关注自由主义的人文基础，并努力于传统文化中寻找自由主义生长的人文资源。

而夏道平则主要是从实际问题入手，鞭策民主自由制度。在《自由中国》将近11年的历史中，夏道平写过许多批评时政的文章，诸如《政府不可诱民入罪》，批评的矛头直指军方、高层官员和官方传播机构，临终前还发表《敬告李总统登辉先生》等文章，他以自己的胆识和热忱，鞭策台湾迈向自由、民主、法治与自由市场经济的大道。他翻译大量的自由主义经典著作，将自由主义思想详尽地介绍到台湾来，接续着中国自由主义的香火。他对自由的坚持，不但表现在他写的文章，他译的书，也表现在他的行为。他认为自由的实践表现在道德原则的谨守，伦理规律的依循，对于他人自由权利的尊重，他自己就是这样去做的，他的一生，是实践自由最好的例子。

（三）二人对自由思想内涵阐释不同

殷海光认为自由的意义有经验的意义和价值的意义，经验意义的自由指选择的自由和自由的感觉、自由行动、自由即自觉等意义；价值意义的自由把自由理解为一应享的人权。并提出两种自由的划分即低度意义的自由和高度意义的自由，低度意义的自由是消极的自由，高度意义的自由是积极的自由。殷海光特别突出了内心自由的重要意义，认为内心自由是一切自由的起点，一个人自由或不自由，常常基于一种感觉，尤其是从一组价值观念出发，而不是行为本身的问题。自由或不自由，分别往往在内心。他还强调了个人自由的重要性，个人自由是一切自由的出发点，是道德价值的源泉。只有从个人自由出发，人类的价值才能落实，人类的文化创建才能展开。

夏道平的自由有多层面的意义。正如薄庆容与夏先生交谈中理解到的，夏先生的自由有多种意义：一、是指外在的环境允许人，为他自己的利益，去做他愿意做的事；由这种意义来看，社会上大部分人都拥有了相当多的自由。二、是指当一个人，已经有了相当的道德和智慧，能够自主的去做它应该做的事，在这种意义下，自由是一种完全独立于外在环境的心理状态，而且只存在于其精神和人格之中；即使镣铐加诸其身，也丝毫无损于其本身所拥有的自由，这是指每一个人自生下来便有其独特的禀赋，为着有利于每个人发展其个性的优点，应让每个人决定他自己要做什么，要成为什么，传统上所谓的自由意志，大概是指这一种意义的自由。夏先生不仅在理论上阐述自由的意义，也在生活中实践自由。其一生的言行风范，不仅从理论上阐释了“个人自由”的精髓要义，也在实践中处处维护着基本人权，勇敢地捍卫着个人自由。他还指出自由的本质是道德与伦理的责任。

他们二人都注意到了自由的最基本的两个层面的意义，即积极自由和消极自由。殷海光特别突出了内心自由的重要性，夏道平强调了意志自由的重要性，指出自由的本质是道德与伦理的责任，自由是对人的尊重和关心，是人与人之间的平等。

（四）二人对自由主义强调的侧重点不同

殷海光从政治层面介入自由主义，所以他突出政治民主，认为在中国的现在，政治民主重于经济平等，没有政治民主，一切都无从谈起。在中国，必须先求实现政治民主，有了民主，才能改善生活。为此，他也强烈反对极权主义，认为家族主义、宗子制度是极权制度的帮凶，是代表专制主义，他的一生都在与极权主义、独断主义作斗争，成为一个名副其实的自由主义斗士。他还大胆抨击国民党专制独裁统治，指责国民党当局假意实行民权主义，实际是极权的政治组织。他把自由与民主的实现看作人类文化成熟之最高的表记，认为自由主义根本是一价值系统，是一个目标，而民主政制是实现这个目标的政治方式。尤其在他前期的自由思想中，更突出了自由主义启蒙论政的作用。

夏道平本身是个经济学家，主要翻译自由经济的名著，所以他突出经济自由的思想。他痛斥管制经济，主张经济自由。他指出政治民主要以经济自由为基础，指出一部民主的宪政是给每个公民在政治行为中的一个设计，市场经济则是给他们作为消费者的时候的主权。他呼吁政治回归宪法，经济回归市场。经济自由是享有个人自由的一个最基本的必要条件。而且指明实现经济自由的两大要件：尊重市场和限制政府。他认为经济自由是政治民主的必要条件。

而私有财产与个人选择自由，是市场秩序的两大基石，市场秩序除具有长成的社会秩序之共性之外，其基本特征是其在每个分子比在其他任何秩序中得有更多的机会可以享有更多的财货和劳务。市场秩序不是静态的，是个不断调整的过程。市场秩序既有利于人群和平共处，更有利于人群生活水准的不断提升。他是赞同长成的社会秩序的。

“少数服从多数”这个所谓“多数决”的规则，是现代民主政制处理纷争的一个不得已的权宜办法。保障个人的选择自由，保障个人之私的领域，是法治的基本原则。自由，是文明人不断追求的目的，民主制是保持自由的一个手段。

二、相同之处

作为自由主义者，都是接受了西方奥国学派自由主义思想，因而他们二人的思想又有许多共同之处。

（一）他们都宣扬民主自由思想，推动了台湾自由民主化进程

他们二人是《自由中国》最重要的两支主笔，一个从理论入手，阐发自由、民主的思想，一个从实际问题入手，鞭策民主自由制度。二人所学不同，但对自由理论的钻研，却具有同样炽烈的热情。二人都是自由民主思想

的积极倡导者，启蒙了自由主义的思路，推动了台湾民主政治的开展。正如有的学者认为的，他们是《自由中国》的两支如椽巨笔，共同为维护宪政，捍卫人权而奋斗，与战后台湾一大批自由主义者一起掀起了第一波的自由民主化浪潮，为日后台湾的经济自由、民主政治埋下了火种。在雷震案发生以后，殷海光与夏道平、宋文明三人联名发表声明，表示愿为《自由中国》的文字共同负责，这表现出自由知识分子坚持民主自由理想的坚定信念和为同志请命的深厚同道情谊。只是殷先生因为性格耿直，言辞激烈，后被解除台大的教职，人生遭际困顿，所以他的言论角色得到特别的彰显；而夏先生性情比较平和，《自由中国》结束后一直从事教学研究工作，没有遭到太大的横逆，所以当年的政论文章没有得到应有的重视。实际上，在《自由中国》的十一年历史中，夏先生写过许多篇掷地有声的政论文章，对当时的政界产生重要影响。

（二）他们都关注自由主义的个人主义基础

殷海光认为个人主义是自由主义最真实的起点，也是自由主义最真实的终点。自由主义者从个人主义出发，经历社会的程序和文化的涵化，又回到个人主义。个人主义是自由主义的一个重要理论出发点，是自由主义的基础和核心，个人是目的，具有最高的价值，社会只是实现个人目的的工具。殷海光从个人主义出发，充分肯定了个人的权利及个人至高无上的价值和尊严。

夏道平的自由思想是以个人主义作为思想根基的。他将“individualism”译成“个人主义”，认为个人自由只有在个人主义哲学作理论的支持下，才有真实的意义。他澄清了中国人对自由主义个人主义的误解，导正个人主义正确的发展方向。主张每一个人有其人格尊严与自由，是目的，不可做为别人的手段。国家的存在是为了保障个人的自由、生命、财产，国家以其独占强制力防范个人侵犯他人自由、生命、财产，但须以法治来限制国家行使强制力，防止其滥用，个人在法治的架构内自由行动。他认为个人之间自发性的协作与自愿合作奠定人类文明的基础，使每个人蒙受最大的利益。国家应尊重并维护自发的秩序，不可用强制力干涉。人的行为是有目的、有选择的，必须以个人作为研析的起点与终点。

(三) 他们二人都关注自由主义的价值层面意义

殷海光在《自由的伦理基础》一文中，明确点出自由的伦理基础是“把人当人”，也即是要尊重个体的价值和尊严，殷海光后期特别重视自由的伦理基础，突出了自由的道德、伦理价值。他认为自由是维持人之所以是人，具有最高价值，是最终目的的精神资源，保证人不被工具化和手段化。殷海光说“自由主义最中心的要旨是一种人生哲学，一种生活原理，及人际互动的一组价值观念，或对人对事的态度。它是人本主义的，认为个人是人生一切建构和一切活动的始原起点”①，所以自由就是为了维持人本主义的伦理道德原则的。自由是人的道德价值的基础，不仅保持人的尊严，而且还提供人选择其他道德价值的动力。殷海光始终把自由与人本主义结合起来，认为自由的伦理基础就是“把人当人”，人的尊严就在于他是一个人，而不是服务于社会与国家的工具与手段。殷海光的自由思想在伦理道德价值中是合法的，他关注自由主义的伦理基础，尊重人的价值和尊严，这是他重视自由主义的价值层面意义的重要体现。

夏道平也关注自由的伦理价值意义。他指出自由的本质是道德与伦理的责任。道德在于自律，在于成就自身的人格，伦理乃在于合群，在于建立群体的秩序。自由的实践表现在道德原则的谨守，伦理规律的依循，对于他人自由权利的尊重上。他自己一生的行宜风范就是实践自由的最好例子，他宽容敦厚的人格修养，平易谦逊的为人风范和谨慎谦和的治学精神，都恪守了伦理规范、道德原则，都是一个儒者风格、智者形象的垂范。

(四) 他们都认同自生自发的自由秩序原理

殷海光赞同哈耶克的自生自发的社会秩序思想，自生自发秩序不是无规则的秩序，相反是遵循一定的行为规则而产生的，自发社会秩序遵循的规则系统是进化而非设计的产物，而且这种进化的过程是一种竞争和试错的过程。自发秩序避免了由人的设计的局限性而造成的障碍，使个人能自由发挥创造力。个人主义是自由主义的核心，而真正的个人主义是一种理解、契合

---

① 殷海光：《殷海光全集》（六），台湾桂冠图书股份有限公司 1990 年版，自序第 3 页。

自发秩序的理论。在这一秩序下，人们的自由发展会取得超出个人理性所能设计和预见的结果。哈耶克以自发秩序的整个体系作为自由主义的基础。殷海光赞同哈耶克的自生自发秩序原理，主张发挥人的自由创造力。

夏道平先生也坚持自生自长的秩序。他认为秩序有两种，一种是设计作成的秩序，一种是自生自长的秩序，也即长成的秩序。人类的社会秩序，不完全是着意设计“作成的”；其中最重要的部分，也即人类文明所赖以发生、扩展，而其内容所赖以丰富，毕竟是靠“长成的”秩序；市场秩序是“长成的”社会秩序中的一部分，其余部分统称为非市场秩序。私有财产与个人选择自由，是市场秩序的两大基石，市场秩序除具有长成的社会秩序之共性之外，其基本特征是其在每个分子比在其他任何秩序中得有更多的机会可以享有更多的财货和劳务。市场秩序不是静态的，是个不断调整的过程。调整是基于当事人既有的知识和对未来的期望；其成败还有几分要靠运气。市场秩序既有利于人群和平共处，更有利于人群生活水准的不断提升。所以，夏道平先生是认同长成的秩序的，也即市场秩序，反对政府强制力对市场秩序的干涉，赞成大家依照惯例或不成文的规律自由协作，认为这样市场秩序的正常运作才可保持，经济自由才可真正实现。

殷海光和夏道平，作为五、六十年代台湾自由主义者的重要代表，他们都坚持民主自由的理想，以《自由中国》为言论阵地，竭力阐扬自由主义思想，关心台湾的政治民主，推动了台湾的自由民主化进程。他们都青睐西方的自由主义思想，在自由主义的精神实质、理论基础、价值层面意义等方面有共同的识见。

但是他们二人接受的自由主义思想来源不同，殷海光主要接受哈耶克的古典自由主义思想，夏道平主要阐述了米赛斯的自由经济思想；由于人格性情不同、为学行事风格不同，导致二人阐扬民主自由思想的角度不同，殷海光主要从理论的角度阐发自由民主思想，而夏道平则从实际问题入手鞭策民主自由制度，并且一生实践自由思想；由于二人所学不同，人生际遇相异，因而介入自由主义的角度不同，对自由主义思想侧重点强调不同，殷海光从政治层面介入自由主义，强调政治民主，夏道平从经济层面介入自由主义，强调经济自由。而且二人对自由思想的内涵理解有所不同。这些都体现出二人自由主义思想的差异之处。

殷海光先生和夏道平先生，与那个时代其他的自由知识分子一样，他们都热忱地宣扬了民主自由的精神和理念，绍述了大量的西方自由主义思想，但由于种种的局限，都没有建构起自己独立的自由主义知识体系，这是他们自由主义思想共同的不足处。

参考文献

1. 林正弘主编:《殷海光全集》（十八卷本），台湾：桂冠图书股份有限公司，1990年版。

2. 殷海光:《中国文化的展望》，上海：上海三联书店，2002年版。

3. 陈鼓应主编:《春蚕吐丝——殷海光的最后话语》，台湾：三民书局，1969年版。

4. 夏明、何卓恩主编:《夏道平文选》（上、下册）稿本

胡适国学研究的思想史意义*

张世保（中南民族大学社会学与民族学学院）

国学研究是当今学术界的热点，国学热也成了当今有影响的社会思潮之一。检视今日之国学热与国学研究，总的趋向当然是理性与健康的，但其中也有一些不合理的成分需加审视。陈源批评20世纪20年代研究国学的热潮："只有研究国故的人整日价的摇旗呐喊，金鼓震天，吵得我们这种无辜的人不能安居乐业，叫人不得不干涉。"① 话虽说得有点夸张，但也有部分的真实。兴起于20世纪90年代的国学研究与国学热是对20世纪80年代西化潮流的反动，这一思想史的发展轨迹实际上在20世纪上半叶已经被演绎过，即在汹涌的西化运动面前，对国学研究的热衷以及国学派势力的增强都成为这两个时期学术界的典型特征。这真是好像应验了马克思"一切伟大的世界历史事变和人物都出现两次"的说法。不过马克思也指出这些事变和人物第一次是作为悲剧出现，第二次是作为闹剧出现的。在思考当今的国学研究与国学热的时候，回顾20世纪前半叶的国学研究与国学热思潮是有必要的，因为这种思考可以让我们避免走入闹剧的境地。我们正是在这个意义上来谈论胡适国学研究的思想史意义的。

一、国学的内涵

对于什么是国学，学术界有很多争论。对于国学的内涵、内容和范围，均有不同的意见。不过我们基本上接受这样一种见解：近现代意义的国学，

---

* 本文为教育部人文基地重大项目"近代中国民族主义与自由主义关系研究"（07JJD770100）成果之一。

① 陈源：《西滢跋语》，《现代评论》第5卷第119期，1927年3月19日。此处转引自《胡适文集》第4集，第119页。

清末民初兴起的国学，主要是指古代人文社会科学范畴的学术历史文化。相对于西学而言是中学；相对于新学而言是旧学；相对于当代而言是古代；相对于实践而言是理论。最近20年所讲的国学，既有指古代而言者，也有指包含古代和近现代而言者；既有指传统人文社会科学范畴而言者，也有指既包含传统人文社会科学也包含自然科学在内者。所谓国学，是指本国之学。这个学，既指传统文化，也指传统文化研究。传统文化固然是国学，而数十年前研究国学的论著，如章太炎的《国学概论》、钱穆的《国学概论》，而今也已成为国学研究的内容。近年所谓国学，本质上就是传统文化，这里所谓传统文化，是广义的说法，既包括思想文化、制度文化、物质文化、行为文化，也包括生活方式、风俗信仰，而不仅仅是某家某派学说。①

这种对国学的理解是不带价值评判的，更没有意识形态的考量。胡适对国学的看法与此可谓一致。胡适认为："'国学'在我们的心眼里，只是'国故学'的缩写。中国的一切过去的历史文化，都是我们的'国故'；研究这一切过去的历史文化的学问，就是'国故学'，省称为国学。'国故'这个名词，最为妥当，因为它是一个中立的名词，不含褒贬的意义。'国故'包含'国粹'，但它又包含'国渣'。我们若不了解'国渣'，如何懂得'国粹'？所以我们现在要扩充国学的领域，包括上下四千年的过去文化，打破一切的门户成见：拿历史的眼光来整统一切，认清了'国故学'的使命是整理中国一切文化历史，便可以把一切狭陋的门户之见都扫空了。"②"总之，我们所谓'用历史的眼光来扩大国学研究的范围'，只是要我们大家认清国学是国故学，而国故学包括一切过去的文化历史。历史是多方面的：单记朝代兴亡，固不是历史；单有一宗一派，也不成历史。过去种种，上自思想学术之大，下至一个字，一只山歌之细，都是历史，都属于国学研究的范围。"③

不过胡适此说也比较含混，他说国故学包括一切过去的文化历史，还只

---

① 李宗桂：《国学与时代精神》，《学术研究》2008年第3期。

② 胡适：《〈国学季刊〉发刊宣言》，《胡适文集》第3集，北京大学出版社1998年版，第10页。

③ 胡适：《〈国学季刊〉发刊宣言》，《胡适文集》第3集，北京大学出版社1998年版，第11页。

是从时间上讲的，而空间的范围则没有明确设定。比如说，对于国学，大部分人可能理解为汉文化圈的传统文化，但对于少数民族的传统文化则强调得不够，少数民族的传统文化也罕有进入国学的视野的。实际上，少数民族的传统文化是中国文化的一个重要组成部分。谈论与研究国学，如果把少数民族传统文化排除在外，既是对中国文化狭隘化的理解，也是对少数民族文化的不尊重。因此，“一切过去的文化历史”中的“一切”当然也包含了少数民族的传统文化。胡适虽然没有明确指出，但在其思想中，我们还是可以看出他是有这种意识的。比如他说：“我们理想中的国学研究，至少有这样的一个系统：中国文化史：（一）民族史；（二）语言文字史；（三）经济史；（四）政治史；（五）国际交通史；（六）思想学术史；（七）宗教史；（八）文艺史；（九）风俗史；（十）制度史。这是一个系统。”① 把“民族史”作为中国文化史的一个重要方面加以特别强调，这里所透露的信息应当是要特别注意的。

不把国学狭隘化为一家一派之学，在胡适那里是有相当自觉的。这从胡适所拟的《一个最低限度的国学书目》中可以看得很清楚。胡适所列的书目区分为“工具之部”、“思想史之部”、“文学史之部”三个部分，所列书籍共 184 种，其中工具书 14 种，思想史 92 种，文学史 78 种。在“工具之部”列了《世界大事年表》，在“思想史之部”列了他自己的《中国哲学史大纲》，在“文学史之部”中列了他自己的《五十年来的中国文学》，虽然他的这个书目招致了诸如梁启超等的非议，但确实可以看出在胡适眼中国学是非常开放的。当然，这个书目的一个大问题就是仅仅以胡适自己所擅长的思想史和文学史为主。《清华周刊》记者在当时的批评实际上非常重要：“先生在文中并未下国学的定义，但由先生所拟的书目推测起来，似乎只指中国思想史及文学史而言。思想史与文学史便是代表国学么？先生在《国学季刊》的发刊宣言里，拟了一个中国文化史的系统，其中包括（一）民族史，（二）语言文字史，（三）经济史，（四）政治史，（五）国际交通史，（六）思想学术史，（七）宗教史，（八）文艺史，九）风俗史，（十）

① 胡适：《〈国学季刊〉发刊宣言》，《胡适文集》第 3 集，北京大学出版社 1998 年版，第 15 页。

制度史，中国文化史的研究，便是国学研究，这是先生在该宣言里指示我们的。既然如此，为什么先生不在国学书目文学史之部以后，加上民族史之部，语言文学史之部，经济史之部……呢?”① 胡适的答复是民族史经济史的书目“此时更无从下手，连这样一个门径书目都无法可拟”②。答案虽嫌勉强，但实际上也没有否认质疑的正当性。

近些年来的“国学热”，不仅仅是一种学术思潮，也往往表现出一种社会思潮。从学术思潮的角度来说，人们基础上能表现出一种理性的态度，对国学的理解也比较合理。但作为社会思潮的国学热，则往往陷入一种偏执的状态。比如说作为国学热的一个重要表现的“读经”热就呈现出这样的特征。这种国学热往往把国学局限于儒学，把儒学等同于经学，并且提倡少儿读经。这种“读经热”业已引起了广泛的争论。首先需要指出，这种“国学热”背景下的“读经热”对“国学”的看法是错误的，把“国学”的范围缩小了。另外，对于“读经热”本身也是需要反思的。我们看看胡适的《读经平议》，胡适在这篇文章里明确反对当时政府提倡的读经之风。文章分几个层次：首先援引经学根柢很深的傅斯年对读经的意见，一是学生课业繁重，二是六经中难读难懂的东西多，基此两点读经便不应提倡。第二点，经可以读，但必须审慎且有选择性，可以在古经传中选择一些容易了解的文字充实中学课本。文章的最后将矛头指向号召读经的官员，劝他们身体力行地读读他们自己倡导的圣贤经传，不要想当然地“妄逞胸臆”，讽刺之意溢于文中。③ 细读胡适此文，我们不得不说该文还具有强烈的现实意义。

二、国学与新文化

近20年来国学的复兴，一个很重要的原因就是要反对西化浪潮对中国传统文化的冲击与侵蚀。据说，只有国学复兴了，中国文化的主体地位才能建立起来。还有更极端的看法是认为中国人如果没有国学的素养，不读国学

① 《〈清华周刊〉记者来书》，《胡适文集》第3集，北京大学出版社1998年版，第97页。
② 胡适：《答书》，《胡适文集》第3集，北京大学出版社1998年版，第98－99页。
③ 胡适：《读经平议》，《胡适文集》第11集，北京大学出版社1998年版，第758－761页。

经典，则是数典忘祖，连中国人的资格也成了问题。那么国学与新文化之间到底是一种什么样的关系？我们研究国学的目的到底是什么？这些问题实际上都不是什么新问题，而为近代思想界所反复讨论。

其实，中国文化的主体性与中国传统文化（国学）之间没有必然的联系。中国文化的运作主体、生命主体、创造主体和接受主体归根结底是中国人。我们在这里可以分析一下“中国文化的主体性”这一概念。实际上，这一概念本身就是一个疑问。因为中国文化就是中国人的文化。中国人的文化，当然已经表明主体性的存在是毋庸置疑的。“中国文化”与“中国文化的主体性”乃同义反复。“中国本位”的提法也犯了同样的错误。关于这一点，其实胡适早就指出了。胡适说：“这个本国本位就是在某种固有环境与历史之下所造成的生活习惯；简单说来，就是那无数无数的人民。那才是文化的‘本位’。那个本位是没有毁灭的危险的。物质生活无论如何骤变，思想学术无论如何改观，政治制度无论如何翻造，日本人还只是日本人，中国人还只是中国人。”①

研究国学与新文化的建设理应不会产生矛盾，从中国新文化的建设来讲，研究国学可能还是一个基础性的工作，也就是在“建设”之前的“破坏”工作。这当然不是国学研究的全部，但起码是一个非常重要的方面。比如，在学界的反复质问下，胡适就承认他的“整理国故”的工作是为了“打鬼”。他说：“我披肝沥胆地奉告人们：只为了我十分相信‘烂纸堆’里有无数无数的老鬼，能吃人，能迷人，害人的厉害胜过柏斯德（Pasteur）发现的种种病菌。只为了我自己自信，虽然不能杀菌，却颇能‘捉妖’、‘打鬼’。……这是整理国故的目的与功用。这是整理国故的好结果。”② 胡适还这样说整理国故的作用：“用精密的方法，考出古文化的真相；用明白晓畅的文字报告出来，叫有眼的都可以看见，有脑筋的都可以明白。这是化黑暗为光明，化神奇为臭腐，化玄妙为平常，化神圣为凡庸：这才是‘重

---

① 胡适：《试评所谓“中国本位的文化建设”》，《胡适文集》第5集，北京大学出版社1998年版，第451页。

② 胡适：《整理国故与“打鬼”》，《胡适文集》第4集，北京大学出版社1998年版，第117页。

新估定一切价值’。他的功用可以解放人心，可以保护人们不受鬼怪迷惑。”① 胡适这种说法在新派人物众多的二、三十年代，还很容易为人们接受。可是，在当今的国学热中，这种破坏工作可谓少之又少，对传统文化的批评被认为是对传统文化的不敬重，对传统文化的维护有过当的现象，这种局面当然应当引起反思。

不可否认的是，国学复兴实际上一种保守主义的表现，起码可以说容易激起保守主义的兴起。20 世纪 20—30 年代的国学研究也具有同样的特征。也正是如此，对于新文化运动的领导人胡适投入到“整理国故”的运动中，就引起了人们的普遍注意。正如陈源就认为胡适的《胡适文存》比《中国哲学史大纲》重要。他说：“《文存》里大部分是提倡革命，扫除旧思想，建设新文学的文字。在那里适之先生引我们上了一条新路。可是在‘革命尚未成功，同志还须努力’的当儿，胡先生忽然立停了脚，回过头去编他的《哲学史》了。固然不错，他做的还是破坏的功夫，‘捉妖’、‘打鬼’的事业，只是他丢开了另一方面，在我们看来，更加重要的工作。没有走过的新路是不容易走的。前面得有披荆斩棘的先锋，熟识道途的引导者。适之先生的地位应当在那里。可是他杀回头去了，所以虽然还有些人在新路上往前觅道，大部分的人只得立住了脚，不知道怎样好。更不幸的，一般近视眼的先生，不知道胡先生是回去扫除邪孽，清算烂账的，只道连胡先生都回去了，他们更不可不回去了。于是一个个都钻到烂纸堆里去，……弄得乌烟瘴气，迷濛天地。”② 其实，这样的担心并非多余，在中国新文化建设的关键时期，其领军人物转向“整理国故”的工作，不能不说有强烈的导向作用。“激进派和国粹派对他底冷嘲热讽，固不必多提，而最为他惋惜的则是那所谓中间派自由主义知识分子。他们原是以适之先生马首是瞻的。大家正在追随他，鼓噪前进，他忽然‘马首’一掉，跑进故纸堆里去了，怎不令人摇

① 胡适：《整理国故与“打鬼”》，《胡适文集》第 4 集，北京大学出版社 1998 年版，第 117 页。

② 陈源：《西滢跋语》，《现代评论》第 5 卷第 119 期，1927 年 3 月 19 日。此处转引自《胡适文集》第 4 集，北京大学出版社 1998 年版，第 118 – 119 页。

头叹息，不得其解!?”① 因此，思想界领军人物的言行都应当格外谨慎。

20世纪90年代以来，一些自由主义者也纷纷支持国学热、鼓吹少儿读经运动，虽然他们并没有反对新文化的建设，但却给人一种保守的趋向，与文化保守主义（甚至其中的原教旨主义者）有同盟的趋势，客观上给人们造成了中国文化建设转向的印象，产生了消极的后果。这不能不引起我们的思考。

其实，提倡对国学研究与新文化的建设并不矛盾。也就是说研究国学与建设新文化可以同时进行。上个世纪初，许守微即作《论国粹无阻于欧化》论昌明国粹与新文化建设可以得兼。他说：“国粹以精神而存，服左衽之服，无害其国粹也；欧化以物质而昌，行曾史之行，无害其为欧化。”他注意到当时单讲国粹已经不合潮流，但是一味讲欧化，却收不到很好的效果，“彼之良法善制，一施诸我国而弊愈滋”，这正如庄子所讥讽的内化而外不化，欲化解倡欧化者内化而外不化的弊端，“仍在国粹而已。国粹者，道德之源泉，功业之归墟，文章之灵奥也”。② 虽然许氏对国粹与欧化之间的关系的理解没有脱离中体西用的框架，但保存国粹与新文化建设并不矛盾的思想确实值得我们深思。

自近代西力东渐之后，中国遭遇前所未有的挑战，面临的主要任务就是建设新文明（现代性文明），以求在全球化的背景下得以生存。在此种背景下，中学的地位越来越低，新学的地位越来越高，新学逐步取代中学成为中国文化的主体乃是思想发展的逻辑，中国近代思想史也正是按照这一逻辑序列展开的。虽然现代化是一系统工程，现代化一旦启动，所导致的社会变迁必然牵涉到方方面面，因而近代中国知识分子无论对现代化的态度如何都必然要对这一问题作出自己的回答，但现代化并非人们的终极诉求，因为人的需求多方面的，现代化并不能包办一切，更重要的是，现代化所带来的弊

① 唐德刚《胡适口述自传》第十章注释，见《胡适文集》第1集，北京大学出版社1998年版，第389页。唐德刚认为胡适之所以从事整理国故，“要言之，近百年来的中国现代化运动是个整体。在其他方面都没有完成现代化的情况之下，学术现代化是不可能的。学术既然没有现代化，我们就只能搞搞小脚放大的过渡时代的学术。这样搞搞半新不旧的‘整理国故’，才是合乎逻辑和顺理成章的。”见唐德刚《胡适口述自传》第十章注释，见《胡适文集》第1集，北京大学出版社1998年版，第390页。

② 许守微：《论国粹无阻于欧化》，《国粹学报》1905年第7期。

端，对人所造成的异化也是极其明显的，要解决这些问题，对于非西方文化传统来说，向自身传统寻求思想资源就成为理所当然的了。正因为如此，中国近代思想史上的顽固派及各种保守主义的存在才可以获得理解。如果我们意识到国学与现代化处在不同的层面上，国学研究的边界清晰了，也就不会卷入到那些无谓的争论之中。比较理性的态度应当是，国学研究固然应当大力展开，但如果以此来抗拒新文化的建设则是万万不可的。可见，以建设新文化为主要任务并不是蔑视、更不是排斥国学，而恰恰是对国学自信的一种表现。

三、国学与传统

前面关于胡适论述国学的时候，指出过胡适认为国学研究就是研究中国文化史。实际上这一概念还必须认真加以分梳。什么是中国文化？从概念上讲，“中国文化”就是“中国人的文化”，“中国人”是一个一个的中国人，因此，笼统地谈中国文化是没有任何意义的。在中国人这一个群体里，有的人可能信奉儒家，有的人可能信奉道家，还有的信奉墨家、兵家等等，还有的人可能是佛教徒，有的人是基督教徒，有的人是伊斯兰教徒。也就是说，“中国文化”是一个包容性非常强的概念。对于中国文化，在时间上，我们注重于现在；在空间上，我们关注整个中国；在主体上，我们只承认个体，而拒绝抽象的整体。如果我们把“中国文化”仅仅理解为儒家文化，或者是儒释道三家，那就不仅仅是将中国文化狭隘化，而且也是对其他文化的极大不尊重。正如有学者指出：“把西方文化以及其他外来文化排斥在中国的文化之外是狭隘的，把对中华文明作出卓越贡献的少数民族文化排斥在中国传统文化的核心之外，也只能更加重我们这种文化封闭主义的心态。”①

在西方文化进入中国之前，中国文化有其独特的传统。当然这种传统的内容也是丰富多样的。如：儒家主干说，道家主干说，公婆纷争，莫衷一是。但总起来说，它们是同样类型的文化。自西方文化进入中国之后，一种完全不同类型的文化与中国旧有类型的文化相遇。在同西方文化的接触中，

---

① 薛涌：《中国文化的边界》，《南方周末》2005 年 6 月 9 日。

中国人步步退让，先物质、再制度、再精神逐步向西方的现代性文化靠拢。在这种过程中，一种新的文化传统（现代性传统，以进步、创造、平等、自由、民主、宪政等为主要内容）逐步形成了。虽然这种传统在中国还很薄，很微弱，根基还不太牢固，但应当说它规定了中国文化发展的方向。“它虽然可能不如西方近代传统那么条贯有序，那么成熟，甚至还没有从现实冲突中挣扎脱身，但它以及构成了当代中国人的共同意识和习焉不察的共同心理。”① 这种文化才是中国文化的主力！许多人喜欢讲“根源性”，其实“根源”本身也是生成的、发展的。我们可以把中国自身传统文化比作一棵参天大树，中国近代精神传统比作一棵小树苗，虽然这颗小树苗的根基还不太牢固，但只要我们精心培育，它也就一定能够长成一棵参天大树！总之，传统不是如来佛的“掌心”，是可以跳过去的。更进一步说：“如果说人们不能割断传统，不能在没有传统资源的依托下从事现代化建设，那么首先就是不能割舍这些现代精神传统。这不但是因为当代人很大程度上直接参与到这场精神的运动之中，而且它们实际上构成了中国现代化运动的精神内驱力，继续在深刻影响着中国人的精神运动和生活世界。”② 那么这种新的传统属于不属于国学的范畴呢？显然是不能的。因为如果把国学理解为一个国家的学术，国学等同于中国文化，国学这个概念就失去它的本来涵义了。实际上，现在的国学研究也是把这一传统排除在外的。因此，国学研究虽然是中国文化研究的重要组成部分，但把国学研究等同于中国文化研究则是完全与事实不符的。

当今的“国学热”只关注中国古代传统，而忽视近代以来所形成的新传统。正如李维武教授所指出的：“当文化保守主义对中国传统文化价值作高扬与凸显时，由于其鲜明的保守性，往往遮蔽了中国传统文化的局限性，遮蔽了全球性现代化运动对于克服这种局限性的意义，遮蔽了中国文化在全球性现代化运动背景下由传统形态转变为现代形态的意义，特别是对于新文化运动以来所生成的中国新文化及其传统，文化保守主义作了根本性的否

---

① 高瑞泉：《我们能够跳出‘过去的掌心’？——评 E. 希尔斯的〈论传统〉》，见氏著《中国现代精神传统——中国的现代行观念谱系》，上海古籍出版社 2005 年版，第 439 页。

② 高瑞泉：《中国现代精神传统——中国的现代行观念谱系》，上海古籍出版社 2005 年版，第 7 页。

定，而力图割断并抛弃这一段文化发展，而把今天的中国文化发展与前近代的中国文化发展直接衔接起来。……与对新文化运动以来所生成的中国新文化及其传统的根本性否定相联系，一些极端的文化保守主义者对新文化运动所促成的马克思主义在中国的大规模传播与发展亦视为'西化'的产物，而持贬抑、排斥甚至否定的态度。"① 高瑞泉教授也指出汉学界的某些学者，"因为憎恶以'五四'为代表的近代传统，便一味指责'五四'造成了传统断裂，拒绝承认中国近代一个多世纪以来也已经形成了某些近代传统。"② 现在的一些文化保守主义者（国学研究的参与者与推崇者）所谓的传统，就仅仅是中国固有的传统，在他们看来，近代中国完全是一个文化的"黑洞"，近代的新文化运动不仅没有给中国带来多大福祉，反而把中国传统给打破了，使得中国传统发生了断裂，而这正是导致中国出现诸如人性萎缩、道德滑坡等的原因所在，在他们眼里，传统恰恰可以医治这些病症。这当然是他们开错了药方。我们知道，自 1840 年西方文化进入中国之后，中国社会就被迫进入到从前现代社会向现代社会的转型时期。我们必须承认的一个事实是，这一转型导致了中国人思维方式、价值观念与生活方式的根本改变，且这一改变具有不可逆性和进步性。在今天，我们更应重视和着力培育的应当是现代性精神传统，这理应是我们的文化共识。而这正是五四新文化运动所诉求的，也是中国古代传统所不能提供的。③ 我们今天当然可以反思五四、超越五四，但如果主张以"反思"、"超越"之名而走上与五四以来不同的发展道路，则是要坚决反对的。

总之，无论是 20 世纪上半叶的国学研究，还是 20 世纪 90 年代以来的国学研究，其中都包含了诸多与学术无关的因素，"国家"的因素渗透太多④，情感的宣泄也较明显，呈现出思想、学术与情感搅和不清的状况。总

---

① 李维武：《政治儒学的兴起及其对中国思想世界的影响》，《求是学刊》2006 年第 6 期。

② 高瑞泉：《我们能够跳出'过去的掌心'？——评 E. 希尔斯的〈论传统〉》，见氏著《中国现代精神传统——中国的现代行观念谱系》，上海古籍出版社 2005 年版，第 439 页。

③ 胡适认为那种认为研究国故学是"应时势之需"的说法是古人"通经而致治平"的梦想，也就是认为国学的现代意义是不多的。此说当然有一定偏差，但却也并非无见。见胡适《论国故学——答毛子水》（《胡适文集》第 2 集，北京大学出版社 1998 年版，第 327 页）。

④ 关于国学的研究与国家的关系，参看罗志田著《国家与学术：清季民初关于"国学"的思想论争》，三联书店 2003 年版。

起来说，这是当今中国依然处于社会转型时期的必然表现，只要我们把握住大的文化发展方向与原则，即便出现一些不协调的音符也无关大局。胡适在国学研究领域取得了巨大的成绩，而在中国文化发展方向的把握上又坚定不移，对今日国学的发展依然有启示作用，这大概就是胡适国学研究的思想史意义。

论“胡适派”的经济权利思想

王艳勤（中南民族大学思想政治教育学院）

从《努力周报》到《新月》月刊再到《独立评论》，新自由主义者以胡适为灵魂人物，以自由主义同人刊物为阵地，在不同的时期围绕相对集中的几个问题各抒己见，形成了一个相对独立的自由主义派别——“胡适派”。“胡适派”争人权的声音一直在布满阴霾的历史天空里回响，人权问题是他们谈政治的一部分。在大多数时候，政治权利的光芒掩盖了经济权利的重要性，但这一点正是“胡适派”人权思想的一大特色。

一、经济权利的内涵：“社会化”趋势

胡适一生大多强调政治自由，他对经济的忽视常被后人视为胡适的一大缺憾。唐德刚，胡适晚年的入室弟子，其胡适论一直以来被国际学界认为是比较公允的，他给胡老师的挽联是“多研究经济，好研究问题”，这是对胡适的盖棺之论。唐德刚认为胡适自青年时代起就对经济问题不感兴趣，这一点是胡适谈政治的致命伤，“胡先生告诉我，他在康乃尔读大学本科时，对经济学就没有兴趣，未尝先修有关经济学的科目，因而他一辈子对各种经济学也很少涉猎。这便是他老人家晚年谈政治问题的致命伤”，“胡适之先生对中国民主政治的发展，虽然生死以之，他却始终没有搞出一套完整的理论来。不是他无此才华，而是他在社会科学上无此功力！没有一套完整的理论来对近百年——乃至三千年——的中国政治经济的演变作一番通盘的了解，而只是头痛医头，脚痛医脚地去搞一点一滴的改革，那就必然扶得东来西又倒。”①

① 唐德刚：《胡适杂忆》（增订本），上海：华东师范大学出版社1999年版，第27－28页。

时值社会改造思潮蜂起，社会生计问题被视为中国社会的根本问题，胡适等人却首肯政治改良的意义。胡适对于社会经济生活的注意是零星的，与他对政治自由的期盼一样，他认为民众的生计问题是无从根本解决的，有待于点滴的、渐进的改良。在“问题与主义”论争中，他就提出，与其夸夸其谈社会主义，不如着力解决下层民众的生计问题。“现在中国应该赶紧解决的问题，真多得很。从人力夫的生计问题，到大总统的权限问题；从卖淫问题到卖官卖国问题；从解散安福部问题到加入国际联盟问题；从女子解放问题到男子解放问题……哪一个不是火烧眉毛紧急问题？我们不去研究人力车夫的生计，却去高谈社会主义；不去研究女子如何解放，家庭制度如何救正，却去高谈公妻主义和自由恋爱；不去研究安福部如何解散，不去研究南北问题如何解决，却高谈无政府主义；我们还要得意扬扬夸口道，‘我们所谈的是根本解决’，老实说罢，这是自欺欺人的梦话，这是中国思想界破产的铁证，这是中国社会改良的死刑宣告！”① 五四运动以后，乘杜威“民治主义”宣传的东风，社会生计和民治主义成为知识界和思想界共同关注的话题，胡适以“人力车夫的生计问题”为亟待解决的问题之一，至于如何解决这一问题胡适并未进一步探讨。有着“但开风气不为师”之气魄的胡适，在许多方面走在时代和时人的前列，但在社会生计问题上的见解，反倒像是被时代潮流推着走。在其他许多地方，胡适讲民治主义也主要是就政治民主而言，相比之下，社会和经济的民治主义受到了冷落。正如周策纵所观察到的，当“问题与主义”之争发生时，尽管“经济问题和社会问题是必须正视的紧要问题，但自由主义者至少与其他人一样，没有研究这些紧迫的问题和提出任何假设的或最后的解决方案”②。

高一涵也坚持中国社会的根本问题是政治问题，但当他谈到生计问题时，他的见解却比胡适高出一筹，他发现：生计问题除了与生产相关，与分配问题也是密不可分的，“因为单注意生产，不注意分配，是欧美经济社会在这百年中表现出来的一大缺点，到现在没有方法补救，几演成阶级战争和

---

① 胡适：《多研究些问题，少谈些“主义”!》《每周评论》第31号，1919年7月20日。后收入《胡适文存》（卷二）。

② 周策纵：《五四运动：现代中国的思想革命》，南京：江苏人民出版社1996年版，第311页。

劳动革命。我们如果再把这个悲剧，重行抄演一遍，以后必得产出同一的结果。而我的意思是想把‘生产’、‘分配’两个问题看得一般重，同时并行，不要偏重这个忘记了那个。所以我的主张就是中国现在的根本问题是要‘社会的生产’，‘平均的分配’!”①

在新自由主义者看来，消极自由固然重要，积极自由更是值得争取的，不仅要争取政治自由，更要争取社会经济文化的权利，杜威在其《社会哲学和政治哲学》讲演中，反复强调在保持个人自由的前提下必须重视经济生活对人的意义，在政治的民治主义而外倡导社会经济的民治主义，而胡适作为此次演讲的翻译者，显然经历了西方新自由主义的洗礼。那么胡适究竟是在怎样的意义上理解新自由主义的，又是在怎样的意义上倡导公民的社会经济权利的呢?

首先，胡适注意到了作为基本人权的生存权。他认为“人世的大悲剧是无数的人们终身做血汗的生活，而不能得着最低限度的人生幸福，不能避免冻与饿。人世的更大悲剧是人类的先知先觉者眼看无数人们的冻饿，不能设法增进他们的幸福，却把‘乐天’‘安命’‘知足’‘安贫’种种催眠药给他们吃，叫他们自己欺骗自己，安慰自己”，“西洋近代文明的特色便是充分承认这个物质的享受的重要。西洋近代文明，依我的鄙见看来，是建筑在三个基本观念之上：第一，人生的目的是求幸福。第二，所以贫穷是一桩罪恶。第三，所以衰病是一桩罪恶”。他在东方文化中找到了与之对应的术语“利用厚生”，“因为贫穷是一桩罪恶，所以要开发富源，奖励生产，改良制造，扩张商业。因为衰病是一桩罪恶，所以要研究医药，提倡卫生，讲求体育，防止传染的疾病，改善人种的遗传。因为人生的目的是求幸福，所以要经营安适的起居，便利的交通，洁净的城市，优美的艺术，安全的社会，清明的政治。纵观西洋近代的一切工艺，科学，法制，固然其中也不少杀人的利器与侵略掠夺的制度，我们终不能不承认那利用厚生的基本精神”。②

---

① 高一涵:《中国根本的社会问题》,《努力周报》第51期，1923年5月6日。

② 胡适:《我们对于西洋近代文明的态度》,《现代评论》第4卷第83期，1926年7月10日。另见《胡适文存》三集，卷三，黄山书社1996年版，第8-9页。

其次，胡适在其关于“新自由主义”的论述中，从历史的角度阐明了经济平等对于人权的重要意义。胡适在《我们对于西洋近代文明的态度》一文中对此做了较为详尽的说明，他追溯西方世界追求人权的历史，发现人权演进史就是“社会化”的发展史，从十五、十六世纪的地理大发现到工业革命，欧洲的生产的方法改变了，生产的能力发达了，物质享受的增加，使人类的同情心逐渐扩大。这种扩大的同情心便是新宗教新道德的基础，因此“不但自由须以不侵犯他人的自由为界限，并且还进一步要要求绝大多数人的自由。自己要享受幸福，同时便想到人的幸福，所以乐利主义（Utilitarianism）的哲学家便提出‘最大多数的最大幸福’的标准来做人类社会的目的。这都是‘社会化’的趋势”。杜威曾将个人主义与社会主义的对抗作为新自由主义的重要课题，胡适对这一课题进行了历史考察，“十八世纪的新宗教信条是自由、平等、博爱。十九世纪以后的宗教信条是社会主义。……十九世纪以来，个人主义的趋势的流弊渐渐暴白于世了，资本主义之下的苦痛也渐渐明了了。远识的人知道自由竞争的经济组织不能真正达到真正‘自由、平等、博爱’的目的。向资本家手里要求公道的待遇，等于‘与虎谋皮’。救济的方法只有两条大路：一是国家的利用其权力，实行裁制资本家，保障被压迫的阶级；一是被压迫的阶级团结起来，直接抵抗资本家阶级的压迫与掠夺。于是各种社会主义的理论与运动不断地发生。西洋近代文明本建筑在个人求幸福的基础之上，所以向来承认‘财产’为神圣人权之一。但十九世纪中叶以后，这个观念根本动摇了……几十年之中，有组织的劳动阶级遂成了社会上最大势力的分子。十年来，工党领袖可以执掌世界强国的政权，同盟总罢工可以屈服最有势力的大运动，现在还正在进行的时期。但他的成绩已很可观了。……这是社会化的新宗教新道德。”最终，他将英国工党式的社会主义理论与运动视为社会化新宗教新道德的范本。胡适的“新自由主义”有独特的内涵，主要指“社会化”的趋向。“社会化”的过程就是实现经济平等，争取社会经济权利的过程。财产权一度被自由主义者视为基本人权，这一观念随着世界范围内社会主义运动的发展而改变了，这就是胡适不再倡导财产权的原因所在。杜威曾提出以纳税制度使财产渐趋平均，其目的在于通过政治的势力使不公道的逐渐公道，不平等的逐渐平等。① 胡适提出的以国家强力保障公道的救济方法，显然包括纳税制度，对此他在后来有更清晰的认识。

到了1940年代，胡适依然醉心于英国工党式的社会主义，并且感奋于罗斯福新政，他称之为“社会化的经济制度”，即一方面不废除私有财产和自由企业，另一方面实行社会化的立法，节制资本、征收累进税、保障劳工权益、供给全国用度、缩小贫富差距等。②

受杜威新自由主义思想的影响，“胡适派”在争取政治自由的同时，也谈到了经济权利问题。而他们对于经济平等的重视，在很大程度上源自对社会主义的内化，他们关于“社会化”的思想具有浓烈的社会主义色彩。

二、保障经济权利的方式：反对“统制经济”

1929年爆发了世界范围的资本主义经济危机，与此同时，苏俄于1928年开始的第一个五年计划顺利实施并提前完成，资本主义自由放任的经济政策与社会主义计划经济政策的优劣似乎比二十年代初更明显了。“守愚”在《统制经济与全国经济委员会》一文中敏锐地指出了这一点：“在苏俄工业计划没有实现以前，大家都认为统制经济是社会主义的一种空想，可是自1928年苏俄实行五年计划以来，成效斐然，而同时的资本主义国家则发生了严重的经济危机，生产过剩，工厂倒闭，工人失业的人数超过数百万，于是大家对社会主义的统制经济有了新的认识，认为统制经济不仅能够实行，而且是挽救资本主义的有效方法，要求实行统制经济的呼声因而风起云涌，成了时髦名词。”③ 一时间，“‘统制经济’和‘计划经济’等名词，在国内刊物上，成了很时髦的题目。”④ “现在一般的知识界正在兴高采烈地提倡什么计划经济、统制经济等。”⑤ 国民政府也利用舆论积极鼓吹统制经济政策，

---

① 杜威：《社会哲学与政治哲学》，第81页。

② 胡适：《眼前世界文化的趋向》，胡颂平编：《胡适之先生年谱长编初稿》（第6册），第1985页。原载北平《独立时论》，1947年8月。

③ 守愚：《统制经济与全国经济委员会》，《独立评论》第70号，1933年10月1日。

④ 张素民：《统制经济与计划经济》，《复兴月刊》，第1卷第20期。

⑤ 戴霭庐：《关于中国现代化的几个问题》，《申报月刊》第2卷第7期，1933年7月。

加强统制经济实践。

在这样的大气候中，“胡适派”以《独立评论》为阵地，表示政府干预经济的政策不适合中国。胡适说：“我不反对有为，但我反对盲目的有为；我赞成建设，但我反对害民的建设。盲目的建设不如无为的休息。”① 西方的新自由主义者倾向于把政府当作个人自由与社会平等的保护神和促进者，而胡适的新自由主义依然把政府当作一种不可避免的恶，这更像是西方古典自由主义人权的立场。胡适当时就要求“把政府的权力缩小到警察权”，他认为“人民有了治安，自然会用他们的余力去发展积极的事业”②。胡适的这种观点得到了《独立评论》同人的回应，“如果讲到建设本身，我以为单靠政府是不够的（现在的国情和现在的政府）。政府可做的建设，实在有限（限于人力与物力）；而人民能做的却是无穷的。只要政府能做到警察权，有治安，有公道，人民就可以自由发展”，③ 在他们看来，政府做的越少越好，政府的职能仅在于维护社会秩序，政府需要做的是放任而不是干涉。对孙中山民生主义的两大支柱——“平均地权”与“节制资本”提出质疑。梁子范认为“合理化是私人经济的秘诀”，而私人经济又是“过去一百年经济进步的源泉”，相反，“公经济多流于不经济”。对于当时一般舆论看好的“国有化”，梁认为它不仅在生产上是低效的，而且在政治上也是有害的。“在官吏式的营业里，不说营业者没有企业家的胆识和经验，他们也处处掣肘政治，没有全力以应付政治的可能。”④ 应该承认，在当时政治高压的环境下，梁的这种批评是相当大胆的，《独立评论》也因这篇文章遭到停邮、停刊的处分。

30 年代中期，《独立评论》派的主要人物，如蒋廷黻、丁文江、翁文灏等，因各种机缘纷纷赴苏。从他们后来发表的游记性文字看，当时苏联举国上下奋发图强、高歌猛进的气象，给他们留下了极为深刻的印象。丁文江自

① 胡适：《建设与有为》，《独立评论》第 94 号，1934 年 4 月 1 日。

② 胡适：《再论无为的政治》，《独立评论》第 89 号，1934 年 2 月 25 日。

③ 区少干：《单靠政府去建设便成了吗?》，《独立评论》第 108 号，1934 年 7 月 8 日。

④ 梁子范：《“平均地权”和“节制资本”可以实行么?》，《独立评论》第 82 号，1933 年 12 月 24 日。

苏联回国之后，即宣称国家除了科学研究之外，“甚么东西都可以统制”①，但统制是有条件的。“第一个条件是要有真正统一的政府”，因为“政治统一是建设的前提”，“政权一天不统一，统制经济是一天不可行的”。“第二个必需的条件是收回租界，取消不平等条约”。“第三条必需的条件是行政制度先要彻底的现代化”。其中第一、第二个条件正是他“新独裁主义”的主张。他在文章最后特别提出：“许多人眼看国家危亡，急不暇择，以为用统制经济的政策，可以促进政治的统一，缩小外国的势力，改良行政系统。我认为这不但是舍本逐末，反果为因，而且是病急乱投医。”② 在同期《独立评论》中，前溪撰文《统制经济问题》认为，“统制经济者，各个国家，各在其国某种经济主义之下，平时或临时，为某种目的，作（做）成一种整个有系统之经济之计划，在某种经济制度中，而以国家统治之权力施行之。”但“某种主义”，“某种目的”，“国家的权力”，“某种组织”，在中国均是“一个X”，是不确定的，“所以我们于统制经济是否可行于今日中国这个答案，只有一个前提的，这前提便是请求拿具体计划先给我看”，这也是从实用主义立场对统制经济提出怀疑。宋士英在同期《独立评论》上撰文《山西省的统制经济》，批评山西统制经济对国家统一造成了分裂。

1948年春，胡适在一篇题为《民主与反民主的观念体系的冲突》的长文中，曾对极权主义国家在经济方面的特征做了总结，他说：“在经济界方面，政府将一个划一的制度，强迫加在整个社会上，以期适应其所规定的经济政策。不论是共产主义，或国家社会主义，或农业集合主义，都是政府不容分说，不择手段地强迫推行的一个划一的制度。在极权的国家内，劳工运动已经不存在了，因为实业与生产，都是由政府通盘与筹划的。在那里，没有罢工的事件，没有劳工的抗议，唯一的消极抗议——怠工，也被认为是罪大恶极的。”③

新自由主义对于经济平等的重视，在很大程度上源自对社会主义的内化，胡适关于“社会化”的思想就有浓烈的社会主义色彩。尽管他主张国

---

① 丁文江：《中央研究院的使命》，《东方杂志》第32卷第2号，1935年1月16日。

② 丁文江：《实行统制经济的条件》，《独立评论》第108号，1934年7月8日。

③ 胡适：《民主与反民主的观念体系的冲突》，《正论》第3期，1948年3月1日。

家对经济的计划和干预，但他并不赞同国家的统制经济政策。他在1950年代演讲《从〈到奴役之路〉说起》，总结历史经验，对自由知识分子为国民政府以“统制经济“为旗号的权威主义现代化模式之推波助澜的历史作了反省和忏悔：

> 中国士大夫阶级中，很有人认为社会主义是今日大势所趋。……在政府里任职的许多官吏，他们认为中国经济的发展只有依赖政府，靠政府直接经营的工业矿业以及其他的企业。从前持这种主张最力的，莫过于翁文灏和钱昌照，他们所办的资源委员会，在过去的二十年中把持了中国的矿业，对于私有企业（大多是民国初年所创办的私有企业）蚕食鲸吞，或则被其窒息而死。……（以上）许多中国士大夫阶级对于社会主义的看法，在二十七年前，我所说的话也是这样的。……现在想起应该有个公开忏悔。①

三、余　　论

人权是“胡适派”追求民主、宪政的题中应有之义。“胡适派”人权思想有个特点：首重政治自由，次重经济平等。在现代中国的历史情境中，“胡适派”抱着谈政治的态度，汲汲于政治权利的实现，这就使得他们关于经济权利表达的声音显得更加微弱了。1941年胡适在美国密西根大学发表《民主与反民主的观念体系的冲突》的演说时，他把Max Eastman所列举的极权主义特征概括为21点，包括：由一个像军队那样严格约束的政党来执掌国家的政权；严厉取缔一切不赞成政府的意见；以武断代替辩论，由政党控制新闻；使人民陷于文化的孤立，使之对外界真实情况，无从知晓；由政党控制一切创造性的艺术；禁止工人罢工及抗议，摧毁一切劳工运动等。并把第二次世界大战概括为民主与极权、自由与奴役的冲突，即民主生活方式与极权生活方式的冲突。他认为自1917年以来所有的极权政治制度都是采取急进、过激的革命方式（如希特勒、墨索里尼等），急进主义总是要走上

① 《胡适论著辑选》，（台湾）巨人出版社1978年版，第170－172页；胡适：《从〈到奴役之路〉说起》，《胡适演讲集》（第3册），台北1986年版，第47－48页。

政治独裁的道路，因而主张渐进改革、逐步进步的观念。他指出极权文明与民主文明的另一个区别是，前者企图强迫划一，后者主张多元、变化和个人自由发展。在两大观念体系的冲突中，他坚信："进步总是日积月累的事件，没有自由的个人发展，根本谈不到文明。"① 从中我们可以看到政治自由在胡适自由主义人权思想体系中的位置。

格里德曾批评胡适因为对中国人的社会愿望和实际生活条件缺乏真正的认识，因而没有得到师承，这一批评可谓切中肯綮。西方经过几百年的"社会化"历程，已经具备相当的经济基础，并且已经确立了有法律保障的社会秩序，基本的人权、少数人的人权已然得到保障，自由放任的经济政策已经不利于实现最大多数的最大幸福，正如杜威所说，西洋社会所面临的问题不再是"权利的问题"而是"用权利的机会的问题"②，这也是西方在思想领域内有古典自由主义转向新自由主义的内在动因。不断为了倡导个人自由的发展，西方曾经历了争权夺利的时代，后来又利用国家的权力使社会平等。杜威认为中国在发展个人主义与社会平等的问题上，可以两步并作一步走，"因为中国很有古代从孟子以来的保民政策的学说可以做根基。中国向来没有个人主义的政治学说，所以很可以把从前父母式的皇帝的保民政策变为民主的保民政策"，因此，"中国今日很可以利用普及教育使人人的机会平等。普及教育的用处并不是为个人争权夺利，是使人人有平等的机会。西方发达普及教育远在工业大革命以后。中国今日正工业革命未兴之时，应从速实行普及教育，预备将来机会平等的能力"。③ 杜威提出的两步并作一步走的策略的确引人入胜，胡适等人也在通过白话文运动，通过普及教育手段为公民具备机会平等的能力做准备，但"胡适派"仍然坚持政治自由的优先性。"权利的问题"被"胡适派"化约为"政治权利的问题"，之所以如此，是因为他们没有将目光放至广大的农村地区，既然占人口绝大多数的农民在"人"的概念中付之阙如，那么"胡适派"所谓"人权"就只能是残缺的，而他们关于经济权利的思想最终沦为政治权利的一种陪衬和陪葬品。

---

① 钟离蒙、杨风麟主编：《中国现代哲学史资料汇编》（第四集，第二册），沈阳：辽宁大学出版社 1982 年版，第 111 页。

② 杜威：《社会哲学与政治哲学》，第 81 页。

③ 杜威：《社会哲学与政治哲学》，第 81 – 82 页。

60年代台湾五四意识的断裂与传续

简明海（中央研究院近代史研究所）

一、前　　言

五四意识在台湾，随着不同政治文化形势的转变，分别呈现横向移植与纵向传承的特色，是无可否认的客观事实。以台湾史的分期而论，五四曾以不同姿态，经过三次主要的起落，分别在不同时期展现其不同的历史角色。

首先在1920年代开始至30年代初期，五四主要以台湾新文学及新文化启蒙的形态，以《台湾民报》等报章杂志为途径，传播、影响了台湾思想文化运动。初始是以黄呈聪、陈端明、黄朝琴等人扮演重要的推手；1924年以后，张我军（1902—1955）鼓吹的白话新文学更掀起了全面的论战与风潮。直到随着中、日关系的紧张及日本军国主义的肆虐，30年代中叶遂步入衰退期；况且台湾新文学及新文化，也于此之前就产生了本土化及左翼化的现象。张我军、许乃昌、赖和、黄呈聪、黄得时、陈端明、苏芗雨等曾经游学中国大陆的台湾人，其努力未竟全功，可说只有横向的移植，难以形成有效、广泛且影响持续的纵向传承。除了掀起新旧文学、白话文及台湾话文的论争外，对新文化的思想启蒙虽有一定的成效，但都为拥有强势政经实力的日本文化压制，终而在战争后期成为以日文为主导的文化主流，加上日本的现代化本较中国成功，因而除了民族主义的号召——“对抗同化”与弥补认同“文化的缺口”等心理层面的需求之外，台湾实质现代化的动力，不应忽视日本带来的影响。有人认为日据时期五四在台湾的移植，是一个

“失败的移植”。[①] 但即算是失败，也仍有其影响，并成为后来五四意识在台湾延续的火苗。从思想文化史的角度来说，五四意识实未曾在台湾完全断绝过。

其二，在1945年战后，由于大陆各式立场文人的来台，加上五四有着浓厚的中国民族主义色彩，再度于台湾引起讨论，也可谓是“再中国化”的文宣教材之一。其中，鲁迅是相当具有代表性的五四人物，此时期对于他的纪念与研究，象征着1949年之前，两岸无分省籍的推崇。经过二二八至“白色恐怖”的镇压，五四左翼风潮瞬间殒落，因此一段左翼风潮持续时间短暂，故可以一涟漪视之。然即在稍后，跟随国民党迁台，1950年代初期，五四以来的自由主义知识分子，亦期盼在台湾获得一片新天地，冀盼一方面以五四自由传统作为“反共”的“利器”，另一方面则能以此思想价值作为鞭策国民政府实现民主宪政、自由理想的指标。五四自由主义传统影响的文人、学者，甚至政治人物移居台湾后，五四自由主义的思想观念，在当时“反共”的需求下，反而得到落地生根的机会，战后台湾民主自由观的形成，与反对运动精神形塑的第一阶段，颇受胡适、雷震与殷海光等五四自由传统人物的影响。[②] 余英时认为《自由中国》阵营可说是“五四”主流的新发展，他们结合本土势力与一党专政的对抗，终于使得民主、自由的种子

① 陈玮芬在评论五四在台湾的移植时曾言：台湾新文学运动最初是作为文化抗日的一环而出现的。张我军、赖和等人有意识的模仿五四，企图将中国文学及文化的近代化过程，复制到台湾。但在1930年代，随着对近代文明的憧憬及日语教育的成功，台湾新文化内部经历了一个“脱五四入日本”的质变过程。移植五四的尝试因而宣告失败。战后许寿裳虽一度欲重建“五四传统”，但未能持续。五四未能真正在台湾生根，是了解当前台湾复杂的认同问题的一条线索。陈玮芬：《失败的移植——五四与日据时期台湾新文学运动》，《大陆杂志》，104： 3（台北：2002.3），125。笔者则认为在面临日本近代强势文化同化政策之时，台湾人仍有非常强烈的反抗意识，特别是大陆有许多留日者，如鲁迅、陈独秀等反日亦很正常，并不能够将学习日本先进文明，就当作是拥护日本的殖民侵略。就算是身为殖民地的台湾，只有在抗日资源日趋减少，台湾与大陆时空阻隔愈加深远之时，台湾因日本文化教育的结果，才容易产生近似“同化”的效果，而这已是在“皇民化”战争动员的前后时期了；并且就算是这样，我们也不能说台湾人的中华文化意识业已完全消失。所以日据时期台湾五四意识的有无断绝，应从这样的角度来看才是，像是叶荣钟、杨云萍、张我军、苏新、吴新荣等人于战后即能以白话文写作，也可谓是例证。

② 高永光：《从“五四”对德先生的追求论当代中国的民主发展》，《五四运动八十周年学术研讨会论文集》（台北：政大文学院，1999），23。

流传下来，因而雷震、殷海光在后来的反对党方面仍享有很高的声望,① 甚至造成后来五四思想观念在台湾纵向传承的可能，其影响几延续至今。五四口号——“民主”、“科学”一时之间又颇受强调，《自由中国》阵营的胡适、雷震、殷海光是主要代表，特别殷海光是此时宣扬五四精神的首屈健笔，此一趋向在《自由中国》与国民党日趋紧张后，五四更成为批判国民党的符号象征。1960 年 9 月《自由中国》停刊，特别是在 1962 年 2 月胡适去世之后，除了《文星》、《大学杂志》的局部火花之外，五四意识在台湾的延续，又告中落，政治霸权又再一次压抑了思想文化、自由民主的发展进程。

其三，此种情况，直到五四 60 周年（1979 年）前后，由于中国大陆民主运动的勃兴，及国民党当局希望藉由相对的民主开放，而以继承五四理想正统自居的地位，批判中共的政体。被压抑许久的五四纪念风潮，瞬时大举复苏，五四成为中国民主自由灯塔的形象更为巩固。不过，或许极盛而衰，也大约在此时，台湾民主政治的发展，已逐步迈向新的阶段，本土化趋向势不可挡，五四 80 周年纪念的气氛已不如 60、70 周年时炽烈，但台湾主体的五四观，却在此期间趁势而起，更彰显了台湾历史多元的文化特色，五四在台湾又进入了新的阶段，未来的演变仍值得持续观察。但是，政治力量——无论台湾本身或是大陆的情势，都深深影响了台湾历史文化的演变，五四意识即是其中突出的事例。

在这三起三落一涟漪中，五四意识在台湾并非突然兴起，或突然完全断裂已至消失终止，而是在退潮时，以隐而未显的方式，继续存在台湾社会的角落，以不同的型态延续存在。

1960 年 9 月《自由中国》因雷案被迫停刊，五四之子殷海光被剥夺言

① 余英时:《中国近代思想史上的激进与保守》,《犹记风吹水上鳞》（台北：三民书局，1992），229。

论舞台，形同软禁，更随时有被捕下狱的危险。① 继而1962年2月“五四的父亲”胡适去世，台湾五四传统在国民党当局的刻意冷漠之下，中断了近20年之久，五四50周年在台湾居然没有任何像样的纪念会，报章杂志也少有分析、报导，或纪念，与以往热烈之情况不可同日而语。

《中国论坛》社在“知识分子与台湾发展”研讨会中，曾经选出对台湾深有影响的四位“巨大”的知识分子之榜样，包括胡适、殷海光、徐复观、陶百川等四位。② 其中，胡适与殷海光，是五四两代人物的代表，对于台湾的自由主义思潮的传播有着相当大的贡献。他们两位所具有的远大理想和强烈的使命感，和五四的时代环境有着紧密的关系，特别对台湾和五四的联系而言，“五四的儿子”殷海光，更有着不容忽视的地位。其原因在于胡适于1958年4月回台接任中研院院长，不到三年即去世（1962年2月），在此之前胡适多待在美国，自然在这段期间，胡适在台湾的五四角色，不如积极宣扬的殷海光。在1960年代初期，《自由中国》被迫停刊，及胡适的去世，使得五四的呼声，在国民党的威权统治下，又再度被迫沉寂，其后虽然有《文星》及《大学杂志》的延续，但与50年代相比，已不可同日而语。这从1969年五四50周年的重要纪念几无声息，即可看出端倪。

《自由中国》的中断，特别是在胡适逝世与殷海光的言论被封杀以后，五四意识在台湾的传承，形成了第三度的断裂。这也是继日据后期皇民化运动、战后初期国府来台造成二二八事件及白色恐怖，使得张我军为急先锋的台湾新文学运动，及许寿裳、《台湾文化》和“桥”副刊宣扬五四及鲁迅的

---

① 殷海光一度在“田雨项目”中与雷震同被列为首要逮捕对象，甚至连军事检察官的起诉书都已拟定，也难怪雷案发生后，被跟踪监视，强迫离开台大教职。殷海光之所以没有被捕，一方面是由于他没有参与组党等实际政治运动；一方面也是因为执政当局不愿让去除反对党串联的行动复杂化，而背负迫害言论自由之恶名，以致刺激社会上一般人之心理，故主要以“匪谍案”而非以“言论叛乱”的方式办理，对《自由中国》撰稿人一方面以示宽容；另一方面亦有震慑警惕的作用，又可避免“扩大范围，必遭文字狱之讥”的窘境。但执政当局并没有真正放过殷海光，而是另立陷阱，用特工人员来构陷殷海光，欲参与阴谋刺杀蒋“总统”、蒋经国、与副“总统”陈诚的罪名（“除三害计划”）要将其罗织，却被殷的好友胡虚一识破，反而代殷受罪。其后殷海光仍受各种形式的围剿，和限制出境的待遇，直到病重而后已，可见殷海光受到当局敌视的程度。详见简明海：《胡适与殷海光性格与思想关系新探》，《史粹》，5（台北：政治大学历史所，2003.7），110－142。

② 杨国枢：《代序——台湾知识分子的过去现在与未来》，中国论坛编委会编：《知识分子与台湾发展》（台北：联经出版事业公司，1989），序15。

言论思潮，受到阻断后的第三度低潮。并且，这次的原因，不同于前两次都与战争局势的冲击相关，而是国民党欲以传统文化建构“文化霸权”，巩固中华民族主义统治合法性义理，以对抗标榜唯物主义的中共政权所形成的结果。直到 1960、70 年代之交，因为各种国内外事件等主客观因素，五四才又在台湾现实社会中，重新被论述、运用与呈现。但是以五四为批评利器的大陆籍自由主义者，在台湾本土化民主萌芽之前，确实扮演了民主奋斗的主要角色。

二、对六〇年代台湾五四传统断裂的讨论

60 年代的台湾，经济方面的发展与政治压迫的解放，基本上是不成正比的状态。60 年代初期，国民党查禁严厉批判政治、社会的《自由中国》半月刊，并且瓦解了“中国民主党”的组党运动，原本的党政开明派的要员雷震，也被判处 10 年徒刑。紧接着有施明德的“台湾独立联盟”事件（1961 年 5 月）、苏东启事件（1961 年 9 月）、彭明敏、谢聪敏、魏廷朝三人的“台湾人自救宣言”事件（1964 年 9 月）、《文星》停刊（1965 年 12 月）、林水泉事件（1967 年 8 月）。① 作家柏杨则因“大力水手漫画”连载被认定为“共产党间谍”、“打击国家领导威信”，而遭判 12 年刑期，以及陈映真的“民主台湾联盟”事件（1968 年 7 月），② 皆可见当时政治对于思想文化控制的局势仍然严峻。五四意识在此情况下，也被迫进一步的紧缩，因而造成和前此的 50 年代与 70 年代的落差，使得对 60 年代的五四意识在台湾的存续实况产生了争议。

黄钟在 1989 年《久违了，五四》的五四纪念文中，很有意识的揭露一项关于五四纪念的事实，他说：

今年，竟然是五四运动七十周年了！

---

① 指 1967 年 8 月 20 日台北市议员林水泉及青年学生吕国民等等热衷于“台湾独立运动”，企图武装起义被捕 247 人，重要干部被处重刑。参见“独立台湾会年表”http://www.cotaiwan.info/SBTATI/SBTATI_SBpublish_900FK.nsf/0/944B69C3FDDC19B648256C6F00125EDC?OpenDocument。(2008.5.4)。

② 许极炖：《寻找台湾新坐标》（台北：自立晚报文化出版部，1993），280。

说是“竟然”，又用个惊叹号，是觉得时间仿佛长了翅膀，一忽就飞越了几十年！

而所以有此仿佛，是因为我们不谈五四，至少也有三十年光景，不信，只要翻翻十几二十年前的报章杂志，就会发现在那些年代里，根本不会有人谈它，当然更见不到有人在集会纪念。

实则，我们不谈五四，并不始自台湾光复，早在大陆时期，多数的正人君子和忠贞之士，就已不碰这话题，而所以不碰，据说是因它带有争议性色彩。尤其有些人，更一口咬它是洪水猛兽，举凡现代史上一切的灾难和乱源，全部是由它所引起，其中最显著的，如伦常堕落，邪说公行，奸匪倡乱等等等等，无一不是这一运动的后遗症！而也因此，有谁敢肯定五四的正面意义，谁就等于公然犯忌，而其结果，很可能会是一场很不舒服。所以在那些年里，有人只要认识“明哲”一词，就一定会忘记“五四”两个字！

今年，情形却忽然不一样了，五四话题，竟又大量涌现在各种媒体上，让人看在眼里，不能不有“久违了”的仿佛之感。①

他的说法虽然较为夸大，因为五四纪念热度的消退，大体是自1960年9月《自由中国》停刊开始，到了1962年2月胡适去世后更趋明显。② 尤其在1963年以后的11年之间，从“联合知识库”的五四纪录登载中，竟有7年（1963、1964、1966、1967、1968、1970、1973）的5月份没有任何五四的纪念或评论（参见附录）。王家俭就指出，有些国民党要人认为中国的不幸，“都是共产党所惹的祸，而‘五四运动’又是共产党产生的温床。没有‘五四’便不会有共产党；没有共产党便不会造成国民党在大陆的失败。因此，他们对于‘五四’几乎采取一种近似漠视的态度，非但自己绝口不愿多提，并且也不喜欢别人多加讨论。”胡适在世时，每逢五四，还有一些文章与活动。可是，自1962年胡先生去世后，五四就变成单纯的“文艺节”，“非仅以前的纪念活动几全消声匿影，甚至连大中小学的教科书中，也把

① 黄钟：《久违了，五四》，《台湾新生报》（台北：1989.5.4）。

② 郑鸿生：《1968越战与保钓运动——兼谈台湾的60年代》（2008-04-24）。http://groups.google.com/group/yotu/msg/542e4e690cfcc7b8。

‘五四’这件轰轰烈烈的大事，简化到不能再简化的程度。”直到“五四”60周年时，政大学生才自发性的纪念五四。此间的《联合报》与《中国时报》方才打破以往十余年的沉寂，竞相刊出大量的有关‘五四’的回忆录或论文，使得这一历史事件重新为人所肯定与重视。“国民党人对于‘五四’的深恶痛绝，恰与中共之想利用‘五四’的态度成一强烈的对照”。① 张玉法更强调：

> 三十年来的台湾学术界，一直有意的忽略“五四”的历史。在周策纵的《五四运动》(Chow Tse-tsung, The May Fourth Movement , Harvard University Press, 1960.) 出版了18年之后，在陈曾焘的《五四运动在上海》(Joseph T. Chen, The May Fourth Movement in Shanghai, Lieiden, 1971.) 出版了7年之后，不仅没有激起研究的兴趣，连较为完整的翻译介绍几乎也没有；在哈佛大学于1968年为庆祝“五四”五十周年而举行学术讨论会的时候，国内学者没有任何类似的活动……②

张玉法指出了五四在台湾60年代前后纪念的淡漠，但在实质上，台湾知识界难道没有在五四备受压抑的时节稍稍发出追求启蒙、民主、科学等现代性的理想呼声吗？黄钟与王家俭、张玉法等人的观点虽是多数的主流意见，然而，究其实际却也未必尽然。例如，以李敖为思想掌舵者，以殷海光为精神领袖的《文星》杂志，于60年代时已有敏锐的思考者认为它已重新奠立了后来台湾“五四”传承的基础。郑鸿生即认为：“60年代又是五四运动在台湾重新演练的时代。作为中国现代革命重要一环的五四新文化运动，不仅在出版物与思想上，藉由像人人文库这样的丛书在台湾重新出现，还藉着文星杂志的‘中西文化论战’，让当年的中国现代化路线之争在台湾重演一遍，有若一场为台湾新生代所办的中国近代史的补课”。③ 因此，对于此一问题确实有重新检讨的必要。

---

① 《春雷一声风云动——五四的回顾》讨论会，王家俭发言纪录，收入张忠栋、包遵信等著：《海峡两岸论五四》(台北：国文天地杂志社，1989)，40－41。

② 张玉法：《评“五四与中国”》，收入汪荣祖编：《五四研究论文集》(台北：联经出版事业公司，1979)，53。

③ 郑鸿生：《1968越战与保钓运动——兼谈台湾的60年代》(2008－04－24)。http://groups.google.com/group/yotu/msg/542e4e690cfcc7b8。

三、国民党对五四思潮的打压

国民党从事文化意识凝聚改造的工作的具体事例，在统治大陆时期是1934年的“新生活运动”;[①] 在治理台湾时期，则以1966年发起的“中华文化复兴运动”最具代表。[②]“新生活运动”可视为抗日的预备工作，“中华文化复兴运动”则是对于中共“文化大革命”的对抗，但是两者皆与“五四”有相当密切的关系。“新生活运动”虽然发起于抗战前的中国大陆，但其“整齐、清洁、简单、朴素、迅速、确实”的战备精神，与中国传统价值的文化意识，仍透过教育政策，延续于台湾的统治体制中。“新生活运动”就是要将“五四”的“破坏”运动，改变成建设运动，[③] 这与国民党在台湾强调“五四”对中国文化的破坏，有利中共兴起的说法有相当的一致性。至于“中华文化复兴运动”更是对于“五四”原本精神的进一步修正与批判，蒋中正将传统文化所强调的伦理价值，置于“五四”所强调的民主与科学之上，形成“伦理、民主、科学”的论述，更是一种对于“五四”激烈反传统不满的明白宣示。

1969年五四50周年的大日子，海外学界曾在美国“哈佛东亚研究中心”举办研讨会纪念，并出版文集，[④] 但在台湾却没有任何纪念活动。知识文化界除了和“党国”相近的刊物与人物之外，来自自由知识分子的声音却显得一片沉寂，这象征着《自由中国》、《文星》以来五四自由主义的启蒙传统的断绝和落寞，更是1966年以来，“党国”强人——蒋介石所号召的“中华文化复兴运动”影响下的结果。在如此保守的气氛中，唯有和国

---

① 参见林泽震：《新生活运动－理论与实践的分析（1934—1937）》（台北：政治大学历史研究所硕士论文，1985）。

② 有关“中华文化复兴运动”的研究，可参见林果显：《“中华文化复兴运动推行委员会”之研究（1966—1975）》（台北：政治大学历史研究所硕士论文，2001）。

③ 施志辉：《“中华文化复兴运动”之研究（1966—1991）》（台北：台湾师范大学历史研究所硕士论文，1995），6。

④ 史华慈原著、林毓生校订、周阳山节译：《五四的回顾：五四运动五十周年讨论集导言》，原载 Schwartz, B. I. ed., *Reflections on the MAY Fourth Movement* Havard East Asian Monographs, 1972. 收入周阳山编：《五四与中国》，269。

民党仍然保持良好关系的《大学》杂志，其社长陈少廷引用孙中山、胡适、蔡元培等党国体制无法公开否认的人物之言论，以“反共”、“反文革”的姿态，写下《纪念五四运动的第五十周年》对知识青年强调说：“中国的知识青年深切地体认到，要使中国现代化，必须从思想的现代化做起；以文化思想的革新带动社会政治的全面革新。这是五四运动永久的历史意义。”① 这样的言论，显然有向执政当局呼吁的意涵，特别是对曾任“救国团”主任，即将出任“行政院”副院长，② 准备承担更重要权力的蒋经国，重视知识青年呼声的一种响应。

作家朱西宁有鉴于文艺的保守风气，乃于《中华文化复兴月刊》中大胆撰文呼吁，《宜否考虑开放五四和三〇年代的作品》，他在文中强调：“今日后起者眼中，虽视五四为中国文艺发达史上一个螟蛉的一代，三十年代亦多异种血液，但一旦把他们剔除或禁闭，则民国以来的中国文学势必构成三分之一世纪的大空白；五四有罪过，三十年代有罪过，但我们这一代不可在清醒明白中，眼睁睁的造罪。禁绝五四至三十年代的文学作品，仅为政治措施的一种权宜之计，禁绝当初，自有充分的必要理由，无人可以提出反对意见。但至今政治情况已大有改变，禁绝的时机已过，如再延续下去，对于民族文化有损无益，故有检讨的必要。”“所以值此政治因素已形消失之际，自没有再事作无谓的坚持禁令的必要。特别是五四和 30 年代作家，除郭沫若、臧克家等极少数人之外，中共无不以‘国民党代言人’的罪名，大加‘批、斗、改’的杀伐。”他声言“我们不应装聋作哑保持缄默”，至少要“开放讨论这些‘两面不是人’的作家的作品，否则岂不是默认毛共行之所当行，替毛共暴行隐罪脱罪，失去文化战线的先机吗？”③ 此种看法的提出，充分显示政治对文化的钳制虽然依旧存在，但已较有讨论的可能。

不过从前面的陈述，就可知关于五四的讨论，早已被压抑许久，只是在程度上，随年代的不同而有所差异。国民党的“汉贼不两立”政策，也表

---

① 陈少廷：《纪念五四运动的第五十周年》，《大学杂志》，17（台北：1969.5），4。

② 蒋经国于 1969 年 6 月出任“行政院”副院长。此时蒋介石培养其子接班的意图已经显而易见了。

③ 朱西宁：《宜否考虑开放五四和三〇年代的作品》，《中华文化复兴月刊》，7∶7（台北：1974.7.1），77。

现在对中共大力宣称的藉由“五四新民主主义”崛起的对抗宣传上；此外，保守主义在台湾因中共政权反传统的刺激更加痛批五四主张西化、反传统的影响，此两者的结合构成了台湾在1960年代以后五四纪念淡漠的两大原因。① 相对的五四人物如胡适、傅斯年、殷海光的凋零，加上政治镇压、言论管制的威胁，都使得五四的纪念性作用被迫消退。1954年8月开始，国民党及其外围团体，发动所谓“文化清洁运动”，它的主体是反对共产主义，其重要指向是倡导“战斗文艺”。这不仅为限制言论、罗织罪名、陷害作家提供了借口，而且直接禁锢了五四以来的诸多进步作家和新文学作品，造成了当代台湾文学与五四新文学的隔膜和断层。首先，在一片鼓噪声中出面的国民党当局，采用了行政手段强行干预，将《中国新闻》、《新闻观察》、《世界评论》等10家杂志以“刊载不实”为由予以停刊处分。1954年11月5日，“内政部”还公布了“战时出版品禁止或限制刊载事项”九项，通称“九项禁例”，对出版与新闻自由实行多种钳制。大幅度的禁书措施，矛头直指“赤色文艺”。光是被视为“以隐喻方式为匪宣传”而查禁的武侠小说就多达一千多种。② 1958年6月20日“出版法”修正案的通过，更被视为钳制言论自由的独裁恶法；《自由中国》能在此种情况下继续与国民党抗争，已经可谓奇迹。在此严峻的形势下，当1960年9月，被视为中国五四自由主义者最后堡垒的《自由中国》停刊以后，除了《文星》些许的呼声之外，台湾“五四传统”的消沉自是可想而知。

直到1966年中共发起“文化大革命”，五四因其反传统之特色，被认为与文革有着无法切割的承续关联。林毓生曾经深入分析中国传统的思考模式，提出五四知识分子有着“藉思想文化以解决问题的方法”所形成的一

---

① 马森：《“五四”八十周年感言》，《纯文学》，复刊12（香港：纯文学杂志社，1999.4），17－19。

② 1954年8月7日至8日，陈纪滢与王蓝以正式身份代表“中国文艺协会”表明立场，严厉斥责“赤、黄、黑三害”，宣称“中国文艺协会”“愿接受各界领导鞭策，充任先驱”，从而正式揭开了“文化清洁运动”的序幕。8月19日，台湾各报发表《自由中国各界为推行文化清洁运动厉行除三害宣言》，在宣言上签名的有各界人士500余人，以及发起此运动的155个社团。7月27日，75家杂志跟进，发表声明响应“文化清洁运动”。至此，国民党当局一手导演的“文化清洁运动”，有计划有步骤地推向整个社会。参见赵遐秋、吕正惠主编：《台湾新文学思潮史纲》（台北：人间出版社，2002），217－218。

元主智主义的倾向，[①] 他的《中国意识的危机》与其说是要探索五四反传统思潮的影响，不如说是受到文革的强烈刺激。[②] 许多知识分子，对文革的批判都从其破坏传统的角度出发，特别是从五四以降，以文革为极致的全盘反传统思想为检讨对象。也有不少学者不认为两者有相似性成分，认为两者的反传统思想的成因和背景不应该混为一谈作为比较。此一问题相当复杂，且已有学者写出专论，[③] 只拟作为当时台湾五四讨论的背景说明。

国民党在台湾发起的“中华文化复兴运动”，其用意虽在对抗“文革”，但也进一步压缩五四民主、科学、自由等启蒙意识的空间；相对地，保守主义的气氛也更加炙热。甚至有号称蒋介石门生者，在1967年中华文化复兴运动推展正殷之时，写了一本《蒋总统思想要义》呈献给“伟大领袖民族救星”，以敬祝“总统 蒋公万寿无疆”。尊称“蒋总统是一位大军事家、大政治家；也是一位大文学家、大艺术家。他对国学国文，很有根基；而且对文学艺术，非常认真讲究……”[④] 类似此等将蒋介石形容成一位无所不能的全能伟人之吹捧之作，在当时俯拾都是。[⑤] 上述的言论就是“中华文化复兴

① 林毓生：《五四时代的激列反传统思想与中国自由主义的前途》，收入《思想与人物》（台北：联经出版事业公司，1990），170。

② 除了林教授曾经因笔者的请教而面告文革对其写作《中国意识的危机》一书的影响外，笔者认为若没有文革的发生，就较难以凸显五四“整体主义的反传统主义”的深远影响。他在《中国意识的危机》的结论中特别强调：“作为一个马克思－列宁主义者，毛泽东在他的公开的论述中没有经常强调以思想文化作为决问题的方法，但在某种程度上，却是以整体观和全盘性反传统形式的藉思想文化作为解决问题的途径——这是五四时期的综合表现。然而毛泽东强调文化革命并将它与激进的反传统结合起来作为改造中国人本性的方法，以保证社会和政治革命的成功，这一点可能与五四时期的综合表现有共同相似之处……”参见林毓生著，穆善培译：《中国意识的危机》（贵阳：贵州人民出版社，1988），288－296。

③ 对此一问题写出专著的王尧认为：“文革”与“五四”存在着某种联系，但“文革”与“五四”完全是本质不同的运动；“五四”精神不能用“激进主义”来论定，即使我们赞成用“激进主义”来指称“五四”新文化运动中的某种思潮，也不能逻辑地认为“文革”思潮就是“五四”式的激进主义。详见王尧，《“文革”对“五四”及“现代文艺”的叙述与阐释》，2。

④ 郭寿华：《蒋总统思想要义》（台北：中央文物供应社，1967），93。

⑤ 叶翔之就认为：“反共战争实质上为维护民族文化的战争，复兴中华文化正是对毛共发动思想文化的攻击。我们凭借着五千年中华文化的伟大潜力，又掌握了复兴中华文化明德、新民的契机，以与民族叛徒、人民公敌的毛共匪伪作战，只要人人奉行 总统训示：‘操危虑患，庄敬自强’，则‘我青天白日之光辉，普被大陆之疆土；伦理、民主、科学三民主义之福祉，均沾于大陆全体之同胞’，相信为期已不在远了。”叶翔之：《毛共破坏中华文化的罪行》，《中华文化复兴月刊》，3：11（台北：1970.11），27。

运动”政治动员意识型态化的“成果”。

五四50周年，在这一重要历史事件纪念日里，以往颇为热烈的台湾学术文化界却特别冷清，这当然是受政治力影响的结果。虽然后来成为台湾文学重要作家的叶石涛，也在五四50周年获得文艺奖章，但官方的报导，几乎皆以“文艺节”代称“五四”，既不愿意提及“五四”两字，更不愿意介绍五四真实的性质和义涵，若有之，也以负面评价居多。当时纪念文艺节大会的演讲，邀请到的是故宫博物院院长蒋复璁，演讲题目是“国立故宫博物院与两宋内府的关系”，这样的题目与纪念五四精神一点关系都没有。代表军中文艺号角的《青年战士报》，虽然在内文中有提及纪念五四运动50周年的字眼，但在标题上不仅一字不提，并且其实际内容也在宣称：“在这全国各界庆祝‘文艺节’和纪念‘五四’运动五十周年的前夕，与会的文艺界人士，一致表示愿尽个人最大了能力，作文艺界的尖兵，争取反攻复国的全面胜利。”① 尤有甚者，在该报5月4日社论《弘扬大时代的文艺功能》之中，不仅毫无五四的踪影，更强调“在积极推行中华文化复兴运动与加强社会教育的现阶段，我们希望文艺界人士，恪遵 总统提示的要领，……以大时代的号手自任，以创造三民主义的文艺世纪共勉。”② 这完完全全是政治宣传的口号，属于五四自由民主科学的理念，却宛如噤声。

冯岳在以歌颂蒋介石为目标的《蒋总统与中华文化复兴》一书中强调：

> 我中华民族文化，垂二千五百余年，至孔子集其大成，而此尧、舜、禹、汤、文、武、周公、孔子圣圣相传之道统，历久弥新，可大可久，惜我光辉灿烂之文化，屡为邪说诬民者所毁伤，降至今日，赤祸淘天，民族不幸，竟遭此空前绝后之浩劫，而我五千年来，传统优秀之文化，几为毛匪倒行逆施所熄灭而中绝，幸赖我 蒋公高瞻远瞩，于三年前号召复兴源远流长之中华文化，并指出：伦理、民主、科学为我中华文化的基础；由文化复兴而消灭共匪，由文化复兴而实行三民主义；期使我中华文化，“于长夜漫漫中，启明复旦”！③

---

① 本报讯：《全国文艺工作者集会今热烈庆祝文艺节：文协同时欢庆十九周年颁发第十届文艺奖章》，《青年战士报》（台北：1969.5.4）。

② 社论：《弘扬大时代的文艺功能》，《青年战士报》（台北：1969.5.4）。

③ 冯岳：《蒋总统与中华文化复兴》（台北：岳卢书局，1970），自序1。

书中阐述蒋介石的伦理观说："蒋总统指出民族主义本质的是伦理，又说'民族主义本乎情。'"更说，"伦理的基本精神就是教忠教孝，爱父母、爱民族，就是人类自然的表现。而王道出乎自然，伦理为王道之始，这是我数千年来最大的宝贵遗产，而中国文化的全部精神，亦在乎此"。在以蒋介石以中华文化复兴为本的立论之下，无怪乎，作者所认为的五四观会是：

> 民国初年，基于人类学同化式本土运动的观点，产生五四运动，遗憾的是，五四运动被一阵虚无的西化主义力量扭曲了原有的理性精神，照理论上，如果五四运动能按着原有的理性精神，中华五千年的古典文化事实上是可能新生而且合乎现代的。但是，在五四的旗帜呐喊下，一涵古老的中国传统几乎整个倾覆，青年人不屑一顾所有诗词章句的古书，'西化'成了当时最流行的字眼，后来造成思想的真空，共产主义的毒素是在那个时候开始填补中国人思想的，一直演变为今天全世界动荡不安的局面。①

在 60 年代以后，台湾的知识分子相当程度的受到西方民主思潮和自由主义的影响日深。事实上，60 年代是世界学潮风起云涌的时期，1968 年，除了美国的学潮之外，法国巴黎更是学生运动的胜地，全体学生加上八百万工人进行可能是有史以来最大规模的学生运动；而捷克则有"布拉格之春"招致苏联入侵的事件。② 这样的国际局势，为台湾 70 年代之初较具规模的学运，营造了外部的渲染。

四、六〇年代《文星》阐释五四的历史意义

对于如同黄钟、张玉法等人，认定 60 年代前后，台湾五四传统断绝已久或忽略五四历史的论述，不少学者亦有不同的意见。因为《文星》从思

---

① 冯岳：《蒋总统与中华文化复兴》，95。

② 南方朔：《愤怒之爱：六〇年代美国学生运动》（台北：久大文化股份有限公司，1991），序 vi。

想文化层面仍然延续了《自由中国》所怀有的五四启蒙精神。①《文星》被禁后不久，右翼的《大学杂志》（1970年下半年改组）及左翼的《夏潮》（1976年2月创刊），先后对于五四思潮和意义的介绍，也颇为着力，其实际影响或许较为有限，但仍不失为五四传统的部份延续，若说五四在台湾曾断绝了30年之久，应该是言过其实的评断。除了《文星》以“西化”的角度切入，主要参与讨论或阅读对象仅限于少数菁英知识分子，加上直接上溯五四，因而在《文星》被禁、李敖入狱后，此一文化效应的持续不久，对现实政治发展的促进也被限制，② 故其与五四传统的脉络并不如之前的《自由中国》脉络来的密切，毕竟《文星》诸人并无如胡适或早期的雷震般，与国民党当局有着“上达天听”的关系，而被视为《文星》精神领袖的殷海光，在当时也早已自身难保了，更何况《自由中国》关闭、雷震入狱、胡适去世后的政治情势，已非昔日可比，《文星》所能发挥的五四启蒙空间自然备受压抑。但因为殷海光1969年之前仍然在世，加上《文星》推动的“中西文化论战”有着五四新文化年代传统与反传统论争的样貌，民主与科学的话语又跃然纸上，加上《大学生活》、《仙人掌》、《民主评论》等港、台相流通的杂志对五四议题的刊载，故而60年代，五四意识在台湾虽可谓隐而不显，但却不至于全面性的中断。

《文星》杂志创刊于1957年11月5日。每月一期，每6期为一卷。杂志的宗旨，标榜“生活的、文学的、艺术的”。由叶明勋担任发行人，萧孟

① 韦政通曾将《文星》与《自由中国》并列为台湾当时类似五四新文化运动时代的两本思想启蒙杂志。参见韦政通：《台湾三十年来的思想界》，《台湾文艺》，106（台中沙鹿1987.7、8），62。

② 李筱峰虽然引用韦政通的观点认为：“五〇年代初期台湾社会仍然非常保守封闭，为了打破这种阻碍进步的现象，五四和自由主义成为自然重要资源。”来形容《自由中国》和《文星》会以援用“五四”作为启蒙资源的原因，但《文星》较有影响力的时期是49期，1961年11月李敖等新青年人加入以后。至1962年8月第58期，《文星》才开始批判社会现况和制度，并且将言论与现实事件予以结合。故而，李筱峰认为“严格而论，《文星》实在称不上是一个集团，或是政团。更遑论形成集团势力的政治运动。”综上所论可知，《文星》虽有着五四启蒙精神，但其方向与台湾的现实处境较为不同，并且更强调的是西化的现代性角度，但在文化启蒙方面，仍有其贡献。参见李筱峰：《台湾民主运动四十年》（台北：自立晚报社文化出版部，1987），86－87。

能任社长,① 萧孟能为实际出资的创办人（58 期正式兼任发行人）。在 25 期（1959：2）以前基本上以文学艺术为主，其后编辑方针改为“思想的、生活的、艺术的”，言论开始重视思想学术问题的探讨，议题较具针对性。《文星》每期封面人物皆为介绍和讨论的要点，在前 4 年的 48 期中，中国人仅梅贻琦一人，其它亚洲人全无，52 期以后才增加胡适、蒋廷黻和李济三人，其它亚洲人只有菲律宾总统罗慕洛一人，其余皆为英、美人居多，明显可看出《文星》的体质很早就西化、现代化，为后来的反传统思潮铺陈了道路,② 也合乎了五四援引西方新文化的精神，在国民党极力弘扬保守而传统的中华文化气氛下，《文星》的西化等新潮主张，不免为党国体制下的卫道人士视为激进甚至叛逆。

《文星》38 期的“编辑室报告”中，以“五四”强调知识青年的社会责任，即指出：

> “五四”时代的青年，最主要的特征，是思想的觉醒，形成了一股新的思潮，把古老的中国，推进到新时代的思潮中，接受了新文化的洗礼。抗战时代的青年，表现了强烈的民族意识，在思想上，继承了“五四”时代青年的思绪……
>
> 知识分子，尤其是知识青年，对每个时代都有其责任，我们很希望这一时代的知识青年，在思想上能够有所觉醒。文星的诞生，也就是希望在这一点上，能尽其绵薄。③

《文星》在台湾思想文化史，能引起瞩目的历史缘由，陈正然曾有所论列。④ 陈正然认为《文星》的所引发的文化运动，不仅在产生的背景和五四

---

① 萧孟能之父亲萧同兹及叶明勋，皆曾任中央通讯社社长，萧同兹且自 1932 年后担任此职 20 年，并曾为国民党中央常务委员中央评议委员，与国民党渊源深厚，故能在戒严时期创办此一文化评论杂志。

② 陶恒生：《“不按牌理出牌”的文星杂志》，《传记文学》，82：1（台北：2003. 1），6。

③ 《文星》38 期，“编辑室报告”，40。

④ 一、延续着百年来中国文化的变迁；二、其基本上的动因是外衍性的；三、这种外衍性文化与中国本土文化，有相当的异质性；四、近代中西文化接触是一种“不对称的互动”，或说是一种不公平的文化交流关系；五、中国在一连串西潮的拍击下，产生了严重的意识危机；六、知识分子社群一直是中国响应西方挑战的核心；并且引发了台湾战后第一次全面性的文化运动。陈正然：《台湾五〇年代知识分子的文化运动——以“文星”为例》（台北：台湾大学社会学研究所硕士论文，1985），3。

相似，甚至连论题的选择、发展的过程亦复与五四雷同。但他认定进入第三期（58期以后）的文星，“台湾当时的知识分子已经开始偏离五四以来中国知识分子共有的思想模式，而将论题开始转移到，如何经由制度化的层面，来安置、落实思想理念的问题，”他并且因此认为这是“近代中国知识分子，在中西文化接触以来，为中国求出路过程中的一大突破。”① 并进一步提出“他们的确树立了台湾知识分子的典范，也成功地将五四文化运动的启蒙精神在台湾的自由中国传承下去”。② 但他忽略了这是《自由中国》集团早就努力过的方向，并且后期的《自由中国》关心的不仅是民主制度的建立，更落实到鼓吹反对党创建的实践程度。③ 而《文星》的文化性，更重于其政治批判，④ 自然也远不如《自由中国》集团对现实政治局势的冲击。虽然如此，比较《文星》与《自由中国》和五四的关系，仍可发现其中异同。

当时《文星》的青年知识分子，冀望能推动一次属于中国文化的文艺复兴。⑤《文星》杂志的知识分子相当心仪五四时期对一切传统作全面性声讨的勇气和决心。他们有意的加以仿效，试图在台湾造成另一次的“文化革命”。⑥“无非”虽然攻击《文星》甚烈，但在评断《文星》时仍以为：

> 我们以菜肴或药物来比拟“文星”，无疑的它对台湾长年在烦闷与困惑中挣扎中的读者来说，是一道开胃的辣椒，一针强烈的兴奋剂，它那骠悍、年轻、无畏、无惧的作风，对于台湾郁闷的思想氛围有强烈的“清泻作用”，许多人以前没有人肯正视的问题，没有人敢批评的现象，现在都被文星杂志所标榜的青年人物，凭借着激情与狂热丝毫不保留的提出来予以分析和批评，使那些混吃等死，欺世盗名的老一辈，不但惊讶失色，也相形见绌，骤看起来，“文星”似乎真为台湾的思想带来

① 陈正然：《台湾五〇年代知识分子的文化运动——以“文星”为例》，4。

② 陈正然：《台湾五〇年代知识分子的文化运动——以“文星”为例》，123。

③ 薛化元：《“自由中国”与民主宪政》，377－392。

④ 薛化元：《“自由中国”与民主宪政》，389。

⑤ 余光中：《逍遥游》（台北：文星书店，1965），205－214。

⑥ 林毓生：《对五四时期思想启蒙运动的再认识》，收入余英时、包遵信等著，周阳山主编，《从五四到新五四》（台北：时报文化出版公司，1979），127。

"新的气象"。[①]

这样的说法却像极了在评论"五四"当时滚烫的《新青年》、《新潮》诸刊，也看得出《文星》在那样苦闷的年代，也蕴含着一股类似"五四"新文化时期的启蒙朝气。58 期以后的《文星》鲜明的标举"全盘西化"、"反传统"，并用"逻辑分析"作为攻击对手的利器，[②] 这些都有着五四风潮的影子。"西化大少"居浩然就说："其实我们主张西化是因为儒家思想中没有'科学'与'民主'，也永不能产生'科学'与'民主'"，并攻击保守主义者为义和团余孽。[③] 这几乎是五四"全盘反传统主义"的翻版，虽然《文星》并不时常将五四理想挂在嘴边，但所表现的反传统，主张新文化精神和五四确实相关联。

《文星》倡导的新文化观与五四的相似之处在于：（一）两者都是以受西方新文化影响的知识分子，所推展的社会运动。（二）他们都激烈的反对中国传统文化，（三）他们都有藉由思想以解决问题，并有将社会文化视为整体、一元的有机全盘的倾向。也就是林毓生所强调的"整体主义的思想模式"（holistic mode of thinking）[④]（四）他们所影响的也多数是知识青年，特别是大学学生。（五）都是起源于都市，并以都市为宣传重新，深具都市文化性格。（六）两者都倡导"自由、民主、科学"，《文星》如同五四知识分子都将"自由、民主、科学"视为一种意识型态和新的世界观。（七）《文星》如同五四都重视艺术与文学，在形成新文化的狂飙期时，他们都主张为文学而文学，为艺术而艺术，并重视文学的理论和内涵，以推动启蒙思潮。（八）由于当时青年深感价值失落、存在彷徨、精神迷失的三重危机，因而引起了各种批判性思考，造成如同五四的各种文化论战，其中最为重要的就是以李敖为代表的"中西文化论战"。[⑤] 此次论战是由李敖在 1962 年 11 月《文星》49 期的《老人与棒子》揭开序幕，而在该年 12 月的 50 期

① 无非：《文星！问题！人物！》（台北永和：龙门出版社，1966），65。

② 无非：《文星！问题！人物！》，61。

③ 居浩然：《科学与民主》，《文星》，49（台北：1961.11），23－24。

④ 林毓生：《二十世纪中国的反传统思潮与中式马列主义及毛泽东的乌托邦主义》，《新史学》，6：3（台北：1995.9），132。

⑤ 陈正然：《台湾五〇年代知识分子的文化运动——以"文星"为例》，36－42。

中，胡适原用英文在“亚东区科学教育会议”上演讲，经《文星》翻译而刊载的开幕演说——《科学发展所需要的社会改革》一文，① 被认为是新文化运动史上的一项重要文献，次年1月，《文星》51期刊出李敖的《播种者胡适》。2月又刊出李敖的《给谈中西文化的人看看病》，以胡秋原为首的传统派（此为相对而言），在徐复观、郑学稼、叶青等人的支持下，中西文化论战的星火逐次升高，《文星》西化、反传统的标志也更加鲜明。胡适、殷海光与李敖三人所代表的西化派，恍如五四新文化反传统精神的复活，遂引起了总体而言，“中西文化论战”台湾版的产生。② 当时《文星》所刊登的文章，曾引起论战的有“新诗讨论”、“新艺术讨论”、“文白问题讨论”、“中西文化讨论”、“青年与老年问题讨论”、“性观念讨论”、“教育问题讨论”、“高考问题讨论”、“法律问题讨论”、“医学问题讨论”、“历史辨伪”等。③ 这些论战里，使《文星》轰动，并为论战带来高潮的是“青年与老人问题”及“中西文化问题”。它们的共同特色是充分发挥了离经叛道、打倒偶像的启蒙精神。④

由于在此之前《自由中国》领袖雷震的被捕，有“青年导师”之称的殷海光，失去言论舞台离开台大。《文星》无疑在此台湾自由言论的低潮中，填补了《自由中国》所象征的五四传统。然而，《文星》固然展现了它批判、改革、自由、进步的风格，但长期肆无忌惮的人身攻击，甚至引发论战双方对簿公堂的状况，种下被迫停刊的祸根，也形成了学界叫嚣谩骂的风气，变成各持己见，各持道理的“文字骂战”。⑤ 西化派指责传统派为义和团，传统派则指西化派为文化买办，两者的“气魄承当”远胜于“义理承

---

① 胡适：《亚东区科学教育会议演说：科学发展所需要的社会改革》，《文星》，50（台北：1962.12.1），5－6。

② 陈正然：《台湾五〇年代知识分子的文化运动——以“文星”为例》，67－78。

③ 萧孟能：《一个出版人的愿望》，《出版原野的开拓》序，（台北：文星书店，1965）。

④ 韦政通：《三十多年来知识分子追求自由民主的历程——从〈自由中国〉、〈文星〉、〈大学杂志〉到党外的民主运动》，原载1985年《台湾地区社会变迁与文化发展》，收入《历史转折点上的反思》，（台北：东大图书公司，1979），237。

⑤ 无非：《文星！问题！人物！》“前言”，2。

当”。[①] 姑且不论对错，这种类似五四《新青年》时期前后的文化论战，也有五四唯理主义的喧嚣之风，但确实也引发台湾青年学子的瞩目。[②]

事实上，胡适与殷海光所代表的五四自由主义精神意义，在台湾思想文化史上，的确占有重大地位。被称为五四之父的胡适，在《文星》全面升高反传统的新文化运动时，曾被《文星》重要作者余光中称为“中国的良心——胡适”（余光中《文星》53期），来作为整个思想运动的领袖（李敖《文星》54期）。由于胡适“宁鸣而死，不默而生”的“乌鸦意象”，加上其在文学革命、新文化运动、民主宪政体制、发展科学现代化的努力，形成李敖所称的“播种者”形象，对于《文星》知识分子，刻意模仿五四，意图开创第二个五四新文化运动而言，胡适自是重要的灵魂人物。

至于殷海光在《文星》初期，仍在台大哲学系教书，他以逻辑经验论发扬理性主义与自由主义的精神，早已备受瞩目，对《文星》言论走向的影响，实质上要超过胡适。特别是李敖及韦政通常和殷海光往来，至于门生陈鼓应、孟祥轲、何秀煌、许登源、陈妙惠等人，更是《文星》的重要作者。[③] 无论从自由思想的倾向、或对抗国民党统治的时代象征，抑或对青年启蒙的激励，甚至私人交谊及师生关系，殷海光确实是当时“自由主义的领港人”，[④] 是从五四后期迈向后五四思想转折的关键人物，因批判传统威权而引起中西文化阵营对抗的李敖，其文字更被认为是来自殷海光的笔法，侯立朝曾经比较李敖与殷海光写作的基调，并以《老年人和棒子》、《播种者胡适》、《给谈中西文化的人看看病》等李敖的重要文章为例，证明其深受殷海光论述风格的影响。并指文星是“文化界中的一株毒草”，叶青并一口咬定“‘文星’走了‘自由中国’底道路”。[⑤] 殷海光虽然在《文星》的

① 杜维明：《民族自觉与民主理想》；叶启政等：《文化中国的漫漫天涯路——年轻一代探讨五四对当代的意义》，原载《中国时报》“人间副刊”，（台北：1979.5.4－6）。收入周玉山主编，《五四论集》（台北：成文出版社，1980），491。

② 从论战初期出刊的4000册，增长到后来的7000册左右。论战的影响参见陶恒生：《“不按牌理出牌”的文星杂志》，11－12。

③ 陈正然：《台湾五〇年代知识分子的文化运动——以“文星”为例》，99－100。

④ 参见四季出版公司编，《中国自由主义的领港人》（台北：四季出版公司，1981）。

⑤ 叶青（任卓宣）：《“文星”走了“自由中国”底道路》，《政治评论》，15：8（台北：1965.2.25），267－269。

撰文有限,[①] 并且也没有直接加入论争，但却被认定是发动“中西文化论战”背后的主要动力，被冠上“‘文星集团’的大法师”之封号。[②] 殷海光也确实帮以其弟子自居的李敖等人察看原稿，加上他的知名度早在《自由中国》时期就已声名大噪，与《文星》相关之诸人，后来更被指为“费正清集团”，欲在台湾实现“亲共反国民党政府”的“大阴谋”，殷海光和李敖自是其中最被指控的“大箭靶”，认为李敖的“反动”思想源自殷海光，殷海光的“反动”思想则来自费正清。[③] 凡此皆可见《文星》确实有着《自由中国》的渊源，特别是在《自由中国》被迫停刊后，《文星》俨然继承了它的自由主义的路线，并突出西化风格的一本异议的“党外”杂志。在言论沉寂的六〇年代初期，也显得特别鲜明，终于成为威权体制，欲加打压的标的。

台湾五四新文化两代的五四象征性人物，胡适、殷海光同为中国自由主义在台湾的指标性人物，两者形式风格虽有异同,[④] 但都被《文星》视为最值得标榜效法的人物及精神领袖，这正象征着《文星》俨然传承五四新文化的延续。《文星》的被迫停刊，与殷海光遭到台大解职，这证明五四意识在台湾，虽然曾被阻挠，但实际上并无断绝，这是过去讨论五四思想在台湾的变迁者，尤其是站在国民党角度思考五四者，往往没有加以清楚定位之处。曾经参与《文星》笔阵的韦政通，则将《文星》与《自由中国》相提并论，认为两者同为当时台湾类似五四新文化运动时代的思想启蒙杂志。[⑤] 然而，笔者则认为两者仍有一段差距，在性质方面也并非完全相同。

首先，《自由中国》集团的成员多数早在大陆就已是党政要员，来台后

---

① 据统计有《罗素后设哲学极其影响》、《科学及其基本》、《我们走哪条路》、《成见与进步》、《论没有颜色的思想》、《思想与方法再版序言》、《自由的伦理思想》、《论科际整合》等篇。数据来自《文星杂志1卷至10卷总目录》(1期至60期，1957年11月至1962年10月)，《文星》，67（台北：1963.5.1），25；及候立朝，《文星集团想走哪条路?》（台北：作者自印，1966），47。

② 候立朝：《文星集团想走哪条路?》，95－121。

③ 周之鸣编：《费正清集团在台湾大阴谋（上)》（台北：国际共党问题研究社，1969），111－202。

④ 张忠栋：《胡适与殷海光——两代自由主义者思想风格的异同》，《台大文史哲学报》，37（台北：1989.12），121－171。另见拙著《胡适与殷海光性格与思想关系新探》，《史粹》，5（台北：政治大学历史系，2003.7），111－154。

⑤ 李筱峰：《台湾民主运动四十年》，87。

也颇居高位。如继胡适为发行人的雷震曾任国民大会副秘书长、政治协商会议秘书长，来台后仍担任“总统府”国策顾问。在 1952 年 11 月前，望重士林的胡适担任名义上之发行人，即便请辞以后，仍高度关心《自由中国》的走向，并以其和蒋介石的关系尽力为争取言论自由而努力。其编委如杭立武为国府迁移广州时的教育部长，来台后出任“世界亚洲反共联盟”秘书长；翟荆洲是台湾银行总经理；也有参与过五四运动且党政关系甚佳的台大教授毛子水；王世杰更任职“总统府”秘书长；连 1949 年之时仅 30 岁的殷海光，早于 1945 年 9 月战后不久，就任职《中央日报》主笔，可知《自由中国》背景与阵容之坚强；而李敖等人在《文星》虽迭有佳作，但究属“愤青”，其影响实难以比拟《自由中国》之巨大。其次，《自由中国》发行 11 年（1949 年 11 月 20 日至 1960 年 9 月 1 日），其对抗国民党威权之力道，逐步升高，并且敢于针对现实政治直接批判，甚至反对蒋介石的三连任案。而《文星》自 49 期（1961 年 11 月）李敖加入后，主张新思潮反传统的路线才真正确立，直到 98 期（1965 年 12 月）《文星》被逼停刊，为期不过四年，以持续的时间而论亦不如《自由中国》甚多。第三，《自由中国》鼓吹组党，可说已涉入实际政治，其核心人物雷震，也是推动战后台湾第一个反对党——“中国民主党”组党运动最为重要之人，这样的行动力与号召力，是《文星》青年难以项背之事。第四，胡适、毛子水、傅斯年诸人，本即五四新文化或学生运动的领袖人物，即便殷海光也曾亲炙西南联大的“五四学风”,① 这些条件都不是《文星》青年可以想望的。当时《文星》除了被诬指为幕后大法师的殷海光早有声名之外，被冠上“人权律师”的李声庭、被称“恶法克星”的陆啸钊、绰号“西化大少”的居浩然、受封“西化义士”的韦政通、及战力坚强的“小疯狗”李敖诸人,② 若非年纪甚轻，就是地位有限。对于政治权势所造成的冲击，自然无法相提并论。

话虽如此，点燃战火的“首谋”——李敖倒值得一提。李敖被当时倾向西化派的余光中指称：“五四一辈的人物中，在我接触的范围内，颇有几

---

① 殷海光自身曾言：“西南联大校园内的风光，就是一个小型的五四。”殷海光：《致张灏》，（1967. 3. 8），收入《殷海光全集（10）书信集》（台北：桂冠图书股份有限公司，1990），165。

② 候立朝：《文星集团想走哪条路?》，50。

位欣赏李敖先生的胆识与笔锋。”① 李敖在中西文化论战的回顾总集——《李敖作品集21：文化论战的一些史料与笑料》之中，总结其宣扬西化言论的重点仍强调：“中国的传统文化，是死的文化”，“死的文化至多只适合死去的时代。对于今天的时代来说，只能做文化史和博物馆的材料”，“死的文化中纵使有一两个活细胞（所谓固有文化的“优点”），也对活生生的现代不能移植”。他更认为“传统文化中根本没有‘科学’与‘民主’，只有‘玄学’与‘教条’。”所以提倡传统文化的只有两种人，“一种是糊里胡涂的义和团；一种是共产党”。最后李敖的结论是“我们只有一条路那就是：快快抛弃传统的死文化；快快按部就班的学习西方的现代文化。”② 李敖的论点，很容易让人联想到五四新文化运动后期的中西文化论战中，主张“全盘西化”的陈序经的言论，较之西化派主帅胡适的主张还来得更为激烈。因而攻击李敖者也不乏其人；如1963年1月1日，宜兰出版的《青年杂志》37期上，有后希锴的一篇，《文化是什么》，其中指出：“我们的‘思想界’或‘学术界’，还停滞在‘五四’时代，一面喊着崇拜西洋的口号，一面又在进行违抗西洋的勾当。那般‘五四老人’，完全不从社会学，心理学或生物学的观点去考虑文化问题，他们仅凭一些东鳞西爪的残破抄录，用演绎法去论证他们观点。李敖显然是这种‘学风’的回光反照。”③ 后希锴以李敖考证梅毒传播的例子，说明李敖“就像‘五四’时代的人们一样盲目”。显然他不仅在攻击李敖而已，更是针对在台湾代表五四精神的“五四老人”，如胡适、殷海光等所作的指控，背后的政治动机值得玩味。

然而，60年代中期前后，正当台湾经济开始起飞之时，美国资本主义影响台湾正烈，西化等同于现代化之观念风行，“来台大、去美国”更成为时代青年向往之目标，《文星》在此环境熏染之下，以新的欧美西化思维，进行新一波的新文化启蒙运动，亦有其文化和心理层面的需求。只是《自

---

① 原载《文星》，58（1962.8.1），引自《李敖作品集21：文化论战的一些史料与笑料》，167。

② 李敖：《李敖作品集21：文化论战的一些史料与笑料》（台北：远流出版事业股份有限公司，1986），18－19。

③ 后希锴：《文化是什么》，原载宜兰：《青年杂志》，37（台北：1963.1.1）。引自《李敖作品集21：文化论战的一些史料与笑料》，210。

由中国》的五四启蒙诉求主要来自新文化运动的历史资源，而《文星》的启蒙大体源自于当时的欧美新文化的输入，在每期的封面人物中，多以介绍西方文化当红盛行的人物及所代表的思潮为主，其援引及冲突有余，但开创性则无法和《新青年》相比，在《自由中国》掀起的五四思潮沉寂之后，《文星》虽无法企及其影响，而使台湾知识和舆论重溯“五四”而产生的震撼。如果认为 1950 年代《自由中国》之后，五四意识在台湾就断绝三十年以上，这显然并非事实。但在 60 年代的当时，无论政经、社会条件，《文星》带引的五四风潮，相对无法如其前后指标刊物或事件，造成备受瞩目的影响，则无法否认。当 1961 年众所瞩目的《自由中国》停刊与“中国民主党”组党的失败，都不能大幅动摇党国统治体系之时，《文星》的停刊没有引起太大的波澜，自也不难想象。五四议题的转趋沉寂，成为思想文化上的重要潜流，在那样的情势下，可谓有其必然性。

在此前提下，大体而言，如果用潜流或沉寂，而不是断绝的角度来思考 60 年代五四思潮在台湾整体思想脉络的定位，应该是较为恰当的评估。至少，就算在党国体制之下，有限度的谈论五四，仍然是在被允许的范围内，即便台湾处在党国体制时，五四意识仍在台湾存续，然而受到重视的程度大小，有着甚大的差距。五四意识在战后的台湾，只有多少的问题，并不存在有无的问题。

五、结论：台湾五四意识承先启后的转折

1971 年 4 月 9 日美国国务院发表声明，表示尼克松总统和日本首相佐藤荣作达成协议，美国将琉球以及包括钓鱼台列岛在内的“南西群岛”，于 1972 年交还给日本，此举造成了台湾社会（以大学生为主）强烈的反应，并发展成跨出校园的街头运动，加上旅美侨界与留学生的抗议，汇合成了海内外的“保钓运动”。影响所及，不但海外知识界出现了国家认同的转向，国内至今也仍时有要求力争钓鱼台主权的呼声。① 但这一段历史却与当时的

① 薛化元：《保钓运动的省思》，台湾历史学会：台湾之窗，http：//www. twhistory. org. tw/20010423. htm（2008. 9. 12）。

五四意识产生密切的连结，五四在台湾的工具性历史符号及文化资本遗产的特质，在“保钓运动”中展露无疑。

台湾在二战后初期，1946 年 5 月 4 日就已发生过“基隆五四学运”。① 1953 年台大学生则发动“再展开新文化运动”，是台湾大学生在国民党当局迁台后首次标举“五四”旗帜，以改变台湾社会现实而发起的社会净化运动。② 然而，论对当代的影响而言，“保钓运动”应是和五四最有连结的学生运动事件，其效应迄今都还隐然存在。《大学》杂志对于青年与政治的相关议题相当重视，据统计占全部篇幅的 9.1%，五四 50 周年时，除了社论对五四有所纪念之外，社长陈少廷亦为文纪念。③

70 年代初期，台湾历史和社会的客观条件发生的巨大变动，给予思想文化层面带来莫大的冲击。1970 年 11 月，钓鱼台事件使台湾各大学、留美学生团结在“保钓运动”的旗帜下，它促进了政治认识、民族主义的觉醒和高扬。接着 1971 年 10 月 25 日，“国府”退出联合国，加上尼克松、日本首相田中先后访问北京、国民党外交危机等一连串重大事件，使部分台湾青年和知识分子痛切感到要自立更生开创自己命运的急迫性。④ 在 1970 年代初期《大学》杂志改组之后，当时的知识青年，又在党国体制松动的夹缝中，得到更进一步发挥的空间，“五四”自然也是他们提出讨论，甚至宣扬的对象。但是《大学杂志》阵营的分裂，加上“保钓运动”左倾的后遗症——“台大哲学系事件”的爆发，都使五四讨论的环境，受政治力的影响，而遭到破坏。这也是显示“五四”在台湾的命运确实与民主政治进程的关联，有着非常密切的正向关系。

在台湾五、六十年代的政治气氛下，鲁迅和许多左翼作家，完全是政治禁忌，在戒严、“动员戡乱”情势之下，当时红帽子满天飞。例如，《自由

---

① 陈德潜：《台湾五四我列黑名单……》，《联合报》（台北：2000. 5. 4）。

② 徐文祥：《台湾地区学生运动之研究（1949—1994 年）》（台北：私立文化大学中山社会研究所博士论文），120。

③ 陈少廷曾出版数本关于五四的著作，并有论及台湾新文学与五四的关系者，分别是：《五四新文化运动的评价》，（台北：环宇出版社，1974）；《五四运动与知识青年》（台北：环宇出版社，1974）；《台湾新文学运动简史》（台北：联经出版事业公司，1977）；《五四新文化运动的意义》（台北：百杰出版社，1979）。

④ 许极炖：《寻找台湾新坐标》，282。

中国》读者投书曾有一文名为《禁书要禁的合理》者，提及彼时国民党当局，下令彻底查封“共匪及附匪名单达一千余人，凡单上有名的作者所编的书籍一律查禁”，牵连广泛的结果，连同“普通物理学、实用化学、自然地理、国语文法、英文法、莎士比亚剧场译本、欧西各文学名著译本、乃至辞海、词源……都一股脑儿查禁了”。① 台湾从反抗日本殖民统治的运动中发展出来的左翼传统，虽然在 1950 年代被当局给腰斩，到了 1960 年代却有了复苏的可能，但是陈映真一伙人的意向在 1968 年被当局迅速压制。② 直到 70 年代，仍有要求解禁 30 年代左翼文学的呼声，③ 可见左翼在台湾的高敏感性。在过去台湾史一直是一个被忽略的研究领域，左翼运动史的探究更是长期的官方禁忌。如今台湾史成为显学已是沛然莫之能御之趋势，但左翼研究方才萌芽而已。④ 对于若林正丈所认为五四在台湾影响的余绪——“保钓运动”与“五四意识”的关联，就更少有直接的探讨了。⑤

《大学》的转向，因时代的风云际会，局部继承了一度断裂的《自由中国》、《文星》的启蒙走向，以大学知识青年对国家社会尽言论责任的精神，酝酿了五四思潮的新传统。《大学》杂志自 1971 年起开始提升对现实政治问题的关切，显然受到 1970 年底的钓鱼台事件以及海外知识青年的“保钓运动”的影响；⑥ 而“保钓运动”当中“五四话语”的“复活”又是一个明显不过的特征，这又牵涉到国族认同、外交关系、台湾定位、两岸局势等等敏感的现实问题。

---

① 王少南：《禁书要禁的合理》，《自由中国》，12：11（台北：1955.6），31。

② 郑鸿生：《青春之歌——追忆 1970 年代台湾左翼青年的一段如火年华》，《台湾社会研究季刊》，41（台北：2001.3），131。

③ “如果禁止三十年代作品的流传，理由是怕露出当年社会的疮疤，那大可不必。上面已说过，天下无完善的社会，每一个国家都有本难念的经。而且，许多三十年代作家所热中攻击的问题，今天已是明日黄花了。”又说“除非台湾的年轻作家不离开“宝岛”一步则已，一离开台湾一步，就会碰到在台湾一向被视为异端的“问题作家”。如果这些人的作品他在台湾时都有机会过目，那么，即使身处异国，也不见得会被这些作品弄得走火入魔。”参见刘绍铭：《整理三十年代的文学作品——并对如何审查提一点具体建议》，《联合报》（台北：1976.3.13）。

④ 王玉：《台湾抗日运动的左翼：从“上海纲领”看台湾共产党的建党本质》（台中：逢甲人文社会学报，2002.5），212。

⑤ 若林正丈：《台湾抗日运动中的“中国坐标”与“台湾坐标”》，《当代》，17（1987.9），40－50。

⑥ 李筱峰：《台湾民主运动四十年》，95。

这可从袭承《自由中国》的《文星》，以及其后继的《大学杂志》在初期所标榜的宗旨与文化诉求的变化看得出来。他们强调的重点虽有差异，但此一思想传承的脉络，主要诉求的是“民主、科学、自由”的理想，策略则是发动文化及思想启蒙的工作，进而跨入问政及改革现实政治“诤言”的路线。① 只是《自由中国》由体制内的争取民主自由的言论，跨入体制外的组党运动；而《文星》则着重于西方思想之引介和文化评论；至于《大学杂志》则从思想启蒙、关心国是，到争取民主政治的路线差异，演变成体制内、外的分道扬镳。知识分子在70年代的运动，从《大学》杂志主导，到保钓运动的参与，在1970年至1972年之间，创造了知识分子运动的高峰。② 其中，和五四具有相当历史渊源的自是青年学生为主的保钓爱国运动，两者除了都是以民族主义爱国运动为诉求之外，其后的演变也都指向对于政府对外政策软弱立场的抗议，并且都牵涉到了最为敏感的国家领土主权问题，还造成了后续左倾效应的问题。更重要的是，保卫钓鱼台运动对五四口号采取有意识的继承，凡此皆拉近了两者的关联性。

整体而言，直到1979年五四60周年前后，因中国大陆社会形势的转变，台湾讨论“五四”的环境才有明显的复苏，其中《联合报》及《中国时报》的倡导可谓不遗余力，在当年的5月4日前后有大篇幅的讨论与报导，也请专家学者撰写专文以飨读者。在此之前因政治压力及反“文革”的气氛下，就算有论及“五四”者，特别是在官方媒体上，几乎都以负面的评述来定位“五四”，或者是为着批判“文革”而将“五四”聊备一格，并无新意可言。虽然此段时期大约在将近二十年左右，并不到黄钟前述的“三十年光景”。但在此前后，“五四”的意义受到肯定与否的程度确实有着天壤之别，也难怪有心人会深为感慨了。黄钟前述的文字一方面很贴切的指出五四的复杂性另一方面也点出五四意识在台湾受政治干预的敏感性。虽然他有意以此强调五四在台湾对国民党政府政治文化霸权的禁忌，但实际上却又必须很“明哲”的，无法将“五四”真正触犯当局神经的原因指出来。

---

① 萧新煌：《当代知识分子的“乡土意识”——社会学的考察》，中国论坛编委会编，《知识分子与台湾发展》（台北：联经出版事业公司，1989），127。

② 管碧玲：《民族主义与台湾政党政治》（台北：台湾大学政治研究所博士论文，1994.7），127。

然而，来自中国大陆的五四，或许还是要经由中国大陆的变革，才能重振五四曾在历史的纪念光辉，五四本就是中国民主曾有的曙光。对于台湾而言，五四 60 周年前后大陆民主的呼声，与 1989 年五四 70 周年之后的巨大变动，重新唤起了台湾知识舆论对五四的重视。由于官方欲寻求运用五四历史符号象征，以获取宣传上的优势地位，亦乐见藉由学界、文化界呼唤五四的声音，以与大陆有所比较，藉以得到治理的相对正当性。虽然这些都是对于五四选择性的应用，但也有助于五四议题的探讨与反思。

附录：台湾历年五四热度统计年表——以“联合知识库”登录数据为例

说明：台湾历年五四热度统计年表——以“联合知识库”登录数据为例：本表自台湾报导“五四”议题现存最攸久（《中央日报》已于 2006 年 6 月 1 日停刊），资料最为齐全的“联合知识库”（联合报系报纸历史档案）中，以“五四”为关键词，从 1951 年 9 月 16 日开始到 2007 年 2 月 8 日为止，去除无关者，共计觅得 1050 笔资料。除 2007 年因只有短暂的一个月余，且只有一笔数据不列入计算之外，其它依年次统计列表（另有 5 月份的统计陈列）如下：

年　度	总 次 数	5 月份次数	备　注
1951	5	0	9 月 16 日开始具备统计资料
1952	20	3	
1953	7	3	
1954	7	1	
1955	7		1
1956	2	2	
1957	11	2	
1958	19	7	
1959	16	7	
1960	4	2	雷震案、《自由中国》停刊
1961	13	3	
1962	9	4	胡适去世

续表

年　度	总 次 数	5月份次数	备　注
1963	6	0	第一次5月无五四纪念文
1964	6	0	
1965	8	2	
1966	4	0	
1967	7	0	
1968	1	0	
1969	6	1	
1970	3	0	
1971	11	2	
1972	5	2	
1973	2	0	
1974	3	1	
1975	8	1	蒋介石去世
1976	11	4	大陆四五运动爆发
1977	8	1	
1978	26	6	四五运动真相为世人所知
1979	68	15	60周年，战后第一次纪念高峰
1980	11	2	
1981	30	2	
1982	15	0	
1983	23	3	
1984	13	3	
1985	22	3	
1986	10	1	
1987	5	1	
1988	38	9	
1989	127	39	70周年最高峰、大陆六四事件
1990	30	8	
1991	15	2	
1992	16	2	
1993	27	2	

续表

年　度	总 次 数	5月份次数	备　注
1994	17	2	
1995	21	6	
1996	18	1	
1997	15	2	
1998	38	4	
1999	66	18	80周年政大举行国际研讨会
2000	29	10	
2001	33	12	
2002	35	8	
2003	16	3	
2004	26	8	
2005	16	5	
2006	23	5	

资料来源："联合知识库"，http：//udndata.com/，（2007.2.8）。

“文化自由主义”的理论张力及其启示意义

——评徐复观的“儒家自由主义”

吴根友（武汉大学哲学学院）

引　　言

在一个“历古圣贤深以自由为可畏”的国度里寻找自由的精神传统，是否有点缘木求鱼之嫌？这是一个稍能有哲学思考的人们都会产生的第一个疑问。而且，偏偏就在“五四”新文化运动喊出“打倒孔家店”的呼声还不绝于耳的时候，竟然有人说儒家有“自由思想”，这究竟有没有搞错？近些年来，西方的自由主义与社群主义相互诘难，有些人以为自由主义在现代西方已经走向了末路，此时再来谈儒家与自由主义的对话，“儒家的自由主义”，是否显得有些过时？

不过，学术的探讨，有时往往与直觉和流行的感觉相反。本文选择徐复观的“儒家自由主义”这样一个题目，正是在研读了徐复观有关儒家自由思想的著作之后所得出的初步认识。尽管他所谈的自由思想与西方经验主义传统的自由主义思想有一定的距离。然而，经过徐复观的发掘与解释，儒家思想中似乎确有自由思想的因子。我在这里暂时将徐复观依托儒家德性自由所阐发的自由思想称之为“文化自由主义”。这一“文化自由主义”是以人的文化创造动力作为基本前提，以“德性自由”与“知性自由”作为政治自由的根本和出发点，从而使儒家的文化传统与现代的民主政治具有内在的沟通性。这一“文化自由主义”或许未能在制度层面上论述如何有效地保护人在社会政治生活中的自由的问题，换句话说，未能对“消极自由”的问题给予充分的关注，然而毕竟敞开了儒家与自由主义对话的大门，从而为儒家与现代西方文化的主流意识形态的对话预留了了广阔的学术与思想空间。在当代中国的现代文化建设中，致力于中国文化的创造性转化的人们，似不应该忽视自己民族文化传统中固有的自由精神传统，亦可以从徐先生有关儒家与自由主义的关系论述文本获得正反两个方面的启示意义。本文将从“文化自由主义”的内涵、特点，理论优势，理论上的不足和现实的启示等四个方面，简单地对徐先生的儒家自由义思想作一述评，以就教于方家。

一、“文化自由主义”的理论内涵及其基本特征

我之所以将徐先生的儒家自由主义思想称之为“文化自由主义”，主要是根据《为什么要反对自由主义?》一文。在该文中，徐先生对自由主义的精神以及中国文化中自孔子所创发的自由社会进行了阐发。他认为，自由主义的精神乃是“与人类文化以俱来。只要够称得上是文化，则尽管此一文化中找不出自由主义乃至自由的名词，但其中必有某种形态，某种程度的自由精神在那里跃动。否则根本没有产生文化的可能。”正因为徐复观是如此地看待“自由”一词的意思，故我他所代表的儒家的自由主义称之为“文化自由主义”，以别于西方文化传统中正宗的自由主义，特别是近代以来的“政治自由主义”。

据我初步了解，这种“文化自由主义”有三个基本特征：首先，他在将自由放在宽广的文化创造背景上加以讨论，使自由成为一种普适的价值，把自由精神看作是人类文化前进的根本精神动力，把自由精神泛化为一种普遍性的人类文化现象，从而为中西自由精神之比较找到可通约的基础，避免以西方的自由主义为圭臬来衡量中国哲学中的自由精神。

其次，这种“文化自由主义”的核心理念强调“我的觉醒”或曰“自作主宰”，凸显个人意识之觉醒。他说：“自由主义的生活底精神状态，用欧洲文化史中的名词来说，即是‘我的自觉’。用中国文化史中的名词来说，即是‘自作主宰’。人一生下来，便投入在既成的传统与社会之中，随着传统与社会的大流向前流转，有如一个漂浮的物件，随着洪流向下流转一样。在这种随波逐流的漫长岁月中。有少数人以各种因缘的启发，挺身站了

起来，要追问传统和社会许多既成观念与事象的是非，而其是非的衡断，一诉之于自己的良心理性，让自己的良心理性站在传统和社会的既成观念与事象之上以决定自己的从违取舍；这样一来，不再是传统和社会支配一个人的生活，而是一个人的良心理性来支配自己的生活，这即是所谓‘我的自觉’，即是所谓‘自作主宰’，即是所谓自由主义。”

再次，这种文化自由主义不是不关注政治自由，而是把政治自由看作是文化自由的特殊表现形态，并将政治自由放在德性自由与知性自由的基础之上，使政治自由获得了坚实的人性基础与知性的基础。如徐复观说：“自由精神，必须伸展到政治中去，必须在政治中有了具体的成就，然后其本身才成为一明确的体系，并对于知性、德性的自由，提供以确切不移的保证。”而且，“人类最大的灾害，对人性最大的压抑，常常是来自政治。”而德性与知性自由又必定在政治自由中碰头，因此，从实践的层面讲，政治自由又是其它形式自由的现实保证。能否将自由精神变成一种社会意识形态，变成一种人类的常识——一种堂而皇之的主义，必须依赖政治自由。“尽管自由主义的精神，系与人类的文化同时开始；但‘自由主义’的名词，一直到民主政治开始成熟的十九世纪才正式出现，这不是没有理由的。”所以徐复观又说：“必定要求政治从属于每一个人，因而也处于每一个人的良心、理性的控制之下，使政治成为每一个人的工具，而不是任何个人成为政治的工具。”这样的“人道”诉求，则必然产生这样“人道”的政治：“以人权为灵魂，以议会为格架的民主政治。”

但是，政治自由并不能涵盖自由的全面意思，“政治自由须要知性底，尤其是德性底的自由作根源，须要由德性自由吸取其营养”。徐复观将此称“历史实践中的常识”。在《学术与政治之间》一文里，他就民主政治与学术（知性底）的关系说道：“政治与学术的最大区别，是质与量的区别。”①一个普通人对于哲学的意见与科学的知识，一定赶不上一个哲学家和一个科学家，这种差别是质决定量。但是，在政治上，普通人所投的票与专家所投的票一样，都是一张票。民主政治就要通过这种“量”的作用来决定“质”。但是否因此就说民主政治就一定与人类质的提升相冲突呢？不能这

① 徐复观：《学术与政治之间》，台湾学生书局印行 1985 年版，第 169 页。

么说。因为，民主政治首先保证了包括专家在内的任何人可以自由地发表自己的主张的权利。专家可以通过民主政治的形式将自己有价值的意见发表出来，诉之于大众的理性而影响大众，获得大众的同情，从而使自己的意见在社会中发生作用。因此，从这一角度说，民主政治恰恰为人类向质的方向提升铺设了一条大道。而“民主政治中的自由，表现在多数保障少数的时候，便是给与多数与少数之间，有一确实可变的机会，以让任何‘质’可以反复的争取‘量’的机会。”最后的结果是“政治上的量的后面，依然是由学术上的质在发生作用。”①

在该文里，他又就民主政治与人文精神，民主政治与个人的德性的关系进行了论述。他说：“以量为主的政治，更深一层的去理解，它是立足于人文精神的大原则之上的。人文精神，首先承认‘生’即是价值，‘生’是第一价值。”中国传统儒家精神是以尊生为第一原则的，正因为如此，儒家精神，人文精神是“民主自由的真正依据”，至少可以说儒家的精神不是反对民主自由政治的。② 再者，“人格表现为动机、气象、局量、风采；这四者是表现一种人生价值之全的，所以不仅可以提挈政治，而且也是提挈人生一切的活动，包括学术活动，而与一切活动以活力，并端正一切活动的方向的。民主自由是一种态度；而儒家精神，人文精神，从某角度说，主要便是成就人生从性情中流露出一幅良好态度；这是对整个人生负责的，因之，也是民主自由的根源；而民主自由，也正是儒家精神，人文精神在政治方面的客观化，必如此而始成其全体大用。”（《学术与政治之间》第175页，台湾学生书局印行1985年版。）

二、“文化自由主义”的理论优势：

不管我们如何评价徐复观先生的文化自由主义的观点，就我个人的认识来看，这种自由主义观点在理论上至少有如下三点优势：

第一，他可以将一切具有创造性的思想活动纳入其理论的解释框架，从

① 徐复观：《学术与政治之间》，台湾学生书局印行1985年版，第170页。
② 徐复观：《学术与政治之间》，台湾学生书局印行1985年版，第171－172页。

而增强其理论的解释能力（当然这其中也包含了过渡诠释的可能性）。如徐复观从这种“文化自由主义”的观点出发，甚至把孔子删诗书，订礼乐、作《春秋》以“贬天子，退诸侯，讨大夫”的文化整理和历史写作行为亦看作是自由精神的体现，把孟子的“大丈夫”理想看是自由的理想。他认为，尽管中国思想中没有明确的“人权”观念，但不能因此说中国思想中没有自由精神。更令很多人不相信的是：他还进一步地认为孔子创发了“中国自由社会”。他说：“孔子奠定了儒学的基础，同时也就是创了中国的自由社会。我看，这是中国民族经过万千苦难而尚能继续生存发展的主要条件。”① 他认为，“孔子把非自由的社会转向为自由式的社会所作的努力，可简单的从两方面说：一是以‘学’与‘教’的精神、方法，把人从‘自然’中解放出来，以确立‘人’的地位”。二是孔子通过学与教的活动，使人在实际的社会中通过人自身的努力，从而“打破由历史所自然形成的阶级，使各个人能各以其自己的努力改变社会的阶级地位。”高度肯定了具有创造性的教育活动和教育制度的改革在增进人的社会自由中的作用。

第二，这种“文化自由主义”具有独特的理论视角，其长处在于把人类争取自由的活动与自己固有文化传统结合起来，依托自己的传统来进行文化创造。他说：“自由主义者从传统和社会中解放出来，并不是根本否定了传统和社会，而是针对传统和社会，作一番新的估价，将既成的观念与事象，加以澄清洗炼，而赋以新的内容，并创造更合理更丰富的传统和社会。自由主义者依然要生活在传统与社会的大流之中，但他不是被动底、消极底生活着，而是主动底、积极底、向传统与社会不断发挥创造改进的力量，使传统与社会，不复是一股盲目的动力，而是照耀于人类良心理性之下，逐渐成为人类良心理性的生产品。”在现代西方的政治自由主义者中，有一派人们特别重视现代文化与传统的关系。这是自由主义中的保守派所深信不疑的观点，也是自由主义与保守主义进行对话的基础。像现代保守派自由主义者柏克，他对法国大革命的批评，正是代表了保守派的自由主义者对传统珍视的观点。

第三，从中国文化传统出发，他高度肯定了德性自由对于政治自由的意义，从而使中国这样一个具有多元宗教文化而在精神气质上又缺乏宗教超越

---

① 徐复观：《学术与政治之间》，台湾学生书局印行 1985 年版，第 289 页。

情怀的民族，在吸纳西方自由主义思想意识时获得了超越现实政治功利需求的文化基础。

在中西自由精神的比较研究过程中，徐复观曾经这样说：“自由精神，在西方是先在知性中跃动，在中国则先在德性中跃动。”（且不说自由精神在西方的表现是否就如徐复观所言），并认为，儒道两家从不同侧面发展了中国的德性自由：“儒家是从德性上来建立积极底人生，因而自由精神在这一方面成为积极的表现；道家则从情意上去解脱人生的羁绊，因而自由精神在这一方面成为消极的表现。儒道两家，是中国文化的两大主流。若不接触到两者在其思想的基底上所具备的充沛底自由精神，便根本无法接触到他们所留下的文化遗产。”这即是说，儒家主要从德性方面发展人的自由精神，而道家则从艺术、审美的角度发展了人的自由情感。现代的中国要发展政治自由，必须发掘中国文化传统中的自由精神，使现代的政治自由扎根于自己民族的文化土壤之中。

他甚至这样地说：“儒家‘自本自根’之精神，既可不需要外在之上帝，则在政治上岂能承认由外在权威而来的强制作用。”因此，“儒家的政治必归结于民主政治，而民主政治之应以儒家思想为其精神之据，凡态度客观的好学深思之士，决不以此为附会之谈。”① 徐复观认又为：“孔子奠定了儒学基础，同时也就是创发了中国的自由社会。我看，这是中国民族经过万千苦难而尚能继续生存发展的主要条件。”②

三、“文化自由主义”的理论局限

徐复观先生的“文化自由主义”在肯定自由的普适价值的同时，在相当大的程度上忽视了人在社会中实现自由所必须依赖的经济基础及相应的制度整合的作用，他把自由精神看作是某些伟大历史人物的良心发现与理性的觉醒，把人类争取自由的艰难历程化约为一种精神性的创发和某种单一制度

① 《儒家精神之基本性格及其限定与新生》，见《儒家政治思想与自由民主人权》徐复观著，萧欣义编，台湾学生书局印行 1988 年版，第 73 页。

② 徐复观：《学术与政治之间》，台湾学生书局印行 1985 年版，第 289 页。

的创设，尤其是忽视了“消极自由”的重要作用，在理论的周密性方面显然有所相当大的欠缺。

首先，从个人与社会的角度看，徐复观的“文化自由主义”过分强调了个人与群体的直接关联性，缺乏对个人、制度与国家之间逐渐过渡的步骤及其合理关系思考，因而在政治哲学领域仍然是传统儒家德治主义思想的逻辑延伸。他说：“自由主义不仅由自己精神的解放而成就个人，当他成就个人时，也就同时成就了群体。尽管有只意识到个人而没有意识到群体的自由主义者；但从历史的事实看，有活力的个人，必然会形成有活力的群体；所以自由主义的国家，毕竟是历史上最进步最富强的国家。”这种简单化的政治逻辑推理，显然对现代社会操作过程中的程序复杂性缺乏足够的思考，是不利于建设具有真正意义的现代自由民主的政治体制的。

其次，从整体上来说，徐复观把自由主义的精神理解为“对各种束缚的一种解消底态度”，表明他对现代西方自由主义的理解还是片面的。他说：“自由主义者的态度，剋就自由主义的本身来说，本是对各种束缚的一种解消的态度；但一个人的理性，是要从这种束缚的解消中跳了出来而积极有所肯定，并对其所肯定的负积极的责任。”他甚至认为，“自由社会”：“指的是一个人能凭藉自己的努力而可改进自己的地位而言。”①

由此我们可以看到，他所注意的还只是柏林所说的“积极自由”，而对“消极自由”——免于什么的自由没有给予足够的关注。而“消极自由”——即在现实的政治生活免于各种迫害的自由，是一切自由的基本保证。没有这一基本的自由，很难谈得上有其它形式的自由。

再次，与现代西方政治自由主义的人性论假设相反，他过分地相信儒家哲学中的人性善学说，他认为，中国文化“系立基于性善思想之上。这便真正把握到了人类尊严、人类平等、及人类和平相处的根源；当然也是政治上自由民主的根源。”② 这对于既重视消极自由又重视积极自由的现代自由主义的理论来说，无疑在理论的前提上有偏颇的一面。因为，不把人性恶的

① 徐复观：《学术与政治之间》，台湾学生书局印行 1985 年版，第 289 页。

② 《孔子德治思想发微》，同上书，见《儒家政治思想与自由民主人权》徐复观著，萧欣义编，台湾学生书局印行 1988 年版，第 99 页。

理论纳入自由主义的理论之中，就无法建立现代的契约原则。

四、现实启示意义

作为具有原创性的思想家，徐复观不囿于西方社会纷繁复杂的自由主义学说，从自己独特文化观出发，对自由与自由精神给出了独特的解释，并包涵了极大的理论合理性，从而使中国传统文化中有价值的东西都与现代西方文化中有价值的思想对话，为儒家与自由主义的对话寻找到了一个文化学的理论前提。这是极其珍贵的学术思想。

简而言之，徐复观的文化自由主义的两个观点具有理论的启发意义：其一，认定自由精神乃一切文化创造之母，强调了具有正面意义的自由精神所具有普适性特征，在政治哲学领域里为消解现代西方社会中的话语霸权提供了新的理论参照系。

其次，肯定了传统与自由创造精神之关系，使现代中国在追求现代化与清理传统遗产的问题上提供了新的理论说明。特别是将德性自由看成是政治自由的文化根基的思想，对于中国这样一个重视德性而相对缺乏宗教情怀的民族，如何在政治上确立保障个人自由的思想意识，具有深远的理论意义。因为，现代西方的政治自由与近代西方的宗教宽容密切相关。中国的政治自由如果不蜕变为一种无政府主义，建立于自由主义理念基础上的现代民主政治不沦落为政客们相互公开揭发个人隐私、甚至做戏式打斗的政治舞台秀，就必须有赖于政治家的德性自由品质的养成。

毋庸讳言，徐复观的文化自由主义也有其自身的理论盲点，其一是：过分突出了“自作主宰”的积极自由的作用，忽视了消极自由的价值与意义，从而在政治自由的问题方面，他看不到个人免于被强迫做或不做什么的重要性，因而在具体的制度设计方面也就无法更为仔细地考虑如何限制政府与国家权力对个人侵害的问题，最终也会使其重视自由精神的文化理想难以在现实中逐步兑现。

其二是：他虽然看到了西方自由主义在道德方面鼓励人们向上的无能为力之处，力图以儒家的人性善来补救自由主义理论在道德哲学方面的不足。但他不将人性恶纳入自由主义的理论框架之中，则无法建立起现代意义上的契约理论。从而也就无法为现代的民主政治奠定坚实的理论基础。

当然，作为一个具有强烈现代意识，同时又具有较丰富的政治实践经验的思想家，徐复观是深深明了政治自由的重要性的。他认为，尽管政治自由不是自由的全部，但所有的自由必然在政治中碰头，故谈自由不能不讲政治自由。一方面，政治自由要从知性与德性中吸取营养，但更要紧的是“必定要求政治从属于每一个人，因而也处于每一个人的良心理性的控制之下，使政治成为每一个人的工具，而不是任何个人成为政治的工具。”正是从这一角度来看，徐复观将现代的政治自由界定“是以人权为灵魂，以议会为格架的民主政治。”他把人权问题置于政治自由的核心地位，充分地体现了其“文化自由主义”对现代型的民主政治具有足够清醒的认识。至于他对西方经验主义传统中的自由主义思想缺乏应有的认识，正是他之后有志于中国民主政治建设的知识人士应当努力避免的学术视野上的盲点。

张其昀与南高学派*

许小青（华中师范大学中国近代史研究所）

上世纪80年代末90年代初，随着“思想淡出，学术凸现”（李泽厚语）学风的转移，中国近代学术史的日益引起学术界的关注，南高学派也逐步纳入研究者的视野，二十余年来相关研究成果已有相当积累①。不过，仔细检讨相关研究成果，我们发现已有南高派的研究成果主要集中于五四新文化运动时期，多以学衡派、史地学派与南京高师—东南大学为重点，兼与北大派论战来展开相关问题的探讨。的确，20世纪20年代初，南高与北大学术文化立异，形成了中国现代学术史思想史上“双峰对峙、二水分流”的格局，以至当下仍有学人称这为“蜀洛之争”。② 不过，有关南高派和北大派的研究和看法，或多或少以将派分的成因——往往是他指和后认人为地当成事实，并渗入相关的史实与论断之中，容易造成先入为主和倒叙历史。

* 本文为教育部人文社科基地重大项目“近代中国民族主义与自由主义关系研究”（07JJD770100）成果之一。

① 沈松侨在《学衡派与五四时期的反新文化运动》（国立台湾大学出版委员会1984年）中，以五四时代为历史背景，侧重与新文化派的比较中来探讨学衡派的文化见解与历史地位。郑师渠在《在欧化和国粹之间：学衡派文化思想研究》（北京师范大学出版社2001年）中，从文化观、史学思想、诸子学、教育等不同等方面对学衡派的文化思想进行了专题研究。高恒文在《东南大学与“学衡派”》（广西师范大学出版社2002年）中，研究了学衡派在东南大学的成长历程，注意到学衡派与东南大学内其他派别（如中华教育改进社、国学研究会）之间的联系与区分，特别指出不能将学衡派与东南大学等同视之。沈卫威在《“学衡派”谱系——历史与叙事》（江西教育出版社2007年）中，从长时段历史中选取五个相关刊物——《学衡》、《史地学报》、《大公报·文学副刊》、《国风半月刊》、《思想与时代》，来分别探讨学衡派的文化整合、历史寻根、文学批评、民族意识与国家观察的表现。有关南高史地研究会和《史地学报》的研究，主要有彭明辉：《历史地理学与现代中国史学》（台北：东大图书公司1995年）、吴忠良：《南高史地学派研究》（华东师范大学历史系博士论文2005年）、陈宝云：《学术与国家：〈史地学报〉及其群体研究》（复旦大学历史系博士学位论文2006年）。

② 罗志田教授语，见其《国家与学术：清季民初关于“国学”的思想论争》，生活·读书·新知三联书店2003年，第391页。

正如桑兵教授近期著文指出，晚近以来学人尤其好以学派讲学术，并且奠定了学术史叙事的基本框架，他特别指出判定学派的标准，包括宗师、学说、方法、师承与传人的谱系化、流变以及地缘的关系，大抵是他人或后人的指认，为此，他专门呼吁与其以派分的成见看史事，人为地组装学派的历史，不如依照时序，探寻学派是如何被谱系化的过程，以免犯倒叙历史之弊病。① 这些卓见，对于了解近代以来学术的派分是如何建构起来的过程极有帮助。受此启发，与其主观地营造南高学派的历史，不如探寻南高学派是如何被建构起来的。② 显然一篇短文无法、也不可能全面厘清南高学派在近代是如何建构起来的历史，本文主要以南高派重要学人张其昀为中心视点③，来考察南高学派是如何在20年代后被不断系谱化的，张氏在其中扮演了什么角色？同时他人是如何来指认和评判南高派？透过这些分析，来探寻近代学术派分建构的复杂因素，以期更好地把握近代学术发展的脉络与趋向。

一、薰染与参与：20年代南高学派新生代的先锋

1919年张其昀考入南京高等师范学校，在此学习四年（1919—1923年）正值五四新文化运动的高涨时期，也是南高学派学术文化观念的形成

① 桑兵：《中国思想学术史上的道 统与派分》，《中国社会科学》2006年第3期，收入氏著《晚清民国的学人与学术》，中华书局2008年，第70－102页。

② 如孙宏云对清华学派的研究，《“清华学派”的渊源与建构》，收入桑兵、关晓红主编：《先因后创与不破不立：近代中国学术流派研究》，生活·读书·新知三联书店2007年。

③ 张其昀（1901—1985），字晓峰，浙江宁波人。1919年考入南京高等师范学校文史地部，1923年卒业后入商务印书馆任编辑，1928年回母校中央大学任教。1936年出任浙江大学史地系主任，后兼任文学院长。1943—1946年曾在美国哈佛大学讲学。1946年回浙江大学，1949年去台湾，1954年出任台“教育部长”。1962年创立中国文化学院（后改大学），1985年在台北去世。学术界有关张其昀的研究还相对较薄弱，有关其生平与思想研究主要有：潘维和主编：《张其昀博士的生活与思想》（台北中国文化大学出版部1982年）、宋晞：《张其昀先生传略》（台北：中国文化大学2000年）和王永太：《凤鸣华冈：张其昀传》（浙江人民出版社2005年）；有关张氏学术与教育则主要集中在历史地理学方面，如刘盛佳：《张其的地理思想和学术成就》（《地理学报》第48卷卷第4期，1993年7月）、韩光辉：《张其昀及其历史地理学贡献》（《中国科技史料》第18卷第1期，1997年1月）、颜士之、许为民：《张其昀史地结合思想与浙江大学史地系办学特色》（《浙江大学学报》1998年第3期）等。

时期，特别是南高与北大在学术思想立异，以《学衡》和《新青年》为代表的刊物，与北大新文化派发生了激烈思想论战。张其昀深受南高学风的影响，初步奠张氏一生的学术基础，也为其人生的学术理念抹上南高的色彩。

20 年代北大与南高学风的歧异，突出表现在大学与现代传媒——报刊的结合。北京大学以《新青年》、《新潮》杂志为主提倡新文化，而南方学术重镇东南大学的学人以《学衡》、《史地学报》为中心提倡古典人文主义（即新人文主义）。南高学派的形成，《学衡》杂志起了关键性的作用。

《学衡》是由东南大学一批反对北方新文化运动的教授群体于 1922 年 1 月创办的一个综合文化杂志，直到 1933 年出版至 79 期停刊，前后共存在 11 年。其编辑部设在东南大学内的时间共二年半，即从 1922 年 1 月到 1924 年 6 月，共出了 1 – 32 期。东南大学时期的《学衡》是一份具有明显地缘特色的文化杂志，其主要编辑和撰稿人大部分为东南大学教授，尤其是以文史哲学科为主。其核心成员有吴宓、梅光迪、汤用彤、刘伯明、柳诒徵、胡先骕，尤其以吴宓为其中自始至终的中坚。东南大学中主要撰稿人还有：汤用彤、萧纯锦、徐则陵、缪凤林、景昌极、张其昀、徐震谔、束世徵、向达。就这些学者的知识背景和人脉关系而言，有一个大至相同的特点，要么从清华学校毕业、留学美国而执教于东南大学，如刘伯明、梅光迪、吴宓；要么执教于东南大学和就学于东南大学者，如柳诒徵、缪凤林、张其昀、景昌极等。二者之间存在着密切的师友关系，因此也可以判断出《学衡》是一个重要的同仁杂志。《学衡》开篇即点明办刊目标：“论究学术，阐求真理，昌明国粹，融化新知。以中正的眼光，行批评之职事。无偏无党，不激不随。”① 其宗旨是站在中西文化融合点上，致力于国学和西学两个方面，并特别提倡“以吾国文字，表西来思想”②。这里所言的“吾国文字”即明确指中国传统文化。这一思想的提出是直接针对当时国内的文化研究现状而言的，风向所指显指北大的新文化派。《学衡》创刊后，先后在文学领域中关于新与旧、真与假、贵族与平民、文言与白话等领域与北大新文化派论战。其后观念上更扩展到新人文主义与实验主义之争，对于传统与孔子的评

① 《学衡杂志简章》，《学衡》第 1 期，1922 年 1 月。
② 《学衡杂志简章》，《学衡》第 3 期，1922 年 3 月。

价问题上更是针锋相对，泾渭分明。

在与北大新文化派的论战中，也形成了所谓南高学风。所谓“学风”，按时人的解释，即为“学风这个名词，也就是同一时空之教者与学者的行为、意态、思想、倾向，同时同地教者学者内外生活之综合的表现，就是学风。”① 所强调学风是“同时同地”的综合行为思想表现。东南学风更是由学衡派所引导出来的，学衡派主将柳诒徵回忆称：“梅子迪生，首张美儒白璧氏之说，以明其真。吴子和之，益溯源于希腊之文学美术哲学。承学之士，始晓然于欧美文教之自有本原，而震骇于晚近浮薄怪谬之说者所午为甚浅也。梅子吴子同创杂志曰《学衡》以诏世。其文初出，颇为聋俗所诟病。久之，其理益章，其说益信而坚。浮薄怪谬者屏息不敢置喙，则曰，此东南学风然也。”② 针对北大新文化派的活动，梅光迪提出真正学者的标准：“真正学者，为一国学术思想之领袖，文化之前驱，属于少数优秀分子，非多数凡民所能为也，故欲为真正学者，除特异天才外，又须有严密之训练，高洁之精神，而后能名副其实。”③ 柳诒徵其后专门撰文，批评当时者多专营“术”而忽视“学”，并对当学者产生之法进行分类，“学者产生地有两种，实验室、图书馆一也，官厅、会场、报纸、专电、火车、汽车二也。前者有学而无术，后者有术而无学。潮流所趋，视线所集，则惟后者为归。故在今日号称不为官吏，不为政客，不为武人，不为商贾，而自居于最高尚最纯洁之地位之学者，其实乃一变相之官吏，特殊之政客，无枪炮之武人，无资本之商贾，而绝非真正之学者。官厅所见此等学者也，会场所见此等学者也，专电所登此等学者也，终日奔驰于火车汽车而不息此等学者也。此等学者愈多，教育愈坏，学术愈晦，中国愈乱，乱而学者之术愈进步。”④ 根据有学无术与有术无学，他将学者区分为二类，前者难而不显，后者易而实惠，批评锋芒所向，尤指北大新文化派胡适一系有术无学。

五四时期北大与南高的学风的立异，也被外界的学人所观察与评论。钱

① 陈东原：《养士制度下的学风问题》，《学风》第3卷第3期，1933年4月15日，第15页。

② 柳诒徵：《送吴雨僧之奉天序》，收入吴学昭整理：《吴宓诗集》，商务印书馆2004年，第121页。

③ 梅光迪：《论今日吾国学术界之需要》，《学衡》第4期，1922年4月。

④ 柳诒徵：《学者之术》，《学衡》第33期，1924年9月。

基博早在1926年说从学派的角度来评语的，“其实胡适新游学美国归，方以誉时髦后起讲学负盛名，以为‘清儒之所谓汉学者，一名朴学，对于宋儒之理学而言，不外文字训诂校勘考订之学’。而其治学方法，不外两事：曰‘大胆的假设’，曰‘小心的求证’。假设不大胆，不能有新发明。证据不充分，不能使人信仰。此欧儒之所以治科学；而吾国惟治朴学为得其意焉！’（见《胡适文存·清代学者的治学方法》）于是言古学者，益得皮傅科学，托外援以自张壁垒，号曰新汉学，异军突起！而其所为不同于东汉古学者；盖以《周礼》为伪托，目《尚书》非信史，又谓‘六籍’皆儒家托古，胥同今文学说也。惟今文家意在经世，而新汉学主于考古，议论虽同而归趣不一，此新汉学之所以异于今文，而与东汉古学同其归者也！然东汉古学，欲以信古者考古；而新汉学，则以疑古者考古；此又新汉学之所为不同于东汉古学；而要其归，在欲考见‘古之所以为古之典章文物’，则又无乎不同者耳！万流所仰，亦名之曰‘北大派’，横绝一时，莫与京也！”① 在论证“北大派”横绝一时后，亦称“独丹徒柳诒徵，不徇众好，以为古人古书，不可轻疑；又得美国留学生胡先骕、梅光迪、吴宓辈以自辅，刊《学衡杂志》，盛言人文教育，以排难胡适过重知识论之弊。一时反北大派者归望焉；号曰‘学衡派’。世以其人皆东南大学教授，或亦称之曰‘东大派’。”② 在钱基博的眼中，“东大派”即等同于“学衡派”，俨然视柳诒徵为“东大派”的首领。其实，学术风格的形成（尤其是学派），当多是与其他派系的立异纷争中逐步为世人所知，其边界与内涵也逐步明晰起来，20年代北大、东大学术文化之争亦不能外。

张其昀在南高求学期间，深受南高派领袖刘伯明、柳诒徽的影响。

刘伯明（1887—1923）早年参加同盟会，后留学美国并在西北大学获得哲学博士学位。20年代初刘伯明身兼南高史地部主任和校长办公室副主任（实为副校长，主持学校日常工作）。学衡派的主将之一梅光迪回忆说：“余于民九年之夏，以伯明之招来京。其时学校犹称高等师范，旋改称东南

---

① 钱基博：《〈国学文选类纂〉总序》，收入曹毓英选编《钱基博学术论著选》，华中师范大学出版社1997年，第18页。

② 钱基博：《〈国学文选类纂〉总序》，收入曹毓英选编：《钱基博学术论著选》，第18页。

大学，伯明规划之力居多，而其在校之权威日起，以文理科主任而兼校长办公处副主任，校中日常事务，萃于一身，而略关重要者，则须仰承逍遥沪滨某校长之意旨，而不敢自主。故任劳任怨，心力交瘁，有副校长之勤苦，而副校长之名与实，皆未尝居。迨学校局面扩大，思想复杂，而内部之暗争以起。民十一年，《学衡》杂志出世，主其事者，为校中少数倔强不驯之分子，而伯明为之魁，自是对内对外，皆难以应付如意，而其处境益苦矣。”① 梅氏所言点明刘伯明在学校中的地位与影响，称其为学衡派“魁首”。

同样张其昀在30年代回忆说：“南高诸教授以刘伯明先生为重心所在，先生以恕待人，以诚持己，为一理想之教育家。南高改称大学，先生规划之力多，而其在校之权威日起，高风亮节，实为全校师生所宗仰。”② 去台后，张其昀再度回忆称：“他（刘伯明）对于一般同学潜移默化之功最大。”“当时我校名师云集，刘先生以不满四十岁的教授，隐然为全校重心所寄，他创办学衡杂志，展开思想界的论战，鼓吹共和国民之精神。刘先生对我们最大的影响，就是主张哲学与史学互为表里，人类文化史应以思想史为核心。”③ 这种文化民族主义结合在一起的人文主义，对南高学风的形成起了基本的奠基作用。

如果说刘伯明对张其昀的影响多在人文主义方面，那么柳诒徵的影响则主要在史地结合上。张其昀入校不久，1919年10月南京高师史地部即成立了史地研究会，张其昀即成为创始会员，并逐步成长为其中的骨干。1921年，“史地研究会”的机关刊物《史地学报》创刊，柳氏为柳诒徵是南高的元老派之一，先于《学衡》创办的《史地学报》也得其指导而成立，柳与徐则陵、竺可桢同为三位教师指导员。当时这两份杂志的发刊辞——《史地学报》的《序》和《学衡》的《弁言》均出自于柳之手，足以显示其在南高中的地位和影响力。

作为史地研窟会的骨干，张其昀与同学向达、郑鹤声一起负责《史地学报》的编辑，张氏在上面发表大量的文章，引进西方现代史地理论，研

---

① 梅光迪：《九年后的回忆》，《国风半月刊》第9期，1932年11月24日。

② 张其昀：《源远流长之南京国学》，《国风半月刊》第7卷第2号，1935年9月，第50页。

③ 张其昀：《中华五千年史》第一册“自序”，台北：中国文化大学出版部1961年，第2页。

究中国史地问题，有研究者称："分析《史地学报》所刊载张其昀论著的内容，他很可能是史地研究会的理论中心"，"就致力于史学、关心时事，穿梭于古今中古西之间的内个范畴而言，张其昀可以说代表了史地研究地的基本精神，甚至可以说是史地学报的一个缩影。"① 史地研究会的经历，为张其昀日后学术上史地结合的特色形成起了重要的奠基作用。学衡派诸人对北大新文化派学风的批判，得到南高史地系学生的极大响应，他们批评说："近来自号新文化运动者，大都浮浮在信，稀为专精之研究。即其于所常谈之文哲诸学，亦仅及表面，而于专门学科，益无人过问；循是不变，将使名为提倡文化，而适以玷辱文化。"故他们决定组织中国史学会，"促进实学之研究"。②

同时南高文科学生还创办了一份综合性的学术杂志《文哲学报》，张其昀亦是其中重要编辑成员，"本刊以研究文学哲学为旨，国故西学齐重互见，古言今说兼取并论，于哲学不宗一派，惟真是归，于文学不拘一格，惟美是尚，诚以学术本无畛界，而哲学示真理之广溥，文学寓情思之潜通，尤为至公无私之物。"③ 其基本学术理念与《学衡》相通，甚至指外界批评者称其为"《学衡》的孙子"，以致南高学生公开辩驳："譬如晨报上某君，骂《文哲学报》是《学衡》的孙子，无论《文哲学报》和《学衡》的主张未必尽同，就是《文哲学报》内部的主张，也未必彼此无异，发刊词内已经一不进则退声明。请问骂的人可得有骂的理由，或者骂的人自己承认是《新青年》《新潮》等等杂志的孙子，所以步亦步，趋亦趋，发出那一口同声的议论，以为文哲学报，也是这样的，这也勉强算是一个理由了。"④

南高求学时期，正值南高学风的形成时期，北大新文化派与南高派的思想文化论战，对张其昀影响甚大，他不仅深受东南学风的薰染，而且以学生的身份积极投入到学术文化活动之中，表现十分活跃，被誉为南高三杰之一，受学衡派新人文主义的影响，奠定了其一生学术的基本取向。南高求学

① 彭明辉：《历史地理学与现代中国史学》，台北：东大图书公司1995年，第102、104页。

② 陈训慈：《组织中国史学会问题》，《史地学报》第1卷第2号，第2页。

③ 《发刊要旨》，《文哲学报（南京高师文学研究会哲学研究会）》，第1册，1922年3月，第1页。

④ 景昌极：《随便谈谈》，《文哲学报》第2期，1922年7月，第1－2页。

经历也为其一生浓存的南高情结埋下了种子。

二、维系与坚守：30－40年代南高派的主将

1923年张其昀从南高毕业后，就职于商务印书馆，开始编辑出版中学地理教科书等工作，直到1927年重返母校（1927年至1928年东南大学先后更名为第四中山大学、江苏大学和中央大学）。这一期间，中国政局经历了北伐、首都南迁等一系列的翻天覆地的变动，南高——东大也由原地方性大学而一跃而成为首都最高学府——中央大学。1928年5月胡适在出席全国教育会议期间，受邀至中央大学赴宴并作公开的演讲，他将中央大学与北京大学的历史与现实作了一番比较："想中央大学在九年前为南高，当时我在北大服务。南高以稳健保守自持，北大以激烈改革为事，这两种不同之学风，即为彼时南北两派学者之代表。然当时北大同人，仅认南高为我们对手，不但不仇视，且引为敬慕，以为可以助北大同人更努力于革新文化。今者北大同人，死者死、杀者杀、逃者逃，北大久不为北大。而南高经过东大时期，而成为中央大学，经费较昔时北大多三倍有余，人才更为济济。我希望中央大学同人担北大所负之责，激烈地谋文化革新，为全国文化中心。"①与母校地位急剧上长升形成反差的是，南高派并没有因此而声势大张，相反，由于政局变动、派内分歧，原南高派的第一代学人的核心成员渐成星散之势，刘伯明已于1924年英年早逝，《学衡》主编吴宓北上清华，梅光迪重新赴美，柳诒徵转任中央图书馆，加之学衡派内部的分歧，《学衡》杂志也渐演变成为吴宓一人之事业，南高学派在事实难以成"派"了。

与南高—东大—中央大学相映成趣的是，北伐后，北大派因缘际会占据学界要津，成为学界的主流，媒体甚至有这样的观察："迨至国民革命成功，国府奠都金陵，曩时北大师生因缘时会，学优则仕。上自首都教育行政

---

① 《前日正午中大欢宴详记》，《民国日报》（上海版）1928年5月23日。事实上胡适此论明显言不由衷，实际上他的内心还是为北大挽惜，且在当天的日记中表露心迹，"中央大学宴会，他们又逼我作答，我实在没有话说，便说了几句很不客气的话。"（曹伯言整理：《胡适日记全编》第5册，第121页。）可见当时的演讲的真实意思，或许可从反话正说来理解了，其实在他此时依然希望迁都后北大依然成为文化革新的学术中心。

机关，下至大学专门校务，并及各种国立学会图书馆等事业，靡不兼容并包，极一时之盛。①”与北大派“极一时之盛比”，北京大学因首都南迁，政治地位下降，声光大不如前。直到30年代初胡适、蒋梦麟等北大派重返北大，在中基会的资助下，重新集中老北大人，才努力实现北大的中兴。

在这样的背景之下，南高师生自20年代末以来，在柳诒徵的扶持下，柳门弟子张其昀、缪凤林、向达、景昌极、陈训慈等先后在南京组织中国史学会（南京）和中国地理学会，并出版发行《史学杂志》、《地学杂志》等专业刊物，从先前侧重于思想论争转向更为潜入的学术研究之中。不过，随着九一八之后民族主义的高涨和北大派健将罗家伦入主中央大学，南高派重新汇集，再一起高举学派大旗，这一次张其昀充当了主将的角色。

30年代南高学风的生新标举，集中体现在《国风半月刊》的创办上，张其昀是主要的创立者，柳诒徵在发刊辞中对创办背景作了清楚的交待：“张缪诸子倡为国风半月刊，嘱余为发刊辞。余曰：呜呼噫嚱！吾侪今日尚能强颜持吾国之风而鸣于世耶！淞沪之血未干，榆热之云骤变；鸡林马訾，莫可究诘；仰列强之鼻息，茹仇敌之揶揄。此何时，此何世，尚能强颜持吾国之风而鸣于世耶！”② 正是在这民族存亡的危急关头，柳诒徵认为，时局比现在有人所担心的“季宋晚明”的历史重演更为严重，因为那时战伐媾和、蒙尘割地等一切还可以自主，但现在情势完全操之于外敌之手，“有史以来无此奇耻”。现在更为严重的是，“虽以总理遗教，昭示大经，欲复民族之精神，盛倡政治之哲学；而丧心病狂者，依然莫之或革，社会之震憾，风化之污浊，直欲同人道于禽兽，而一以饰以异域之所尝有，遂莫之敢非。”文中“一以饰以异域之所尝有”等语，实际上暗指曾以《尝试集》为名鼓吹西化的胡适等新文化派，柳氏对于新文化派猛烈批评，认为只有从民族历史文化之中，才能寻求救国之道，即“以炎黄胄裔之悠久，拥江河山岳之雄深，宁遂无奋发自强为吾国一雪此耻乎。”因此他明确地提出《国风半月刊》的宗旨来：“本史迹以导政术，基地守以策民众，格物致知，择善

---

① 《整顿学风》，《大公报》1930年12月8日，第2版。

② 柳诒徵：《发刊辞》，《国风半月刊》创刊号，1932年9月1日。

固执；虽不囿于一家一派之成见，要以降人格而长国格为主。”① 到第二年，《国风半月刊》在杂志封面上以更为直接的方式，标明其宗旨为“一、发扬中国固有之文化；二、昌明世界最新之学术。”② 从这一点而言，该杂志与东南大学时期的《学衡》杂志有不少共通之处。

《国风半月刊》除了在学术观念上全面接续《学衡》之外，更以更以倡导“新孔学”而名动一时。经历20年代后期的政治动荡后，“东南学派”在30年代初重新联结，以中央大学为根据地，在北方以清华的吴宓为主要联络点，以《大公报·文学副刊》和《国风半月刊》为主要宣传阵地，对于中国传统文化表示足够的尊重，倡导孔子的人文思想，发起“新孔学运动”。“新孔学运动”一词是中央大学教授郭斌龢率先明确提出。1931年郭斌龢在北平华文学校的英文演讲中，专门指出“孔学非宗教，而是一种人文主义。”认为中国一向以孔学立国，孔学是中国的国魂，“而近三十年来，孔学开腔重创，使国人失去信仰，思想无序，造成外患日重。”他为新时期救国开出药方就是“新孔学运动”。具体而言，“新孔学运动”包含以下四个方面的内容：（一）应发扬光大孔学中有永久与普遍性的部分，如忠恕之道、个人节操的养成等等，而铲除受时空间的影响所产生的偶然部分，如繁文缛节易流为虚伪的礼仪，及后人附会的阴阳家言等等；（二）应保存有道德意志的天之观念。（三）应积极实行知、仁、勇三达德，提倡儒侠合一、文人带兵的风气，如中国历史上诸葛亮、文天祥、王阳明、史可法，及清末之曾国藩、胡林翼等，皆以文人而握兵权。知耻近乎勇、杀身成仁、士可杀不可辱等古训，应尽量宣传，成为全国国民牢不可破的信条。（四）、应使孔学想像化、具体化，使得产生新孔学的戏剧、图画、音乐、雕刻等艺术。③

郭斌龢的《新孔学运动》演讲稿经由《大公报·文学副刊》发表，显然得到该刊主编吴宓的欣赏，且与吴宓的一贯主张相契合。郭斌龢的“新孔学运动”得到中央大学原学衡派的积极回应，中央大学同仁刊物《时代

① 柳诒徵：《发刊辞》，《国风半月刊》创刊号，1932年9月1日。

② 《国风半月刊》第2卷第1号封面，1932年1月1日。

③ 《新孔学运动》，《大公报·文学副刊》第199期，《大公报》1931年11月2日。

公论》与《国风半月刊》，先后组织发表了多篇尊孔文章，对郭文进一步发挥。其中张其昀在《时代公论》第十三号发表《教师节之日期》专文，主张以孔子诞辰日为教师节纪念日，为新孔学运动提出了一个切实的纪念方法。其后又在第十四期再著长文，再述教师节与孔学的关系，提出以孔子为诞辰日为教师节纪念日的四大理由：（一）中国讲学之风始于孔子；（二）中国以教授为职业始于孔子；（三）中国教育宗旨以修身齐家治国平天下为大纲始于孔子；（四）中国文化统一始于孔子。张其昀在文中公开支持郭斌龢的"新孔学运动"，称："吾友郭斌龢君，尝有《新孔学运动》，略谓中国向以孔学立国，孔学为中国国魂。近三十年来，为新派摧残抨击，孔学遂一蹶不振。国人根本信仰已失，思想界产生一种无政府状态。对此种无政府状态，在内政与外交上，完全暴露，长此不改，外侮将源源而来，此正爱国志士所深切忧虑，而亟思挽救者也。又谓孔学非宗教，而为一种人文主义，以人为本，不含神学与超自然之理论；此阶级之优秀者，每愿牺牲孔学牺牲生命与物质上之享受，则孔学实含宗教性；谓之为广义宗教，亦无期不可。又谓中国目前最要者，为一新孔学运动。此种新孔学运动，应为一切改革之原运动。哀莫大于心死，中国国心，已濒死境，新孔学实为使此将死之国心复活之惟良方。"①

"新孔学运动"出现于30年代的中央大学，从学风上讲显然直接延续南高时期的尊孔主张，郭斌龢撰文称："当举世狂呼打倒孔家店，打倒中国旧有文化之日，南高诸人独奋起伸吭与之辩难。曰中国旧文化决不可打倒，孔子为中国文化之中心，决不可打倒。风雨如晦，鸡鸣不已，南高师生足以当之。其后五四运动演变而为共产运动，流毒全国，至今未已。焦头烂额者，奉为上宾，实则一切反共言论，如发扬固有道德建立本位文化排斥浪漫思想等，南高师生于十数年前早已援古证今，发挥尽致。"② 正是由于30年代"新孔学运动"，中央大学继续以保守主义"旧"的形象留在世人心目中。与北大30年代蒋梦麟、胡适、傅斯年等领导的"中兴"相比，后者力

① 张其昀：《教师节与新孔学运动》，《时代公论》第15号，1932年7月8日，第2－7页。

② 郭斌龢：《南京高等师范学校二十周年纪念之意义》，《国风半月刊》第7卷第2号，1935年9月，第2－3页。

求以“新”为主，南北学风又大异其趣。王汎森曾指出，新旧转换的时候，“新”与“旧”的微妙分别渗透到每一种领域中。他认为此时至少还有一批主张维护中国之礼教，对旧文化抱有相当敬意，并悲悯传统文化被“五四”人物铲弃殆尽的留学生。他们形成一个圈子，中央大学是一个根据地，而清华的吴宓是一位灵魂人物。①

不过从实际的人事运作来看，张其昀不仅是《国风半月刊》的核心骨干，而且在北大派健将罗家伦入主中央大学后，成为南高派反抗北大派的主将。

1932年北大出身的罗家伦出掌中央大学校长，作为新文化派主将胡适的弟子、《新潮》社的骨干，出身北大的罗家伦在五四新文化运动期间亲自参与了与南高学人的文化论争②。这种看似平常的任命，在社会上却认为是北大势力扩张的表现，有舆论称：“吾人试再一回溯五四运动之时，北京大学人才何等集中？今则北大旧人，或投身政治，或出掌学府，地盘加扩而人才分散，势力膨胀。”③ 罗家伦上任伊始，就出现了“北大势力统治中大”之类的言论，正如30年代初教育界人士回顾总结说：“国内大学，大都有一种传统观念，故每一大学，有其特殊之系统。近之所谓‘北大派’、‘师大派’、‘东大派’、‘高师派’等等，虽为不幸之名词，但在一部分人心目中，已成一种之事实。观念既深势难得彼此融会之利益。”④ 因而，“国立南高—东大—中大毕业同学总会”（当时简称为毕业同学会）对于罗的北大出身一直心存芥蒂，欲去之而后快。罗上任不久，便发生了南高—东大—中大毕业同学总会对其公开攻击。据方东美回忆，“志希在民国十四年和我一起到东南大学教书，所以中大的情形，他也不是不晓得，他说：‘我是北大毕业的，就是有所主张，在中大一定遭到反对。’”⑤ 反对最为激烈是中大同学会，“使后来的中大产生莫大的困难”，“因为中大学生日增，毕业的学生也

---

① 王汎森：《思想史与生活史有交集吗？——读“傅斯年档案”》，收入《中国近代思想与学术的系谱》，第335页。

② 早在1919年春，胡先骕即发表《中国文学改良论》，对新文化运动提出批评，罗家伦即在《新潮》第1卷第5期上发表《驳胡先骕的“中国文学改良论”》，成为当时文学改良的先锋。

③ 《整理中之高等教育》，《国闻周报》，第11卷33期，1934年8月，第3页。

④ 程其保：《论大学校长》，《时代公论》第7号，1932年5月13日，第10－11页。

⑤ 方东美：《“但有凋谢无死亡”的罗志希先生》，《罗家伦先生文存》第12册，第835页。

越来越多，势力逐渐膨胀。他们反对北大出身的罗志希做中大校长。同学会开会应该在大学内光明正大的开，但是因为反对校长罗志希，所以他们跑到城南的一个会址秘密地开，但是学校办事务的人禁止任何人在那里开会。这样一来，有些同学甚至痛哭流涕，这些毕业生中有教授、讲师、助教，他们为学校之事，却被禁止在同学会私下的会址开会，因此造成更大的阻力。"①在罗家伦上任中大校长一年之际，毕业同学总会再次抛出公开宣言，强烈要求罗家伦辞职。宣言指责罗家伦办理中大以来的六大罪状：1. 不学无术；2. 废弛校务；3. 植党营私；4. 贪污舞弊；5. 卑鄙欺诈；6. 购买日货。所列六项虚虚实实，的确让外人真伪难辨，但其中第 3 项是重点，称"罗氏自知德薄能鲜，深恐不久于位，日夜匍匐权门，藉官缘以维持。而于校中各处院系，尽括私人，排除异己，凡与南高东大中大有历史关系之优良教授，排斥殆尽，勤劳助教，则逐期减薪，迫其自去。阿其所好者，不问庸愚，一律委以要职。"②

尽量在当局支持下，去罗没有成功，但却为后来南高旧人另走他处，埋下了冲突的因子。校内的不少原南高旧人不愿与罗家伦合作，特别是以柳诒徵、缪凤林、张其昀等为骨干的国风社，不仅此际重树南高学风大旗，在学术文化上坚守传统主义，而且在具体的校务上对罗家伦的主张也公开批评与指责。特别到了 1935 年 9 月，是南高成立二十周年纪念日子，北大出身的罗家伦所主政的学校当局"寂寂无所纪念"，鉴于"学校当局毫无表示"，南高旧日师生愤愤不平，并对罗家伦表达强烈不满，"殊不知政治活动本非南高的使命，南高精神能否保持，学术界的前辈，想必能主持公道。"③

鉴于"执事者以为校祧事远，于其成立纪念日，未尝有矜式之仪。"张其昀出面专门组织了"南高成立二十周年纪念会餐"，发起纪念活动，得到张江树、郭斌龢、吴定良、缪凤林、卢于道、孙光远、邹钟林等南高师友的

① 方东美：《"但有凋谢无死亡"的罗志希先生》，《罗家伦先生文存》第 12 册，第 835 页。

② 《国立南高东大中大毕业同学总会为母校罗校长辞职宣言》，《中央日报》1933 年 8 月 21 日。

③ 张其昀：《'南高'之精神》，《国风半月刊》第 7 卷第 2 号，1935 年 9 月，第 16－17 页。

支持，“乃相与假馆会餐以崇笃令典”①，餐会时到了78位南高同仁，请到王伯沆、柳诒徵、秉志、竺可桢四位南高老师，并请他们发表演讲，王伯沆专门讲《人格教育》，重提南高的“孔门修身之道”，称“诸君子能纷纭更变之余，不忘高等师范，为补行二十周年纪念于此，询言及余，笃旧之情，洵足钦佩。余自三十以后，始知服持孔门修身之道，虽投老无成而确信成己成人之基，必在于此。”② 聚餐会后，由“不能忘怀”的老同学，相约补作文字上的纪念，“不无耿耿之意”，会后并出版纪念专刊，刊于《国风半月刊》上，由缪凤林编辑，此即《纪念南高成立二十周年纪念刊》。《纪念刊》的主要内容有二：一、回顾总结“南高”精神与校风；二、借机回应新文化派及社会上对南高“保守”的批评。

在纪念专刊中，一批学者回忆、总结南高这段历史，重提其特殊的精神与学风。胡先骕标举的是南高的“朴学精神”，他提到，当五四运动前后，北方学派以文学革命整理国故相标榜，立言务求恢诡，抨击不厌吹求，而南雍师生用以继往开来融贯中西为职志。“王伯沆先生主讲四书与杜诗，至教室门为之塞，而柳翼谋先生之作中国文化史，亦为世所宗仰。流风所被，成才者极众。在欧西文哲之学，自刘伯明梅迪生吴雨僧汤锡予诸先生主讲以来，欧西文化之真实精神，始为吾国士大夫所辨认。知忠信笃行，不问华夷，不分今古，而宇宙间确有天不变道亦不变之至理存在。而东西圣人，具有同然焉。自学衡杂志出，而学术界之视听以正。人文主义乃得与实验主义分庭而抗礼。五四以后，江河日下之学风，至近年乃大有转变，未始非学衡杂志潜修默默之功也。”显然，在胡先骕的眼中，五四以后学风江河日下，学衡派则有力挽狂澜之功。胡先骕进一步将学风不良归结为“政治不上轨道”，“总观吾国二十年来之经过，政治不循正轨，学术群趋险詖让，及其末流，至酿成空前之剧乱，内则杀人盈野，外则疆土日蹙。至举国上下咸抱幕燕镬鱼危亡无日之感。”而对于30年代的国民党政策似乎比较认同，认为这是南高学风必将为人所识，“幸今日秉国钧者，知欲挽救国难，首在正

① 钱坤新：《南高二十周年纪念餐会记》，《国风半月刊》第8卷第1期，1936年1月1日，第16页。

② 王瀣：《人格教育》，《国风半月刊》第8卷第1期，1936年1月1日，第5页。

人心，求实是。而认浮嚣激烈适足以亡国灭种而有余。于是一方创本位文化，一方努力于建设事业。南雍师生二十年来努力抗狂潮勤求朴学之精神，亦渐为国人所重视。吾知百世之下，论列史事者，于南雍之讲学，必有定评。”①

对于南高学风的形成，南高旧人认为是一群学者努力的结果，“南高成立在五四运动之前四年，当时学风淳朴，士耻奔竞，宣传游行津贴利用诸术尚未发明，同学大半来自寒素之家，布衣布履，生活淡泊。校长教授如江易园刘伯明柳翼谋王泊沆秉农山竺藕舫诸先生，高风亮节，超然物表，同学受其感化，益敦品励学，笃志潜修。”② 其中副校长刘伯明起了重要的作用，《国风半月刊》还为他举办“纪念专刊”。张其昀指出“校风指某一学校特有的风气而言，其各类甚多，且善恶不一，故办学者对于校风之培养，自必十分注意。就善良的校风而言，其间虽亦有种类分歧，但其目标则完全一致，即皆以养成完善之人格为目的。至其所以纷歧之故，不过表示出发点之不同而已。关于校风之养成，其必要之条件有二，一为历史的关系，一为理想之确立。南京高师的校风究竟是怎样呢？据刘伯明先生说：‘吾校同学率皆勤朴无浮华轻薄气习，而其最显著之优点，在专心致力于学，其艰苦卓绝日进不已，至可钦佩，实纨绔子之学生所不能及者也。’”③

正是由于南高当年这种学风，他们发现南高学生投笔从政者少，张其昀总结说：“近十年来，党之势力风靡全国，一般识时务者多请求入党，以为培植势力之计，于是党之精义渐失，难免徒供投机者之利用而致有党八股之讥诮，其流弊殆尤甚于科举。我南高同学就作者所知名隶党籍者绝鲜，知我罪我，不必遽下断语。”④ 并将这种学风的变动归结到政治上，“一般表同情于南高的人，常以南高学生未能在政治上谋地位，致母校常受政治的牵动恐不能保持一贯的精神为南高惜。”⑤ 矛头所向似乎是指罗家伦等北大出身者

① 胡先骕：《朴学之精神》，《国风半月刊》第8卷第1期，1936年1月，第15页。

② 郭斌龢：《南京高等师范学校二十周年纪念之意义》，《国风半月刊》第7卷第2号，1935年9月，第1页。

③ 张其昀：《“南高”之精神》，《国风半月刊》第7卷第2号，1935年9月，第15页。

④ 张其昀：《“南高”之精神》，《国风半月刊》第7卷第2号，1935年9月，第17-18页。

⑤ 张其昀：《“南高”之精神》，《国风半月刊》第7卷第2号，1935年9月，第16-17页。

入主中大。

对于五四以来社会上批评南高“偏于保守”的学风，如同30年代初周谷城评论所说：“从前北大曾新极一时，凡奉行新教育主义的，当然到北大去。与北大对抗的有南高。那大反北大，而且专拜古典主义的，当然到南高为好。”① 此际的南高学人进行了多方面的辩解，张其昀说，“世人多称南高学风偏于保守，这是一种误解，与其称保守，不如称为谨慎较近事实。南高的精神中科学的成份极重，他们不囿于成见，不狃于私意，发言务求正确，不作妄诞之辞，最富于自由的空气与真挚的精神。”② 景昌极也辩称：“虽然师生对于国家前途一样关心，却很少有兼差的教授和有政党意味的会社。北京方面的新文化运动起了，南高方面也未尝故步自封，却自有其不激不随中正不倚的主张，这些在当时确能养成一种风气。同时我觉得有些学校是灰色的，是无学风可言的，是‘悠悠风尘，皆奔竞之士’，更谈不到什么维持旧学风。而南高东大中大在过去确有一种宝贵的学风值得发扬光大。”③

“南高二十周年纪念专刊”的出现，除了在文化上重新主张恢复传统文化之外，此时对于“南高学风”更是极力申明，尤其表现出了一种学风的坚守。纪念专刊的出现，无不彰显出学派意识，其中对南高学风旗帜的标举，既是对于历史上南高历史的怀念，更是对当下学风的不满与忧虑，其中强烈的民族文化关怀，成为30年代南高派的重要特征。

以张其昀为首的南高派与北大出身罗家伦的矛盾，更集中体现在中大的迁校问题上。

1934年以后，罗家伦得到蒋介石的支持，准备将中大迁往南京郊区，以图学校得到更大的发展，但张其昀多次撰文批评说：“目前中央大学有迁校之议，此地有千余年的历史渊源，自刘宋四学、齐梁五馆以迄明代之国子监，先后映辉，实为文化圣地之一，故国乔木，谁能忘情？单就地理而论，把这样天造地设的校址拱手让人，我们真不明了其用意何在？”④ 似乎暗示

① 周谷城：《官场似的教育界》，《社会与教育》第5期。

② 张其昀：《“南高”之精神》，《国风半月刊》第7卷第2号，1935年9月，第18页。

③ 景昌极：《民国以来学校生活的回忆与感想》，《国风半月刊》第7卷第2号，1935年9月，第30－31页。

④ 张其昀：《“南高”之精神》，《国风半月刊》第7卷第2号，1935年9月，第22页。

罗家伦有固意割断中大历史的嫌疑。其后，罗家伦与中央大学文学院郭斌龢、理学院教授张江树商量后，以“我们”的名义在《独立评论》上撰文，更直接对罗家伦的迁校之举，从“大学需要首都”、“首都需要大学‘两个方面。进一步质疑罗家伦的迁校之举，“从前北京大学为了校名‘北京’二字尚且据理力争，现在我们本爱护母校的心理，对于校舍问题发表意见，但愿意得到社会上的同情。”① 张其昀的主张得到陈训慈支持，后者公开撰文，首先回顾中大的历史，“距今二十年前，在南京北极阁下两江师范学校之旧址，因江苏省教育界诸先生之建议，议创设南京高等师范学校，其后蜕化演变，实为今日国立中央大学所肇始。”他提到，“夫当前之盛事，今人所习见，往事之沿变，世俗所易忽。”认定中央大学没有迁校的必要，“今中央大学既有宏大之规模，方亟亟于迁校新建之举，举其千余年之历史上文化地位尤将轻弃之，则此南京高师十年间之事实，或更非当局所措意。”虽然他还提到南雍弦诵之旧事，两江草创之规设，“或于学校迥异，或亦作始太简，其与今制之关系尤不甚密，兹可勿论。”但南京高师必须尊重，“著南京高师则固确然为今日中央大学始基之所自，不惟其图书设备犹多沿用至今，而其精神的遗产保留于今日之中大优良学风者，尤有非言语所能形，资力所可致者，岂可以前事之渐湮而遂忽之乎？”② 可见，此时南高学人所关心的恐怕是南高精神的失落。

正是由于南高派成员与新校长北大派罗家伦的矛盾，在校务上多有冲突，尤其在文史教授等职位上，南高—东大的势力始终与北大一系的教授有矛盾，③ 并最终导致张其昀、郭斌龢等大批南高旧人 1936 年离开中央大学，转赴竺可桢出任校长的浙江大学，成为浙大改革发展的重要人力资源。竺可桢从中央大学带来的骨干成员，多为南高旧人，如文学院院长梅光迪、史地系主任张其昀（后接梅氏为文学院院长）、中文系、外文系主任郭斌龢、教育系主任、教务长郑晓沧、理学院院长胡刚复。由于人数过多，引起了社会上对竺可桢用人唯“东大”是尚的批评，竺可桢在日记中提醒自己以后注

① 张其昀：《中央大学迁校问题》，《独立评论。第 172 号，1935 年 10 月。

② 陈训慈：《南高小史》，《国风半月刊》第 7 卷第 2 号，1935 年 9 月，第 54 页。

③ 参见刘敬坤：《烽火连大别金陵，巴山蜀水弦歌声——八年抗战中的国立中央大学》，《高等教育研究与探索》2002 年第 1 期。该期为南京大学校庆纪念专号。

意少引东大旧人，以避免社会对其非议。① 张其昀在浙江大学创办史地系和中国史地研究，接续原南高时期史地结合的学术理念和人才培养模式。

1941 年，张其昀更在浙江大学西迁后的大西南创办《思想与时代》杂志，其创办有着明显的官方背景，竺可桢在 1941 年 6 月 14 日的日记中记载："晓峰来谈〈思想与时代〉社之组织。此社乃蒋总裁所授意，其目的在于根据三民主义以讨论相关之学术与思想。基本社员六人，即钱宾四(穆)、朱光潜、张荫麟、郭恰周、张晓峰六人。"② 虽然没有发刊词，并不等于没有宗旨，这可从其每期中刊登的"欢迎下列各类文字"中也透露出基本倾向，胡适在美国看到后认为其中前两项即是他们的宗旨，1. 建国时期主义与国策之理论研究；2. 我国固有文化与理想根本精神之探讨。③ 特别是 1947 年复刊后，作为主编张其昀明确地其宗旨为："科学时代的人文主义"，他解释说："科学的文化是现代教育的重要问题，也是本刊的努力方向。具体说，就是融贯新旧，沟通文质，为通才教育作先路之导，为现代民治厚植其基础。"④ 除了科学外，更主要落脚点在人文主义的宣扬上。张其昀在《思想与时代》中不断倡导人本主义，他提出现代三大学说（物理学上的量子论及相对和生物学上的突变论）对于现代思潮有着广泛的影响力后，他着重阐发现代科学的另一重要特性——统一性，认为现代科学与现代哲学均有人本主义的倾向，欲以人类心力克服环境，创造命运，而不致为物质与经济条件所束缚，必须引入人本主义。张氏四十年代的"科学与人文"结合的思想同，显体现了对《学衡》、《国风半月刊》的直接继承。

三、接续与弘扬：台湾时期南高学派的主帅

国民党败走台湾后，张其昀也随之前往，先出任"总统府秘书长"，1954 年又出任台湾"教育部长"，主政教育，引起了外界人士广泛评论。胡

① 1936 年 5 月 26 日，竺可桢在日记中记下："余以引用至浙大之东大色彩太重，……故在可能范围内不欲再加东大之人。"《竺可桢日记》第一册，人民出版社 1984 年，第 39 页。

② 竺查桢：〈竺可桢日记〉第 1 册，第 515 页。

③ 胡适 1943 年 10 月 12 日日记，《胡适全集》第 33 卷，安徽教育出版社 2003 年，第 524 页。

④ 张其昀：《复刊词》《思想与时代》第 41 期，1947 年 1 月。

适在美国对南高的老校长郭秉文戏言："南高征服了北大"，郭秉文严正地回应："学术为公，再不可有门户之见。"① 胡、郭二氏一谐一庄，重提南高北大这一学术公案，不能说完全与人事变动无关。旅居香港的文化评论人曹聚会仁则在回顾南高派与北大派的历史，进行了一番综论："民国以来的北洋政府，除了军阀、财阀以外，更有所谓的"学阀"的，在北方以北京大学为主。一位北大学生的回忆录中，就有这么几句豪语：'北大罢了，不罢也罢；北大不罢，罢也不罢。'（当时谣云：'罢不罢，看北大。北大不罢，要罢不能罢；北大要罢，不罢也要罢。'编者注）总而言之，一切得听北大系的话。南方呢，本来是江苏省教育会、职业教育社的天下，在南京则有东南大学，张季直、黄任之、郭秉文诸氏，都是'话事'的人。国民政府在南京建都，北大系如日中天，罗家伦做了中央大学的校长，东南系便烟消云散，任之先生也穷蹙无所归，郭秉文氏弃教而从商，其他不必说了。直到蒋氏天下穷居小岛，张其昀任'总统府秘书长'，又转任'教育部长'，这才是东南系稍抬头之时。北大系不甘示弱，其间斗争之迹，稍知世务的，一定看得很明白的。"② 曹氏以局外人的身份，从张其昀出任台教育部长来观察南高派与北大派势力的消长，与北大派胡适报论如出一辙，集中反映出近代学派问题多与人事的纠缠在一起的复杂历史。

不过，要考察张其昀出任"教育部长"一职，对于南高派的影响，我们还仔细考察其所言所行。事实上，张其昀主政台教育后，在不同的场合，以其特殊的身份，撰文、演讲，纪念与弘扬南高的精神，而且在行动上恢复中央大学、创办中国文化学院，重树南高大旗，倒也侧面映证了胡适、曹聚仁的评论与事实不远。

张其昀在台湾多次南高中大的纪念演讲和撰文，重申南高的历史悠久和学脉相传，特别指出与北大对峙的历史，在中大六十周年纪念演讲中，他称："历史上几度成为国立大学的所在地，薪火相传，学统绵延，达一千七百年之久。这种光荣的历史，古今中外各国的大学，实未见其比。""南高、

① 张其昀：《敬悼胡适之先生》，中国文化大学华冈学会编：《张其昀博士的生活与思想》，台北中国文化大学出版社部 1882 年，第 324 - 325 页。

② 曹聚仁：《学苑思故》，《天一阁人物谭》，第 280 - 281 页。

北大，南北齐名。世人以为这是中国文化正宗与激烈派的对峙，固有其理由。事实的真相，则是北大为文学革命的起源地，南高为科学研究的大本营。”① 对于南北学派的学风也进行了归纳：“世人或以为民国以来学风有南北两派，北以燕都为中心，南以金陵为大宗，北派趋于细针密缕，南派趋于崇楼杰阁。”②

在整个回忆中，张其昀将重点放在南高—东大—中央大学对于现代儒学复兴的重要意义，他宣称：“国立中央大学可以说是中国现代儒学复兴的一个策源地。在五四运动以后，对中国历史文化持怀疑与抨击态度者，滔滔皆是。当时南京的我校，则屹立而不动摇，所谓‘钟山龙蟠，石头虎踞’，真为中流砥柱的气概。我校所倡导的新学术，虽深受西洋思想的影响，而不为所转移，而益充实光辉。这种儒学复兴运动，经过四十年的时间，由发轫而渐趋成熟，以期成为吾国学术的正宗，中国真正的文艺复兴。”③

张其昀在六十年代忆恩师刘伯明时，重提南高与北大二十年代的历史，“他（指刘伯明——引者注）对五四以后的新文化运动，持批评的态度。新文化运动很多治史学的人，但他们指史学狭窄化，甚至只成为一种史料学，他们往往菲薄民族主义，以民族主义为保守，是错误的。历贤前史，惟有民族主义才是国家民族继继绳绳发荣滋长的根本原因。当时南京高师，就学风而言，的确有中流砥柱的气概。”④ 有意思的是，北大派领袖胡适看到张其昀这一回顾时，还专门去信，谈及不能认同张氏这一评价。⑤ 显然，南高派与北大派之间的分歧与心结，在台湾时代还没有完全解开。

在实践南高学风方面，张其昀最重要的行动就是1962年创立了中国文化学院。中国文化学院其重要的源头就是“南高”，张其昀在《华冈学园的萌芽》一文中，首先将中国文化学院的“萌芽”其归结于“南高”，他写道：“南京高师，虽然只是国立高等师范之一，可是它的地位很高。民国十

① 张其昀：《中大六十年纪念》，《张其昀先生文集》第十七册，“文教类二”，第8710页。

② 张其昀：《国立中央大学的学风》，《张其昀博士的生活与思想》，第441页。

③ 张其昀：《国立中央大学的学风》，《张其昀博士的生活与思想》，第440页。

④ 张其昀：《中华五千年史·自序（一）》，《张其昀先生文集》第20册，第10837－10838页。

⑤ 张其昀：《敬悼胡适之先生》，《张其昀博士的生活与思想》，第327页。

年左右，南高与北大并称，有南北对峙的形势。北大是新文化运动的策源地，而南高是人文主义的大本营，提倡正宗的文化。Classics 一字，一般译为经典，南高大师们称之为正宗。从孔子、孟子、朱子、阳明，一直到三民主义，都 是中国的正宗。本人在南高求学期间，正当新文化运动风靡一世，而南高师生，主张融贯新旧，综罗百代，承东西之道统，集中外之精神，俨然有砥柱中流的气概。面高北大成为民国初期大学教育的两大支柱，实非偶然。"①

中国文化学院的前身仍中国文化研究所，创办之初，他在答记者问时，谈及办学理想，称："华冈讲学，承中原之道德，阳明风光，接革命之心传。博学、审问、慎思、明辨；必有真知，方能力行。己所不欲，勿施于人，有所不得，反求诸已。为天地立心，为生民请命，为往圣继绝学，为万世开太平。振衣千仞冈，濯足万里流。"② 中国文化学院的办学理念更是继承南高的精神，张其昀对于华冈兴学，他在多种场合有大致相同的表述，他称华冈的理想为四个"综合"：（一）东方西方的综合；（二）人文与科学的综合；（三）艺术与思想的综合；（四）理论与实用的综合。③

张其昀后来在台湾华冈创办中国文化学院（中国文化大学的前身）时，回忆北大与南高竞争的这段历史，作过这样的比较："民国十年左右，南高与北大并称，有南北对峙的形势。北大是新文化运动的策源地，而南高则是人文主义的大本营，提倡正宗的文化。Classics 一字，一般译为经典，南高大师们称之为正宗。……本人在南高求学期间，正当新文化运动风靡一世，而南高师生，主张融贯新旧，综罗百代，承东西之道统，集中外之精神，俨然有砥柱中流的气概。南高北大成为民国初期大学教育的两大支柱，实非偶然。"④

中国文化学院的创立，其中的立足点，就是恢复传统的敬意，其中尊孔是其要点。张其昀接续 20 年代初学衡派的尊孔主张和 30 年代的新孔学运

① 张其昀：《华冈学园的萌芽》（1972 年 5 月 3 日），《张其昀先生文集》第 17 册，"文教类二"，第 9038 页。

② 张其昀：《答记者问》，《张其昀先生文集》第 17 册，"文教类二"，第 8883 页。

③ 张其昀：《华冈兴学的理想》，《张其昀先生文集》第 17 册，"文教类二"，第 9049 页。

④ 张其昀：《华冈学园的萌芽》，《张其昀先生文集》第 9 册，第 9038－9079 页。

动，继续重申孔学大义，特别将孔子思想与人文主义联系起来，“孔子是中国人文主义的创立者。他是中国历史上最伟大的教师，他的诞辰已成我国的教师节。孔子学说与人文主义可视为同义语。孔子往矣，精神长存。孔子认为精神力较物质力为强固，故统治世界实为思想。孔子学说经无数者之阐述，而益发扬光大，称为近代孔学或新孔学。吾人深信中国人文主义精神，为人类共同的精神遗产，这是一种最伟大的道德与精神永无穷尽的潜势力。”① 对于社会上批评尊孔与复古的保守倾向，他力辩孔子学说与现代文化的紧密联系，对于中国文化复兴更是不可动摇，“孔子学说为中国思想之主流，中国文化之大动脉。自孟子曾子以降，二千年来，薪火相传，皆以继承孔子之业为职志。历代儒者，抱负宏伟，态度积极，思博虑远，崇论宏议，务期见诸实践，造福人类，帮能使孔子学说益为发扬光大，从精神上、教育上创造中国长期统一之光荣史迹。”② 正是基于这样的认知，他在办理台湾教育时特别强调孔子思想在现在大学中的地位，认为孔子思想是文化复兴的基础，他在《大学教育与文化复兴》一文中强调：“孔子之学说对中华民族影响至大，孔子不朽的教泽，便是他集大成的方法与精神。”③ 所以其后在论及华冈精神时，他明确宣布：“华冈精神，即为大学精神。大学精神是什么呢？那是本校第一座建筑物所标榜的大成二字，也就是融贯古今，会通新旧，承东西之道统，集中外之精华，远溯孔子所倡导的集大成精神。”④

对于张其昀华冈办学，同样引起了曹聚仁观察和评论：“过去三十年的‘世变’，真是伟大，其波澜之壮阔，比法国大革命、苏联大革命还要奇丽些，从文化的波澜，好似今日的中国大陆，乃是‘北大’系的天下，而台湾则是‘东南’系的世界，因此，学衡派的思想正在左右草山的风雨。”⑤ 曹氏评论大约也可视为对张其昀在台时期作为南高派主帅地位的一种认定吧。

---

① 张其昀：《孔学大义》，《张其昀先生文集》第 21 册，“序跋函札类二”，第 11297 页。

② 张其昀：《〈孔子学说与现代文化〉前言》，《张其昀先生文集》第 20 册，“序跋函札类”第 10771 – 10772 页。

③ 张其昀：《大学教育与文化复兴》，《张其昀先生文集》第 17 册，“文教类二”，第 8994 页。

④ 张其昀：《大学精神》，《张其昀先生文集》第 17 册，“文教类二”，第 9003 页。

⑤ 曹聚仁：《学苑思故》，《天一阁人物谭》，生活·读书·新知三联书店 2007 年，第 216 页。

四、结　　语

以上粗略地回顾了张其昀一生学术文化活动的主要历程，可以发现张氏学术人生明显具有三个阶段性特征。20 年代早期，为张氏在南高求学时期，正值南高与北大大学术文化论争激烈之际，也是南高学派的形成时期。作为学生一辈，他深受学衡派诸师（尤其是刘伯明和柳诒徵二位）的新人文主义的影响，参与《学衡》社的活动。在学术实践上，他是《史地学报》和《文哲学报》的核心骨干，撰述甚勤，成长为南高派新生代的先锋人物。随着北伐、首都迁移等政治格局的变动，南高派也经历了学人流动和代际转换。张其昀北伐后重回母校，协助恩师柳诒徵先后创办中国史学会、中国地学会等专业组织，发行《史学杂志》和《地学杂志》等刊物，实践南高派史地结合的人文主义理念。此际中国学术界权势转移一个突出的现象，就是首都南迁，南北大学地位的升降，南高—东南大学由原来的地方性大学一跃而成为首都最高学府——中央大学，与此形成悖论的是，此时学术界的话语权多由北大派在掌控。特别是 30 年代初北大派蒋梦麟、胡适重返北大，努力实现北大的中兴，继续弘扬成为新文化运动的学术理念，加之北大新文化的健将罗家伦在 30 年代初入主中央大学，南高派的学人重拾南高大旗，张其昀更是在其中扮演了主将的角色，他提议创办《国风半月刊》，组织南高成立二十周年纪念会，倡导新孔学运动，更与罗家伦办学不合作，公开进行激烈的批评。1936 年张其昀转移阵地，笼络一批南高旧人，移师浙江大学，创办浙大史地系。在 40 年代初，大西南大后方创办《思想与时代》，重树人文主义大旗，成为大后方南高派的重要据点。1949 年国民党败走台湾后，张其昀于 50 年代中期接任台“教育部长”职位，成为社会观察与评论南高派与北大派在台势力消长的风向标。在台时期，张其昀不仅在不同的场合下借纪念南高故师、中大纪念之际，回顾南高与北大早期的竞争历史，借机重申南高学派的宗旨；而且他还努力在台恢复中央大学复校之外，独立创办中国文化学院，办学宗旨、理念与人才培养上，直接接续南高学风，张氏也因此成为台湾时期南高派的主帅。

如本文开题所引论，桑兵教授等现代学者研究近代学术上的地缘与派分问题时，特别注意到学派问题多是后指和他认的结果。近代学术史上的北大派与南高派的历史也充分地说明了这一点。从南高派的建构过程来看，也是不断他指下的结果，如钱基博、胡适、周谷城、分别在 20 年代、30 年代、50 年代的观察与指认，这一点也得到今人的确认。不过，综观张其昀的一生与南高派渊源，对南高派历史稍有补充的是，南高学派也是自我不断强化、确认的过程，也是一种学派自觉的产物。更为复杂的是，南高学派阵地的转移与学风的延续，也表明近代学术的地缘与派分，不仅是一种学术理念之争，而且也掺杂了复杂人事的纠葛，心结已下，积怨难消，这种学术与人事的交织，显示近代学派问题的复杂性，也正是近代学术的门户之争迟迟不得完全解决的深层原因。

学术研究之正途，当应超越门户，兼收并蓄，不过前提仍然要深入门户，洞其堂奥，方能厘清前后左右之关系，明了学术之大势。研究张其昀与南高派的建构史，从解构的角度，或许为我们今日研究近代学术史上的派分与地缘，提供了一些可供借鉴路径。需说明的是，研究近代学派，还须深入其中的学术活动之中，除渊源、宗师、师承之外，特别注意厘清学术的内在理路。就张其昀与南高派本题而论，诸如科学与人文、史与地、通与专等问题，当为题中应有之义，本文多未深入，应侍另文详论。

钱穆对新史学派“以新奇资料相炫”的考据方法的批评

李宝红（华中师范大学中国近代史研究所）

钱穆以《刘向歆父子年谱》一文震动学坛，以无可辩驳的考据，否定了刘歆伪造诸经的说法。该文获得胡适、顾颉刚、傅斯年当时学界“三大老板”① 的高度欣赏，并因此进入北大史学系任教。然而，钱穆与胡适新史学派诸人，在治学思想、治学方法上是同不胜异的，不仅仅在考据与义理之辨存在重大分歧，而且，在考据方法上，也存在明显差异。钱穆对民国时期以胡适为代表的新史学派考据方法的批评，首先关乎考据的基本要素——资料的选择与运用。以新奇资料相炫，是钱穆对他们的主要批评。

一

王国维总结有清一代之学，以“大”、“精”、“新”三字概况之：“国初之学大，乾嘉之学精，道咸以降之学新。”② 清代咸丰、同治以后至民国年间，史学之“新”表现为两个方面，一是学术观念的革新，一是新材料的发现，从而在诸多方面开创了学术研究的新领域。王国维明确指出：“古来新学问起，大都由于新发见。”③ 胡适于 20 世纪 20 年代发起整理国故运

① 顾潮：《历劫终教志不灰——我的父亲顾颉刚》，华东师范大学出版社 1997 年版，第 179 页。

② 王国维：《沈乙庵先生七十寿序》，《观堂集林》卷二十三，《王国维遗书》，上海古籍书店 1983 年据商务印书馆 1940 年版影印，第 1205 页。

③ 王国维：《最近二三十年中中国新发见之学问》，《静安文集续编》，《王国维遗书》，上海古籍书店 1983 年据商务印书馆 1940 年版影印，第 1963 页。

动，主张“用历史的眼光来扩大国学研究的范围”。我们现在要扩充国学的领域，中国一切过去的文化、历史，都是我们的“国故”，要打破一切的门户成见，拿历史的眼光来整统一切。① 近代以来，历史研究所使用的材料极大地丰富起来。原因之一是材料上的新发现，诸如甲骨文、汉晋简牍、敦煌卷子、内阁大库档案等等，原因之二在于观念的更新使材料的范围无限拓展，诸如“六经皆史料”、歌谣研究、风俗调查等。胡适、傅斯年等新史学派极为重视发掘新材料，注意文献资料的殷勤搜求与不同版本的比较研究，将材料视为学术研究的前提甚至学术研究的全部。

1952 年 12 月，胡适在台湾大学的一次演讲中，提到一件趣事。1928 年几乎同时，他与傅斯年一北一南，各自发表了一篇重要文章《治学的方法与材料》、《中央研究院历史语言研究所工作旨趣书》，其基本精神是相通的，可谓不谋而合，即“都是特别提倡扩大研究的材料的范围，寻求书本以外的新材料的”②。胡适的文章《治学的方法与材料》大意是：材料可以帮助方法；材料不够，可以限制做学问的方法；材料的不同，又可以使做学问的结果与成绩不同。他说：“科学的方法，说来其实很简单，只不过‘尊重事实，尊重证据’。在应用上，科学的方法只不过‘大胆的假设，小心的求证。’”③

傅斯年“旨趣书”一文，在学术界具有更为广泛、更为久远的影响力。“近代的历史学只是史料学，利用自然科学供给我们的一切工具，整理一切可逢着的史料”；“我们宗旨第一条是保持亭林、百诗的遗训”，“宗旨第二条是扩张研究的材料”，“第三条是扩张研究的工具”；“一分材料出一分货，十分材料出十分货，没有材料便不出货”；“我们最要注意的是求新材料”；“我们不是读书的人，我们只是上穷碧落下黄泉，动手动脚找东西!”④ 等

---

① 胡适《〈国学季刊〉发刊宣言》，季羡林主编：《胡适全集》第 2 卷，安徽教育出版社 2003 年版，第 7 页。

② 胡适：《治学方法》，季羡林主编：《胡适全集》第 20 卷，安徽教育出版社 2003 年版，第 675 页。

③ 胡适：《治学的方法与材料》，季羡林主编：《胡适全集》第 3 卷，安徽教育出版社 2003 年版，第 132 页。

④ 傅斯年：《中央研究院历史语言研究所工作旨趣》，欧阳哲生主编：《傅斯年全集》第 3 卷，湖南教育出版社 2003 年版，第 3－12 页。

等，这些标语口号式的语言，直至今日，仍然被人们一再提及，以之为研究民国学人治学思想的重要文献。

胡适、傅斯年、顾颉刚这三位民国新学术的代表人物，在他们的学术研究与活动中，倡导新材料，广泛搜集材料以资考证，是其基本特点。

胡适倾力所做的考证工作，主要集中在三个领域：古典小说、禅宗史、《水经注》。他的古典小说研究，基本上是考证小说的作者及其生平、不同版本的比较、故事的流传与演变等问题。1920 年，胡适发表《水浒传考证》，考察了《水浒传》故事流传、演变及成书的历史过程，即从宋代民间的“宋江故事”，到宋元之际龚开的“宋江三十六人像赞”、《宣和遗事》，发展到文学巨著《水浒传》。他对其他小说如《三国志演义》、《西游记》、《三侠五义》等也都作了详细考证，总结出古典小说“滚雪球”式的历史演进的基本范式。胡适后来曾说：

> 民国九年（1920 年）七月，我开始写《水浒传考证》的时候，参考的材料只有金圣叹的七十一回本《水浒传》、《征四寇》及《水浒后传》等，至于《水浒传》的一百回本、一百一十回本、一百一十五回本、一百廿回本、一百廿四回本，还都没有看到。等我的《水浒传考证》问世的时候，日本才发现《水浒》的一百一十五回本及一百回本、一百一十回本及一百廿回本。同时我自己也找到了一百一十五回本及一百廿四回本。做考据工作，没有书是很可怜的。①

在胡适的影响之下，“开了搜求《水浒传》版本的风气”，《水浒传》陆续发现了许多古本。1929 年，在为一百二十回本《忠义水浒传》作序时，他说：“十年之中，居然有许多古本出现，这是最可喜的事。”胡适期待着有一天真郭本出现，“我们对于《水浒传》的历史的种种假设的结论，就可以得着更有力的证实了”。②

对《红楼梦》的考证是胡适小说考证的巅峰之作。从 1921 年发表《红楼梦考证》开始直至晚年，胡适始终关注《红楼梦》研究工作。胡适认为，

---

① 胡适：《找书的快乐》，季羡林主编：《胡适全集》第 20 卷，安徽教育出版社 2003 年版，第 755 页。

② 胡适：《百二十回本〈忠义水浒传〉序》，季羡林主编：《胡适全集》第 3 卷，安徽教育出版社 2003 年版，第 433、468 页。

研究《红楼梦》必须解决两个问题：作者与版本。他首先考证作者曹雪芹及其家族的基本情况。经河南一位张先生指点，他找到了杨钟羲的《雪桥诗话》及《八旗文经》，以及有关爱新觉罗宗室敦诚、敦敏的记载，知道曹雪芹名霑，号雪芹，是曹寅的孙子；接着，他又找到了《八旗人诗钞》、《熙朝雅颂集》，找到敦诚、敦敏兄弟赠送曹雪芹的诗，又找到敦诚的《四松堂集》，是一本清钞未删底本，其中有挽曹雪芹的诗，内有"四十年华付杳冥"句，落款为甲申（即乾隆甲申廿九年，公元1764年）。从这里可以知道曹雪芹去世的年代，他的年龄为四十岁左右。1927年，胡适以重金购得一部乾隆甲戌《脂砚斋重评石头记》，是现今发现的《红楼梦》最早写本，对《红楼梦》研究具有重要价值。1948年12月，胡适飞离北平，"只带出了先父遗稿的清抄本和这个甲戌本《红楼梦》"①。里面有"壬午除夕，书未成，芹为泪尽而逝。甲午八月泪笔"的句子，指出曹雪芹逝于乾隆廿七年冬，即1763年2月12日。胡适在版本研究方面，指出了程甲本和程乙本的区别，并认为市面上流行诸本，除戚本外，都是以程甲本作底本的。通过多种版本的比较，得出曹书未尽而逝，后四十回系高鹗续写的结论。胡适曾经苦口婆心地劝诫作家苏雪林"听听老师的好心话吧"，不要轻易写谈《红楼梦》的文字，因为她"没有耐心比较各种本子，就不适宜于做这种文字"。他在信中写道：

> 你连戚本都没有校过，又不曾比勘俞平伯的汇校本，千万不可用庚辰本的"别字，错字，及不通文句"来说，"当亦出于曹雪芹手笔"！你没有做过比勘本子的工夫，哪有资格说这样武断的话！难道别本上的不"别"字，不"错"字，"通"的文句就不"出于曹雪芹手笔"了吗？②

① 胡适：《影印乾隆甲戌〈脂砚斋重评石头记〉的缘起》，季羡林主编：《胡适全集》第12卷，安徽教育出版社2003年版，第493－494页。

② 胡适：《复苏雪林》，1961年10月4日，耿云志、欧阳哲生编：《胡适书信集》下册，北京大学出版社1996年版，第1692、1693页。

胡适对《醒世姻缘传》的考证，更是典型地反映了他的治学思想与方法。① 亚东图书馆标点重印《醒世姻缘传》以供出版，请胡适作序介绍，首先就遭遇了“作者是谁”的问题。胡适决定搁笔，考证出作者才能写作这篇序言。根据《醒世姻缘传》的具体情节、结构，他做出大胆假设，该著与《聊斋志异》中江城的故事极为相似，作者可能是蒲松龄或蒲松龄的朋友。随后他“小心地求证”了六七年。这一考证，具体地反映了胡适在多方协助之下，广为搜集证据的过程。

胡适在研究禅宗史时，发现诸多疑点。1930 年，他为《神会和尚遗集》作序时说：

> 民国十三年，我试作《中国禅学史》稿，写到了慧能，我已很怀疑了；写到了神会，我不能不搁笔了。我在《宋高僧传》里发现了神会和北宗奋斗的记载，又在宗密的书里发现了贞元十二年敕立神会为第七祖的记载，便决心要搜求关于神会的史料。但中国和日本所保存的禅宗材料都不够满足我的希望。我当时因此得一个感想：今日所存的禅宗材料，至少有百分之八九十是北宋和尚道原、赞宁、契嵩以后的材料，往往经过了种种妄改和伪造的手续，故不可深信。我们若要作一部禅宗的信史，必须先搜求唐朝的原料，必不可轻信五代之后改造过的材料。②

胡适遍寻史料，把中国保存的资料和日本出版的《大藏经》、《续藏经》搜查之后，终于找出了有关神会的史料，但十分有限。当时胡适认定新材料就是向敦煌所出的写本里去搜求。1926 年，他利用赴欧出席中英庚款全体委员会议之机，查阅伦敦大英国博物馆、巴黎国立图书馆所藏的敦煌卷子，发现了三种神会的语录，还有神会的《显宗记》以及一些极重要的禅宗史

---

① 罗尔纲说，《醒世姻缘传考证》“最足以代表适之师的考证方法”。“如果我的工作还有一点学术上的意义，如果我还说得上是适之师的一个门弟子，那么，我做学问的态度和方法，便是在这一年里亲承师教读了《蒲松龄的生年考》和《醒世姻缘传考证》两篇考证得来的。”（罗尔纲：《师门五年记·胡适琐记》（增补本），三联书店 1998 年版，第 16 页）胡适自己也认为，这次考证“可以做思想方法的一个实例”。（《〈醒世姻缘传〉考证》，季羡林主编：《胡适全集》第 4 卷，安徽教育出版社 2003 年版，第 353 页）

② 胡适：《〈神会和尚遗集〉序》，季羡林主编：《胡适全集》第 4 卷，安徽教育出版社 2003 年版，第 313 页。

料。回国时，路过东京，又得知矢吹庆辉从伦敦影得敦煌本《坛经》，这也是禅宗史的重要材料。胡适依据这些资料，对神会的生平和禅法作了考察，肯定了他在禅宗史上的重要地位，并认为他是《坛经》的作者。

胡适认为，禅宗史在唐宋以后有大量改纂，必须发掘唐以前的写本，其来源有二：一是敦煌卷子，一是唐朝时日本僧人和留学生带往日本的古写本。为此，他还多次鼓励、敦促日本学界展开这一方面的调查和研究。1959年5月30日在致日本学者入矢义高的信中，明确地"提出一个问题，表示一个希望，希望贵国的佛教史家能在日本各大寺的经藏里'大索'一番"。如果能够寻找到晚唐时期请来日本的《六祖坛经》、神会的《南宗定是非论》、《问答杂征义》（语录）、《禅要》诸写本，可以同敦煌出土的《坛经》、《南宗定是非论》、《问答杂征义》、《顿悟无生般若颂》各种写本相比勘，"这岂不是世间第一大快事！"① 11月16日，胡适又在复入矢义高的信里说，唐代传入到日本的资料的储藏中心必是在奈良、京都一带，这一带古寺的经藏是不公开的。"正是因为这些古寺的经藏是不公开的，我深信一千多年前入唐求法的几位大师的许多中国佛教史料很可能还保存在贵国，很可能将来出来的史料还超过我们现在的梦想！千万请公努力！"②

胡适重勘《水经注》一案，要为戴震校注《水经注》抄袭赵一清、全祖望一事洗冤辩白。他用了20年的时间来审理这桩案子，写了上百万字的考证文章。1952年12月他在台湾大学文学院演讲时说：

> 讲到《水经注》，是一个校勘学。校勘学有一个原则，就是用古本来校，要想法子找古本，最好是原本。如果找不到原本，要找最古的抄本刻本。

为了弄清真相，胡适积极搜求各种《水经注》版本和有关资料。他说：

> 我为了这个问题，在外国把所有的材料都翻了，但找到的材料很少，三十五年回国，想在国内大登广告找材料，所以船到中国，还没有进口，新闻记者乘海关汽艇到了船上问我："胡先生有什么话说。"我

① 胡适：《致入矢义高》，1959年5月30日，耿云志、欧阳哲生编：《胡适书信集》下册，北京大学出版社1996年版，第1404页。

② 胡适：《复入矢义高》，1959年11月16日，耿云志、欧阳哲生编：《胡适书信集》下册，北京大学出版社1996年版，第1442－1443页。

就告诉他，“这几年干《水经注》这个案子。”我说这个话的目的，是请他们代我登广告。不错，第二天各报都把我的话登出来了，大家便知道胡适之弄《水经注》，所以一到上海，一个朋友把他看到的《水经注》告诉我，那个朋友也把他收藏的《水经注》给我看，问我：“你看到这个本子没有？”很短的时间，全上海所藏的《水经注》，我都看到了。到北平，也是这样。于是各地的《水经注》都跑到我这里来了。①

胡适搜集的《水经注》版本之多，可谓前无古人。1947 年 3 月 27 日日记记载：“凡《水经注》的刻本，除宋元刻本外，我全收得了。”② 1948 年 12 月，他在北京大学举行过“《水经注》版本展览”，共展出各种版本《水经注》9 大类，41 种。

傅斯年自 192 年担任中央研究院历史语言研究所所长一职，直至 1950 年逝世，其治学思想、治学方法对 20 世纪 30－40 年代中国文史学界的影响不在胡适之下。不过，傅斯年更多的是以一位学术组织者、学术活动家的身份出现。在他的有力组织之下，殷墟考古发掘得以顺利展开，为中国古史研究提供了实物资料；金石学与文献资料相结合，为古史研究开拓了新方向；明清档案资料的保护、整理，也取得了很大成绩。1949 年后，史语所迁台，傅斯年任职台湾大学校长，大量召集大陆地区原北大等高校著名学者到台大任教，将大陆时期重视史料、强调实证的学风移植到台湾地区，“傅斯年所倡导的史料学派很快在台湾历史学的研究教学上，占有了绝对优秀与支配性的地位”，“史料学派在台湾一枝独秀的垄断局面”③。直至 60 年代中期以后，这种局面才渐渐发生变化。

顾颉刚除以新观念治古史，形成“古史是层累地造成的”的古史辨派之外，他还将历史研究从上层转移到民间，从文献资料转移到歌谣、风俗调查，成为中国民俗学的开创者。1927 年，他为中山大学赴杭州购书，计划

① 胡适：《〈水经注〉考》，欧阳哲生主编：《胡适文集》第 12 册，北京大学出版社 1998 年版，第 168、170－171 页。

② 曹伯言整理：《胡适日记全编》第 7 卷，安徽教育出版社 2001 年版，第 651 页。

③ 李恩涵：《1949 年后傅斯年与其史料学派对台湾史学教研的影响》，布占祥、马亮宽主编：《傅斯年与中国文化：“傅斯年与中国文化”国际学术研讨会论文集》，天津古籍出版社 2006 年版，第 106、109 页。

购买图书资料有16类：经史子集及丛书、档案、地方志、家族志、社会事件之记载、个人生活之记载、账簿、中国汉族以外各民族之文籍、基督教会出版之书籍及译本书、宗教及迷信书、民众文学书、旧艺术书、教育书、古存简籍、著述稿本、实物之图像。诚如他的女儿所评论的：他“是为学界开新风气的”。赴杭之前，顾颉刚曾作《国立广州中山大学购求中国图书计划书》说明购书的宗旨和内容：

以前人看图书是载圣人之道的……所以藏书的目的是要劝人取它作道德和文章的。现在我们的目的是在增进知识了，我们要把记载自然界和社会的材料一齐收来……使得普通人可以得到常识，专门家也可以致力研究。这一个态度的改变，是从恹恹无生气的，和民众不发生关系的图书馆改作活泼泼的，供给许多材料来解决现代发生的各种问题的图书馆的大关键。

到了杭州，江浙一带的书商和旧藏家纷纷来接洽。顾颉刚觉得自己与他们总有一层隔膜。他在6月27日致傅斯年的信中说：

杭州，据书坊中人的眼光看来，是没有好书的。他们所谓好书，是指版本书，价钱大的书。我所谓好书是史料。杭州是一个旧文化中心，书铺中所藏，没有名气的人的诗文集甚多，八股文及一切科举用书也甚多。……我们要收“个人生活之记载”，日记尺牍等是很难收到的，诗文集却是个人生活之记载，我们用历史的眼光看去，差不多一部诗文集就是一部自传。我想这类东西，要收索性收一个全。收得多了，我们照地域，照年代来分，倒也可以帮助地方志及各种历史的研究。科举文字及一切读本书，我们将来可以成立一个“旧教育文库”。这类东西，花钱甚廉……我新近花了十元，收了两部“夹带”，抄满了八股文，是写在绸上，缝在衣里的。字字细密，看着可惊。

顾颉刚又亲自到旧藏家及小书摊上去寻得不少杂志、日报、家谱、账薄、日记、公文、职员录、碑帖……还有医卜星相的书，从前虽不入藏书家的收藏范围，但因有人信仰，这类专家往往有丰富的收藏，所以也居然买到许多秘本。至于民众文学书，上海滩上石印小本的势力远至全国，顾颉刚也买了一个全份。共计买书约12万册，56000余元。当然，顾颉刚“购书的宗旨也不是中大同事都能认可的，故而那时有人说他将有用之钱买无用之物”。①

以胡适、傅斯年、顾颉刚为代表的民国新学人，提倡实证研究，多方搜求地上的文献资料，大力发掘地下的实物资料，广泛征集民间的口头资料，大大丰富了历史研究的材料，开拓了历史研究的新领域，使民国年间的学术界呈现出一派崭新气象。

二

然而，一种新的学术研究风气兴起，流风所及，其流弊也逐渐显露，引起了学术界某些学人的警惕和隐忧。国学根柢深厚的一批学人，对这一学术研究新潮流或多或少，或明或暗地予以批评和谴责，尤以50年代后钱穆的批评最多，也最为激烈。

钱穆以考据名世，其成名作《刘向歆父子年谱》，针对经学史上特别是清末康有为以来所持的刘歆伪造诸经的说法予以批驳。钱穆以史治经，本着“经学上之问题，同时即为史学上之问题”的原则，以年谱的著作形式具体排列了刘向、刘歆父子生卒、任事年月及新莽朝政，“实事既列，虚说自消”，以坚实的证据证明了康有为所力主的刘歆伪造诸经之说“其不可通者二十有八端”。何祐森指出：

向歆年谱解决了近代学术史上的一大疑案，而这部书根据的仅仅只是一部《汉书》，很多非有新资料不能著书立说的人，一定认为这是一件不可思议的事。一部汉书，人人可读，未必人人会读，一部古书，人人能读，未必人人愿读。②

《先秦诸子系年》是一部专门为诸子的生卒行事作考辨的考据著作，历时10余年完成，1935年底由商务印书馆出版。钱穆在《自序》中说：

余草《诸子系年》，始自民国十二年秋。积四五载，得《考辨》百

① 以上引文均见顾潮：《历劫终教志不灰——我的父亲顾颉刚》，华东师范大学出版社1997年版，第117－119页。

② 何祐森：《钱宾四先生的学术》，朱传誉主编：《钱穆传记资料》，台湾天一出版社1979年版，第25页。

六十篇，垂三十万言。一篇之成，或历旬月，或经寒暑。少者三四易，多者十余易，而后稿定。自以创辟之言，非有十分之见，则不敢轻于示人也。藏之箧笥者又有年，虽时有增订，而见闻之陋，亦无以大胜乎其前。①

钱穆认为，昔人考论诸子年世有三大缺陷：各治一家，未能通贯；详其著显，略其晦沉；依据史籍，不加细勘。《先秦诸子系年》即以诸子之书，还考诸子之事。该著博征典籍，以子证史，或诸子互证，或以《纪年》与《史记》、《战国策》对勘，辑佚掇坠，辨伪发覆。钱穆自信，此书略胜前人，首先在于："余之此书，上溯孔子生年，下逮李斯卒岁。前后二百年，排比联络，一以贯之。如常山之蛇，击其首则尾应，击其尾则首应，击其中则首尾皆应。以诸子之年证成一子，一子有错，诸子皆摇。用力较勤，所得较实。"②

《系年》博征典籍，但属于"新奇"材料的唯有《竹书纪年》。晋武帝太康年间汲郡发现了先秦时魏国史书《竹书纪年》，后佚失。《今本竹书纪年》为后人搜辑。钱穆早年在无锡购得朱石曾《古本竹书纪年存真》一部，取以校王国维所校本，乃知王校多误，朱本甚有价值，特撰一文《王氏古本竹书纪年辑校补正》，先行刊布。钱穆认为，《史记》多误，以《纪年》订《史记》之误，是《系年》一大特色。钱穆一生治学，皆以普通资料钩稽排列，贯串会通，唯一搜罗的"新奇"资料即为《竹书纪年》。据其晚年回忆："余于明代以下各家校刊《竹书纪年》，搜罗殆尽。专藏一玻璃书柜中。"好友汤用彤羡慕不已，也专意搜罗《高僧传》一书，"遇异本即购"，"自谓亦几无遗漏矣"。③

钱穆的考证，所使用的资料，都是常见、习见之书，以普通资料贯串会通，解决了学术史上的一些大问题。在他看来，有新奇资料可资运用，固然可佳。如果没有新奇资料，一样有学问可做，而且，做学问首先并不倚靠新奇资料。对新派学者片面追求、依赖新奇资料以资考据的做法，深不以为

---

① 钱穆：《先秦诸子系年·自序》，商务印书馆2001年版，第21页。
② 钱穆：《先秦诸子系年·自序》，商务印书馆2001年版，第21页。
③ 钱穆：《八十忆双亲 师友杂忆》，三联书店1998年版，第188页。

然，也是可以想见的了。

钱穆对胡适等新派学者考据方法的批评，概括言之，即“以新奇资料相炫”，片面地追求资料的新颖与奇异，以至于依赖珍本秘籍、人间罕见、稀见之书与地下挖掘，而对基本典籍的阅读不够，对文献的理解也往往发生错误。

30年代钱穆任教北大时，成为与胡适一样叫座的著名教授。钱穆晚年回忆说：“余自入北大，即如入了一是非场中”，“大凡余在当时北大上课，几如登辩论场”。但是，当时所争辩的问题，只是一些具体的学术问题，“而于中国历史文化传统之一大问题上，则似未竟体触及也。”① 钱穆承担了一门中国上古史课程。有人来信责问他“不通龟甲文，奈何腼颜讲上古史”。钱穆将此信公之于讲堂，“谓余不通龟甲文，故在此堂上将不讲及。但诸君当知，龟甲文外尚有上古史可讲。诸君试听，以为如何。”② 1941年，钱穆发表《国史大纲·引论》，一一点评当时各主要学术流派，可以视为钱穆对胡适、傅斯年为代表的“科学考订派”所作的第一次公开的批评。

1949年后，钱穆在香港创办新亚书院，在文史之学人才的培养方面有自己的一套思想与方案。50－60年代居港期间，对胡适为代表的新史学派展开了公开的、毫不留情的激烈批评。钱穆在新亚书院的多次学术演讲中，指导学生读书、治学的方法，发表《朱子读书法》、《学术与心术》、《学问之入与出》、《谈当前学风之弊》等文，1958年取名为《学籥》，结集出版。1967年定居台湾后，在授课与讲学过程中，仍然不时提及胡适、傅斯年等这些已经辞世的学者，批评其考证方法，指导学生要能建立正确的治学态度与方法。1975年结集出版的《中国学术通义》，亦有部分讨论治学方法的文章，如《有关学问之系统》、《关于学问方面之智慧与功力》、《学问与德性》等。钱穆出版的其他各类文集中，亦不乏对各种学术流派治学思想与方法的评议。

钱穆批评民国学界兴起的新的学术研究风气，“其病即在只求表现，不

---

① 钱穆：《八十忆双亲 师友杂忆》，三联书店1998年版，第164、166、167页。

② 钱穆：《八十忆双亲 师友杂忆》，三联书店1998年版，第163页。

肯先认真进入学问之门”，“未曾入，急求出，此是当前大病”。[①] 学问未曾入门，基础不实不稳，即着手研究，急于求表现，急于写作和发表。梁启超生前经常鼓励初学者多写文章，不要怕不成熟，多发表，可以促使自己多读书。钱穆批评道：

梁任公尝云：“初学勤发表，可助读书。”今人都信此说，乃兢务于找题目，以为有了题目即可写文章。实则在读书方面的工夫是荒了。……直到今天，能发表文章的是不少了，但是真能传授后进的则实在太少了。……今天大家都不求入门，仅在门外大踏步乱跑，穷气竭力，也没有一归宿处，此病实不小。[②]

钱穆认为，胡适等人倡导的整理国故运动，菲薄传统文化，轻乎学术大体，最终成绩只限于细碎考据，于是追求材料的完备与新奇成为学术研究的首要工作。他说：

此数十年来，所谓以科学方法整理国故，其最先旨义，亦将对中国已有传统历史文化，作彻底之解剖与检查，以求重新估定一切价值。所悬对象，较之晚明、清初，若更博大高深。而惟学无本源，识不周至。盘根错节，置而不问。宏纲巨目，弃而不顾。寻其枝叶，较其铢两。至今不逮五十年，流弊所极，孰为关心学问之大体？孰为措意于民物之大伦？各据一隅，道术已裂。细碎相逐，乃至互不相通。仅曰：“上穷碧落下黄泉，动手动脚找材料。”其考据所得，纵谓尽科学方法之能事，纵谓达客观精神之极诣，然无奈其内无邃深之旨义，外乏旁通之涂辙；则为考据而考据，其貌则是，其情已非，亦实有可资非难之疵病。

书籍只当是一堆材料，已不成为一种学问之对象。……遂一意于材料中找罅缝，寻破绽，觅间隙，一若凡书尽不足信，苟遇可信处，即是不值学问处，即是无可再下工夫处。故其工夫着意处，尽在找前人之罅缝与破绽与间隙。最好是书有不可信，否则觅人间未见书，此所谓未经发现之新材料。因谓必有新材料，始有新学问。此乃以考据代学问，以

① 钱穆：《学问之入与出》，《学籥》，《钱宾四先生全集》第24册，台北联经出版事业公司1998年版，第190页。

② 钱穆：《学问之入与出》，《学籥》，《钱宾四先生全集》第24册，台北联经出版事业公司1998年版，第189页。

钻隙觅间寻罅缝找漏洞代求知识。……心术已非，而学术随之。遂若一堆材料，一项方法，拈得一题目，证成一破绽，即是大发现、大学问。此其从事学问之本无甚深旨义，其所潜心考据之必无甚大关系，亦不问可知。①

民国年间兴起的治学新风尚，在钱穆眼中，其病在于“懒且躁”。钱穆此一认识，与晚清学者陈澧（1810—1882 年，字兰甫，人称东熟先生）极为相通。钱穆撰写《中国近三百年学术史》时，将陈澧列为专章，介绍、评论其学术思想。1935 年，钱穆撰写长文《近百年来之读书运动》，后改题为《近百年来诸儒论读书》，收入《学籥》一书中。显然，他是很重视这篇文章的。

陈澧讲学，主汉、宋兼采，认为当时经学家专务训诂考据而忽忘义理，故兼采宋儒以资救正。陈澧主张读经当求义理，义理必于经书中求之，故劝人读注疏。陈澧认为，当时学者之病，“在懒而躁，不肯读一部书，此病能使天下乱”。钱穆对此评论道：

故我谓当时学者之懒且躁，至于不肯读一部书，实当时之实病，亦即此见东塾之苦心也。当时学者即若是其懒且躁，至于不肯读一部书，而专涉猎小节，寻其碎义，不问其平正通达之大意，而惟择取难解难详之训诂考据，以见己长而求胜乎古人，纵博学而全不知服善。此其病中于心术，而害及人才。故东塾论学，常求一反其弊，归本乎心术、人才以通乎世道。

凡此云云，皆深砭乎当时之懒且躁，不肯读一部书，而务于碎义以求胜古人者，而特举读注疏以示例。今善推东塾之意，特谓未有不肯细心读一部书，专摘小节以难前人，而可以谓之学。则真学者自必细心读书，求其大体，而其本在乎服善，在乎虚心向学，而无先以求胜乎前人之心。如是而心术正，学风变，而人才自此出，世运自此转。此东塾提倡新学风之微旨也。②

---

① 钱穆：《学术与心术》，《学籥》，《钱宾四先生全集》第 24 册，台北联经出版事业公司 1998 年版，第 161－162、165－166 页。

② 钱穆：《中国近三百年学术史》下册，商务印书馆 1997 年 8 月新 1 版，第 684－685、686 页。

陈澧指承的晚清学界风气，与钱穆眼中的民国学界风气何其相似乃尔！钱穆将陈氏许之为“近百年来提倡新的读书运动之第一人”①。陈澧对当时学术风气的批评，在钱穆心中，激起了强烈共鸣：

读书多半是为了作文，作文最好是出奇的发见与创辟。书本似乎只是学者作文时所运用之材料，读书似乎只为是临文时作参考。有人从大体上作大义之融会与玩味，则反目为空洞或腐败。喜鹜新知，懒钻旧义。极其所至，最多也只还是何休武库之矛戟，而非郑玄宗庙之礼器。（此亦陈澧语，见读书记郑学卷。）虽则其所考索的内容，与乾嘉经学已有不同，然就种种方面看，今天学术界的风气与路径，却还是乾嘉旧辙。大体上，陈澧所谓“懒与躁”的心病，似乎仍是深深埋在我们的身里。而世道衰乱，我们学术界也还不得不负相当的责任。②

学问未曾入即求出，忙于研究，其结果，读书只是翻书找材料，一部一部的书变成了一条一条的材料，更有甚者，专意找古人的错误纰漏之处，以自鸣高，或刻意追求偏僻、新奇资料以求一鸣惊人。钱穆指出：

依照上述风气，读书只会愈读愈生僻，绝不会耐心去读人人必读之书。只会愈读愈疏略，决不会读到熟读成诵。读书的成绩，只是一批批的论文和著作，专家和发现，却不会从读书中造成对政治、社会、民族、文化有力量有效益的学者。③

这样的读书、治学风气，其结果必然是古书不明，小学不振。不肯读基本书，在阅读材料的过程中，也往往误解字句意义而发生错误。或者读书粗心，自以为是惊人的重大发现，实际上早已被人道及。这样的问题，在钱穆等国学根柢扎实的学者看来，胡适所在多有。

胡适考论中国初期禅宗史的文章，钱穆肯定其“根据敦煌写卷，颇有发现”，但“亦多持论过偏处，尤其是关于神会和《坛经》一节”。钱穆

---

① 钱穆：《近百年来诸儒论读书》，《学篇》，《钱宾四先生全集》第 24 册，台北联经出版事业公司 1998 年版，第 80 页。

② 钱穆：《近百年来诸儒论读书》，《学篇》，《钱宾四先生全集》第 24 册，台北联经出版事业公司 1998 年版，第 91－92 页。

③ 钱穆：《近百年来诸儒论读书》，《学篇》，《钱宾四先生全集》第 24 册，台北联经出版事业公司 1998 年版，第 153 页。

指出：

> 胡氏不仅认为《六祖坛经》的重要部分是神会所作，抑且认为《坛经》里的思想，亦即是神会的思想，故谓神会乃“新禅学的建立者”。又说：“凡言禅皆本曹溪，其实皆本于荷泽。”这一断案，实在很大胆，可惜没证据。①

在钱穆看来，胡适所谓“更无可疑的”、“最显明的”、“很显明的”几条证据，其实都靠不住。特别是胡适根据韦处厚《兴福寺大义禅师铭》，以为是“一个更无可疑的证据”，其实是误解文义。他说：

> 韦文之意，习徒迷真，橘柘变体，竟成《坛经》传宗，乃指曹溪以下，专宗《坛经》，成为教外之别传者。其谓习徒，乃指曹溪南宗，决不指神会，更主要者，当如马祖之流。……是谓惟神会能承袭惠能。……而胡氏乃谓《坛经》成于神会之习徒，又谓《坛经》乃神会所假托捏造，岂不误解之甚乎。②

钱穆对胡适为《水经注》翻案也颇不以为然，多次明确指承戴震窃全、赵之书。1969—1971年间，钱穆为文化学院（即今中国文化大学）历史研究所博士班讲授《中国史学名著》，还提起胡适在抗战时期发表过的几篇文章，中间有一篇说，他的朋友丁山告诉他全祖望七校《水经注》靠不住，其实在王先谦《合校水经注》的例言里就说过了，所以王氏合校全没有引用全祖望。王先谦既已如此说了，何待再要胡先生的朋友丁山。“可见和我同一时代的学术界，实在读书粗心，已远不能和我们稍前一代的人比了。”③

1919—1920年间，胡适与廖仲恺、胡汉民、朱执信等人书信往还，讨

---

① 钱穆：《神会与〈坛经〉》，《中国学术思想史论丛》4，安徽教育出版社2004年版，第85页。

② 钱穆：《神会与〈坛经〉》，《中国学术思想史论丛》4，安徽教育出版社2004年版，第86页。

③ 钱穆：《中国史学名著》，三联书店2005年第2版，第141页。有些问题前人已经指出，胡适自以为是自己的大发现，这样的情况也不是个案。如他考证陶弘景《真诰》有抄袭《四十二章经》之处，自以为经过了1400年没有被人侦探出来。后经陈寅恪提示，这个问题朱熹已经指出过。胡适检出《朱子语类》的“老氏”、“释氏”两卷查看，在“释氏”一卷中（卷百二六）检得这一条。他想，《四库提要》也许有考证《真诰》的话，因检《提要》子部道家类《真诰》条（卷一四六）下，果然引用了《朱子语录》，《提要》又引用了黄伯思《东观余论》对此问题的讨论。（见胡适《陶弘景的〈真诰〉考·后记》，《胡适全集》第4卷，第186－188页）

论“井田制”的有无。《孟子·滕文公上》最早记载了这一制度，胡适对此提出怀疑，把这方面的种种史料，依照出现时间先后，排列成一个井田制演变的沿革史。由此可见，井田制是孟子凭空虚造出来的，“我以为大概井田论是到汉代方才完备的，懂得以上所述种种井田论的沿革线索，方才可以明白井田的话是汉代的有心救世的学者，依据孟子的话，逐渐补添，逐渐成为‘像煞有介事’的井田论。井田论的史料沿革弄明白了，一切无谓的争论都可以没有了。”① 当年参与讨论的还有吕思勉，对胡适所论提出质疑。后来，吕思勉在指导学生治学时，就曾以胡适为例，“甚至连字句都解释错了，往往闹成笑柄”。他说：

如胡适之，昔年疑井田制度时，称之为豆腐干式，将昔人设法之谈（设法，谓假设平正之例），认为实事，已可笑矣，犹可说也。后乃误古书之方几里者为几方里。不但振振有辞，且于纸角附以算式。逮为胡汉民指出，乃曰：我连《孟子》都忘了。其实此乃根本没有懂，无所谓忘也。旋又据今日之经维度而疑《汉书·西域传》载各国道里为不实，作为古书数字不确之证。不知《汉书》所载者，乃人行道里；经维度两点间之直线距离，则昔人谓之天空鸟迹；截然两事，明见《尚书·禹贡疏》。不读《禹贡疏》，甚而至于不读《孟子》，本皆无足为奇；然欲以史学家自居而高谈疑古则缪矣。其说皆见昔年之《建设杂志》。②

张荫麟曾批评顾颉刚的“疑古”思想，并未广求证据而擅下断案，立一臆说，凡不与吾说合者则皆伪之。不仅如此，最令人骇异的是，顾颉刚对于古籍中的“浅白之句”，“竟未能通其义”。如“《诗经·商颂》里有“邦畿千里，肇域彼四海”之句，顾颉刚解释说，看四海仅仅千里，那时天下是这样的小。张荫麟指出：

此段全文云：“邦畿千里，维民所止，肇域彼四海。四海来假，来假祁祁，景员维河。”说文：“畿天子千里地；以远近言之则言畿。”然

---

① 胡适：《致胡汉民、廖仲恺》，1920年1月9日，耿云志、欧阳哲生编：《胡适书信集》上册，北京大学出版社1996年版，第231页。

② 吕思勉：《中国史籍读法》，《吕著史学与史籍》，华东师范大学出版社2002年版，第99页。

则畿乃国境之一部分非其全部也。此言四海，非指四海之本身，乃指四海以内之一切国，（故云“来假”）四海正与邦畿相对，谓邦畿以外，四海诸国皆来朝献也。若以邦畿与四海为一，则不独文字上无诂，且原文竟不可通矣。①

三

学界如此风气，在钱穆看来，根本而言是“心术”问题。心术已非，须大力救正不可。“学问非以争奇而炫博，非以斗胜而沽名”②。读书必须从容含玩，通晓前人著述大体，在长时间和大量的阅读中，自然能够发现问题，做出精深的研究；而不应该急于著述，更不应以新奇资料取巧、炫耀于人。1955 年 8 月，钱穆为《新亚学报》所作的创刊辞《学术与心术》，集中反映了钱穆的读书、治学思想：

最先必诱导学者以虚心真切从事于学问，必督责学者以大体必备之知识。其次始能自运思想，自寻考据，孜孜于为学术而学术，以趋向于专门成业之一境。其最后造诣，乃有博大深通，登高四顾，豁然开朗，于专门中发挥出绝大义理，罗列出绝大考据。其所得将不限于其所专业。如是之学，乃始为天壤间所不可少。

故学问必先通晓前人之大体，必当知前人所已知，必先对此门类之知识有宽博成系统之认识，然后可以进而为窄而深之研讨，可以继续发现前人所未知。乃始有事于考据，乃始谓之为学术而学术。如是者，可以守先而待后，学术传统可以不中绝，知识实得可以不失丧。此必先有下学工夫，必先对学问有一种更深更真切之旨义，故能不厌虚心博涉。循而久之，其心中泛起有新问题，此始为值得考据之真问题。③

---

① 张荫麟：《评顾颉刚〈秦汉统一之由来和战国人对于世界之想象〉》，张云台编：《张荫麟文集》，教育科学出版社 1993 年版，第 154 页。

② 钱穆：《学术与心术》，《学籥》，《钱宾四先生全集》第 24 册，台北联经出版事业公司 1998 年版，第 167 页。

③ 钱穆：《学术与心术》，《学籥》，《钱宾四先生全集》第 24 册，台北联经出版事业公司 1998 年版，第 168、166 页。

钱穆对学生的指导，在在体现了这一治学思想。

严耕望是钱穆最为满意的弟子之一，1941 年，钱穆到武汉大学讲学，师生从此结缘。随后，严耕望入齐鲁国学研究所追随钱穆读书治学。钱穆剀切教导研究所诸生，不要急功近利，不必心情迫切地想写论文。写论文是一回事，要想到学问不在于一篇论文，要养成从容读书的习惯，要认识到做学问是一辈子的事。做学问要高自位置，眼光远大，有大野心，与古人一争高下。他告诫严耕望，求学不可太急。“太急，不求利则求名，宜当缓缓为之；但太缓，又易懈怠。所以意志坚强最为要着！”① 不急不缓，要存心与古人相比，以古人为标准，自能高瞻远瞩，力求精进不懈。严耕望逐渐形成了一个“中国政治制度史”的研究计划，拟以毕生心力完成这一部书，钱穆极力赞许。1942 年 10 月 13 日晚餐后，师生野外散步的时候，钱穆对他说：

> 近人求学多想走捷径，成大名。结果名是成了，学问却谈不上。比如五四运动时代的学生，现在都已成名，但问学术，有谁成熟了！第二批，清华研究院的学生，当日有名师指导，成绩很好，但三十几岁都当了教授，生活一舒适，就完了，怎样能谈得上大成就！你如能以一生精力做一部书，这才切实，可以不朽！②

郦家驹回忆齐鲁的研习生活，再现了钱穆当年指导学生的基本面貌：

> 宾四师对学生，除了日常解答疑难问题之外，总是反复强调要从从容容地读书，要有耐心，要细心体味，不能只顾翻书，只为查找需要的材料而读书。宾四师常谆谆教导根基要扎实，要能读常见书，而又从常见书中见人之所未见。他很不赞成读书急功近利，他认为读书多了，积累多了，自然会发现问题，找到解决问题的途径，这时就会有一种水到渠成的感受。形之为文章，也就必然能言之有物，能发前人之所未发。他常常告诫我们，想要速成，想要走捷径，是做学问的大忌，应当懂得“厚积而薄发”的道理。③

---

① 严耕望：《钱宾四先生与我》，《治史三书》，辽宁教育出版社 1998 年版，第 250 页。

② 严耕望：《钱宾四先生与我》，《治史三书》，辽宁教育出版社 1998 年版，第 251 页。

③ 郦家驹：《追忆钱宾四师往事数则》，中国人民政治协商会议江苏省无锡县委员会编：《钱穆纪念文集》，上海人民出版社 1992 年版，第页。

1948年，钱穆应荣氏兄弟之邀，主持江南大学文学院。又应上海正中书局邀约，精选四部旧籍中人人必读者数十种，一一加以标点。有几位学生追随他读书、标点《四部选粹》。钱穆教导他们，年轻时下功夫多读些书，中年以后杂务干扰，难得有很多时间专心读书。标点这些书，会有很大好处，不忙随便写文章。洪廷彦回忆说，有一次吃午饭时，钱穆突然对他说道：

《三字经》说，蚕吐丝、蜂酿蜜，蚕吃够了桑叶必然要吐丝，你们将来也能写文章。但要写出像样的文章，首先要选准题目，这要靠读书多，善于思索。写好一篇稿子，须在抽屉里放上两年，不时拿出来修改修改，并可请别人看看。在此时间内，当然还可再写两三篇，都这么做。等自己认为确实满意了，陆续在刊物上发表，自然会引起学术界的注意，这是我自己的经验。①

钱穆在香港、台湾授课、讲学时，仍然一如既往，告诫学生，读书是终身事，须用功三十年、四十年乃至五十年，不要期望遽然有成。尽管学术界的现实情况离钱穆的期望愈来愈远，但他始终坚持自己的信念，在一切可能的场合，苦口婆心地劝诫青年学子夯实基础，真正静下心来读书，不要急着写文章、发表。他说：

若为著述而始读书，那读书所得的印象决不会很深，因为他早已心傲气浮，他所读的书籍，只当成他一己著述的材料看，决不肯虚心静气浸入书籍的渊深处。继此而往，读书工夫，便会渐渐地变成为翻书。②

钱穆为文化学院历史研究所博士班授课时指出，或许年轻人因为学位、生计问题，不可能耐心花工夫读书，不妨留待完成硕士博士论文，职位解决了，再来读书，再用工夫。他强调：

今天大家读白话文，在学术上够标准的著作不多，大家只是随便翻，不懂得用心，都是一目十行地看过去，我们称之曰“翻书”，又或

---

① 洪廷彦：《从成都至无锡——随师读书杂忆》，中国人民政治协商会议江苏省无锡县委员会编：《钱穆纪念文集》，上海人民出版社1992年版，第页。

② 钱穆：《近百年来诸儒论读书》，《学籥》，《钱宾四先生全集》第24册，台北联经出版事业公司1998年版，第154页。

说“查书”，所查又称是参考书，没有说“读”书，这样总不行。①

钱穆教导学生要耐心、虚心读书，而读书首先在于识字。中国向来是个文教之邦，最懂得使用文字。从小孩起，便训练他一字字、一句句的读，每个字都有其意义与价值，都有用。现在我们变了，文字生吞活剥。他唯恐大学生、研究生读书，不会一字一句地读，因此也不会一心一意读，不会正襟危坐凝神静气读。这样只会读报章小说，读报章也只喜欢读小新闻，不会读大新闻。如此下去，如何能读文读史，乃至读一切真有价值的书？进入大学学习文史专业，第一本领要训练自己能读书，要能一字字一句句地读。这些话只是些大实话，卑之无甚高论，可绝不能轻忽。他说：“一切考据之学，应以义理、辞章为基本。一言一行不苟且，此是义理学开始。一字一句不苟且，此是辞章学开始。”②

钱穆指出，清代学人花了大工夫讲小学，到今天，这一点遗产可惜又都丢了掉。自从发现了甲骨文，大家争着来研究，其实基本工夫仍应在许慎《说文》，否则就无法来研究甲骨文。今天我们只要听说到甲骨文，就认为有莫大价值，“却不再有人能把我们今天的新知识、新观念，再来接着清代人的旧工夫，来研究中国文字，这真是很可惜的”。文字不明，一切书本都不明，这是今天读中国文史书的最大缺点。读书读不到深处，正因为对书中每一个字的正确意义不清楚。③ 从早年到晚年，钱穆对王国维的甲骨文研究始终加以推许，在他看来，王国维“实治斯学最有成就之大师也”。王国维“就经传之旧文，与新出之史料，为深邃绵密之研究，其于经、史二学，裨益尤多”。④

要读书，读基本书，一字一句地读，而不是翻书找材料急于从事研究，这是中国传统治学的基本方式。到了20世纪30年代，这种读书治学的方式逐渐式微，代之以成名成家的浮躁风气。学术界部分学者也对此有所批评，这种批评往往是不公开的，局限于私人间的议论。如史学家陈垣对此学风内

① 钱穆：《中国史学名著》，三联书店2005年第2版，第72页。

② 钱穆：《史学导言》，《中国史学发微》，《钱宾四先生全集》第32册，台北联经出版事业公司1998年版，第54、57页。

③ 钱穆：《中国史学名著》，三联书店2005年第2版，第246－247页。

④ 钱穆：《国学概论》，商务印书馆1997年版，第329页。

心里颇不以为然。胡适、傅斯年对陈垣均极表尊敬与钦服，今人亦以同属“新考据学派”视之。但究其实，他们是有相当大的差别的。陈垣最重史料搜集，至以“竭泽而渔”相比况。诚如严耕望所言，陈垣“往往能得世所罕见，无人用过的史料，做出辉煌的成绩，如《明季滇黔佛教考》即为佳例”①。但其所谓“竭泽而渔”，是在充分使用普通资料的基础上，再扩大搜求的范围，对相关的史料尽量“一网打尽”。据陈垣的学生牟润孙回忆，1932年燕大国学研究所硕士毕业以后，他进了辅仁附中，一直做了4年国文教员。他写道：

先师时时对我说不能教国文，如何能教历史？国文不通的人，如何能读史书？……先师又时时以教学相长勉励我，要我好好备课。说：“讲国文要好好去研究训诂，更要紧的是读音，读错了字则无从追改。”经过了四年时间，在陈先生不时训诲之下，我对于要讲的文章，每个字的读音、训诂，以及文章的结构组织，都仔细用功夫去追求，它的效果真是很大，当时对于学生起了什么作用，我不知道。我自己则因此改变了囫囵吞枣、不求甚解、匆匆翻书的坏习惯。以后遇见要精读的书，肯去细心体会，养成一字一句读书的习惯，其基础确是在这四年里养成的。

一字一句细心读一部书，说来很平常，作考据而急功近利，希望速成的人，多数办不到。只是翻书查书找材料，赶快写论文以图发表成名，谁耐心去作笨功夫？此风民国以后为最甚，我就是这样写了几篇文章考进燕大国学研究所的。先师深知当时风气之恶劣，也了解当时我的学问不够坚实，所以用这样方法来纠正我引导我。教人用极平常的方法，而其影响则极为巨大。不鼓励年轻人乱写论文，而要他们用功打好治学的根基，是先师与当时某些在高级学府执教文史的时髦人不相同之处。

先师要我作学术研究，但一再告诫我不可乱发表文章。说：“写学术文章，不可不力求慎重，对一个问题没研究成熟，就拿出去发表，将来极可能有悔其少作之感。”这话确有至理，尤其民国以后，许多人凭

① 严耕望：《史学二陈》，《治史三书》，辽宁教育出版社1998年版，第178页。

着一时的灵感，或抓着少许稀见的史料，讨论一些狭窄而琐细的问题，这样的人竟凭一篇文章，一跃而登龙门，成为学者，如果要他去教国文，可能念错字，讲历史则不易抓着系统。先师大约甚不以这个风气为然，不过口头则很少表示。①

钱穆的好友蒙文通也曾说，读书贵能钻进去，并不在于读罕见的书，要能在常见书中读出别人读不出来的问题。他还说，教书，即使是教中学，也对做学问大有好处，他自己就教过 8 年中学。平时读书中遇到细小问题，常常不予注意，疏忽过去，而教书就不行了，教中学就更不行了。细小问题也必须要注意、要搞清楚。自己搞不清楚，如何能把学生教清楚？这样就养成读书要细致的习惯，这些细小之处，常常也会给我们提出一些重要问题。②

20 世纪 30－40 年代后，尽管有部分学人的批评、努力，然而，风尚所趋，时流众势所积，学术界的治学风气发生了巨变，无可挽回。以致于像吕思勉这样国学根柢极为深厚、用力极勤的学者，也不免被人轻忽。严耕望说：

近代史学研究，特别重视新史料——包括不常被人引用的旧史料。史学工作者向这方面追求，务欲以新材料取胜，看的人也以是否用新材料作为衡量史学著作之一重要尺度。而诚之先生的重要著作主要取材于正史，运用其他史料处甚少，更少新的史料。这一点也是他的著作被低估的一个原因。③

四

钱穆对学术界急于著述且以新奇资料相炫的考据方法的批评，其实质在于对中国传统文化的坚持与维护。

---

① 牟润孙：《励耘书屋问学回忆——陈援庵先生诞生百年纪念感言》，陈智超编：《励耘书屋问学记：史学家陈垣的治学》（增订本），三联书店 2006 年版，第 72 页。

② 蒙文通：《治学杂语》，蒙默编：《蒙文通学记》（增补本），三联书店 2006 年版，第 2、13 页。

③ 严耕望：《通贯的断代史家——吕思勉》，《治史三书》，辽宁教育出版社 1998 年版，第 182 页。

钱穆认为，从前人提出读书法，要在“存大体”、“玩经文”。这六个字即是初学读书的最好指导。“读后常置心中，即是‘存’。读了再读，即是‘玩’。此是初学入门工夫，万万不宜忽略。”① 而应“存”、“玩”的书籍，也是学问入门之书，是人人必读之书。“换言之，即是去读学术传统方面所公认的第一流之书”②。

1923，胡适为清华大学即将出国留学的学生拟了一份《一个最低限度的国学书目》，梁启超极不以为然，乃撰写《国学入门书要目及其读法》。1935年，钱穆在《近百年来之读书运动》中对梁氏书目极为欣赏，“实已掩有近百年来陈、曾、张、康诸家（按：指陈澧、曾国藩、张之洞、康有为）之长处而无其短疵”，其间尽管有小小值得商榷之处，但仍然“不失为指导现在青年的一个良好的方案”。钱穆认为，梁启超所拟书目更为重要的精神，在脱去教人做一专家，而提出“凡属中国人都要读的”这一层，是“处处站在重视中国文化的立场而为中国读书人说话”，他“只为一般中国人介绍一批标准的有意义有价值的中国书，使从此认识了解中国文化的大义和理想，而可能在目前中国的政治、社会各方面都有其效益与影响”。梁启超的书目，是站在普通读书人的基础上，读几许普通必读之书，“涵养情趣，要在下意识里得着根柢”，“彻底了解他，仗他常常给我们的光明”。钱穆指出：

> 要读梁氏五项《书目》，全不能先存一个著述之念在胸中。最好是为着自己的身心修养，及文学的欣赏，情趣之陶写，以及留心政治、文献、思想上诸要项而去读书。即不然，在少年而斐然即有述作之思的人，亦应划一部分时间与精神，超然在其著述之外，而潜心去读与自己的著述绝然无关的书。如此才能开拓心胸，增长智慧。若是为了著书而读书，则仍不免为八十年前陈澧之所深斥，结果还是不肯从头读一部

① 钱穆：《关于学问方面之智慧与功力》，《中国学术通义》，《钱宾四先生全集》第32卷，台北联经出版事业公司199年版，第324页。

② 钱穆：《关于学问方面之智慧与功力》，《中国学术通义》，《钱宾四先生全集》第32卷，台北联经出版事业公司199年版，第323页。

书，其祸只使天下乱。①

梁启超与胡适开列的国学基本书目形成强烈反差，其中所反映的问题是：什么是中国文化的基本典籍？现代中国人应该阅读哪些基本典籍？阅读基本典籍应该怀抱怎样的态度？其实质是如何对待中国传统文化的问题。梁启超认为胡适的书目，“从一方面看，嫌他挂漏太多；从别方面看，嫌他博而寡要，我认为是不合用的”②。1954年，吕思勉也对此有过评论，他说：

> 大抵指示初学门径之书，愈浅近、愈简易愈好，惟不可流于陋耳。陋非少之谓，则不陋非多之谓。世惟不学之人，喜撑门面，乃胪列书名，以多为贵，然终不能掩其陋也。当1923，1924年时，胡适之在北京，曾拟一《最低限度的国学书目》，胪列书名多种，然多非初学所可阅读；甚至有虽学者亦未必阅读，仅备检查者。一望而知为自己未曾读过书，硬撑门面之作。梁任公评之云：“《四史》《三通》等，中国的大学问都在此中，这书目一部没有；却有《九命奇冤》。老实说，《九命奇冤》，我就是没有读过的。我固然深知我学问的浅陋，然说我连最低限度都没有，我却不服。”真可发一噱。任公亦自拟一通，就好得多。③

钱穆这样的传统学人，始终坚持，十三经、二十四史、三通这样的典籍，是治国学的基本书籍，是“几部极大的人人必读之书”，“是此下学术界知识分子应该去翻到的书”④。然而，民国新史学界呈现出“史料的尽量扩充与不读二十四史”现象，摈弃正史而不读，专向经史典籍以外寻找材料。⑤ 民国新史学的重镇、新考据学派的代表人物傅斯年考证明成祖生母问题时，典型地反映出这一倾向。

---

① 以上引文均见钱穆《近百年来诸儒论读书》，《学籥》，《钱宾四先生全集》第24卷，台北联经出版事业公司199年版，第147－156页。

② 梁启超：《评胡适之的〈一个最低限度的国学书目〉》，《国学入门书要目及其读法》附录三，《饮冰室合集》专集之七十一，中华书局1989年版，第32页。

③ 吕思勉：《中国史籍读法》，《吕著史学与史籍》，华东师范大学出版社2002年版，第96－97页。

④ 钱穆：《中国史学名著》，三联书店2005年第2版，第161、162页。

⑤ 罗志田：《史料的尽量扩充与不看二十四史——民国新史学的一个诡论现象》，《历史研究》2000年第4期。

1932年，傅斯年读《广阳杂记》等书，发觉明成祖生母颇有可疑之处。回想起1929年冬天，北平一家书肆求售一抄本，皆明人笔记，其中有一节，记载明成祖生母事甚详，大意谓成祖与周王系一母所生，皆非马皇后之子。可惜当时没有购买此书，哪家书肆所售，已不复记忆。原抄录自何种书，亦未记下。傅斯年极为自责，在撰写《明成祖生母记疑》一文时，特意记下此事：

> 自己抄写不勤，史料轻轻放过，实不可自恕，记之以志吾过耳。①

承陈寅恪提示，《明诗综》、《陶庵梦忆》等亦有相同记载，傅斯年又增加材料，主要根据《南京太常寺志》以及南京奉先殿神位顺序等资料考证，成祖生母实为碽妃，不为高后。碽妃是否为高丽女子，有其可能，而不必果然。但按照姓氏而言应该是一外国人。成祖为元顺帝遗腹子之说，乃妄人之谈，敌国之语，殊不足道。吴晗作《明成祖生母考》，支持傅斯年的观点，李晋华作《明成祖生母汇考》，后改为《明成祖生母问题汇证》。1936年，傅斯年为李文作跋，重申己说。这一次，他又作了自我批评：

> 数年前，余以此一旧作请教于孟森先生（心史），孟先生来书云，夏嗛父已言之，特援证未如此丰实耳。余急检《明通鉴》，则夏嗛父详论此事于其“义例”中，夏氏不特以为成祖非高后亲生，并于此处见成祖将《太祖实录》一改再改之用意，尤为特识。其所根据之最重要资料即《明史·黄子澄传》一节，余所据为质信者也。作此一题，并《明通鉴》亦不检查，殊为不妥。虽夏嗛父书成于近代，非直接史料，亦非当年记录，然如此谨严有法度之书，非清代官书或《明鉴》之比，固不容忽之也。此余之疏也。②

考证明成祖生母问题，不读《明通鉴》，不检查《明史》，这样的疏漏出于史料学派巨子之手，着实令人难解。经孟森先生提示，傅斯年检查《明史》，有所发现。成祖与周王同母，《明史》有直接记载；其与懿文异母，则暗示于《明史》。一见于《黄子澄传》，一见于《周王传》，“据此可

---

① 傅斯年：《明成祖生母记疑》，欧阳哲生主编：《傅斯年全集》第三卷，湖南教育出版社2003年版，第167页。

② 傅斯年：《跋〈明成祖生母问题汇证〉并答朱希祖先生》，欧阳哲生主编：《傅斯年全集》第三卷，湖南教育出版社2003年版，第249-250页。

知《明史》表面上虽从《实录》及玉牒，犹暗记燕非嫡出一事于传中也”①。

朱希祖坚持明成祖生母为马皇后，不同意出于碽妃之说。傅斯年评论道：

> 朱先生深信《明史》，深信《明实录》，此自为史学家特正之立场。然私书不尽失之诬，官书不尽免于讳。②

对于官书、私书之辨，傅斯年指出：

> 大凡官书失之讳，私记失之诬。明国史略成祖之生母，讳也。明野史谓成祖为元孽，诬也。成祖愈讳言其生母，私家愈侈言其真父。此犹官报与谣言，各有所缺。后之学者，驰骋于官私记载之中，即求断于讳诬二者之间。史料不可一概论，然而此义是一大端矣。③

傅斯年、吴晗均认为，朱希祖“过信官书”。朱希祖在辩驳文章中，对此也做了辩解。自己并非非官书不取，傅斯年也不是非私书小说不取。他指出：“《明实录》是官书，对于清代忌讳之处不可信，对于明初皇室之事，已无忌讳，有鉴别真伪之自由，亦非全不可信也。”朱希祖强调，自己在文章中，不信官书，而采用私书以补充《明史》的资料所在多有。“总之判别是非真伪，全恃凭证，官书私书，无所偏倚也。”④

严耕望先生说：“新的稀有难得的史料当然极可贵，但基本功夫仍在精研普通史料。”⑤ 这样的治学态度与方法，应该是最为可取的。与钱穆、吕思勉、史学二陈等这样的学者相比，胡适、傅斯年为代表的新史学派，对传统典籍的阅读和熟悉程度略逊一筹，但其实他们对传统典籍所下的功夫仍然

---

① 傅斯年：《跋〈明成祖生母问题汇证〉并答朱希祖先生》，欧阳哲生主编：《傅斯年全集》第三卷，湖南教育出版社 2003 年版，第 250 页。

② 傅斯年：《跋〈明成祖生母问题汇证〉并答朱希祖先生》，欧阳哲生主编：《傅斯年全集》第三卷，湖南教育出版社 2003 年版，第 250 页。

③ 傅斯年：《明成祖生母记疑》，欧阳哲生主编：《傅斯年全集》第三卷，湖南教育出版社 2003 年版，第 175 页。

④ 朱希祖：《再驳明成祖生母为碽妃说》，《朱希祖文存》，上海古籍出版社 2006 年版，第 302 页。

⑤ 严耕望：《治史经验谈》，《治史三书》，辽宁教育出版社 1998 年版，第 23 页。

是十分惊人的。[①] 1949 年后，中国大陆地区在文化、教育、学术等各方面均发生了重大变化。20 世纪 90 年代，大陆地区史学界基本抛弃了过去习惯的空洞论述，转向实证化，甚至有人提出了“回到乾嘉”、“回到傅斯年”的口号。史学研究必须建立在实证的基础之上，但是，另一个不可忽视的现实是：我们对传统典籍的生疏。在没有私学、家学的背景下，知识传承唯有仰赖于学校教育。而学校教育中传统典籍的阅读是十分欠缺的，人们对传统文化和典籍的了解基本上来源于教科书，读书变成了读教科书。于是，在整个社会包括学术界越来越功利化的今天，中国大陆史学界所呈现的真实现状往往是：不读基本典籍，急于“搞研究”，全力寻找别人没有做过的题目，没有使用过的材料，尤其是档案和海外资料，加上新的解读，敷演成文，名利双收。而一些坚持坐冷板凳，重视学术积累的学者，则往往是学术名利场中的失败者。钱穆所批评的学风，于今为烈。

在钱穆的考证学中，不免一定程度上存在着轻视、忽略新材料的问题，存在一定的局限。[②] 但是，读人人必读之书，读中国传统文化的基本典籍，读后常存心中，反复把玩、欣赏，不知不觉进入潜意识之中。在这样一个读基本书的基础之上，再选定题目，搜寻材料，成一专家，这不仅仅是做专家还是成一通人之辨，这更是关乎中华文化存亡续绝的大问题。“你是一个中国人！”1986 年，92 岁高龄的钱穆告别杏坛的最好一课，对世人如此殷殷告诫。这是每一个中国人，每一个文史学界的研究者、工作者、学习者应该记取的。

---

① 如何兹全回忆 20 世纪 30 年代北大史学系学习的情景时说：“老一代的学者，学问根基都很扎实，重要古籍都能上口背诵。傅先生讲课引用古书，要找出出处，常常整篇整篇地背诵。背了半天，不在这篇又背另篇。我们都佩服他记忆力惊人。”（见何兹全《爱国一书生 八十五自述》，华东师范大学出版社 1997 年版，第 51 页。）

② 陈其泰主编：《20 世纪中国历史考证学研究》，北京师范大学出版社 2005 年版，第 281－283 页。

自然法与儒学

——周德伟自由主义思想的法治基础

薛子燕（中南民族大学社会学与民族学学院）

周德伟（1902—1986）是新古典自由主义大师哈耶克的中国学生之一。1933—1935 年周德伟留学于伦敦政治经济学院经济系，参加哈耶克组织的经济学研讨班，之后转入柏林大学哲学研究院进修，期间哈耶克以书信方式指导其完成了研究货币理论的论文。1937 年抗日战争爆发之后，周德伟结束留学回国，任湖南大学经济系主任且担任国民党湖南省临时参议会议员。1947 年，周德伟奉命为联合国国际贸易就业会议代表团代表，在欧美工作两年。周德伟的自由主义思想直接师承哈耶克，所代表的是古典自由主义的思想精神和社会理论。这一支自由主义传统在 20 世纪中国思想界长期不占主流，相比大陆理性派的自由传统而言，英美经验派的古典自由主义无论是在引入和传播上还是在所产生的作用和影响上都十分有限。诚如有学者指出："在现代中国，一直缺乏洛克到哈耶克的古典自由主义传统，这个传统一直到 20 世纪 50 年代以后被殷海光和张佛泉他们注意到，在 1949 年以前这路传统在中国基本上没什么影响。"① 而最早向殷海光和张佛泉等介绍哈耶克和古典自由主义思想的，正是周德伟。

由于周德伟的思想有融会中西、贯通古今的特点，对其思想的研究既要从宏观上把握，也要从枝节问题上进行分析。本文将试图考察最能体现他自由主义思想特点的自然法观念。

① 许纪霖、谢宝耿：《置身于中国近现代思想史的知识分子研究——许纪霖教授访谈》，《学术月刊》2003 年 8 月。

一、"自然法"观念在西方的发展

我们这里并不是要追溯自然法观念形成与演变的全部历史，对于本文的论题来说，这样的追溯是不必要的，也是不可能做到的。只是在分析周德伟对自然法的理解之前，有必要对于"自然法"观念做简要的梳理，以便于下文的分析。

自然法一观念产生于古希腊时期，经历了两千多年的发展演变，可以说是西方法治主义形成的重要基础，然而对"自然法"这一概念的界定却经常是含混不清。意大利自然法学家登特列夫（A. P. d'Entreves）指出："自然法这概念的许多模棱含混，都应归咎于'自然'这一概念的模棱含混。"人们之所以"会以'自然法'一词，同时指他们的行为准绳与外在世界的行为规律"，是因为"'自然'一词，正好非常适合用来表示这准则或模型之终极性与必然性。"① 这里至少揭示了自然法的两个性质，即自然法的普遍适用性和终极超越性。周德伟亦认识到了这一概念问题的复杂之处。他认为"自然法"之"自然"的意义是由自然法学家们所讨论问题的侧重点不同而决定的。"希腊的 Stoics 及若干罗马法学家，视自然法为符于宇宙之自然秩序（Natura order）之法，适用范围扩及于低等动物，霍布斯（Hobbes）及斯宾诺莎（Spinoza）则认为自然法与自然势力（The Force of Nature，Natural Potentia）同义，柏拉图与康德，则从其道德理想（Moral Ideal）演出自然法观念，洛克视自然法与远古的原始的自然状态的和谐相同，亚里士多德、莱布尼茨（Leibntiz）则视自然法与现存社会之实质紧相关联。卢梭则分本能的自然法（Instrinctive Natural law），及理性的自然法（Reasoned Natural law），费希特（Fichte）视自然法为理性法（Vernunftrecht），乃一先验的逻辑元范，适用于一切法"。② 面对不同思想家对于自然法的不同解释，人们常将"自然法现象之法，与人为法（Artifical law）分开，理想法（Ide-

① ［意］登特列夫：《自然法·法律哲学导论》，李日章、梁捷、王利译，新星出版社 2008 年版，第 6－7 页。

② 周德伟：《西方的法治思想与中国的儒学》，《自由哲学与中国圣学》，中国社会科学出版社 2004 年版，第 69 页。

al law）与实体法（Real law）分开，不变法（Immutable law）与变动之法（Changing law）分开，先验法（Apriori law）与经验法（Empiric law）分开。”① 即便如此，建立一标准以解决自然法与成文法之间矛盾的问题依然十分困难。

鉴于自然法概念本身的不清晰，对于它的理解就需要从历史的和哲学的两个方面结合着进行探讨。按照登特列夫初期对自然法的分类，即以历史的发展线索划分，可分为“古代”、“中世纪”和“现代”三类自然法体系。而后，登特列夫对自己的这一划分进行了修正，即又以哲学的维度将自然法分为“技术的”、“本体的”和“义务的”三种自然法。② 历史维度的三分法与哲学范畴的三分法基本上相重合，但也并不是完全一一对应。尽管自然法的发展历史久远，但在不同历史时期所关注和探讨的问题却非常不同。周德伟分析中西自然法思想观念可以说正是从历史的维度入手展开的，而在融合中西自然法观念进而论及人的自由问题时又多是在哲学层面进行分析的。他指出古代自然法产生之初首先关注的是自然界的现象：“人类初期文明即就文字发明及名家著作成立后考察，当时之宇宙观极为狭小，他们尚不知地球有多大。故人类发现自然界的规律，只能就所观察所接触得到的事象做起，所谓仰观象于天，俯观法于地也，世界各种文明天文学数学物理学种植学医学及制造简单工具之学发展得最早，无一例外，当时之自然法限于自然现象之规律。”③ 之后自然法所探讨的问题由人与自然的关系转到人类社会内部，人们相互需要遵守一定的规则秩序，即产生了道德法，否则社会只有解体。这样，自然法在人与自然的接触中体现为“宇宙法”，在人与人的交往关系中体现为“道德法”，周德伟认为古代自然法在上述两个领域内都得

---

① 周德伟：《西方的法治思想与中国的儒学》，《自由哲学与中国圣学》，中国社会科学出版社2004年，第69页。

② “第一种理论包含着如何从事物的本性中抽象出正确的原则的有关知识；第二种理论依赖于对有目的的形而上秩序的反思，通常是靠神圣意志得以保障；第三种理论包含着对‘善的理由’的清楚意识，‘善的理由’要为我们所服从的法而存在。也就是说，法之所以是理性的是因为在道德上有趋向理性的理由。”转引自（意（登特列夫：《自然法·法律哲学导论》，李日章、梁捷、王利译，新星出版社2008年版，第23页。

③ 周德伟：《西方的法治思想与中国的儒学》，《自由哲学与中国圣学》，中国社会科学出版社2004年版，第64－65页。

有普遍的运用。

周德伟对古代自然法的认识也把握到了自然法的本质属性。“自然法乃‘法’之理想源泉，且为考验现行法的标准。自然法乃不变之法规，与一切变相对应，自然法乃自主自发之法，其效力出于其内在固有之价值，且具有生命及有机的性质，与国家公布之法异趣。”① 他举西方伊壁鸠鲁学派为例，认为他们以自然主义的观点来解释人生，将自然的公正建立在人的感觉经验和个体自由意志上。这对于反对当时较为流行的超自然主义迷信论和终极主义命定论起了一定的作用，对于之后西方人文科学的研究产生了深远的影响。总之，古代自然法强调的是人对物理现象及人类自身的一种认识和超越，也就是说自然法在产生之初就是与人的理性和超越的本质相联系的。

自然法发展至中世纪披上了宗教的外衣，变成了神学的工具。如托马斯·阿奎那将法律分为永恒法、自然法、神法和人法。永恒法是至高无上的法，是统治宇宙的规律，是上帝意志的体现。“托马斯在其哲学中用更加特殊的来自于上帝的命令——人类应如何进行生活——来补充作为相当一般的和抽象的原则体系的自然法。”② 周德伟认为，自然法从古代法治向近代法治的转变过程中，发展至中世纪主要受到两种阻碍。第一，理性与宗教教义的冲突。“前者主张理解及领悟宇宙现象之惟一工具为人之理性，后者则认宇宙现象为神所安排，前者重人，尊理性，后者则重神，尊教义。”③ 周德伟认为理性与教条是不可融洽的，这一时期的自然法所强调的理性是神的理性而不是人的理性，人的理性也是神赋予的。因此，此时自然法的理性是与神学不抵触的理性，是有条件的理性。第二，生物学上的平等与法律上的平等之间的冲突。周德伟认为这种生物学上的平等是一种强求平等，这种平等观使得自然法失去信誉，“此种学说挑起仇恨、暴力、战争，为狭隘的种族

---

① 周德伟：《西方的法治思想与中国的儒学》，《自由哲学与中国圣学》，中国社会科学出版社2004年版，第68－69页。

② ［美］E·博登海默：《法理学——法哲学及其方法》，邓正来、姬敬武译，华夏出版社1987年版，第27页。

③ 周德伟：《西方的法治思想与中国的儒学》，《自由哲学与中国圣学》，中国社会科学出版社2004年版，第75页。

主义国家主义铺路，集大成于极权主义。”① 这里的生物学上的平等是后来自由主义所批评的实质平等，而自然法支持的法治下的平等是形式平等。从这里，可以看出周德伟认为自然法是自由主义法治的基础，是建立自生自发秩序的保证。显然，神学的自然法观不是周德伟所认同的，因为这与人的理性自由相违背。

近代自然法的复兴运动又称为古典自然法运动，“古典自然法哲学在其研究方式方面完成了从对人性的目的论到因果论和经验论的转变，……根据这种理论，‘自然本性’或多或少被认为是人的最大潜力。”② 复兴，是指近代自然法将理性还原为人的本性，自然法脱离了神学的束缚重新确立起了其普遍合法性与正当性。近代自然法转变的一个突出特点就是人们所探讨的主要问题由人的“善恶”问题转向社会的“正义”问题。这种正义问题主要是通过肯定人的权利和限制君主的权利表现出来。“自然法由于它的先社会性，因此往往又被视为一种自然正义。……对于人来说自然正义就是自然权利，人按照自己的本性先天地具有要求平等对待的权利，这些权利具体地表述为生命权、自由权、财产权等。”③ 正义的问题之所以从自然法的讨论中凸显出来，是因为自然状态下人人平等的拥有每一项权利，自然法是从中协调人与人之间的各种权利与关系的。对此，英国政治哲学家洛克也明确指出：“自然状态有一种为人人所应遵守的自然法对它起着支配作用；而理性，也就是自然法，教导着有意遵从理性的全人类；人们既然都是平等和独立的，任何人就不得侵害他人的生命、健康、自由或财产。”④ 在此我们可以看到，从近代自然法中演化出的权利观念，至少从两个方面奠定了自由主义的法治基础，即对个人权利的强调和对政府权力的限制。据此，周德伟认为自然法到了近代才真正演变为一种完全的理性法，而理性法是法理学中的最高标准。

---

① 周德伟：《西方的法治思想与中国的儒学》，《自由哲学与中国圣学》，中国社会科学出版社 2004 年版，第 76 页。

② ［美］E·博登海默：《法理学——法哲学及其方法》，邓正来、姬敬武译，华夏出版社 1987 年版，第 36 页。

③ 高全喜：《休谟的政治哲学》，北京大学出版社 2004 年版，第 148 页。

④ ［英］洛克：《政府论》下篇，叶启芳、瞿菊农译，商务印书馆 1964 年版，第 6 页。

二、中国儒家思想中的“自然法”观念

在周德伟看来，文明初期人的欲求及归宿大都是相通甚至是相同的，如推崇理性，追逐真善美，向往自由等。自然法的观念及自然法体系虽然产生建立于西方并在西方发展至完备，但是其中一些自然法核心命题却具有普适性。比如他提出自然法当中与自由的建立相关的几个命题：

(1) 事象之间存有自发的或自然的秩序，任何人必须针对自然秩序调整其行动，方能有所成就，否则必招致失败。

(2) 认识或领悟此自然秩序之方法，维凭人之理性，亦即人之思维推理，任何现存社会制度，必须接受逻辑推理、经验发展及社会功效的考验。

(3) 评断人之行动除该项行动所产生之效果，及与大社会关系相融恰之程度，别无可用之准绳。①

以上述标准看来，中国古代社会亦有较为完备的自然法学说，周德伟将《周易》视作中国最早的自然法论著。他征引《周易·系辞下传》一篇，将其视为自然法在中国自古有之的典型说明：

包牺氏之王天下也，仰则观法于天，俯则观象于地，观鸟兽之文与地之宜，近取诸身，远取诸物，于是始作八卦，以通神明之德，以类万物之情，作结绳而为网罟，以佃为渔，盖取诸离（离者丽也，即附丽之义）。包牺氏没，神农氏作，斲木为耜，揉木为耒，耒耨之利，以教天下，盖取诸益（即增益之义）。日中为市，致天下之民，聚天下之货，交易而退，各得其所，盖取诸噬嗑（嗑者合也，即适应供需彼此相合之义）。神农氏没，黄帝尧舜氏作，通其变，使民不倦，神而化之，使民宜之。《易》，穷则变，变则通，通则久，是以自天佑之，吉无不利。……上古结绳而治，后世圣人易之以书契，百官以治，万民以

① 周德伟：《西方的法治思想与中国的儒学》，《自由哲学与中国圣学》，中国社会科学出版社2004年版，第70页。

察，盖取诸夬。①

周德伟认为这一篇文章中叙述了自然现象及人文现象中的诸多自然法则，其中“书契”二字有以契约来约束人的思想倾向，表明文化已上升到一定的高度。他认为本篇存在两点局限：一、将生产生活工具的发明归于少数人而不是百姓，并且很少论及社会的演化过程；二、将现象及对现象的说明两者倒果为因。如“卦”与现象之间的关系应是先有现象，而后有对现象的说明——卦”，而不是《周易》中所作出的先有“卦”后发生现象。此外，周德伟肯定了这是一篇讲宇宙社会现象法则的文章，《周易》中将诸事物的创造归本于人而非神，法出自社会生活规律中而不是某个造法者。这相比于西方宗教迷信论显然更具人本主义的精神。除此篇外，他还指出《周易·序卦传》中一篇是由物理界自然法推到人文现象自然法的很好说明：

有天地，然后有万物生焉，盈天地之间者唯万物，故受之以屯。屯者盈也，屯者物之始也。物生必蒙，故受之以蒙。蒙者蒙也，物之稚也。物稚可不养也，故受之以需，需者饮食之道也。饮者必有讼，故受之以讼，讼必有众起，故受之以师。(师众也，彖曰能正众可以王矣)。师者众也，众必有所比，故受之以比。比者比也（彖曰比辅也，下顺从也)，比必有所畜，故受之以小畜（彖曰柔得位，而上下应之小畜，故畜初指交媾)，物畜然后有礼，故受之以履。履者礼也，履而泰，然后安，故受之以泰……②

周德伟认为这是一篇包涵丰富“自然法”观念的文章。从自然现象的演化讲到人文次序的变化，其中已经包括人与人相处之道即礼、诚等人本主义观念了。

另外他还提到《周易·文言传》中的描述了人文领域中的自然秩序，借自然界的物象龙德说明抽象的道德观念，以证实天人合一的学说。比较前两篇而言，这一篇首次提出了仁义忠信等行为标准，尽管包涵一定的神秘主义色彩，但大部分还是以自然法解释人文现象。周德伟对包括《周易》在

---

① 周德伟：《西方的法治思想与中国的儒学》，《自由哲学与中国圣学》，中国社会科学出版社2004年版，第95－96页。

② 周德伟：《西方的法治思想与中国的儒学》，《自由哲学与中国圣学》，中国社会科学出版社2004年版，第98页。

内的儒学经典的认识和解释方法，用他自己的话来说就是：“不走汉学考证及注疏之路，而只向义理之路发展，此义理非宋儒之义理，乃现代自然科学，社会科学及‘科学的哲学’之义理，以此解释人文现象，方是一条正确之路及发展之路。从人性出发，解释古文化，可能更合理，人为理性的动物，今人之实践理性，积数千年之智慧应较古人为充实。”① 可以发现，他对中西自然法的理解都是以“人性即理性”的认识论为基础的。

除了《周易》中的微言大义，周德伟认为中国儒学中，对人文现象中的自然法（即道德法）探讨最深刻的是《孔子》、《中庸》与《孟子》等著作。周德伟从人性出发探讨此一问题，他认为中国古代儒学中的道德法主要是围绕人性问题而阐发的。“人为大自然之一部分，研究自然不能遗弃研究主体之人。一切物理之自然法都是人发现的。人性及人理不同于物理性及物理，故研究人必从人性出发，人性不能在真空中活动，须就经验之事象施以观察及分析……。”② 孔子曰“性相近也，习相远也。”（《论语·阳货》）《中庸》首言“天命之谓性，率性之谓道，修道之谓教。”（《中庸》第1章）孟子曰：“至于心，独无所同然乎？心之所同然者，何也？谓理也，义也。”（《孟子·告子上》）“尽其心者，知其性也。知其性，则知天矣。存其心，养其性，所以事天也。”（《孟子·尽心上》）周德伟指出，其中心性就是理性，道德法的形成是理性与经验共同作用之结果。如《周易·文言传》曰：“元者，善之长也；亨者，嘉之会也；利者，义之和也；贞者，事之干也。君子体人足以长人，嘉会足以合礼，利物足以和义，贞固足以干事。君子行此四德者，故曰：‘乾，元亨利贞。’”此为一篇道德法的典范，将人的理性运用到不同的经验事物中，则产生知识和行为规律。道德法并不是经人设计而成的，而是出自悠久传统的社会生活经验。周德伟提出：“中国之儒学乃理性与经验的交织品，从《易》之经文中已可断言。以后发展成为《论语》及《中庸》，完全归宿到‘人本主义’，孔子真是大成至圣，观念及知识时时进步。在《周易》经文中，尚言‘龙德’，《论语》及《中

① 周德伟：《西方的法治思想与中国的儒学》，《自由哲学与中国圣学》，中国社会科学出版社2004年版，第95页。

② 周德伟：《中西法治思想之比较研究》，《中华学报》1975年第2卷第2期，第8页。

庸》中再不言龙德了，而以‘中和’或‘中庸’统摄天道及人道。孔子初期言论尚有‘谨事鬼神’，‘祭神如神在’，到后期则说‘天道远，人道迩’，‘未能事人，焉能事鬼’，最后，‘子不语怪力乱神’。……《论语》及《中庸》一书，比之欧洲中古以后之哲学，确实是一部最优的人文现象之自然法论，其奥义比近代之经验主义及主观学派之哲学毫无逊色。”① 周德伟认为中国的自然法的发展同样经历了由自然现象演化到人类社会道德秩序的演化，由自然法的神秘化向世俗化的转变。“《论语》及《中庸》首先建立道之观念，又建立德性之一观念。唯孔学之道乃自人性而出，乃人人可行之道，非老子虚无缥缈之道，《论语》、《中庸》建立之道乃生活于社会内，人之行为规律，凡仁、孝、忠、恕、诚、信乃至兄弟之夫妇、君臣、父子、师生、朋友相处之道，均是行为规律，与老子之道完全不同。”②

孔子将天道演为人道，虽然没有提出具体的“法”的名称，却提出以仁作为一切道德法的价值标准。提出仁即是人与人相偶之道，是推己及人之道，是中和之道。除了对孔子道德法精神的考察之外，周德伟将墨子的“仁法”与荀子的“义法”学说也归于儒学自然法体系之中。

墨子的思想虽然不同于儒学，但是在言仁义、反对战争、节用而爱人等方面的思想正与儒学互补。所以，周德伟把他的思想划入儒学思想体系之中：

> 天下之为父母者众，而仁者寡。若皆法其父母，此法不仁也。法不仁，不可以为法。当皆法其学奚若？天下之为学者众，而仁者寡，若皆法其学，此法不仁也。法不仁，不可以为法。当皆法其君奚若？天下之为君者众，而仁者寡，若皆法其君，此法不仁也。法不仁，不可以为法。故父母、学、君三者，皆莫可以为治法。然则奚以为治法而可？故曰，莫若法天。（《墨子·法仪》）

他指出墨子首先反对帝王造法的权力，其《法仪》篇可以算作是中国最早的法理学。其中，“法天”亦法自然的延伸，以此而反对绝对君权论。虽带

① 周德伟：《西方的法治思想与中国的儒学》，《自由哲学与中国圣学》，中国社会科学出版社2004年版，第102－103页。

② 周德伟：《西方的法治思想与中国的儒学》，《自由哲学与中国圣学》，中国社会科学出版社2004年版，第102－103页。

有宗教拟人主义的色彩，不甚完备，却是古代社会自然法的最好说明。

还有荀子“义法”中包涵的自然法观念在《荀子·王霸》篇当中有所体现，例如：

> 行一不义，杀一无罪而得天下，仁者不为也，擽然扶持心、国，且若是其固也。之所与为之者之人，则举义士也；之所以为布陈于国家刑法者，则举义法也；主之所极然帅群臣而首向之者，则举义志也。如是，则下仰上以义矣。是基定也，基定而国定，国定而天下定。（《荀子·王霸》）

上述荀子的言论旨在指出治国之术以仁义为本，而周德伟认为在文章开篇处“义法”观念的提出包含法理学的精义。“‘举义法也’，则一切之法皆义法。‘举义志也’则一切人之志皆义志也。义志者不侵人之分也。‘帅群臣而首向之’，下仰上以义，则上下皆须守义，人君治国不能离开仁义，是仁义以为先定，人君无离开仁义以造法之权，是与现代法理学之学说相通。”① 显然，周德伟认为在中西法治思想中，立法权来自习俗、规律、传统等自然法因素，而不是神或君主，自然法是高于君权之上的价值体系。

综上，周德伟认为在中国古代社会中，有十分丰富的自然法资源。自然法的基本思想，是在显示当权者所推行、所公布的实体法、成文法之上，另有植根于人性深层之更高之法。另外，周德伟对于传统法家的思想理论也进行了分析判断，认为法家是中国法治传统中的另一支流。他对管子的法治学说并不是全部的否定，他肯定管子将法视作“天下之至道”“圣君之实用”（《管子·任法第四十五》）的思想，而批判了管子法治思想中将“生法”的权力归于君王的绝对君王论，并将法家失败的原因归于此。“中国在墨荀时期，即据孔子仁义之说，创为仁法及义法，以为立法之最高原理，管子、申韩、李斯之绝对皇权说，只如昙花一现，到秦王而告终，以后仁义支配了中国之法律政治制度二千余年。中国表面虽为帝王政治，但帝王政治并非与人民之自由及法治不相融洽。”② 可以说周德伟对于中国古代“法”的实质

---

① 周德伟：《西方的法治思想与中国的儒学》，《自由哲学与中国圣学》，中国社会科学出版社2004年版，第105－106页。

② 周德伟：《西方的法治思想与中国的儒学》，《自由哲学与中国圣学》，中国社会科学出版社2004年版，第107页。

和作用的认识是独特而深刻的，他从“法”的本质属性入手论证了中国传统中，特别是儒学传统中有丰富的自然法思想。

三、小　　结

周德伟将自然法作为比较中西法治思想的基本着力点，同时也是作为古典自由主义与儒学相融合所体现出的主要方面。他是从人性的角度认识自然法在两种异质文化中所产生的相同和不同影响。

在古典自由主义的理论中，法律与自由是一种捆绑关系。正如哈耶克在谈到自由时说：“自由就是指在一个社会中，透过强制的内容最少的，适用于所有人的、公知的法律、将强制减少到最低限度。自由即指法律之统治。”① 哈耶克的自由主义法治思想中，公法和私法的区别与组织规则（或命令规则）与正当行为规则（或普遍行为规则）相对应，法律分为受外部规则支配的“立法的法律”与受内部规则支配的“自由的法律”。前者有助于刻意建构一个为具体目的服务的组织，而后者源出于并非人之创造的自生自发秩序。哈耶克还指出，公法大都体现为实证法，而私法多体现为自然法。可以说自然法是由纯自然状态到建构理性的中间过渡，是自由秩序建立的保证，也是自由主义在法治当中的一种体现。

周德伟充分利用英国经验主义哲学的认识论方法，认识了古典自由主义中法治与自由之间的关系，从社会传统中挖掘自然法观念的精义。他认为中国圣贤的思想当中自然法观念十分普遍，可以说已达到完备状态，只是之后的学问阻碍了“格物致知”之路，滥用理性而导致没有形成“法律至上”的法治观。他从先秦儒学中揭示的自然法思想，也是对法的价值及内容，予以伦理的证实，而不是以割裂法律与道德之间联系来突出法的独立性和超越性。如他对《周易》、《中庸》的分析，可以看出他的人本主义精神。可以说，正是基于对自然法的广泛思考，使得周德伟找到了儒学与自由主义之间在理论层面进行接榫的可能。尽管，中国自然法之后的演化并没有向西方一

---

① ［英］阿兰·艾伯斯坦：《哈耶克传》，秋风译，中国社会科学出版社2003年版，第260页。

样经历古典自然法的复兴，进而建立起现代自由民主制度。但是，现代法治和民主政治建设需要的也许正是这种周德伟所论及的，以现代的方法对古典理论中演化而生的思想观念加以辨明和转化。“文化愈深愈久之民族，传统亦愈丰富，扩而为各项自发生长之制度，凡历史各项悠久之制度，无一是经超人的智慧事先设计的，而是积悠久之社会生活经验，自然长成的。中国方面之古代学问，除《诗经》为纯文学作品，非系统之哲学。《尚书》、《周易》、《周礼》及《春秋》，均与十七世纪后英国之经验主义之持论相合。”①他所提出的这一问题，在当今人们纷纷讨论自由主义与儒学传统的关系之时，很值得我们认真思考。

① 周德伟:《西方的法治思想与中国的儒学》,《自由哲学与中国圣学》，中国社会科学出版社2004年版，第102页。

傅斯年对台湾大学精神的塑造*

周游（华中师范大学中国近代史研究所）

中国近代著名教育家傅斯年（1886—1950）先后主持过北京大学复员和台湾大学重建，这都是奠基性的工作。如果说他代理北大校长时面对的是百业待兴的话，那么他接受帅印后的台湾大学面临的处境更加复杂和艰辛：一方面是从日本接收后的稳定和改造的工作仍有待完成，一方面是国民党开始布局台湾，台湾大学和台湾高等教育向何处去已成为新的挑战。傅斯年在任时间虽不长，却以他过人的胆识和魄力，大刀阔斧精心重建，奠定了台大的学术性格，稳住了台大一流大学的格局，塑造了台大人至今引以自豪的大学精神。

一、台湾大学精神重建的前期尝试

迄今为止，大学精神有三大类型：英国式的人格教育精神、德国式的学术自由精神、美国式的知识应用精神。中国近代大学正是在这三者之间撷英取萃，台湾大学的重建亦如此。

台湾大学的前身是创设于1928年的“台北帝国大学”，这是一所殖民地大学，突显为日本帝国侵略服务的工具性。1945年8月，日本战败投降，台湾回归中国，帝国大学自然被中国政府接收并实行“中国化”。9月，中央研究院植物研究所所长罗宗洛被教育部长朱家骅紧急借调赴台，负责接收工作。11月15日正式完成接收，大学更名为台北大学，随后改称台湾大学。罗宗洛被任命为台湾大学代校长，也是第一任校长。

* 本文为教育部人文社科基地重大项目“近代中国民族主义与自由主义关系研究”（07JJD770100）的阶段性研究成果之一，经过何卓恩教授修改。

作为一名成就斐然的科学家，罗宗洛也深通教育之道。大学接收的时候，他就在省政府机关报《台湾新生报》上发表“台北大学之展望”，向政府当局和社会各界宣示自己建设台大的理念。在该文中，罗氏认为：“大学之目标在于真理之探求，为人群谋福利。”① 台大不应定位于台湾的地区性大学，而应该放远眼光，使之成为能与牛津、剑桥相媲美的世界性学术殿堂。显然，罗氏是想建设一所国际一流的研究性大学。为此，他认为这所大学应保持办学独立、学术自由，因为大学的职责在于探求真理，“故其研究范围，不为时空所限，研究环境须有绝对的自由”，不应使政治意识形态干预学术研究。同时，理想的大学，须有优良的教员、优秀的学生和完美齐全之设备。所聘教员，应以学问、人品为先，不应有门户之见，畛域之分，中日之别。②

罗宗洛的办学理念本来是重建台大精神的一个良好开端，不幸的是，由于“陈仪把台湾视作自己的独立王国，他认为台湾大学应由其接管，并已派好一位校长。今朱家骅的教育部派出人员，他敢怒不敢言”。③ 罗宗洛于是成了陈仪的眼中钉。陈仪处处设置障碍，干涉台大事务，小者如擅自指派教授，内定学院院长，操纵校内活动，限制大学用地；大者如扣发大学经费，瘫痪学校运作。罗氏一再向教育部求援，教育部均虚与委蛇，不得要领。行政长官陈仪的独断专行和教育部的官僚作风，使罗氏抱负始终无从施展，无奈之余，1946 年 6 月罗宗洛只有愤然呈辞。

罗宗洛坚辞之后，教育部鉴于省署的强势难以改变，不得已遂与陈仪相商，以双方都可以接受的科学家陆志鸿为台大第二任校长。陆志鸿与罗宗洛一起桴海而来，曾担任罗的助手，他与罗经历相似，早年都求学日本，深受日本学术风气影响，所以接任校长后，虽然在诸多方面不得不屈从于省署的干预，仍然勉力维持与罗宗洛近似的办学理念。在陆志鸿任内，为保证学术

---

① 罗宗洛：《台北大学之展望》，李东华、杨宗霖编校《罗宗洛校长与台大相关史料集》，台湾大学出版中心 2007 年版，第 313 页。

② 罗宗洛：《台北大学之展望》，李东华、杨宗霖编校《罗宗洛校长与台大相关史料集》，台湾大学出版中心 2007 年版，第 314－315 页。

③ 罗宗洛：《罗宗洛回忆录》，李东华、杨宗霖编校《罗宗洛校长与台大相关史料集》，台湾大学出版中心 2007 年版，第 117 页。

水准不降低，继续留用一些日籍师资，并大量延揽大陆知名学者来台任教。然而，二二八事件发生，大学又遭遇到池鱼之殃。首先是官民矛盾迁怒于省籍身份，极大伤害了校内气氛，一些教授甚至因此失踪和丧命（如文学院长林茂生）；其次是省政府因为部分日本浪人参与暴力事件而决定全部遣返日籍人员，使台大师资更感紧缺；[①] 更为严重的是，事件后台省当局以“台独”、“阴谋叛乱”等莫须有罪名，在台大制造阴霾和恐怖。加之省府改组后，大量解职人员进入台大，满校“厅处长”，人事纠葛，校务混乱，陆氏无能为力，被迫于1948年6月引咎辞职。

台大再次易长，改由芝加哥大学博士、中央研究院院士庄长恭接任。庄氏认为大学的使命在于知识的传授和创造，对于大学而言，应均衡发展。台大在日据期间，自然科学成绩卓著，人文学科由于日本的奴役政策，建树几乎为零，他主张这方面应大力改进。同时，在师资部署上，也转为“欧美系”学者为多。对于台大教员聘用过滥问题，庄长恭也有所作为，对一部分“滥竽”之士予以解聘或未予以续聘。[②] 但对于涉及到大学稳定发展的主体方面，限于庄氏当朝“人脉”不够，以及内地战乱蔓延的影响，仍然举步维艰。是年10月，台大发生“续招转学生”事件，降低标准招收内地转学来台的学生，破坏了台大公平考试录取新生的制度，引起学生义愤，组成“反对续招转学生委员会”，罢课示威予以强烈抗议。庄氏在接见学生代表时，不掩饰自己的为难，决心辞职。

可见，虽然台湾大学接收完成，但短短三年，三易其长，三位校长均系纯学者出身，没有政治上的发言权，也不具备一呼百应的“卡里斯玛”人格权威，所订政策往往难以贯彻执行，加上政治当局肆意干涉、过渡时期的诸多难题，使他们尝试建立学术性大学、重塑台湾大学精神的努力均告失败，台湾大学并没有形成一个方向明确、秩序井然、建制完备、师资充裕的稳定教育环境。这一使命自然传承到第四任校长傅斯年身上。

---

① 欧素英：《传承与创新——战后初期台湾大学的再出发（1945—1950）》，台湾古籍出版有限公司2006年版，第61－62页。

② 欧素英：《传承与创新——战后初期台湾大学的再出发（1945—1950）》，台湾古籍出版有限公司2006年版，第70－71页。

二、傅斯年对大学精神的多重感知

傅斯年临危受命，接任第四任台湾大学校长。与前三任相比，傅斯年有自己的特质。第一，他是历史学家，有着自然科学家所不完全具备的人文关怀；第二，他是威重一方的有影响的人物，能直接向当局要人表达诉求，曾以文逼使行政院长宋子文下台；第三，他是一位有思想有能力的实干家，胡适曾赞誉“他能够作最细密的绣花针功夫，他又有最大胆的大刀阔斧的本领。他是最能做学问的人，同时又是最能办事有最有组织才干的天生领袖人物。他集中人世许多难得的才性于一身”。① 除此之外，傅斯年对中外一流大学的了解和从事北大校务管理的经验，无疑也是他慷慨赴任的精神资源。

傅斯年求学于北大时，正是蔡元培任校长的时候，蔡元培先生“兼容并包，思想自由”的治校风格和“大学为纯粹研究学问之机关”的教育理想，给傅斯年留下了深刻印象。据傅斯年回忆，五四前期，北大师生对北洋政府批评的文章非常之多，北洋政府一直对蔡元培施以压力和恫吓。一天晚上，蔡元培在一个“谋客”的家里谈起如何对付北洋政府之事，另一个“谋客”劝说蔡元培解聘新文化领袖人物陈独秀，并制约另一位新文化殿军胡适的言论。蔡一直没有说话，直到最后，才站起来说：“这些事我都不怕，我忍辱至此，皆为学校，但忍辱是有止境的。北京大学一切的事，都在我蔡元培一人身上，与这些人毫不相关。”② 傅斯年终生感念蔡元培为了高远的教育理想而勇于担当的人格魅力，反复感慨“蔡先生实在代表两种伟大的文化，一种是传统圣贤之修养，一是法兰西革命中标揭自由、平等、博爱之理想。”还说在筚路蓝缕、前无古人的艰难环境下，“蔡先生一人在那里办北大，为国家种下读书、爱国、革命的种子，是何等大无畏的行事！”③

---

① 胡适：《傅孟真先生的思想》，王富仁、石兴泽主编《谔谔之士—名人笔下的傅斯年、傅斯年笔下的名人》，上海东方出版中心 1999 年版，第 3 页。

② 傅斯年：《我所敬仰的蔡先生风格》，欧阳哲生编《傅斯年全集》第五卷，湖南教育出版社 2003 年版，第 491 页。

③ 傅斯年：《我所敬仰的蔡先生风格》，欧阳哲生编《傅斯年全集》第五卷，湖南教育出版社 2003 年版，第 491 页。

实际上，傅斯年后来治理台大的许多行事作风，在很大程度上正是对蔡元培先生典范的继承和弘扬。

蔡元培在北大实行教授治校、学生自治的制度，鼓励学生自主研究，傅斯年亲身感受到这种自由教育的活力和魅力。五四运动前夕，他就曾与罗家伦等受民主与科学新文化感染的学生建立“新潮社”，创办《新潮》月刊，在发刊旨趣书中，傅斯年阐述杂志的四种责任，即：唤醒国人对本国学术的自觉心，使中国文化能融入世界文化的潮流；研究社会状况，寻求改造社会的方法；“鼓动学术上之兴趣”，负起转移社会风气的责任；以怀疑、批判之思想，以正社会之风，杜绝社会上之谬误传言。[①] 这些原则表明他希望从研究新学术、传播新思想、建设新的社会文化入手来改造现实社会，跟《新青年》的主旨完全一致。果然《新潮》与《新青年》一样，迅速影响到全国，傅斯年本人也成为北大学生会领袖之一，五四运动爆发时，更担任游行总指挥，风云一时。

蔡元培对外坚持教育独立，对内鼓励学生独立思考，傅斯年在北大求学时，对于学术教育的发展慢慢也有自己的一些看法。他曾上书蔡元培，指出哲学门隶属于文科之流弊，认为：“哲学不应隶属于文科，应隶属于理科，其根据是哲学与自然科学联系更为密切。”因为中国人研究哲学，“恒以历史为材料。西洋人则恒以自然科学为材料。考之哲学历史，凡自然科学作一大进步时，即哲学发一异彩之日。”[②] 蔡元培看后，深感言之有理，更加致力于破除文理界线的工作。

在北大对傅斯年学术教育观念留下深刻影响的还有胡适。当时的胡适刚从美国留学归来，风华正茂，温文尔雅而踌躇满志，宣示二十年不谈政治，提倡“为学术而学术”，努力实践“再造文明”之梦。傅斯年亲炙于胡适多年，受益良多，终生以师待之，并一直对胡适“造一种学术上之大风气”[③] 抱持高度期待。这也是他在抗战胜利后，主动表示愿意代理北大校长，为胡

---

① 傅斯年：《〈新潮〉发刊旨趣书》，欧阳哲生编《傅斯年全集》第一卷，湖南教育出版社2003年版，第79页。

② 傅斯年：《致蔡元培：论哲学门隶属文科之流弊》，《傅斯年全集》第一卷，湖南教育出版社2003年版，第37页。

③ 傅斯年：《致蔡元培》，《傅斯年全集》第七卷，湖南教育出版社2003年版，第14页。

适主持北大打前站、扫障碍的心理基础。

蔡元培所塑造的北京大学的大学精神，借鉴于德国，特别重视发展学术、“研究高深学问”。他说：“一个民族或国家要在世界上立得住脚，而且要光荣的立住，是要以学术为基础的。尤其是，在这竞争激烈的20世纪，更要依靠学术。所以学术昌明的国家没有不强盛的；反之，学术幼稚和知识蒙昧的民族，没有不贫弱的。”① 傅斯年在北大沐浴于德国式的大学精神之中，毕竟是间接的，特别由于传统的积习深厚、社会的基础薄弱，“欧洲风气固然很好，但一到国内就马上就大变”。② 五四运动结束，傅斯年刚好大学毕业，他考上官派留学生，赴欧洲留学，开始直接接触欧洲的大学制度和风气。1920年1月至1926年冬的七年间，傅斯年先后留学伦敦大学、柏林大学，杂学各家，英国式的人格教育和德国式的研究型教育两种典型的大学理想和模式，他都心领神会，各有观察。这使他不仅深化了北大精神的理解，而且能够将英国大学注重人格培养的特质和精神，也丰富到他对于大学的理解中。傅斯年执掌台湾大学提出的大学精神，实际上正是包含这两种精神在内的。

三、傅斯年对台湾大学精神的表述

傅斯年接手台湾大学之后，与前历任校长多有沟通，并深入师生中了解重建和发展不顺的症结。他认为在罗宗洛以来所致力的大学理想的基础上，需要更进一步明确台湾大学的教育目标和精神方向，而且落实到师生的具体教学和生活中。

办大学为什么？大学的目标是什么？傅斯年在《台湾大学第四次校庆演说词》中回答道：“办大学为的是学术，为的是青年，为的是中国和世界的文化，这中间不包括工具主义，所以大学才具有它的自尊性。”③ 这句话

① 蔡元培：《怎样才能够做一个现代学生》，高平叔编《蔡元培全集》第五卷，北京中华书局1988年版，第479页。

② 傅斯年：《致蔡元培》，《傅斯年全集》第七卷，湖南教育出版社2003年版，第16页。

③ 傅斯年：《台湾大学第四次校庆演说词》，《傅斯年全集》第五卷，湖南教育出版社2003年版，第123页。

比罗宗洛更具体地道出了台湾大学的理想所在，大学应有她的精神、责任，大学的精神就在于追求真知和创造文化，而非异化为政治或其他力量的工具。日据时代的台北帝国大学学术上很有特色，教学上实行欧洲式的讲座制，并且在农业、工业、医药、卫生等方面建树颇多，对台湾经济的发展也起到了很大的作用，但地位只是台湾总督府的学术参谋团，和日本南进政策的御用工具，大学的自主性和自尊性没有建立。光复之后的台大，虽提倡追求真理，学术独立，但在过渡时期，教务混乱，师资短缺，学术几成断层，大学的基本设施和规范都没有真正建构起来，自主性、自尊性当然谈不上。傅斯年认为，既然台湾已回到祖国的怀抱，这时办大学的目的当然与日据时代不同，“一个上流的大学，必须是一个学术机关”，同时不能忘记她的教育责任，所以台湾大学“应该以寻求真理为目标，以人类尊严为人格，以扩充知识、利用天然、增厚民生为工作的目标。”①

世界一流的大学，必定是一所学术性、研究性机构，这是傅斯年大学理想核心之所在，也是对柏林大学教育理念的借鉴和对北大教育精神的传承。傅斯年认为高等教育不同于中学教育、职业教育，而是指“学术教育而言”②，高等教育的根本作用在于其学术的获取、发展和应用。大学不但是教育青年、传播知识的场所，更是培养学生进入学术的法门之中。大学的意义在于它的研究性、创造性，是创造知识的场所。

当然，大学“以学术为本位”，并非意味着轻视知识教育。傅斯年在《台湾大学选课制度之商榷》中谈到：“第一流的大学，不能徒然是一个教育机关，必须有他的重要学术贡献，但是，也没有一个第一流的大学，把他的教育忽略了的，因为如果把教育忽略了，学生学不好，将来如何贡献？先生不得好的学生，也要兴致索然了。”③ 以学术为本位的意思，是要以学术来发挥教育的作用，“大学是学术机关，它的教育的作用，是从学术的立点

---

① 傅斯年：《台湾大学第四次校庆演说词》，《傅斯年全集》第五卷，湖南教育出版社 2003 年版，第 123－124 页。

② 傅斯年：《改革高等教育的几个问题》，《傅斯年全集》第五卷，湖南教育出版社 2003 年版，第 23 页。

③ 傅斯年：《台湾大学三十七学年度第一次校务会议校长报告》，《傅斯年全集》，湖南教育出版社 2003 年版，第 69 页。

出发，不是调转过来；它的学术的作用是从教育的立点出发。换句话说，大学是以学术为中心，而用这中心发挥教育的力量，不是以教育为中心发挥教育的力量。”① 大学的教育功能与其他学校一样，但教育方式则不能混同于其他学校。国民学校的教育在于普及性，通科学校、实科学校的目的在于充实性，术科、艺科学校教育在于能力性，师范教育在于选择性，专科教育在于实践性，预备学校教育的目的在于限制性，学院及大学教育在于学术性。② 如果大学教育不能培养专研学术之风气，只是单纯教育学生、传输知识，就会“化大学为中学”③，大学也将失去其作为大学之意义。

傅斯年不仅认为不能忽略教育，而且认为教育中培育性品的意义重于一般知识教育。他在《第四次校庆演说词》中对台大提出了四点要求：即“敦品、力学、爱国、爱人”。所谓“敦品”，即“敦厚品行”。为人处事方面，要诚实守信，反求诸己，推己及人，这也是处理人与人之间关系的第一要务。推及政治方面，更不能扯谎，以骗人利己为目的，人与人、团体与团体之间钩心斗角，形成不良的社会风气。“如果不能立信，决不能求真理。”④ 所谓“力学”，即致力于学术。到大学求学不易，作为年轻人，“一年有十年之用”，千万不要放过这个机会。但是，“这些年来，大学里最坏的风气，是把拿到毕业证当做最重要的事，其实大学里得到学问才是最重要的事，得到证书乃是次要的事。”⑤ 尤为不可忽略的是，“由学术的培养达到人格的培养”，更至关重要，“须知人格不是一个空的名词，乃是一个积累的东西”，人格的积累，需要学问和思想的长期的浸润。所谓“爱国”，是对我们的祖先，我们祖先遗留下来的文化有一种本能的认同。而且，爱国不是空挂在嘴边，决不能屈服于强国的蹂躏。而所谓“爱人”，就是要关心他

---

① 傅斯年：《台湾大学选课制度之商榷》，《傅斯年全集》第五卷，湖南教育出版社 2003 年版，第 84 页。

② 傅斯年：《中国学校制度之批评》，《傅斯年全集》第五卷，湖南教育出版社 2003 年版，第 206 页。

③ 傅斯年：《改革高等教育的几个问题》，《傅斯年全集》第五卷，湖南教育出版社 2003 年版，第 25 页。

④ 傅斯年：《台湾大学第四次校庆演说词》，《傅斯年全集》第五卷，湖南教育出版社 2003 年版，第 124 页。

⑤ 傅斯年：《台湾大学第四次校庆演说词》，《傅斯年全集》第五卷，湖南教育出版社 2003 年版，第 125 页。

人，帮助他人，克服自私心、利害心。并且，年轻人培养爱人的观念是十分容易的，只要我们有恻隐之心，在街上、学校里看到有困难的人并施以帮助，“从这一行为做起，便可以把爱人的观念扩大到极度。”①

这里对于性品培养的强调，显然与伦敦大学的传统有关，也与中国几千年来的教育精神有关。傅斯年将学术本位、性品陶冶视作未来台湾大学的基本精神，这个精神有时他又表述为“宇宙的精神”，他说只有“我们贡献这个大学于宇宙的精神”，才能使得我们的大学成为宇宙间一个有意义的分子，“这个大学自然成为世界一流的大学”。②傅斯年去世后，台大为纪念他，把这四点要求镌刻在“傅钟”上，并以此作为台大永远的校训。

四、傅斯年对台湾大学精神的落实

傅斯年言出必行，躬身实践，直到去世没有放松过把他的目标和要求灌注于台湾大学、使其成为台大精神的努力。

对于大学的“以学术为本位”，傅斯年认为，最重要的应是“教与学的自由”，这也是学术进步的必要条件。③ 因此，他在台大完全废止了日本时代实行光复后实际上仍有延续的固定讲座制度，实施自由选课制度。六个学院皆就其学科性质自由发展，各学院大一、大二修读必修课程，请最有经验的教授为他们上课，深入浅出，给学生打好基础。到三、四年级，文、法两个学院充分采用选课制度，理、农、工、医四个学院则依据学科特征和需要，酌情进行必修和选修的课程调整。实施学生选课和学习自由，既不悖教育部法令，又能照顾到学生素质差等方面，有利于“发挥大学精神”、“促进学术发展”。④

---

① 傅斯年：《台湾大学第四次校庆演说词》，《傅斯年全集》第五卷，湖南教育出版社 2003 年版，第 126 页。

② 傅斯年：《台湾大学第四次校庆演说词》，《傅斯年全集》第五卷，湖南教育出版社 2003 年版，第 125－126 页。

③ 傅斯年：《台湾大学与学术研究》，《傅斯年全集》第五卷，湖南教育出版社 2003 年版，第 95 页。

④ 傅斯年：《台湾大学选课制度之商榷》，《傅斯年全集》第五卷，湖南教育出版社 2003 年版，第 86－89 页。

“教与学的自由”要保证较高的品质，就需要良好而稳定的专业师资。傅斯年认为，学校的教员绝对不应兼职，“台大必须向这个方向走”。① 做官和教学必须分开，“台湾大学正在走上进步的路，如果有人在教书期间忽然开会去了，忽然做官去了，这于学校的风气颇为不佳妙。”一些教员“今天教书，明天做官，后天又教书，大后天又去做委员，这可谓仕而不优则学，学而不优则仕。”② 对兼职的教授，傅斯年先请其辞去兼职，如果不能，就解聘合约。他“爱莫能助”的决绝态度虽得罪了不少在台大兼课的官员、委员，他亦在所不惜，使得前几任校长无法解决的难题得到大刀阔斧的解决。

另一方面，他如同蔡元培当年治理北大，对真才实学者不拘一格。所进教员，皆以学问为先，只要真才实学和台大所需，定寤寐求之，“教育部长的介绍信和自荐信具有同等效力，如其不然，同等无效。”③ 殷海光原本是在中央日报任主笔的年轻人，决心脱离党国喉舌后，就是拿着文章直接找傅斯年自荐被接受在台大任教的。当时正值内战末期，不少国内知名学府的名儒硕彦云集台湾，使台大延揽了大批杰出师资，极一时之盛。这些教授亦各有风格，傅斯年皆能包容。就拿殷海光来说，他第一个学期对低年级开设逻辑课，因为多数学生基础不好，期末成绩大半人被他打了不及格的分数，家长向校长抗议，傅斯年找到殷海光了解情况，殷海光说这是西南联大的标准，傅听后什么也没说就走了。就是这种风范，使台大俨然成为另一个北大。

养成学术本位、陶冶性品的台大精神，在傅斯年对学生学习条件的创造中也显示出来。在《几个教育的理想》中，傅斯年谈到自己对待学生的三个原则：第一、协助解决学生的生活问题，包括食，住，衣，书，病；第二、加强课业，使同学有事可干，“不能游手好闲”；第三、提倡各种课外

---

① 傅斯年：《两件有关台湾大学的事》，《傅斯年全集》第五卷，湖南教育出版社 2003 年版，第 78 页。

② 傅斯年：《两件有关台湾大学的事》，《傅斯年全集》第五卷，湖南教育出版社 2003 年版，第 80 页。

③ 傅斯年：《两件有关台湾大学的事》，《傅斯年全集》第五卷，湖南教育出版社 2003 年版，第 79 页。

活动，使学生全面发展。这三点他用一句笑话来总结，就是："有房子住，有书念，有好玩的东西玩"。① 为能使家庭情况不好的同学不失学，傅斯年在学校力所能及的范围内设置了多种奖学金、助学金，比如工读奖助金、成绩奖、台籍贫寒学生救济金等。他发布公告，防止权贵子弟，以台大为跳板，出国留洋，从而浪费教育资源。② 直至他在去世前数小时，回答参议院对台湾大学校务的质询时，还坚决的说："奖学金制度不能废除"。③

傅斯年除了对内落实台湾大学精神，更努力于对外（尤其是对政治当局）争取养成大学精神的环境和空间。政治不干预大学，大学就成功了一大半。要抗御政治的干预，作为校长，一要有教育公共性的信念，一要有胆识和能力。这两者傅斯年兼具。殷海光曾评论他说："他办教育是为国家作育人才，并非以此猎官，或讨何人之好，所以他硬的起。"④ 主要是讲的第一层，还有一层则是他在国民党内的威望和影响力。前几任校长之难于做到抵御干预，显然是后一层缺乏。

傅斯年任内，台湾政局动荡，政治势力的渗入频繁，他始终坚守大学独立、学术自由的旗帜。1949 年 4 月，刚入台不久的傅斯年便接到台湾警备司令部的电文，内称"据查"台湾大学 14 名学生"张贴标语"，"煽惑人心"，"妨害治安"，"肆行不法"⑤，将这些学生逮捕，并要扩大整肃范围。傅斯年立即和国民党当局进行接洽，提出通过法律途径使被捕学生受公平审判、立即释放扩大逮捕的学生、以后如不发生新事件决不再行拘捕学生、准许学校派人探视被捕学生四项要求，⑥ 最终使学生转危为安。

5 月 20 日，台湾全省戒严。为避免学生无谓牺牲，台湾大学发布公告，指出戒严之意义即进入战时之状态，"因而治安当局有特殊权力，诸生务必

---

① 傅斯年：《几个教育的理想》，《傅斯年全集》第五卷，湖南教育出版社 2003 年版，第 130－131 页。

② 傅斯年：《校长布告》，《傅斯年全集》第五卷，湖南教育出版社 2003 年版，第 304 页。

③ 傅斯年：《傅斯年最后遗言》，《台北公论报》1950 年 12 月 21 日，转引自马亮宽《试论傅斯年的教育思想》，《近代史研究》，1997 年第 3 期，第 269 页。

④ 殷海光：《我忆孟真先生》，《自由中国》第四卷第二期（1951 年 1 月 16 日），第 36 页。

⑤ 傅斯年：《校长布告》，《傅斯年全集》第五卷，湖南教育出版社 2003 年版，第 239 页。

⑥ 《三十八学年度校务会议》、《台湾大学布告》、《台大当局劝告学生加求镇定即日复课》，转引自欧素英《传承与创新——战后初期台湾大学的再出发（1945—1950）》，台湾古籍出版有限公司 2006 年版，第 168 页。

详读报载警备司令部之各项，并切实遵守，至为重要。”并提出不得容留校外人居住、迅速除去以前张贴之有关时局之文字、学生之活动团体均须重新登记、所有壁报必须由登记之团体盖章负责、未经训导处之许可不得举行集会等注意事项，① 这些都是大局之下不得已而为之的。但一旦发生具体冲突，傅斯年都站在学校立场，尽可能地将政治干预减到最低。7 月初，台湾大学收到台湾省警备司令部为防“匪谍”，要求新进教职员应“觅取保证”之公函，② 企图以类似‘连坐’方式相互监视。傅斯年与当局进行交涉，向国民党当局作保，台湾大学师生全由他一人作保，如果发生问题，由他一人承担责任。最终这种联保制度也没在台大实行。③

7 月 11 号，“反共”专家叶青在《民族报》上发表了一封对傅斯年的公开信，指责傅斯年以自由的幌子在台大包容培植共产党势力，且提出三则具体罪状：有教授离台投奔大陆，台大仍发放薪金；法学院院长萨孟武“参共亲共”，台大当局不闻不问；有些院长和系主任把持在共党分子手中。④ 在反共神圣的政治气候下，这是危及身家性命的严重指责。傅斯年读后，随即在 14 号的《民族报》上予以反驳，在完全否认莫须有指控的同时，义正词严指出“学校不兼任警察任务”。⑤

1950 年元旦晚会上，有学生表演类似秧歌舞的节目，教育当局、保安司令部分别来函予以“关切”。傅斯年了解真相后，在 1 月 21 日的《致〈新生报〉、〈中央日报〉》中予以声明和辩驳，指出晚会所跳之舞，系四川嘉戎族之歌舞，“为教育部审定之舞蹈教材，与秧歌何干?”⑥

傅斯年的对外努力，为台湾争取到难得的自由空气，当时台湾各级学校开始全面恢复党化教育，唯独台湾大学敷衍抵制，国民党当局虽心存愤恨，

---

① 傅斯年：《校长布告》，《傅斯年全集》第五卷，湖南教育出版社 2003 年版，第 251 – 252 页。

② 欧素英：《传承与创新——战后初期台湾大学的再出发（1945—1950）》，台湾古籍出版有限公司 2006 年版，第 175 页。

③ 李泉：《傅斯年学术思想评传》，北京图书馆出版社 2000 年版，第 239 页。

④ 叶青：《给傅斯年的一封公开信》，《民族报》1949 年 7 月 11 日第 2 版。

⑤ 傅斯年：《傅斯年校长的声明》，《民族报》1949 年 7 月 14 日第 2 版。

⑥ 傅斯年：《致〈新生报〉、〈中央日报〉》，《傅斯年全集》第七卷，湖南教育出版社 2003 年版，第 373 页。

亦无可奈何。处多事之秋，校外盛传傅斯年将离职而去，许多同事、学生闻讯纷纷向他询问。1950 年 1 月 30 日，傅斯年发表一封公开信，声明“半年多，校外攻击斯年者，实不无人，彼等深以不能以台大为其殖民地为憾。然彼等原不知大学为何物，故如随其志，实陷本校于崩溃。鉴于一年来同事同学对斯年之好意，值此困难之时，绝不辞职，决不迁就，决加倍努力，为学校之进步而奋斗。”①

1950 年 12 月 20 日，傅斯年不幸殉职于台大校长任上，他的朋友、同事、学生以不同的形式在讲述他、怀念他，高度赞赏他勉力维护学术思想独立的精神，由于他的抗争，“十分使学人精神上难堪的事情不会发生。”② 可以说，正是傅斯年高远的眼光，特有的禀赋，艰苦的努力，才使台大精神得以播种、发芽。正如台湾学者黄俊杰、孙震所言：“傅斯年在台大所坚持的学术自由、学习自由、各院系发展特色等等理念，在近半个世纪台大的发展过程中，都获得不同程度的发扬。不但他与台大师生共勉的‘敦品力学，爱国爱人’成为台大的校训，他所提出的‘贡献这个大学于宇宙的精神’之理想，更是成为台大人永恒的乡愁！”③

---

① 傅斯年：《致台大同事同学》，《傅斯年全集》第七卷，湖南教育出版社 2003 年版，第 376 页。

② 殷海光：《我忆孟真先生》，《自由中国》第四卷第二期（1951 年 1 月 16 日），第 35 – 36 页。

③ 黄俊杰、孙震：《傅斯年与台湾大学的教育理念》，《北京大学教育评论》，2005 年第 1 期，第 97 页。

十年来中国大陆学界的殷海光研究

刘端生（湖北大学历史文化学院）

2009年12月5－6日，由华中师范大学中国近代史研究所主办、中南财经政法大学理论法学系和湖北省团风县人民政府协办的“20世纪中国社会思潮及大陆赴台知识分子——纪念殷海光先生诞辰90周年学术研讨会”在武武昌桂子山召开，两岸的60余位学者与会。这与湖北大学、武汉大学和台湾纪念殷海光学术基金会1998年6月在湖北大学召开的第一次纪念殷海光先生的学术研讨会，差不多正好十年。在此笔者不揣冒昧，拟对近十年的殷海光研究做一基本检讨，以就教于方家。

一、近十年殷海光研究之现状

十年前的第一次殷海光研讨会后，中国大陆有关殷海光的研究取得了长足的进展，其生平事迹、思想内容、思想渊源、思想个性、思想的演变、思想文化价值等各方面都得到了相当程度的探讨。

首先，关于殷海光的文献和生平事迹。近十年，出版的传记著作有汪幸福的《殷海光传》（湖北人民出版社，2000）、《殷海光与蒋介石》（湖北人民出版社，2000），万昌华的《自由主义的一代宗师殷海光》（当代中国出版社，2004）等。报刊文章也发表了一些很重要的资料性文章，如贺照田辑注的《珍贵文档：殷海光佚书二十五封》（《书屋》2004年第10期、11期），该文虽实际上只发表了19封（待续的6封不知何故没有再发表），但却是《殷海光全集》所未收录的新资料。张斌峰、何卓恩新编的《殷海光文集》修订版（湖北人民出版社，2009），四卷内容较之原版，不仅内容更新过半，完整性更强，而且也收录了新发现的不少文献。李玟熹的《殷海光故家的几件往事》（《书屋》2007年第10期），则前所未有地详细撰述了殷海光的家世情况，包括他的父母、伯父、姐弟的精神世界和人生际遇，对于殷海光出生年龄提出了新的说法，还讲述了他少时迷恋罗素的生动故事。也有学者在已有研究基础上，进一步挖掘殷海光的人生事迹和人格追求，如韩三洲《聂华苓眼中的殷海光》（《北京纪事》2005 年第 3 期），汪幸福《台湾学者李敖与他的老师殷海光》（《炎黄春秋》1999 年第 2 期），余世存《殷海光：从反动学生到反动教授》（《新世纪周刊》2007 年第 17 期），杨绍军《殷海光先生在西南联大》（《学术探索》2009 年第 2 期），章清《五四之子殷海光——一个自由知识分子的艰苦与寂寞》（《书屋》2003 年第 7 期）等，丰富了殷海光的人生形象。

其次，关于殷海光的思想历程和思想内涵的探索，大陆学者曾经在台湾出版《殷海光》（章清，1996）和《万山不许一溪奔：殷海光评传》（王中江，1997），近年相继更名为《思想之旅：殷海光的生平与志业》（河南人民出版社，2006）和《炼狱：殷海光评传》（群言出版社，2003）在内地出版。这两部著作虽在生平事迹方面着墨甚多，也深入探讨了殷海光思想多方面的内涵。近十年，大陆研究生开始以殷海光思想为题撰著学位论文。第一部是华中师范大学何卓恩的历史学论文《殷海光与近代中国自由主义》（2002 年完成，2004 年出版）；接着有南开大学张春林、谢晓东的哲学博士论文《殷海光自由主义思想研究》、《徐复观殷海光政治哲学比较》（2006 年完成，2008 年出版），硕士论文则有华东师范大学刘鹏的《殷海光自由主义民主观的文化价值初探》（2007）、吉林大学张梦琳的《从外部自由到内心自由：殷海光的自由观》（2009）、湘潭大学陈君红的《殷海光逻辑思想研究》（2009）等近十篇问世。

与以往境内外的研究不同的是，何卓恩的《殷海光与近代中国自由主义》重点探讨了殷海光走向自由主义的心理进路，清晰地勾勒出了一个“法西斯色彩”浓厚的右翼青年如何转变成后五四时代自由主义的代言人；有层次地梳理了殷海光自由主义思想的各个侧面及其个性；在此基础上上溯到严复、胡适，下展到林毓生、张灏、韦政通，揭示殷海光在整个近代中国自由主义传统中的承上启下意义。张春林、谢晓东的研究则重点放在殷海光自由思想内涵的解读，及纵横比较。

期刊论文方面，关于殷海光思想探索的热点有：

1. 关于殷海光的思想渊源。张斌峰的《经验主义与自由主义：在罗素与殷海光之间》（《江汉论坛》1999年第7期）、高乐田《海耶克与殷海光自由主义理论建构》（《湖北大学学报》哲学社会科学版1999年第1期）等文曾探讨过罗素、海耶克等西方思想家对殷海光思想形成的重大影响，马莉的《殷海光自由主义思想的形成》（《聊城大学学报》哲学社会科学版2002年第2期）则将中国思想家金岳霖与罗素和海耶克一并纳入思想资源的考察，而何卓恩的《三民主义的包容性及其限度——以殷海光从三民主义到自由主义的演变为例》（《浙江学刊》2007年第1期）则指出殷海光自由主义思想的形成，与摆脱三民主义的过程有关，这一过程既有殷海光本人的因素，也与40－50年代中国政局的演绎和国民党治下的言论空间的变化有关，与三民主义本身的特点也有相当联系。

2. 殷海光的“五四”观。作为“五四之子”，殷海光的“五四”观如何，成为一个受关注的焦点。何卓恩《台湾反蒋民主启蒙的“五四”话语——以殷海光思想言述为例》（《武汉理工大学学报》社会科学版2004年第2期）一文分析了殷海光的“五四”话语与“五四”新文化启蒙的近似性和差异面，突出其思维重心在政治而不在文化。何卓恩的另一篇文章《“五四之子”殷海光的“五四情结”与“五四观念”》（人文杂志，2010年第3期）则全面梳理了殷海光一生三个不同时期对于“五四”的看法的变化。其他文章比较多探讨的是殷海光晚年的“五四”观，这多少与大陆时下反省“五四”的风气是有关系的，如张艳的《试析殷海光晚年的“五四”观——以〈中国文化的展望〉为中心》（《史学月刊》2004年第11期），王静静的《殷海光晚年的“五四”观》（《聊城大学学报》社会科学版2008年第2期）等，都认为殷海光晚年是以一种平和的理性的心态去重新解读五四运动的。

3. 殷海光的晚年文化观说。“五四”观的变化反映的实际上是文化观的变化，关于殷海光晚年文化观的探讨也很多。李翔海的《评殷海光的中国文化观》（《湖北大学学报》哲学社会科学版1999年第1期）提出殷海光突破了早期西化派将现代化等同于西方化的历史局限，能够以更为理智、平实而客观的态度来看待中国文化，在中国现代自由主义思潮的发展历程中首次尝试确立了一个既超越全盘西化派和极端保守派两极对立的思维格局，又在一定的意义上力图超越“中体西用”等调和论调的中国文化观，成为中国现代自由主义西化派中国文化观发展演进的一个重要环节，典型地代表了“后五四”的特定历史时期自由主义西化派对于中国文化的基本认识。同刊同期姚才刚的《一个“五四后期人物”对传统价值的认同——试论殷海光对中国文化观的转变》则分析了殷海光晚年的文化观转变原因。陈先初、杨铮铮的《试论殷海光的中国文化观》（《湖南师范大学社会科学学报》2007 年第 5 期）指出殷海光的转变象征着五四时代的趋近结束和理性认识传统并在传统与自由主义之间进行理性沟通的开始，同时也预示着整合东西文化、进行文化重建的前景。贺照田的《次经典：问题史阅读与中国新思想传统的形成——以解读殷海光《〈中国文化的展望〉为中心》（《浙江学刊》2002 年第 3 期）、何卓恩的《试论殷海光〈中国文化的展望〉的思想进境》（《理论月刊》2004 年第 8 期）、李青果的《知识分子：运思与方法——读殷海光〈中国文化的展望〉》（《社会科学论坛》2004 年第 11 期）等文通过对殷海光晚年代表作的分析，检视了殷海光晚年文化思想如何超越他自己的激进时期，以及其思想意义。

4. 殷海光的道德重建说。一些学者还讨论了殷海光晚年的道德重建说。高力克的《儒家传统的调整与整合——评殷海光的道德重建论》（《天津社会科学》2007 年第 5 期）认为殷海光整合儒家仁义、基督教博爱、佛教慈悲与民主、科学的道德重建方案，超越了“五四”人物“现代/传统”二元对立范式，而熔中西古今于一炉。道德和民主、科学的结合，则填补了“五四”时期新文化运动的道德真空。马新锋的《殷海光“道德重建”述评》（《现代企业教育》2007 年第 2 期）从对殷海光的“道德重建”的思想内涵展开多层面的挖掘。夏卫国的《殷海光文化视域下的中国现代道德重建》（《求索》2009 年第 9 期）认为殷海光的道德构建论说不仅阐述了中国现代思想文化历史变迁，强调了珍视民族主体性的重要性，更重要的是殷氏论说彰显了中国当代文化转型的重要意义。

5. 殷海光的逻辑观。张建军的《简论殷海光的逻辑观》（《哲学研究》1999 年第 11 期）、陈君红《论殷海光的逻辑观》（《湘潭师范学院学报》社会科学版 2008 年第 1 期）、夏卫国《从殷海光的观点看逻辑学》（《青海社会科学》2008 年第 6 期）、张学立的《殷海光的逻辑观》（《贵州社会科学》

2004 年第 2 期）等，以及陈君红的硕士学位论文《殷海光逻辑思想研究》都是这方面的成果。

6. 殷海光的历史观。殷海光不是史学家，但却有深具特色的史学思想。许冠三在撰写《新史学九十年》时就对殷海光的史学思想进行了深刻而独到的分析，并且从正反两方面对殷氏做了评价。对此，近些年大陆学者也开始关注。贺照田的《从殷海光晚年史学思想的转变看引社会科学治史方法的限度》（《开放时代》2003 年第 2 期）反驳了许冠三将殷氏史学思想的诸多疏漏归于“科学迷信”之说，认为他在思维层次上已经走出了“科学的陷阱”。肖妹的《略论殷海光的史学思想——兼与许冠三先生商榷》（《社会科学论坛》学术评论卷 2007 年第 2 期）也针对殷海光史学思想上所谓“科学迷信”的说法，进行商榷与探讨，试图说明作为“历史科学化”运动的先知与开创者，各种思想在殷氏那里还尚未僵化，而是不同程度上都有所兼顾。

第三个大的方面，是关于殷海光思想特质的研究。上文提到的殷海光思想研究论著，大多讨论了这个问题，此不赘述。这里重点回顾期刊论文方面的进展。

探讨殷海光的思想个性，把他与相关思想家做比较是比较普遍的做法。目前可见的论文，较多是横向比较，即将殷海光与他同时代且有思想关系的思想家做比较，如何卓恩的《殷海光、徐复观政治思想之比较》（《湖北大学学报》哲学社会科学版 2005 年第 5 期）以殷、徐在儒学与自由主义关系上的思想离合为中心，对二人政治哲学及其得失进行了探讨，指出殷海光与徐复观的政治哲学主要体现为对自由主义的认识和对自由主义与传统儒学关系的处理两方面，他们之间最大的分歧，不是对自由主义的根本见解，而是传统儒学究竟对自由主义起到何等作用。谢晓东的《论中国保守主义与自由主义的双向融合——以徐复观与殷海光为例》（《陕西理工学院学报》社会科学版 2008 年第 5 期）认为徐复观是站在保守主义立场上吸收自由主义的思想而成为自由的保守主义者，殷海光是站在自由主义立场上吸收保守主义思想而成为保守的自由主义者。

与牟宗三比较，有蒋小波的《牟宗三与殷海光的“自由”思想辨异》（《台湾研究集刊》2006 年第 3 期）和王兴国的《牟宗三与殷海光——兼论当代新儒家与自由主义》(《铜仁学院学报》2009 年第4、5 期)。前者从殷海光与牟宗三关于“自由”的争论入手，分析了两人不同的学术理路与知识背景，以及由此形成的两种迥异其趣的“自由”理念。作者以为，殷海光与牟宗三自由理念的歧异不仅契合了柏林所谓“内在的”与“外在的”两种自由概念，而且承继了两种不同的近代思潮——科学与玄学之间的观念差异。后者着重探讨了二人交恶的内在原因。文章以大量翔实史料为基础，对这桩学术公案以及相关的历史人物进行了深入地考察与论述，回顾与反省了中国当代自由主义与新儒家两大学派之间在思想上从交往互动到对立、冲突与论战，再到对立冲突消解而趋于一致的历史和前景，指出：“一个继承五四自由主义传统，而不受五四反传统思想所囿的新时代的到临。”是当代新儒家与自由主义者的共同期盼。

此外，也有学者把殷海光与没有直接发生思想关系而思想内涵上有关联的思想家做比较。如吴根友《个人自由与理想社会——殷海光与冯契自由理想之比较》(《中国哲学史》2000 年第 2 期)，严华、王茜的《不一样的智慧闪光，一样的灿烂夺目——殷海光和福柯思想之比较》(《景德镇高专学报》2007 年第 5 期)，台湾学者王赞源在大陆发表的《殷海光与墨子论思想标准比较》(《烟台大学学报(哲学社会科学版)》1999 年第 1 期)等。还有学者对照分析了殷海光与其学生的思想联系和差别，如唐琳《殷海光与李敖》(《湖北大学学报》2000 年第 5 期)、王建芳《殷海光与黄展骥》(《兵团教育学院学报》2000 年第 1 期)等。

从总体上对殷海光思想的特点进行分析的有：任剑涛《以逻辑支撑信念——论殷海光自由主义的理论特质》(《中山大学学报》社会科学版 2005 年第 4 期)、江宁康《辩名析理：文化研究与学术规范——兼论殷海光文化研究的方法与模式》(《南京理工大学学报》社会科学版 2004 年第 4 期)、郭绍敏《自由主义知识分子“问题意识”之形成——读〈殷海光·林毓生书信录〉》(《社会科学论坛》学术评论卷 2007 年第 7 期)、张春林的《殷海光自由主义思想理论特质简析》(《社会科学论坛》学术研究卷 2008 年第 4 期)和《殷海光思维方法简析》(《湖北大学学报》哲学社会科学版 2005 年第 6 期)、汪丹的《殷海光“个体本位”的自由观》(《山西师大学报》社会科学版 2007 年第 2 期)，陆卫明、李新安《殷海光自由主义思想述评》

（《西北工业大学学报》2007年第4期）等。

二、此次研讨会之殷海光研究

与之前的十年相比，本次研讨会对殷海光研究的各方面又有了新的开拓和推进。

首先，关于殷海光思想的内涵及其演变。

殷海光思想的内涵是学界研究最充分的问题，几乎所有的相关论著都会涉及到。但此次会议交流论文中仍有不少独特的研讨，例如赵炎才《殷海光道德重建论再认识》通过“长时段”审视，发现殷海光的道德重建论在某种程度上可谓中国近代以来包括五四新文化时期相关积极道德思想的延续、发展与深化，体现了近代以来文化审视与道德重建在价值诉求上的共存、局部整体与具体抽象在总体发展上的递进、强烈情感与科学互动在基本精神上的互动、道德重建与政治追求在内在实质上的统一的趋势。还有文章另辟蹊径，通过对比分析的方法，显露出殷海光思想的一些新意蕴，例如谢晓东《自由主义与现代新儒家的思想交锋：殷海光与徐复观的“自由辩”述论》通过殷海光与徐复观关于“国家自由”是否必要、“自由意志”界限何在的“自由辩”的解析，发现自由主义与新儒家的思想交锋不仅仅在文化层面，在政治哲学层面也有表现，指出殷海光与徐复观虽都主张自由，实际上却同中有异，一个偏重消极自由，一个偏重积极自由。从学理上讲，两人的争辩实质上是寻求消极的自由和积极自由的平衡。也有一些文章将研究视野从以往的逻辑哲学、政治哲学、道德哲学、历史哲学延伸出去，从一些新领域中作出观察。例如张春林《殷海光人生哲学思想简论》从人生的分层、人生的社会价值、人生的精神意义、人生价值的文化资源等方面考察了人们较少谈到的殷海光人生哲学思想。

如果说内涵研究主要在于扩展视野，那么殷海光思想演变的研究则主要在于探究真相，因此这个问题始终充满争议性。由于近年的研究推进，对他早期思想转变的质疑逐渐减少了；而晚年思想变化，具体说，晚年殷海光究竟有无思想转变？转变力度多大？仍然众说纷纭，远未形成共识。会议论文就此也展开了研讨。何晓明《殷海光晚年思想动向的文化史思考》认为殷海光晚年的确存在思想转向：在生命形态上由凌厉峻急的斗士转向温文尔雅的哲人，哲学立场上由逻辑经验论转向道德实践论，价值基准上由科学主义转向人文主义，文化本位方面由中国传统文化的批判者转向中国传统文化的体察者，思想路线上由自由主义转向文化保守主义。这种转向不仅仅关乎对中国文化的态度，还包含着更丰富的文化史内涵，再次说明对中国传统文化的离异与回归，确是近代文化史反复昭示的基本规律之一。殷海光在晚年究竟是不是一个基督教徒？黄岭峻的《后期殷海光与基督教关系考》用大量的史料和严密的推理，系统论证了这个长期以来争讼不休的问题。作者认为晚年殷海光对基督教既有认同的一面又有游移的一面，他的信仰止步于自然神论，而对于理性价值仍有保留，并不是真正的基督教徒。

其次，关于殷海光思想的历史文化环境。

以往研究殷海光思想的根源，比较重视殷海光的知识资源、历史环境、人生际遇等因素，对文化土壤问题关注不多；即使偶有提及，也只是泛泛而谈。研讨会中李维武报告的《激情与乡愁：鄂东籍旅台思想家的乡土文化因素》，综合分析了殷海光、徐复观、胡秋原这些来自鄂东之地的居于“学术与政治之间”的旅台思想家，如何在故乡文化中寻找自己生命的根，如何用鄂东人的坚硬性格支撑思想的激情，如何以鄂东文化的心学传统鼓荡思想的激情，深具启发性。

会议还就与殷海光思想有关的近代左中右三大思潮及其他思想人物展开了研讨。郑大华、许苏民着力探讨了自由主义与民族主义、马克思主义的历史与逻辑关系。张世保、许小青、袁咏红、王艳勤、张少鹏、等具体研究了20世纪上半期重要思想人物梁启超、胡适、张其昀、常燕生等的思想特质，李宝红、尹全海、夏明、李晓波、薛子燕、杜庆欣、周游等分别报告了他们对于钱穆、方豪、郭廷以、夏道平、周德伟、董时进、傅斯年等著名知识分子学术思想的研究成果，黄佑志、文碧方、周海春等则就知识分子的学术和文化关怀进行了群体性的观察。这些研究相当程度地丰富了对殷海光思想环境的认识和理解。

再次，关于殷海光思想的学术和社会价值。

对殷海光思想的价值，有一种说法，认为学术层面不足称道，社会层面弥足珍贵。本次会议对这两方面都有探讨。学术层面，何卓恩《民本与民主：1950年代殷海光经历的两场论战》通过殷海光先后与张其昀、徐复观进行的两场论战，回应了当代中国学界关于民本与民主关系的讨论，认为其实直到今天，在民主与民本问题上，学术界的认识并没有超越半世纪前殷海光所达到的认识。台湾学者简明海《60年代台湾五四意识的断裂与传续》，则运用实证的方法，分析了五四意识在台湾的演变，打破了认为《自由中国》被迫停刊后五四意识已经断绝的陈见，并分析了殷海光五四论述在1960年代台湾学界的影响和命运。而在社会意义层面，李永铭的《文化批判：殷海光的理想与现实》，在梳理殷海光文化理想之后，指出"殷海光提出的中国文化发展进路，在今天存在的障碍，并不比上世纪初更少"，认为这反映了殷海光哲人眼光的高度敏锐性。

最后，对殷海光思想的超越和发展。

任何思想家不可能解决社会发展和文明进步的一切难题，这些难题需要后来者继续思考。以开放的心态广泛汲取古今中外各种思想资源，并发挥时代的智慧，才能真正光大思想家的价值。今天的中国，正处在极其复杂的深刻变迁之中，学者有责任发挥自己的创造性。这次会议也有不少学者从殷海光的精神生命中汲取思考人类、关怀社会的情怀。张斌峰的《法治视野下的中国言论自由》明确提出了建设中的法治中国之言论自由进程问题，台湾学者陈宜中的《保守与激进之间：中国政治自由主义的希望与困境》对当下中国民主进程的希望与困境作了独特的分析，在批判了政治激进主义的同时，也对政治保守主义进行了批评。金纲的《孔子儒学"选举"、"禅让"思想刍议》、储昭华的《无待之待：庄子自由观的多重蕴含》和聂长建的《哈耶克自由主义的四对概念辨析》分别力图从中国传统儒家、道家和哈耶克思想中汲取智慧，以贡献于中国的自由民主事业，周其明的《中国的民主法治与知识分子的责任》则对中国的民主法治中知识分子的责任作了中肯的论述。这些论文认为中国的民主可以有自己形式上的特色，但不能没有民主的本质；人权已经进入了中国的宪法体制，但从文字的认可到实际的落实还有待政府和民间的共同努力。

三、展　望

通过对近十年殷海光研究的回顾和对本次学术会议的综述，可见殷海光研究在中国大陆已经有了长足进展。未来殷海光研究将如何深入？研讨会达成的共识是：

第一，殷海光思想本身的研究需要从史料挖掘和方法创新上寻求突破。从史料上说，殷先生留下的文字还远没有没完全发现，两岸近年来经过许多学者的努力发现了几十万字的新文献，却仍没有穷尽。殷先生说他有八百万字的著作，目前发现的最多只有一半，还大有潜力。同时殷先生的门生故旧记忆中也有着另外一种类型的珍藏，很值得大力搜集。而研究方法也有待进一步拓展。

第二，殷海光研究需要结合社会思潮的演变来动态研究，既注意到“点”，又注意到“线”。各种社会思潮，并不能简化为若干简单的概念。殷先生曾经是一个很偏激的民族主义者，也曾信奉他所说的“民主社会主义”，后来虽然归宗自由主义，但他的自由主义前后变化也很明显。由此观之，对近代中国的各种社会思潮，除了取精用弘的把握之外，也要用更多具体而微的视角去观察，去把握，这样才能更真切地了解各种思潮的张力和变迁，使我们对思想世界的了解更加成熟。研究殷海光，既要研究自由主义思潮，也要考察民族主义、社会主义等相关思潮。

第三，对殷先生的研究，有“照着讲”的需要，也有“接着讲”的需要。殷海光先生就像一切思想家一样，不可能完全解决社会发展和文明进步的一切难题，这些难题需要后来者继续思考。殷海光研究可以展示殷海光与当代学人对话的一面，发挥时代的智慧，这对于激活殷海光思想的酵母尤其有意义。